Armen Avanessian

KONFLIKT

ARMEN AVANESSIAN

KONFLIKT

Von der Dringlichkeit, Probleme von morgen schon heute zu lösen

Ullstein

Ullstein ist ein Verlag der Ullstein Buchverlage GmbH

ISBN 978-3-550-20179-0

Gesetzt aus der Minion
Satz Pinkuin Satz und Datentechnik, Berlin
Druck und Bindearbeiten: GGP Media GmbH, Pößneck

Für Marie, Adrian und Julian

Inhalt

Einleitung – Sag mir, was deine Konflikte sind, und ich sage dir, wer du bist

Konflikte sind allgegenwärtig. Sie treten nicht nur zwischen einzelnen Menschen auf, im Arbeitsalltag, in Beziehungen, zwischen Eltern und Kindern, sondern auch in jedem Individuum selbst. Auf der psychischen Ebene – zwischen unterschiedlichen Wünschen und Trieben – wie auf der physischen, bei Krankheiten und Autoimmunprozessen, zwischen Genen – ja, Mikrobiologen zufolge sogar noch innerhalb ein und desselben Gens. Kurzum, kein noch so kleiner oder großer Teil unseres biologischen oder sozialen Gewebes, der nicht schon als konflikthaft beschrieben worden wäre. Wen wundert es da, dass angesichts dieser Omnipräsenz von »Konflikten« nicht nur konservative Gegenwartsbeobachter auch unser politisches Zusammenleben unter diesem Vorzeichen betrachten und die nationale wie internationale Politik von einem »Kampf der Kulturen« oder einem Zusammenstoß ganzer Zivilisationen geprägt sehen.[1]

Diese Ubiquität von Konflikten und Konfliktdiskursen in den vergangenen Jahrzehnten ist aber nur die eine Seite der Medaille. Auf der anderen Seite steht die Behauptung einer nicht minder ausgeprägten Scheu vor Konflikten. Bei einzelnen Individuen sowie unserer Gesellschaft insgesamt konstatieren Beobachter:innen einen ausgeprägten Hang zu ihrer Abwehr. So wurde etwa auf sozialpsychologischer Ebene ein »erschöpftes Selbst« diagnostiziert, aufgerieben aber gerade nicht vom tatsächlichen Austragen von Konflikten, sondern umgekehrt von ihrer zwanghaften Vermeidung – Erschöpfung und Depression sind der Preis, den wir dafür zahlen.[2] Das zeitgenössische Subjekt, so die These, sei ein konfliktunfähiges und daher depressives Wesen, und zwar quer durch das politische und soziale Spektrum. Die grassierende Konfliktphobie unserer Gesellschaft betrifft demnach bei Weitem nicht nur vereinzelte Intolerante oder irgendwelche Gruppen am rechten Rand des politischen Spektrums. Auch und gerade ihrem Selbstverständnis nach liberale oder weltoffene Menschen begegnen heute verstärkt dem Vorwurf, sich mehr und mehr einem Identitätsfuror hinzugeben, hinter dem der offensichtliche Wunsch stehe, Andersdenkende zu zensurieren und notwendigen Auseinandersetzungen einen Riegel vorzuschieben. (Paradigmatisch für diese nur scheinbar paradoxe Gleichzeitigkeit von Konflikthypertrophie und Konfliktallergie sind die zunehmend allgegenwärtigen sozialen Medien, zu deren Erfolgsrezept algorithmisch produzierte Filterblasen von Gleichgesinnten ebenso wie das ökonomische Interesse an einem dauerhaft hohen Erregungs- und Aggressionspegel gehören.)

Wir haben es hier also mit einer von inner- über interpersonalen bis hin zu internationalen Konfrontationen reichenden Skala von Konfliktzuschreibungen sowie dem breit gestreuten Vorwurf von vermeintlicher Konfliktverweigerung zu tun. Wer angesichts dieser, im ersten Teil des Buchs – *Alles nur (keine) Konflikte* – genauer herauszuarbeitenden gegenwärtigen Situation eine einigermaßen klare und von verschiedenen Autor:innen geteilte Definition des Konfliktbegriffs erwartet, der oder die wird freilich arg enttäuscht werden. Trotz der scheinbaren Omnipräsenz des Phänomens beziehungsweise der inflationären Verwendung des Begriffs fehlt es an ausdifferenzierten kulturwissenschaftlichen, philosophischen oder historischen Studien zum Thema »Konflikt«. Ja, es scheint fast so, als würden sich definitorische Leerstelle und Ubiquität des Begriffs wechselseitig bedingen. Von moralischen oder Interessenskonflikten über Beziehungsprobleme bis hin zu gewalttätigen Auseinandersetzungen und Kriegen gibt es kaum ein Phänomen, das ob seines unklaren, umstrittenen und unverstandenen Charakters nicht mit dem Sammelbegriff »Konflikt« belegt würde – und das manchmal von ein und derselben Autor:in.

Die (insofern fragwürdige) Attraktivität des Konfliktbegriffs liegt somit nicht zuletzt in seiner universellen Anwendbarkeit. Quer durch alle Debatten und Diskurse wird der Begriff, im umgangssprachlichen Gebrauch, mit anderen wie dem des »Streits«, der »Auseinandersetzung«, der »Konfrontation«, ja sogar des »Krieges« nahezu synonym verwendet. Dass es sich dabei um unterschiedliche Begriffe handeln könnte und sollte, die je verschiedene Phänomene bezeichnen, und der »Konflikt« erst in Abgrenzung vom Streit oder Zusammenstoß sein Potenzial entfaltet, kommt den wenigsten in den Sinn. Da erübrigt sich dann weiteres Nachdenken darüber, ob denn nun Gewalt ein wesentlicher Aspekt von Konflikten ist oder nur das Resultat eines nicht aufgelösten und daher eskalierten Streits.

Geschichte des Konflikts

Ich werde in der Folge versuchen, eine der traditionellen Chronologie widersprechende These zu begründen: Gewalt oder ihre Eskalation ist gar kein Resultat von Konflikten, sondern liegt diesen immer schon voraus. Infolge dieser Lesart könnten die Konfrontation oder sogar Herstellung eines Konflikts sowie ein damit verbundenes Verständnis des eigenen Involviertseins in ihn dann eher eine deeskalierende Funktion haben. Um diese kontraintuitive, die gängige Chronologie umkehrende Einschätzung plausibel zu machen, muss aber zunächst einmal nachvollzogen werden, was an der konventionellen Herangehensweise an Konflikte (und folglich an deren Vermeidung) bislang so überzeugend war.

Mit einer derartigen Aufgabe konfrontiert, neigen vor allem Philosoph:innen dazu, erst einmal den Begriff selbst zu bestimmen und dabei auf alte, verlorene Wahrheiten zurückzugreifen, die sie lange vor unserer Zeit und meist in der antiken Wiege unserer Kultur verorten. Doch kulturgeschichtliche oder etymologische Rückgriffe auf vergangene Zeiten helfen uns hier nicht weiter. Denn sie mögen zwar einige interessante Fährten legen, beantworten aber die entscheidenden Fragen gerade nicht, sondern verschärfen sie sogar: etwa ob und wie ein Konflikt von Krieg, Streit oder anderen Auseinandersetzungen zu unterscheiden ist.

So geht die etymologische Wurzel des Begriffs auf das lateinische *conflictus* zurück und wird in der Regel als »Streit«, »Zusammenstoß« oder »Kampf« übersetzt. Doch gibt uns diese Zusammensetzung des Präfix *con* (aus *cum* = mit) und dem Verb *fligere* (schlagen) freilich keine Auskunft darüber, ob und in welcher Weise nun Streit, offene Konfrontation oder gar kriegerische Auseinandersetzung gleichbedeutend mit Konflikten sind oder nicht. Der spezifische Vorgang, für den das Verb *confligere* gebildet wurde, exemplifiziert vielmehr eine eigentümliche Mehrdeutigkeit, die uns in der Folge begleiten wird. Einerseits verweist das mit *arma confligere* bezeichnete laute »Zusammenschlagen der Waffen« offensichtlich auf die kriegerische Wurzel des Ausdrucks; andererseits soll dieser Vorgang ursprünglich den Zweck gehabt haben, den Feind noch vor Beginn der Schlacht abzuschrecken und somit einen tatsächlichen Ausbruch der Kampfhandlung gerade zu vermeiden.[3] Zugespitzt könnte man diese Perspektive so beschreiben: Solange es einen Konflikt gibt – solange die eigenen Waffen zusammengeschlagen werden oder mit den Säbeln gerasselt wird –, gibt es de facto gerade keinen Krieg.

Auch ein Rückgang auf einen der ersten überlieferten Philosophen der abendländischen Tradition, den im 6. Jahrhundert vor unserer Zeitrechnung geborenen Heraklit, trägt nicht zur Klärung bei. Dieser hatte in einem viel kommentierten Fragment (Nr. 53) vom »Krieg«, *pólemos*, als dem »Vater Aller (Dinge)« gesprochen. Angesichts ständiger Kriege und andauernden Wettbewerbs zwischen den griechischen Städten und Stadtstaaten waren schon für ihn »Zwist« und »Streit« (*éris*) kennzeichnende Merkmale jeder Kultur, ebenso wie entsprechende Klagen über das nicht auf dauerhafte Harmonie ausgelegte Naturell des Menschen.[4] Daraus aber so etwas wie eine Definition abzuleiten, ist schon deshalb wenig zielführend, weil die antiken Griechen noch über gar keinen eigenen Begriff für »Konflikt« verfügten (im Neugriechischen wird heute sígrousi – σύγκρουση – sowohl für menschliche Auseinandersetzungen wie für krachende Fahrzeugkollisionen verwendet).

Auch wenn er davor schon einige Jahrhunderte im Umlauf war, wird der Begriff »Konflikt« erst spät im 19. Jahrhundert Gegenstand theoretischer Untersuchungen – ohne dass diese bisherigen Versuche, ihn wissenschaftlich oder praktisch in den Griff zu bekommen, heute einfach übernommen werden könnten. Denn so wie Konflikte uns generell nicht als etwas eindeutig oder einseitig Festlegbares begegnen, so lassen sich die im zweiten, historischen Teil – *Unterwegs zur Konflikttheorie* – diskutierten Positionen nicht einfach zu einem kohärenten Gesamtbild zusammenfügen. Weder gibt es also *den* Konflikt, noch *eine* wahre Geschichte der Versuche, ihn auf den Begriff zu bringen.

Wir werden unseren Streifzug durch konflikttheoretisch relevante Positionen um das Jahr 1800 beginnen lassen, und dies ungeachtet der Tatsache, dass der Konfliktbegriff als solcher im Deutschen Idealismus keine besonders prominente Position einnimmt. Im äußerst umfangreichen Werk Immanuel Kants etwa findet er sich kaum, und wenn, dann im Zusammenhang mit der Struktur von Materie. Viel wichtiger als die namentliche Nennung ist aber die Art und Weise, in der Kant sich als Teil der Aufklärung positioniert, die er nicht als historische Epoche definiert, sondern als Reflexion über die jeweilige *Gegen*wart – und damit immer auch als potenzielle Distanzierung von und Zusammenstoß mit dieser. Konflikte befinden sich spätestens mit der von Kant geprägten Aufklärung im Kern unseres modernen Denkens – als stets offene, nie abgeschlossene kritische Auseinandersetzung mit den gegebenen Verhältnissen, inklusive der Unmöglichkeit, ein Gemeinwesen zu organisieren, aus dem nicht ständig neue Antagonismen und innere Widersprüche hervorbrechen. Vor diesem Hintergrund beginnt sich ein komplexeres und differenzierteres Verständnis von Konflikt herauszukristallisieren, als es in der diffusen Identifikation mit »Krieg« oder »Streit« der Fall ist. Ein von Kant informiertes Konfliktverständnis – um nicht zu sagen: ein über sich selbst aufgeklärter Konflikt – steht gewissermaßen quer zu groben Dichotomien, in die unser Denken und mehr noch unsere öffentlichen Debatten oft zerfallen.

Die zentrale konfliktphilosophische Einsicht eines anderen deutschen Idealisten, Georg Wilhelm Friedrich Hegel, lautet dann, dass Konflikte nicht nur in der Gegenwart intervenieren, sondern vor allem in Form von historischen Kollisionen auch eine produktive Dimension haben können: Ohne Konflikte wäre gar kein Fortschritt möglich, und der Kampf um Anerkennung ist die Voraussetzung dafür, dass Subjekte ein Bewusstsein ihrer selbst gewinnen. Spätestens beim Heglianer Karl Marx, aber auch bei Friedrich Nietzsche findet schließlich eine offenkundige Umwertung von Konflikten statt, indem gegenläufige Tendenzen (Kapital und Arbeit) oder konfligierende Pole (Apollinisches vs. Dionysisches) als treibende Kraft gesellschaftlicher Entwicklung positiv konnotiert werden.

Mit Blick auf ein philosophisches Verständnis von Konflikten besagt das, dass sie den konstitutiven Kern einer Gesellschaft ausmachen. Das hat unter anderem zur Folge, dass eine »Lösung« von Konflikten (anders als eine Lösung von Problemen!) stets damit einhergeht, dass sich die Strukturen, mitunter also »die Gesellschaften«, selbst auflösen, denen diese Konflikte eingeschrieben sind. Und umgekehrt wurden etwa die konfessionellen Auseinandersetzungen, die Europa über Jahrhunderte bestimmt haben, nicht irgendwann »gelöst« (d. h. als Konflikte beigelegt), sondern haben vielmehr deshalb heute keine Bedeutung mehr für unsere ganz anders strukturierte Gesellschaft, weil die Kirchen selbst darin massiv an Bedeutung verloren haben. Konflikte kommunizieren mit der Grenze einer Gesellschaft, die zu übertreten und zu begreifen immer impliziert, dass sich mit dieser Grenze auch eine gegebene Situation radikal transformieren kann. Deshalb, so argumentiere ich in diesem Buch, handelt es sich bei beliebigen Streitfällen, Meinungsverschiedenheiten oder Auseinandersetzungen eben nicht um *Konflikte*, ebenso wenig bei Beschimpfungen, Prügeleien oder gar Kriegen, sondern nur dort, wo ein Widerspruch den Grund der Existenz (oder Nichtexistenz) einer Gemeinschaft oder sozialen Situation berührt. Das wird insbesondere bei der Erörterung von Marx ersichtlich, der den Klassenkampf zwischen Proletariat und Bürgertum als einen dem Kapitalismus inhärenten Konflikt beschreibt.

Dieser von Marxisten behauptete objektive Charakter sozialer Widersprüche wurde oft bezweifelt. Konflikttheoretisch relevant ist dabei der Einwand, bei einem »Widerspruch« handle es sich ja bloß um eine gedankliche Kategorie, die nicht mit objektiven Zuständen der Welt verwechselt werden dürfe.[5] Dieser logische und ontologische Dissens über Widerspruch und Konflikt, über die objektive Realität von Widersprüchen oder Konflikten, wird uns immer wieder begegnen, verweist er doch auf eine fundamentale Frage: Existieren Konflikte überhaupt? Oder gilt es, Konflikte immer erst herzustellen? Liegen sie somit gewissermaßen in der Zukunft, weswegen es sinnvoller wäre, statt von einer simplen Existenz oder Inexistenz von ihrer manchmal umso stärkeren *Insistenz* zu sprechen?

Dass der Mensch ein Konfliktwesen ist, das alle möglichen »latenten« oder unbewussten Widersprüche in sich trägt, diese Einsicht Sigmund Freuds führt ihn zu einem psychoanalytischen Imperativ, wonach es für Individuen darum gehe, ihre *Konflikte zu entscheiden.* Ein psychischer Konflikt ist in der komplizierten und langwierigen psychoanalytischen Praxis immer erst herzustellen, zunächst einmal dadurch, dass ansonsten strikt getrennte, bewusste und unbewusste oder verdrängte Inhalte aufeinanderstoßen können. Die Aufgabe lautet demnach, uns unserer jeweiligen Konflikte bewusst zu werden, sie in unser Selbstbild zu integrieren und anzuerkennen, dass wir unsere Konflikte *sind*, anstatt sie nur zu *haben* (da Letzteres immer auch zu der trügerischen Annahme verleitet, dass wir sie leicht auch wieder loswerden könnten).[6] Mit dem Psychoanalytiker Jacques Lacan formuliert: *Liebe deine Konflikte wie dich selbst!*

Werde dein Konflikt

Bei den meisten der bisher genannten Autoren habe ich den Konfliktbegriff teilweise wie eine Art Sonde benutzt, da sie selbst ihn kaum je verwenden, geschweige denn zum ausgesprochenen Gegenstand ihrer Untersuchung machen. Das ändert sich jedoch, wie gesagt, im Laufe des 19. Jahrhunderts, bevor dann im 20. Jahrhundert »Konflikt« geradezu ein Modethema wird. Die explizite Thematisierung von Auseinandersetzungen und Zusammenstößen, die als Konflikte bezeichnet werden, geht freilich von Beginn an mit zwei Tendenzen einher, die einem weiterreichenden Verständnis nicht unbedingt förderlich sind. Sie zielen nämlich implizit oder explizit auf eine Aufhebung oder eine Auflösung von Konflikten (statt auf ihr Verstehen oder gar ihre Herstellung). In der um 1900 entstehenden deutschen Soziologie Georg Simmels und Max Webers zeigt sich das zunächst darin, dass »Konflikte« in »Konsens«, »Kompromiss« oder »Konkurrenz« verwandelt und damit gewissermaßen entschärft werden. Die frühen Soziologen folgen dabei Hegels dialektischer Figur der *Aufhebung* eines Widerspruchs zwischen These und Antithese und übertragen sie auf die Bereiche von Politik und Ökonomie: Bürgerlich nobilitiert und auf eine höhere Ebene gehoben, sollen solchermaßen produktive Konflikte etwa in Gestalt von ökonomischer Konkurrenz zu wirtschaftlichem Fortschritt oder in Form von politischen Kompromissen zu gesellschaftlicher Reform führen – insgesamt also zu Evolution statt Revolution.

Mit der später von Lewis Coser und Ralf Dahrendorf etablierten, explizit auf liberalen Ausgleich zielenden »Konfliktsoziologie« verschiebt sich der Fokus auf die *Auflösung* von Konflikten, was dazu führt, dass die zunehmend omnipräsenten Konfliktdiskurse dazu neigen, von den tatsächlichen gesellschaftlichen Konflikten abzulenken. Die Frage, was es denn mit einem Konflikt wesentlich auf sich hat, bleibt dabei weiter unbeantwortet. Und doch ist die Konfliktsoziologie nicht nur eine soziologische Theorie *des* Konflikts, sondern ganz bewusst auch *in* Konflikt, und zwar insofern, als sie sich gegen die in den 1950er-Jahren dominante Funktionssoziologie richtet sowie gegen die allgemeine Harmonieillusion jener Zeit. Denn die sich im amerikanischen *Golden Age*, der österreichischen Sozialpartnerschaft oder dem deutschen Wirtschaftswunder verklärenden Nachkriegsjahrzehnte waren keineswegs eine konfliktfreie Zeit, oder höchstens in einem negativen Sinn, indem nämlich soziale Auseinandersetzungen unterdrückt wurden: eine Ära voll von rassistischer und misogyner Gewalt, grausamen Kolonialkriegen, paranoidem Kommunistenhass und intensiver Angst vor einer nuklearen Konfrontation – ganz zu schweigen vom vollständig sorglosen Verbrauch fossiler Brennstoffe, an dem noch unzählige Generationen leiden werden.

Neben der Soziologie gibt es aber noch eine andere, zunehmend weitverbreitete Form der angeblichen Auflösung von Konflikten: Auch sogenannte »Konfliktratgeber« (für

Privatleute, Manager, Politiker etc.) eint letztlich der gemeinsame Nenner, dass ihre Autor:innen sich vornehmlich für die Eliminierung von Konflikten interessieren – anders als in der Soziologie nicht im konzeptionellen Sinne eines evolutionären Fortschreitens, sondern ganz praktisch durch Mediation und Moderation. Aus theoretischer Perspektive stellt sich uns angesichts dieser Dominanz von Konflikt*pragmatik* die Frage, ob wir Konflikten vielleicht auch deswegen so hilflos ausgeliefert sind, weil der Fokus expliziter Beschäftigung mit ihnen bisher fast ausschließlich auf ihr Verschwinden zielte. Denn haben wir zuvor gesehen, dass vermeintlich idealistische Konsensphilosophen wie Kant durchaus auch als Konfliktdenker zu verstehen sind, so erweisen sich die Einlassungen der selbst erklärten Konfliktpraktiker:innen dagegen allzu oft als konsensfixiert: getragen von dem mal geschäftstüchtigen, mal selbst überschätzenden Versprechen, zwischenmenschliche, firmeninterne oder militärische »Konflikte« lösen zu können oder zumindest ihrer weiteren Eskalation vorzubeugen – ganz egal, ob es sich um einen Ehestreit, dysfunktionale Business-Kommunikation oder drohende Genozide handelt.

Im Zusammenhang mit konfliktpragmatischen *Lösungen* von Auseinandersetzungen kommt schließlich dem Recht als scheinbar objektive, unabhängige Instanz eine besondere Rolle zu. Am ehesten, so die verbreitete Überzeugung, sei es einer neutralen Person oder juridischen Institution zuzutrauen, zwischen streitenden Parteien zu schlichten – und zwar ungeachtet dessen, dass eine solche Schlichtung sowohl im privaten Beziehungsalltag als auch auf dem Feld der internationalen Beziehungen oft nicht gelingt. Dieses Scheitern hat freilich meist einen tieferen Grund als nur die gerne herangezogene Verbohrtheit der jeweiligen Konfliktpartner. Der Unmöglichkeit der Schlichtung korrespondiert letztlich eine häufig nur scheinbare Neutralität der Vermittlungsinstanz: im privaten Bereich, etwa ein:e sich am Ende doch als parteiisch herausstellende:r Bekannte:r, auf der politischen Bühne eine letztlich interessengeleitete Supermacht, hinter deren demokratischer Fassade und moralischen Belehrungen der globale Süden in Wahrheit nimmersatte imperiale Gelüste und einen Vorwand für Militärinterventionen wittert. Kurz, wir alle kennen Kritik an den so gut meinenden Mediatoren und Moderatorinnen. Ja, oftmals ist gar nicht so klar, ob, was Recht ist, auch recht ist.

Ich werde in diesem Zusammenhang eine Umdrehung der Vorzeichen vorschlagen: ein anderes Verständnis von Recht nicht als konfliktlösender Instanz, sondern als Konflikte überhaupt erst herstellender Kategorie, die Konfrontationen nicht überdeckt, sondern bestehende Gewalt und (Konflikt-)Unterdrückung zur Disposition stellt. Weniger hilfreich ist in diesem Kontext allerdings ein Denken in einfachen Binaritäten oder Oppositionen, wie es in der »Konflikt«forschung weit verbreitet ist (etwa all die vermeintlichen Frontstellungen zwischen Frauen und Männern, Osten und Westen, Palästinenser:innen und Israelis etc.).[7]

Produktiver und vielversprechender als das Denken in binären Oppositionen wird ein neues Verständnis von Konflikten sein: und zwar nicht als gleichbedeutend mit einem konfrontativen *Zusammenstoßen* von zwei kategorial unterschiedenen Parteien oder Gegner:innen, von ganz Eigenem und radikal Anderem oder Fremdem, sondern als kommunizierendes *Zusammenfließen* des Eigenen mit dem Anderen, des also nur scheinbar Fremden *im* Eigenen. Eine solche Perspektive werden wir auf sämtlichen zu betrachtenden Feldern beobachten können, in denen Konflikte eine prominente Rolle spielen: von der Immunologie über psychoanalytische bis hin zu progressiven politischen Theorien. In diesen Ansätzen werden feste Grenzen zwischen Ego und Alter Ego unterwandert, statt sie unter Berufung auf imaginäre biologische oder kulturelle Identitäten zu naturalisieren. Nach einem solchen Verständnis kann ein Konflikt erst dann hergestellt – und dadurch produktiv gemacht – werden, wenn über eine binäre oder reflexive Ebene hinaus *rekursiv* agiert wird, das heißt, wenn ich das Fremde und Andere als Teil meiner selbst verstehe und in mich integriere. Nur wer in diesem Sinne an einem Konflikt *teil-nimmt*, ihn *als Teil von sich selbst nimmt*, vermag ihn auch produktiv zu machen und in Richtung Zukunft zu öffnen.[8]

Wenn ich es oben vorgezogen habe, die Mehrzahl an Einlassungen zum Thema als konflikt*pragmatisch* zu bezeichnen, dann auch, weil ich umgekehrt unter *Theorie* ein historisch präzises Phänomen verstehe, das mit der hier vorgeschlagenen Konflikttheorie eng verbunden ist und sich etwa in Gestalt der französischsprachigen *French Theory* in den 1960er- bis 70er-Jahren gar nicht so sehr in der Beschäftigung *mit Konflikten*, sondern selbst *als* eine Art diskursiver *Konfliktpraxis* herausbildet. Konflikttheorie versteht sich hier also nicht als Theorie *des* Konflikts, sondern selbst *als* Konflikt (exemplarisch hierfür etwa die Frühzeit der *Kritischen Theorie*, durchaus in Spannung zu der späteren Konsenstheorie eines Jürgen Habermas).[9] Damit verbunden ist eine praktische, konstruktive Dimension von Konflikten: Ihr Horizont sind Subjekte, die sich, indem sie ihre Konflikte akzeptieren und integrieren, verändern und dabei in einer neu verstandenen Wirklichkeit verorten. Diese neuen Subjekte konstituieren sich selbst und die Welt, in der sie leben, erst im Zuge der Herstellung ihrer Konflikte.

Gegen eine Platon und Aristoteles folgende lange Tradition, die auf soziale Harmonie und Ordnung fixiert ist und in jedem »Konfliktzustand das Anzeichen eines Makels, eines Defekts oder einer Fehlfunktion«[10] sieht, gelten einem solchen Theorieverständnis soziale Prozesse nur dann als politisch, wenn sie mit einer Unordnung oder Neuordnung der Gesellschaft sowie der Entstehung neuer politischer Subjekte einhergehen. Darin liegt letztlich auch das Potenzial von Konflikten: Sie haben eine erkenntnis-, subjekt- und wirklichkeitsbildende Wirkung. Damit erhält auch das Wort »Konfliktpotenzial« seine eigentliche Bedeutung, die der herkömmlichen diametral entgegengesetzt ist. Dazu müssen wir freilich lernen, das Potenzial von Konflikten zu nutzen – weswegen wir in diesem Buch zuallererst einmal verstehen wollen, womit genau wir es denn bei Konflikten zu tun haben. Nur wenn wir in unserem Denken und Handeln auf Widerstand stoßen, nur mittels und eingedenk unserer Konflikte werden wir zu anderen und dadurch eigentlich wir selbst. Oder sinngemäß Nietzsche multiplizierend: *Werdet die Konflikte, die ihr seid.*

(Fehlende) Definition

Ganz entgegen der üblichen Annahme, die Konflikte in der Gegenwart verortet oder allenfalls aus der Vergangenheit ableitet, sind diese immer erst herzustellen und liegen somit in der Zukunft. Eine im vollen Wortsinn *zeitgemäße* Definition muss demnach die eigenwillige Zeitlichkeit von Konflikten auf den Begriff bringen. Dass ein Konflikt nicht einfach im Hier und Jetzt *existiert* und sich auch nicht zwischen zwei immer schon – quasi von Natur aus – verfeindeten Parteien ereignet, muss zeittheoretisch präzisiert werden. Tatsächliche Konflikte sind weder einfach aktuell in der Gegenwart zu verorten, noch liegen sie latent in einer verschütteten Vergangenheit, sondern sie sind immer schon mit der Zukunft im Bunde. Konflikte verweigern sich damit sowohl traditioneller Ontologie (als Lehre des gegenwärtigen und immerwährenden Seins) als auch der üblicherweise angenommenen numerischen Logik von zwei streng getrennten und einander gegenüberstehenden Konfliktparteien sowie einem neutralen, zur Lösung berufenen Dritten. Im Gegensatz etwa zu konkret vorliegenden Problemen lassen sich Konflikte nicht einfach auflösen, denn sie gehören notwendig zu dem Kontext, in dem sie auftreten. Sie sind ein wesentlicher Teil der Struktur, in der sie entstehen. Konflikte machen mich zu dem, was ich bin, und sind somit ein essenzieller Teil der/des Einzelnen wie auch der Gesellschaft, in der wir leben.

Deswegen sollten wir auch aufhören, Konflikte nur als eine Gefahr zu sehen, halten sie eine Gesellschaft doch vielmehr in Bewegung und letztlich zusammen. Das mag zunächst kontraintuitiv klingen, wird aber plausibler, sobald wir die Zukunftskonflikte in den Blick nehmen, die in diesem Buch diskutiert werden sollen. Damit sind nicht einfach nur in der Zukunft liegende Konflikte gemeint – etwa Cyberkriege oder durch den Klimawandel verschärfte Auseinandersetzungen um Ressourcen. Vielmehr geht es um die fundamentale Einsicht, dass die mit Digitalisierung und Umweltveränderungen verbundenen Konflikte aus der Zukunft auf uns zukommen. Aus der Zukunft zurückblickend erkennen wir, dass wir unsere künftigen Konflikte schon heute herstellen müssen, um auf der Grundlage dieser theoretischen Praxis die bevorstehenden Probleme angehen zu können – denn wenn wir das erst in der Zukunft versuchen, wird es höchstwahrscheinlich zu spät sein.

Besonders mit Blick auf Krieg, Gewalt und Eskalation wird sich die Umkehr der traditionellen Chrono-Logie bewähren, wie wir sie von Zukunftskonflikten – exemplarisch dem aus der Zukunft auf uns zukommenden Klimawandel – lernen können und müssen. Die Zeit der Konflikte oder Konfliktzeit verläuft nicht chronologisch, und Konflikte eskalieren nicht in Gewalt, wie es gemeinhin angenommen wird,[11] sondern Gewalt geht Konflikten vielmehr voraus. Auch darin ist mit all ihren gegenwärtigen und zukünftigen Problemen die Umweltthematik exemplarisch, der bekanntlich jahrhundertelange Gewalt vorausging, denken wir nur an den durch koloniale Gewalt geprägten Raubbau an der Natur. Umso mehr ist zu bedauern, dass, wie bereits erwähnt, in den politischen und medialen Debatten angesichts eines allzu losen Sprachgebrauchs meist heillose Verwirrung über eine genauere Abgrenzung von Konflikten, Gewalt, Kriegen etc. herrscht.

Dieses Buch ist hingegen von der Überzeugung getragen, dass der Preis für einen solchen elastischen und inkohärenten Begriffsgebrauch zu hoch ist. Es will sich nicht damit zufriedengeben, dass »Unterscheidungen zwischen Konflikten und Nicht-Konflikten bestenfalls unscharf sind und schlimmstenfalls überhaupt nicht getroffen werden«, wie es in einem Sammelband zu *Conflict Resolution* heißt.[12] Eine solch skeptische Vorsicht findet sich nicht nur in pragmatischen Zugängen angloamerikanischer Provenienz, sondern auch noch in weniger praxisorientierten europäischen Theorieansätzen. Zu nennen ist hier der Soziologe Thorsten Bonacker, der die im deutschsprachigen Raum umfangreichste und auch editorisch verdienstvolle Einführung in »Konflikttheorien« vorgelegt hat.[13] Bonacker zufolge gibt es »keine allgemeine neutrale Definition dessen, was ein Konflikt ist. Vielmehr können wir nur in und mit Konflikttheorien erfahren, was sich hinter dem Begriff verbirgt. Selbstverständlich verweist diese Behauptung auf das Paradox, daß erst Konflikttheorien es ermöglichen, den Begriff des Konfliktes inhaltlich zu füllen, daß also die Konflikttheorie sozusagen vor dem Konflikt dagewesen sein muß«.[14] Trotz dieser Relevanz eines theoretischen Moments, der Interpretation und Identifikation mit Konflikten, möchte ich in der Folge methodisch anders vorgehen. Statt gegenwärtigen und zukünftigen Konflikten theoretisch etwas vorzuschreiben, möchte ich das angesprochene zeitliche Paradox produktiv machen. Denn Konflikte kommen aus der Zukunft auf uns zu. Darum müssen wir sie auch von der Zukunft her verstehen.

Der dafür betriebene Aufwand an Theorie muss sich sicher den Einwand gefallen lassen, ob eine solche Neubestimmung denn wirklich notwendig ist. Schließlich handle es sich doch um einen offensichtlich gut funktionierenden Begriff, dessen weite Verbreitung unweigerlich auch gewisse (verzeihliche) Unschärfen mit sich bringe. Der Preis für einen pragmatischen Sprachgebrauch oder die bequeme Verwendung gebräuchlicher Formeln – etwa die Wikipedia-Definition von sozialem Konflikt als »Kampf um Handlungsfähigkeit und Macht in der Gesellschaft«[15] – ist freilich immens. Der unhinterfragte Alltagsgebrauch des Konfliktbegriffs ist nämlich nicht zu trennen von einer konzeptionellen Verlorenheit bei der Betrachtung der politischen Weltlage – eine Verlorenheit, die nicht nur von dem unscharfen Gebrauch des Begriffs herrührt, sondern auch von dem davon ausgehenden zwanghaften Anspruch, ständig Konflikte lösen zu wollen (statt sie zu verstehen und herzustellen).

Narrative der Eskalation

Seit dem Zeitpunkt einer ersten Niederschrift dieser Zeilen, kurz nach Beginn des russischen Überfalls auf die Ukraine, vergeht keine Stunde, ohne dass Politiker:innen und Journalist:innen fordern, dass *die Konflikte zu beenden seien.* Dass es dazu nicht kommen wird, ist nicht einfach der Komplexität des Geschehens geschuldet, sondern dem Umstand, dass die tatsächlichen historischen, geopolitischen und ökonomischen Rahmenbedingungen eben nicht zur Disposition stehen, ja der großen Mehrzahl der Kriegsagitatoren und -kommentatorinnen nicht einmal ansatzweise bekannt sind. Wo jedoch der »Konflikt« mit dem »Krieg« synonym verwendet wird und die dahinterliegenden historischen, geopolitischen und ökonomischen Entwicklungen der Gegenwart und Zukunft gar nicht zur Sprache kommen (obwohl sie dringend von der Weltgemeinschaft verhandelt werden müssten), steht man vor zwei schlechten Optionen, sich in einer zerstörerischen Auseinandersetzung zu verhalten: reden oder Waffen liefern, aufgeben oder kämpfen – und zwar im Wissen darüber, dass sich weder die tatsächlichen Konflikte, schon gar nicht aber der als solcher missverstandene »Konflikt« wirklich lösen lassen.

Da wundert es dann auch nicht, wenn die USA einerseits »Waffen im Wert von Millionen von Dollar« an die ukrainische Armee schickten und das US-Verteidigungsministerium gleichzeitig verlautbaren ließ, mit seinem russischen Pendant eine telefonische »de-confliction line« eingerichtet zu haben.[16] Und wenn praktisch am selben Tag auch der russische Außenminister eine baldige »Lösung des Konflikts« in Aussicht stellte, dann irritiert daran – neben dem offensichtlichen Zynismus – aus konflikttheoretischer Sicht ein weiteres Mal die vollständige Unschärfe des Begriffs.

Nur wenige Beobachter versuchten in dieser Situation eine akkurate Einschätzung der Lage mittels einer ausdifferenzierten Terminologie. So etwa der britische Journalist Paul Mason, der die militärischen Auseinandersetzungen erklärte als »zum Teil ein Zusammenstoß zwischen zwei kapitalistischen Eliten: den Mafiosi in Russland und den neoliberalen Technokraten der EU / USA. *Das ist aber nicht der primäre Charakter des Konflikts.* Es handelt sich um einen Systemkonflikt über die Frage, in welcher Art von Welt wir leben wollen.«[17]

Dieses Buch macht es sich angesichts dieser Unklarheiten und Verwirrungen aber explizit nicht zur Aufgabe, aktuelle Zeitgeschehnisse zu kommentieren oder diese konflikttheoretisch zu deuten, sondern thematisiert sie nur so weit, als es hilft, die Schwierigkeiten einer trennscharfen Definition konkreter Konflikte und von Konflikt überhaupt besser zu verstehen. Zunächst aber ist zu beobachten, dass mit der ideologischen Forderung einer »Lösung von Konflikten« stets mehrere zusätzliche Annahmen impliziert sind. Dazu gehört die Annahme, Konflikte seien in der Vergangenheit angelegt, auch wenn es erst später zu einer Eskalation gekommen sei. Überhaupt ist die »Eskalation« – egal, ob als Kompositum in Konflikt*eskalation* oder Attribut im *eskalierenden* Konflikt – ein fast immer und meist ebenso unscharf wie undurchdacht gebrauchtes Hilfsmittel bei der Beschreibung von Konflikten.

So kann etwa in einem Zeitungsartikel zum Krieg in der umstrittenen Kaukasusregion Bergkarabach ein Aufstand armenischer Partisanen zu einem »Bürgerkrieg innerhalb der Sowjetunion und schließlich einem Konflikt zwischen zwei kürzlich unabhängig gewordenen Nationalstaaten« werden und sich im nächsten Satz von einem »lokalen Konflikt in einen ausgewachsenen Kampf« verwandeln.[18] Dass zudem Auseinandersetzungen zu bewaffneten Konflikten eskalieren können wie auch umgekehrt Konflikte zu bewaffneten Auseinandersetzungen, scheint dabei ebenso in Kauf genommen zu werden wie das damit verbundene offensichtliche Scheitern, den Zusammenhang der Ereignisse zu durchdringen. Dieses Scheitern führt uns vor Augen, dass das herrschende Unverständnis einer so zentralen *metaphor we live by* (George Lakoff und Mark Johnson) keinesfalls nur aus theoretischen oder akademischen, sondern durchaus auch sehr konkreten Gründen problematisch ist.

Das zeigt sich auch etwa am viel diskutierten »Genderkonflikt« – ein kurzer Check auf Google ergibt »ungefähr 646 000 000 Ergebnisse (0.57 Sekunden)«. Es geht bei diesem Konflikt gerade nicht, wie oft angenommen, um einen »Kampf der Geschlechter« oder auch nur Auseinandersetzungen zwischen Männern und Frauen. Was sich aus konflikttheoretischer Sicht als eine falsche Identifizierung von »Konflikt« mit Metaphern von »Kampf« oder »Krieg« erweist, steht auch einer Klärung der konkreten Probleme – und das meint immer auch dem Verständnis konkreter Opfer und Täter – im Wege. Nur wenn Konflikte als in obigem Sinn inexistent begriffen werden, wird verständlich, dass die eigentliche Frage hier lautet, ob zwei (oder mehrere) biologisch voneinander getrennte Geschlechter überhaupt existieren. Auslöser gesellschaftlicher Auseinandersetzungen wäre demnach eine gerade nicht reale und in diesem Sinne inexistente Kategorie, nämlich »Gender« als soziale Konstruktion.

Die offenkundige Schwierigkeit, Konflikte präsent oder gegenwärtig zu machen, gilt es abschließend an drei Beispielen unserer zukünftigen Konflikte zu erläutern, die diese ganz konkret als *Zeitkonflikte* erweisen.

Zukunftskonflikte: Krieg, Digitalisierung, Planetarisches

Konflikte haben nicht nur eine zeitliche Dimension, wie viele andere soziale Phänomene auch, sie sind zudem häufig durch einen Zusammenstoß unterschiedlicher Zeitlichkeiten oder Temporalitäten geprägt. Das trifft schon auf den »ersten Konflikt in der Geschichte des Universums«[19] zu, überliefert in Hesiods *Theogonie* aus dem 8. oder 7. Jahrhundert vor unserer Zeitrechnung (»vor unserer Zeitrechnung« oder am Übergang zu unserem Verständnis von Zeit eben als Chrono-logie – *chrónos* lautet das griechische Wort für »Zeit«): Gegen den Willen seines Vaters Uranos wird der Titan Kronos von seiner Mutter Gaia heimlich zur Welt gebracht und später von ihr angestiftet, seinen Vater zu kastrieren und damit das für die Menschheit (bis vor Kurzem) gültige Gesetz der chronologischen Sukzession einzusetzen – dem erst mit umgekehrt in und aus der Zukunft dominanten künstlichen Intelligenzen ernst zu nehmende Konkurrenz droht.

Knappe drei Jahrtausende später stehen wir also möglicherweise erneut an einer ebenso fundamentalen Zeitenwende, dem Zusammenstoß unseres (wie alles irdische Leben kohlenstoffbasierten) bio-chronologischen Zeitverständnisses mit dem Zeitverständnis siliziumbasierter Intelligenzen. Ausgehend davon versucht dieses Buch, deswegen den Konflikten der Zukunft zu folgen, denen wir schon heute in ersten voraus- oder eben zurückeilenden Effekten begegnen: etwa denen der Klima- und Umweltkonflikte. Erst wenn wir hier nicht nur die im Laufe des 21. Jahrhunderts zunehmenden gewalttätigen Auseinandersetzungen um knappe Ressourcen und Territorien in den Blick nehmen, sondern verstehen, dass es sich im vollen

Wortsinn um *Zukunftskonflikte* handelt – nämlich solche, die sich nie vollständig in der Gegenwart realisieren –, erst dann werden wir sehen, wie sich das eigentliche Potenzial des hier vorgeschlagenen Konfliktbegriffs entfalten lässt.

Mit diesem Fokus auf Zukunftskonflikte im dritten Teil des Buchs ist jedoch auf keinen Fall irgendein futurologischer Anspruch verbunden. Die anvisierte zukünftige Gegenwart meint auch weniger eine heute schon absehbare Zukunft als unsere zukunftsträchtige und zukunftsbestimmte Gegenwart. Der Versuch eines spekulativen Blicks zurück aus der Zukunft gilt also vielmehr einem besseren Verständnis der Gegenwart, und zwar speziell ihrer zukünftigen Probleme, die wir schon heute zu lösen beginnen müssen. Vor allem an drei Bereichen wird sich die Relevanz von Konflikten für unsere Gesellschaft erweisen.

1) Krieg und Konflikt: Als erster Bereich ist das Konzept »Krieg« schon deswegen unumgänglich, weil es mit am häufigsten synonym mit »Konflikt« verwendet wird. Zudem wird für die kommenden Jahrzehnte angesichts einer veränderten geopolitischen Situation verstärkt vor einer drastischen Zunahme an Gewaltkonflikten bzw. Kriegen gewarnt, wobei meist implizit die Auseinandersetzung zwischen Staaten als zentrale Problemebene und Fluchtpunkt definiert wird. Betrachtet man jedoch die im Zusammenhang mit dem Klimawandel drohenden Auseinandersetzungen, dann ist zu bezweifeln, ob die neuzeitliche, postwestfälische Nationalstaatslogik und -gesetzlichkeit in Zeiten der rasanten Umweltveränderungen überhaupt auf der Höhe der tatsächlich virulenten Konflikte operiert.

Wie im Zuge des Klimawandels wird auch im Fall von Kriegen die räumliche, zeitliche und personale Zuordnung immer schwieriger – und damit auch der Versuch, die disparaten Gewaltelemente allesamt unter »Krieg« zu subsumieren: so etwa die beteiligten Akteure, die sich einer Freund-Feind-Konstellation zuordnen lassen; oder ein identifizierbares »Kriegsgebiet«, in dem die Kämpfe ausgetragen werden; oder schließlich den Anspruch, gewalttätige »Konflikte« oder Kriege in dem Maße, als sie »ausbrechen«, auch wieder »aufzulösen« und zu beenden, also einen vormaligen gewaltfreien Friedenszustand wieder herzustellen. Angesichts einer bereits heute gegenwärtigen Entgrenzung von Kriegen etwa in Klima-, Wirtschafts- und Cyberkriege, lösen sich diese klassischen Kriterien und Definitionen dessen auf, was »Kriege« qua gewalttätig eskalierte »Konflikte« bedeuten. Wir werden sehen, wie das zugleich eine neue Sicht auf das Phänomen Konflikt erlaubt.

2) Digitalisierung und Wissenskonflikte: Die alle Gesellschaftsbereiche durchziehende Digitalisierung ist mehr als nur ein Medium für zukünftige Gewaltphänomene. Vielmehr kommt es auch bei der Digitalisierung zu diesen eigentümlichen Konflikten, die wir nicht einfach mit einigen in letzter Zeit verstärkt diskutierten Problemen identifizieren sollten (etwa dem Eigentum an Daten oder der Macht von KI). In diesem Zusammenhang wird es zum einen darum gehen, einen mit der Überforderung durch das neue, digitalisierte Wissen einhergehenden digitalen Wissenskonflikt herauszuarbeiten und genauer zu verstehen. Die Schlagworte Algorithmisierung und Big Data stehen für eine sowohl praktische wie theoretische Verwirrung, welchem Wissen noch vertraut werden kann und ob oder wie sich tatsächliches Wissen von maschinell ausgewerteter Information oder Fake News unterscheiden lässt.

Zum anderen werden wir uns einem in der Technologie selbst angelegten, ihr inhärenten Konflikt widmen, der in der breiten feuilletonistischen Debatte zu diesen Fragen bisher kaum berücksichtigt wird. Dass künstliche Intelligenzen sich heute an einer eigentlich unmöglichen unendlichen Anwendung mathematischer Computation versuchen, führt mit technologischer Notwendigkeit zu einem Konflikt, dessen unverstandenes Symptom die uns allen bekannten angstbesetzten Debatten um das Eigentümliche der menschlichen Intelligenz oder das Eigentum der von Menschen abgesonderten Daten sind. Doch auch die mit der Digitalisierung unserer Kultur und sämtlicher Lebensbereiche verbundenen sozialen und politischen Verwerfungen werden wir nur angehen können, wenn wir den der Digitalisierung insgesamt innewohnenden technopolitischen Konflikt nachvollziehen bzw. aktiv verstehen.

3) Politischer Planetarismus: Neben dem Klimawandel gehören zu den zukünftigen planetarischen Umweltkonflikten auch das Artensterben, die Übersäuerung der Meere, der Stickstoff- und Phosphorzyklus, Trinkwasserverlust und andere.[20] Der Anspruch an dieser Stelle lautet wiederum nicht, eine umfassende Liste oder Darstellung klimatischer oder Umweltprobleme der Zukunft zu geben. Am Ende dieses Buchs steht vielmehr der Versuch, den planetarischen Horizont von Zukunftskonflikten in den Blick zu nehmen, den herzustellen zuallererst die Voraussetzung dafür ist, unsere nicht einfach globalen und schon gar nicht international oder national lösbaren Probleme anzugehen.

Gemäß der oben grob skizzierten politischen Theorie, wonach tatsächliche politische Veränderung stets mit der Entstehung neuer Subjekte einhergeht, muss die Suche hier den entsprechenden planetarischen Entitäten gelten. Das zielt neben zukünftigem (nicht nur menschlichem) Leben auch auf an allen möglichen, uns unzugänglichen planetaren Orten befindliche siliziumbasierte Intelligenzen. Diese zugleich überaus sensiblen – und entsprechende Daten produzierenden und verarbeitenden – Intelligenzen werden wir ebenso in unser politisches Selbstverständnis und unsere Institutionen integrieren müssen wie unsere animalischen Ahnen und hoffentlich auch zukünftige biologische Generationen.

Motivation

Die Motivation, dieses Buch zu schreiben, entspringt der Überzeugung, dass wir die Probleme der Zukunft nur dann lösen können, wenn wir die unsere Gesellschaft prägenden Konflikte schon heute erkennen. Zu einer politischen gesellt sich eine intellektuelle Frustration, dass ein zur Lösung unserer planetarischen Probleme so zentraler oder zumindest zu ihrem Verständnis so hilfreicher Begriff derart diffus und falsch gebraucht, ja sogar systematisch missbraucht wird. Genau genommen handelt es sich um einen doppelten Missbrauch des »Konflikts« als Lieblingsbegriff konservativer oder schlichtweg reaktionärer (und wie die folgenden Kapitel leider deutlich zeigen werden: meist männlicher) Autoren. In dem Maße, als der Verweis auf nachträglich naturalisierte – also als angeblich notwendig zu unserer Natur gehörende – Auseinandersetzungen von tatsächlichen sozialen und ökonomischen Konflikten ablenken soll, wird dafür lieber kurzerhand dem politischen Gegner eine Konfliktscheu attestiert. Und nicht erst heute ist reaktionäre Polemik erfolgreich darin, die eigene Konfliktunfähigkeit auf den mal als liberal, mal als sozialdemokratisch, grün (früher: pazifistisch) oder einfach nur als politisch naiv titulierten Gegner zu projizieren.

Damit schließt sich der Kreis zu der eingangs erwähnten Verzahnung von Konfliktphobie und Konflikthypertrophie: Die historisch und lokal je unterschiedlichen Vorwürfe eines naiven Pazifismus, von moralischer Überempfindlichkeit oder lebensfremder Toleranz sind – noch in ihrer dämlichsten Variante eines Ausspielens echter linker Politik gegen Identitätspolitiken einzelner Minderheiten, von Ausbeutung gegen Gendersternchen etc. – festes Inventar aller chauvinistischen Glorifizierungen eines unzureichend verstandenen Konflikts. Die vorliegenden konflikttheoretischen Einsichten machen jedoch deutlich, dass der martialische Verweis auf naturgemäße »Konflikte« letztlich nur die perfideste Art ist, Konflikten auszuweichen.

Angesichts der – in jeder Wortbedeutung – rückwärtsgewandten Instrumentalisierung von Konflikten sieht es dieses Buch als eine zentrale Aufgabe, den Konflikt aus seiner traditionellen oder konservativen Fehldeutung zu befreien. Die Essenzialisierung und Naturalisierung von Konflikten taugt durchgehend als untrügliches Merkmal selbst ernannter Realisten, die damit gerne ihre mal bellizistischen, mal machistischen Plattitüden zu rechtfertigen versuchen. Dieser unhistorische Missbrauch des Begriffs – im Dienste einer fundamentalistischen Polarisierung der politischen Welt in von Natur aus verfeindete Lager – geht dabei nicht nur zulasten des Konzepts, sondern auch auf Kosten der Wirklichkeit. Im Sinne einer politischen Zukunft, die wert ist, diesen Namen zu tragen, erfolgt deswegen der Vorschlag einer zeitlichen Umdrehung und Umwertung dieses konservativen Lieblingsbegriffs: und zwar von ewigen Vergangenheits- zu *Zukunftskonflikten.*

Ich habe bereits auf die ebenso ideologische wie erfolgreiche Strategie konservativer Autoren hingewiesen, von der eigenen Konfliktignoranz mit dem Vorwurf einer Konfliktscheu *woker* »Schneeflöckchen« abzulenken. Diese konflikttheoretisch leicht zu entlarvende Rhetorik trifft aber ein Moment von Wahrheit insofern, als sie »Konfliktscheu«

als Indikator für ein politisches Versagen etablierter Parteien bzw. der bürgerlichen Mitte selbst thematisiert. Hier rächt sich weniger die jahrzehntelange Annäherung der einstmals großen Volksparteien aneinander als vielmehr ihre Preisgabe jeglicher Auseinandersetzung um radikale politische und ökonomische Alternativen. Dazu gehört der Vorwand der zuletzt in immer kürzeren Abständen rituell wiederholten Überraschung über ein neues Zeitalter von »Konflikten« oder die Rückkehr des Krieges ausgerechnet in das bekanntlich so friedliebende Europa. Die Aufmerksamkeit für (vermeintliche) Konflikte ist heute jedenfalls in der Mitte der Gesellschaft angekommen, wovon nicht zuletzt eine Radikalisierung am rechten Rand des politischen Spektrums zeugt. So lässt sich festhalten, dass nach »drei Dekaden Konsenskultur der Mitte grundlegende politische Konflikte wieder Eingang in die Gesellschaft gefunden haben«, wie eine freilich selbst wieder umstrittene Einschätzung lautet.[21]

Gegenwärtig erleben wir vor allem zwei Extremisierungstendenzen – und beide werden oft fälschlicherweise als Beleg für die drastische Zunahme von Konflikten angeführt, wo es sich de facto um eine Zunahme an Auseinandersetzungen, Aggression, Ignoranz und den Unwillen, aufeinander einzugehen, handelt, aber ganz sicher nicht um gemeinsame oder geteilte Konflikte. Auf der einen Seite sind das die (Bi-)Polarisierung und Extremisierung der politischen Mitte, eine *Political Partisanship*, wie sie am deutlichsten in Zweiparteiensystemen zu beobachten ist (Trumps Republikaner in den USA, die Brexit-Torys in UK). Auf der anderen Seite das rasante Wachsen der extremen Rechten in praktisch allen europäischen Mehrparteiensystemen. Auch hier bestätigt sich die These, dass der Verzicht auf die Artikulation von Konflikten im politischen Mainstream zu irrtümlich als »Konflikte« bezeichneten Auseinandersetzungen führt, bei denen es sich in Wahrheit um ein gesellschaftliches Auseinanderdriften oder um die beständige Eskalation von Hass und Gewalt handelt.

Demokratie aber ist eine Regierungsform, die auf *Agonalität*, also auf politischem Streit, basiert.[22] Deswegen wird der Verzicht auf die aktive Herstellung von Konflikten lebensbedrohlich für eine politische Ordnung, für die agonale Auseinandersetzungen kein Störfaktor sind, sondern ein Lebensprinzip. Wird politischer Dissens zum Beispiel nicht mehr zwischen Parteien – und von diesen innerhalb des demokratischen Systems – angeregt, dann drohen die Auseinandersetzungen statt *in* eher *um* das politische System zu eskalieren, latente oder manifeste Gewalt inklusive. Deswegen muss jede Zeit ihre Konflikte auf den Begriff bringen.[23]

Für unsere Zeit gilt das, wie schon angedeutet, in besonderem Maße und auf planetarer Ebene. Die Zukunftslastigkeit unserer algorithmisierten und umweltbedrohten Gegenwart – und damit die Nichtpräsenz und gleichzeitige Insistenz von Zukunftskonflikten – lehrt uns aber, wie erwähnt, auch rückwirkend etwas über die mangelnde oder fehlende Existenz von Konflikten generell. Das verstehe ich sowohl als methodischen Imperativ wie auch als gesellschaftlichen. Methodisch, weil wir aus der Perspektive von Zukunftskonflikten nicht nur rückwirkend etwas über das Wesen von Konflikten überhaupt verstehen, sondern andererseits auch vergangenes Konfliktdenken *avant la lettre* für unsere Zukunftskonflikte produktiv zu machen vermögen. Gesellschaftlich, weil die fehlende Anerkennung globaler Ausbeutung oder der Unmöglichkeit, unseren Wohlstand noch länger (auf Kosten anderer) aufrechtzuerhalten, gleichbedeutend ist mit der Weigerung, einen grundsätzlichen Konflikt unserer politischen Ökonomie herzustellen. Solange wir entweder noch glauben, unser wirtschaftliches und politisches Leben sei grundsätzlich so fortsetzbar, oder zwar behaupten, es nicht zu glauben, aber trotzdem so weitermachen, so lange bleibt dieser Konflikt in der Praxis inexistent. Auch deswegen muss unsere Zeit, vielleicht mehr als jede andere zuvor, ihren Konflikt auf den Begriff bringen.

Im Kern geht es dabei um einen neuen Begriff des Konflikts, in dessen Zentrum sich gewissermaßen eine Leerstelle befindet: Diese Leerstelle gilt es durch das Herstellen nichtgegenwärtiger, aus der Zukunft insistierender Konflikte immer erst zu füllen. Der *Konflikt* ist somit etwas ganz anderes als ein potenziell Kampfhandlungen auslösendes Aufeinandertreffen entgegenstehender Interessen. Er beschreibt vielmehr – darin liegt das eigentliche Konfliktpotenzial – eine ständige erkenntnis-, subjekt- und wirklichkeitsbildende Praxis, eine Haltung zu Gegenwart und Zukunft, die sich darauf fokussiert, die vorhandene Gewalt und ihre sie befördernden oder legitimierenden Diskurse und Strukturen sichtbar zu machen und in diesem Sinne einen Konflikt überhaupt erst hervorzubringen. Etwas salopp formuliert geht es bei der Auseinandersetzung mit den so verstandenen Konflikten nicht darum, irgendetwas schnell und um jeden Preis zu lösen, sondern darum, genauer hinzusehen (auch wenn das allenfalls der erste Schritt einer umfassenden Konfliktpraxis sein kann).

Wenn der Untertitel dieses Buchs eine Lösung von Problemen anmahnt, dann ist das in Bezug auf den hier vorgeschlagenen Konfliktbegriff durchaus als Provokation zu verstehen. Denn ja, wir müssen in der Tat dringend die Probleme der Zukunft bereits heute lösen. Aber der Beitrag dieses Buchs hierzu soll gerade darin bestehen, verständlich zu machen, dass wir zu diesem Zweck nicht das »lösen«

oder »auflösen« müssen, was heute allenthalben als »Konflikte« bezeichnet wird. Vielmehr lautet eine zentrale These, dass zur Lösung unserer heute und künftig drängendsten Probleme die diesen zugrunde liegenden Konflikte überhaupt erst einmal *hergestellt* – das heißt sichtbar gemacht und angegangen, ausgetragen und auch ausgehalten – werden müssen. Sowohl für das Individuum wie für die Gesellschaft gilt: *Sage mir, was deine Konflikte sind, und ich sage dir, wer du bist.*

I. Gegenwart – Alles nur (keine) Konflikte

So wie wir den Begriff im Alltag verwenden, ist es sicher einigermaßen unkontrovers, zu sagen, dass »Konflikte« jeden Bereich (nicht nur) des menschlichen Lebens durchdringen, und zwar sowohl in der Sphäre der sozialen Interaktionen als auch auf einer elementaren biologischen Ebene. Glaubt man den einschlägigen Natur- und Kulturwissenschaftler:innen, stehen etwa unsere egoistischen Gene nicht nur in Konfrontation mit anderen Genen, sondern in einem generellen Widerstreit mit der Kultur – dem, was Humangenetiker einen »Gen-Kultur-Konflikt« nennen.[24] Beginnen werden wir diese Bestandsaufnahme der Gegenwart daher mit einem Blick auf die biologischen Prozesse, die unsere Körper sowohl mit ihrer kulturellen Umgebung als auch mit sich selbst unter Spannung setzen können. Obwohl gerade eine Analyse der für alles Lebendige essenziellen (Auto-) Immunvorgänge ein differenziertes Bild vom Verhältnis zwischen Eigenem und Fremdem zeichnen müsste, changieren Biologie und Medizin doch allzu oft zwischen den Extremen, indem sie diese Vorgänge in entweder einseitig harmonisierender oder in bellizistischer Weise deuten.

Solche Beschreibungen von Vorgängen im biologischen Bereich deuten bereits an, dass die Erforschung der Immunologie auch nicht folgenlos für die Sozialwissenschaften geblieben ist. Gerade eine eher kriegsähnliche Auslegung der Autoimmunprozesse hat vor allem konservative Politologen dazu geführt, auch soziale Auseinandersetzungen als ihrer Natur nach »kriegerisch« zu beschreiben, die bellizistische Deutung somit zu naturalisieren. Am Beispiel eines der in den vergangenen Jahrzehnten meistdiskutierten Vertreters einer solchen pessimistischen Anthropologie, dem US-Politologen Samuel P. Huntington, wird uns dies im zweiten Kapitel beschäftigen.

Schon hier wird uns aber auch etwas begegnen, das ein konfliktnaturalisierender Konservatismus gerne seinen politischen Gegner:innen unterstellt, nämlich eine dieser vermeintlichen Allgegenwart von »Konflikten« gegenüberstehende »Konfliktblindheit« oder »Konfliktscheu«. In etwa zur selben Zeit wie Huntington hat der französische Soziologe Alain Ehrenberg Ende des 20. Jahrhunderts den Befund einer allgemeinen Konfliktscheu zur Diagnose einer depressiven Gesellschaft ausgebaut, deren beständiges Vermeiden von Konfrontationen die diesen zugrunde liegenden Konflikte doch nicht zum Verschwinden zu bringen vermag. Diesen Überlegungen wird sich unser drittes Kapitel widmen.

Ehrenberg konnte um die Jahrtausendwende wohl noch nicht erahnen, wie sehr sich seine Analysen in den folgenden zwei Digitalisierungsjahrzehnten plausibilisieren würden. Das Zeitalter der digitalen sozialen Medien hat auf der einen Seite Angebot wie Nachfrage nach Filterblasen enorm gesteigert, die als *Safe Spaces* fungieren, was auf der anderen Seite freilich vor allem dazu führt, dass sich die Auseinandersetzungen, die doch weiterhin stattfinden, regelmäßig und mit quasi technologischer Notwendigkeit verschärfen und verhärten. Das vierte und letzte Kapitel dieses ersten Teils wird diesem wohl bezeichnendsten Aspekt unserer konfliktunverständigen Gegenwart nachgehen.

1.

Von Autoimmun- bis Zivilisationskrankheiten: Konfliktbiologie und Konfliktmedizin

Wo sonst sollte eine Untersuchung der These einer Allgegenwärtigkeit von »Konflikten« beginnen als mit einem Blick auf die elementaren Vorgänge des Lebens überhaupt? Nicht erst in Zeiten von Pandemien deutet schon unsere alltägliche Erfahrung mit uns selbst und unserer eigenen Körperlichkeit darauf hin, dass in der Welt nicht immer alles harmonisch zugehen kann. Zwei unsere moderne Welt besonders prägende Beispiele sind hier einerseits die sogenannten »Zivilisationskrankheiten«, bei denen ein Körper in Spannung mit seinen kulturellen Bedingungen gerät, sowie andererseits Autoimmunerkrankungen, in denen ein Körper gegen sich selbst agiert. So kann nämlich einerseits unsere evolutionäre Disposition quer stehen zu unseren zeitgenössischen Lebensgewohnheiten, andererseits sind es (Auto-)Immunprozesse, mittels derer zuallererst so etwas wie Identität hergestellt, also Fremdes von Eigenem unterschieden wird.

Verschärft tritt das naturgemäß dort auf, wo sich überhaupt erst neues Leben herausbildet. So stehen auch die Vorgänge um Schwangerschaft und Geburt im erweiterten Spannungsfeld der Immunologie. Grund genug, uns zunächst einmal Klarheit über den Begriff der »Immunität« zu verschaffen. Denn während der Begriff aus der Biologie heraus eine Metapher für die Beschreibung sozialer und politischer Verhältnisse liefert, schwankt seine Verwendung innerhalb der Medizin selbst zwischen verschiedenen Paradigmen, grob gesagt einem eher harmonischen und einem nicht selten mit kriegerischer Metaphorik belegten. Dabei wird es am Ende bei der Frage nach der Bedeutung der Autoimmuntoleranz für die Vorstellung von Selbstidentität vor allem darum gehen, diese Grenzen gerade nicht mit voller Schärfe zu ziehen, sondern vielmehr Selbst und Anderes, Eigenes und Fremdes auf produktive Weise ineinanderfließen zu lassen.

Kurzes ABC der Konfliktkrankheiten

Adipositas, Aids, Allergien, Anämie, Anorexie, Bandscheibenvorfälle, Bluthochdruck, Blinddarmentzündung, Bulimie oder neuerdings diverse Coronavirus-Erkrankungen wie SARS, MERS und zuletzt Covid-19 – diese alphabetische Liste an Krankheiten, die allesamt auch als »Zivilisationskrankheiten« identifiziert worden sind, ließe sich noch lange fortsetzen. Was sie alle teilen sollen, ist der Ausdruck einer notwendigen Unvereinbarkeit zwischen unserer evolutionär herausgebildeten genetischen, anatomischen oder biologischen Disposition und unseren modernen Lebens-, Reise- und Konsumgewohnheiten. Die Volkskrankheiten Kurzsichtigkeit oder Rückenschmerzen wären somit nicht einfach das Resultat einer räumlichen Veränderung oder Verengung (von der Steppe in enge Wohn- und Büroräume), sondern auch Symptom gänzlich unvermittelbarer oder konfligierender Zeitlichkeiten. Wir verfügen demnach schlichtweg nicht über eine ausreichend schnelle anatomische Anpassungsfähigkeit, um mit den von uns produzierten gesellschaftlichen und kulturellen Entwicklungen auch biologisch Schritt halten zu können. Damit kommt es zu einer Kollision unvereinbarer Temporalitäten. Dem Humangenetiker Werner Buselmaier zufolge tragen wir »archaische Gene in uns, die in Konflikt geraten mit den Erfordernissen« der gegenwärtigen und »zukünftigen Welt«.[25] Wir sehen uns mit unserem steinzeitlichen Genom also einer kulturellen Entwicklung ausgesetzt, die eine fundamentale Veränderung unserer Ernährungs-, Arbeits- und sonstigen Lebensgewohnheiten mit sich gebracht und uns von »steinzeitlichen« Lebensverhältnissen weit entfernt hat.

Im Zuge der Corona-Pandemie scheint außerdem allmählich die Aufmerksamkeit dafür sensibilisiert worden zu sein, dass wir sowohl mit einer stetigen Zunahme an Infektionskrankheiten konfrontiert sind als auch mit der Rückkehr von Krankheiten wie Tuberkulose, die einst als (fast) vollständig besiegt erachtet wurden.[26] Und nicht nur in linken oder systemkritischen Kreisen führen Epidemien regelmäßig dazu, dass die Selbstverständlichkeiten unserer globalisierten Existenz und die mit ihr verbundenen Lieferketten, Massentierhaltung und Zerstörung von Lebensräumen infrage gestellt werden.

Zu diesen Diskrepanzen auf der Makroebene kommen analoge im mikroskopischen Bereich, wofür wiederum Covid-19 ein eindringliches Beispiel darstellt. Bekanntlich besteht eine tückische Eigenschaft von Coronaviren darin, dass sie sich lange vor den Abwehrmechanismen eines infizierten Körpers »verstecken« können. Fast noch gravierender ist eine Verwirrung von Eigenem und Fremdem, die sowohl zu Überreaktionen als auch damit verbunden zu Schäden einzelner Organe (im Fall von Covid-19 etwa von Lunge und Herz) führen kann. Der Immunapparat wird auf eine Weise getäuscht und überlistet, dass er sich bisweilen sogar gegen sich selbst wendet. Der Mechanismus dieser

Umprogrammierung und innerkörperlichen Eskalation wurde oft im Kontext von HIV / Aids thematisiert, ist aber auch das Muster von vergleichsweise harmlosen Zivilisationskrankheiten wie Allergien. Auch bei Allergikern kommt es aus medizinischer Sicht »zu einer überschießenden Reaktion gegen neue Feinde, in unserer doch so hygienisch und sauber angelegten Umgebung durch ein System, das evolutionär eigentlich für Parasiten, insbesondere Würmer angelegt ist. Dies ist ein Beleg dafür, dass sich das Immunsystem über viele Millionen Jahre gebildet hat, in welchen der Mensch eben unter schmutzigeren Bedingungen überleben musste. Ausgerechnet unsere heutigen Hygienestandards können uns also auch krank machen.«[27]

Schon einige Jahrzehnte zuvor hatte der postmoderne Provokateur Jean Baudrillard diesen Gedanken bereits zu einer gattungs- und kulturgeschichtlichen Prophezeiung ausgeweitet, die gar keinen Unterschied mehr macht zwischen Pollenallergien und Vireninfektionen, sozialen und technologischen Systemen: »In der viralen Dimension wird man von den eigenen Antikörpern zerstört. Das von der Leukämie befallene Wesen verschlingt seine eigenen Abwehrkräfte, eben weil es keine Bedrohung, keine Gegnerschaft mehr gibt. Die absolute Prophylaxe ist tödlich. […] Solchermaßen sind wir alle dabei, unsere Abwehrkräfte zu verlieren: virtuell Immunschwache zu sein.«[28] Gemäß diesem desinfektionspathologischen Paradox laufen wir also Gefahr, unter der Herrschaft des Virus von den eigenen Antikörpern zerfleischt zu werden. Die imaginäre Auslöschung aller Viren, der obsessive Ausschlussversuch biologischer oder innerkörperlicher Konflikte, das Ansinnen, möglichst sämtliche Krankheiten präventiv zu vermeiden, erhöht aus dieser Perspektive nachgerade ihre Wahrscheinlichkeit oder schwereren Verlauf. Und zwar zunächst einmal deshalb, weil die »natürlichen« immunologischen Abwehrkräfte schwinden, in der Folge aber auch, weil etwa die vorschnelle Verabreichung von Antibiotika, die unter anderem die für die Immunabwehr des Körpers lebenswichtige mikrobiotische Darmflora schädigen, zunehmend zu einer entsprechenden Resistenz von bakteriellen Erregern führt – die wiederum den durch Viren oder überhaupt Krankheiten geschwächten Körper leichter angreifen können. (Zu ergänzen ist hier freilich, dass neben einer exzessiven Prophylaxe auch ein ungesunder Lebenswandel oder schädliche Umwelteinflüsse die Immunabwehr schwächen und Autoimmunerkrankungen begünstigen können.)

Während der Covid-Pandemie wurde das sogenannte Präventionsparadox diskutiert: die Tatsache, dass wir, gerade weil die Maßnahmen zur Verhinderung der Ausbreitung des Virus Erfolg hatten, daran zweifeln, ob diese Maßnahmen wirklich notwendig waren.[29] Auf der Ebene unseres Immunsystems kommt das hinzu, was wir als *Präemptionsparadox* bezeichnen können: Durch exzessive Präventionsanstrengungen wird das zu Verhindernde gerade hergestellt.[30] Je größer der medizinische Aufwand, um eine Person oder Gesellschaft »künstlich« gesund zu erhalten, umso anfälliger für Krankheiten wird diese. Oder mit Blick auf das uns interessierende Paradox einer gleichzeitigen Ubiquität von Konflikten und Konfliktscheu formuliert: Das vorschnelle Ausweichen sowie das Phantasma einer (vollständigen) Vermeidbarkeit angstbesetzter Situationen produziert oft gerade jene Situationen, die verhindert werden sollten, bzw. steigert ihre Vehemenz.

(Auto-)Immunität: die Geburt des Menschen im Zeichen des Konflikts

Die Biolog:innen zufolge fundamentale Bedeutung von Konflikten ist aber nicht auf das Verständnis von Krankheit als einem alltäglichen »Konflikt zwischen Spezies« (Mensch gegen Pathogen)[31] beschränkt, sondern sie zeigt sich auch in den wissenschaftlichen Debatten über die Genese der Spezies selbst und ihrer einzelnen Individuen. Auch die ersten Monate von Kindern oder ihre spätere Integration in komplexe soziale Gebilde sowie alles mit der Entstehung von Menschen Zusammenhängende wurde schon als Konfliktgeschehen beschrieben. Dazu zählen die Zeit der Schwangerschaft ebenso wie der Vorgang der Geburt und selbst die Menstruation, die Barbara Ehrenreich zufolge das genaue Gegenteil eines sanften »Vergießens« darstellt.[32] Aus Sicht der feministischen Theoretikerin gilt, dass »sich der Konflikt im Körper – zwischen Zellen und deren Geschwistern im selben Organismus – nicht auf krankhafte Veränderungen wie Krebs- oder Autoimmunerkrankungen beschränkt, wo er auf eine Mutation zurückgeführt oder als ›Fehler‹ bezeichnet werden kann.«[33] Vielmehr kommt dieser biologischen Konfrontation eine weitaus universellere Bedeutung zu, die sich exemplarisch an den »›Konflikten‹ zwischen Mutter und Fötus« zeigt.[34]

Ein solches Verständnis von Schwangerschaft als immunologischem Paradox geht zurück auf den Zoologen Peter Medawar, einem Begründer der Transplantationsbiologie, dessen Überlegungen zu einer grundsätzlichen Spannung – wenn nicht Feindschaft – zwischen Fötus und Plazenta auch nach mehr als fünfzig Jahren noch für zahlreiche Diskussionen und Kontroversen sorgen.[35] Zugespitzt formuliert, besteht das immunologische Paradox dabei weniger in dem bereits angesprochenen Angriff des Immunsystems auf sich selbst, sondern in der Frage, warum entsprechende Zusammenstöße nicht dauerhaft geschehen. Wenn autodestruktive Akte keine zeitweiligen Aussetzer sind, sondern der natürliche Impuls unseres Immunsystems, dann ist die (Auto-)Toleranz des Immunsystems gegenüber dem »eigenen« Körper mindestens ebenso erklärungsbedürftig wie die sogenannten Autoimmunkrankheiten.[36]

Aber was meinen wir eigentlich, wenn wir von Immunität sprechen? Im Alltagsgebrauch bezeichnet sie eine positiv konnotierte Negativität, also dass uns etwa eine Infektionskrankheit nichts (mehr) anhaben kann oder auch dass Diplomaten und Politikerinnen (zumindest teilweise) von Recht und Gesetz ausgenommen sind. Das entspricht freilich ebenso wenig dem Sprachgebrauch der Expert:innen, wie das Vorhandensein von Antikörpern garantiert, dass wir vom jeweiligen Krankheitserreger verschont werden. Immunolog:innen zufolge bedeutet Immunität zunächst nur, dass das Immunsystem mit der Produktion von Antikörpern reagiert hat, deren Effektivität dann von diversen Faktoren abhängt, etwa der Anzahl an Antikörpern oder dem spezifischen Erreger.

Der Diskrepanz zwischen unserem Alltags- und dem wissenschaftlichen Gebrauch des Terminus liegt nicht einfach ein Missverständnis oder eine mangelnde Sachkenntnis zugrunde. Schließlich zirkuliert der Begriff »Immunität« schon viel länger, als die ihm korrelierende Disziplin der Immunologie existiert. Und dementsprechend haben die unterschiedlichen historischen (Konflikt-)Konnotationen ihre Spuren hinterlassen. *Immunitas* war ursprünglich ein Terminus im römischen Recht für den Status von Personen, die von bestimmten staatsbürgerlichen Pflichten befreit waren. Erst in der Moderne nimmt dieser juridische

Begriff deutlicher politische oder biologische Bedeutungen an.[37] Dies geschieht gewissermaßen entlang der Konzeption eines gemeinsamen Volkskörpers, den es zu schützen gilt und dem man ein Interesse an seiner eigenen Immunität gegen äußere Gefahren zuspricht. Spätestens im 17. Jahrhundert, mit dem englischen Staatstheoretiker Thomas Hobbes, tritt dann ein quasi biopolitisches Verständnis von Immunität auf, in dem sich die Idee einer Ausnahme oder Herausnahme aus geltendem Recht vermischt mit der staatlichen Verpflichtung, seine Bürger zu schützen.[38] Mit den Entdeckungen der Begründer der Mikrobiologie, Louis Pasteur und Robert Koch, gegen Ende des 19. Jahrhunderts bildet sich dann jenes biomedizinische Verständnis heraus, das zugleich die Basis von populären psychologischen Deutungen etwa bei Nietzsche oder Freud liefert, in denen der psychische Apparat zu einem gewissen Grad als Schutzmechanismus gegen allerlei biologische und andere bedrohliche Realitäten fungiert.[39]

Zu den bisher diskutierten Autoimmunreaktionen kommen also noch Überreaktionen auf Infektionen oder normale Umweltbedingungen (Pollen oder andere Allergene), also jene Ausnahmefälle, in denen die Immunreaktion sich gegen die körpereigenen Mikroorganismen richtet. Es ist dieses Verständnis von körperinternen Spannungen und Zusammenstößen, das die Disziplin der Immunologie zu einer innovativen Bestimmung von Individualität geführt hat, in deren Zentrum der Begriff des Konflikts steht. In einem solchen immunologischen Verständnis des Körpers als einem offenen Ökosystem ist organische Integrität ein bloßer Nebeneffekt des Immunsystems. Sie ist niemals endgültig gegeben, sondern das stets fragile Resultat konfligierender Wechselwirkungen mit unzähligen biologischen und sozialen Anderen, angefangen bei Mikroorganismen wie Bakterien und Viren, die unser Genom entziffern und unsere Stoffwechselprozesse ermöglichen, bis hin zu unseren Artgenossen und sogar unserem eigenen Nachwuchs.[40]

Biologie und Selbstidentität

Wie viele naturwissenschaftliche Entdeckungen war auch die der natürlichen Immunität durch den Zoologen und Bakteriologen Elie Metchnikoff (1845–1916) mit zahlreichen Auseinandersetzungen und auch persönlichen Verwerfungen verbunden. Im Rückblick erscheint Metchnikoff nicht mehr einfach als äußerst streitbarer oder gar streitsüchtiger Sonderling am Beginn einer sich erst methodisch etablierenden Disziplin, sondern gilt mit seiner Entdeckung der Rolle von Phagozyten bei der heilenden Funktion von Entzündungen (1882) als einer der wegweisenden Mitbegründer der Immunologie.[41] Mit Blick auf ein biologisches oder immunologisches Verständnis des Menschen als Konfliktwesen betrifft die entscheidende Einsicht des späteren Nobelpreisträgers die Rolle körpereigener Zellen bei der Immunabwehr. »Die wesentliche Bedeutung der Inflammation (und Immunität)«, so sein Wiederentdecker und wichtigster Nachfolger Alfred Tauber, »betrachtete Metchnikoff nicht in erster Linie als Ausdruck eines Konflikts zwischen verschiedenen Arten, sondern als etwas, das sich aus den konfligierenden (manchmal harmonisierten) Beziehungen zwischen Zellabstammungen ein und desselben Körpers ergibt«.[42]

Was wie ein biologisches Detail klingen mag, läutete in Wahrheit einen Paradigmenwechsel gegen eine jahrhunderte-, wenn nicht jahrtausendealte medizinische Tradition ein. Kein Wunder, dass es einige Jahrzehnte brauchte, bis Metchnikoffs vermeintlich »dystopische Sicht auf den Körper [...]

als Schauplatz eines permanenten Konflikts auf zellulärer Ebene«[43] breitere Zustimmung fand. Die Idee eines körperinternen Überlebenskampfes widerspricht der schönen Vorstellung einer ursprünglichen körperlichen Harmonie und Ganzheit, die durch Krankheiten oder kulturelle Irritationen nur vorübergehend und von außen gestört wird.

Zudem verknüpft sich mit einem solchen Verständnis des Immunsystems zugleich eine neuartige Vorstellung von organischer Integrität und Identität. Denn aufbauend auf diesen Einsichten entwickelten Alfred Tauber und Frank Macfarlane Burnet ein neues biologisches Konzept von »Selbstidentität«.[44] Burnet, dem Biologie-Nobelpreisträger von 1960,[45] gebührt das Verdienst, die Kategorie des »Selbst« bzw. von »Selbstidentität« in die Disziplin eingeführt zu haben. Bereits in der zweiten Auflage seines Klassikers *The Production of Antibodies* (1949) formuliert Burnet die Hypothese von Selbst-Markern – einem geheimen Code zwischen Zellen, der gegebenenfalls die Produktion von Antikörpern veranlasst – zur Lösung der Frage, wie ein Körper zwischen fremden und eigenen Elementen unterscheidet.[46] Und bei Alfred Tauber heißt es: »Das Immunsystem muss nicht nur die Funktion erfüllen, sich in Absetzung vom Anderen zu identifizieren, sondern muss auch unentwegt das Ich aus sich selbst heraus definieren. Auf dieser Basis ist die Immunität ein *Prozess*, der stets ein offenes System der Selbstdefinition vorsieht, welches unentwegt das Ich und das Andere produziert. So formuliert, *ist die vornehmliche Aufgabe des Immunsystems die Selbstidentifikation und damit die Selbstdefinition.*«[47]

In Taubers dynamischem Verständnis von Selbstidentität wird der Körper zu einem Ort, an dem – in den Worten des Philosophen Roberto Esposito – »unterschiedliche und potentiell im Konflikt zueinander stehende Zellsegmente aufeinanderstoßen«.[48] Als Konflikt wird dabei nicht der starre Zusammenprall von unterschiedlichen und mit sich selbst identischen Individualitäten verstanden, sondern das notwendige und niemals abschließbare Zusammenfließen, Vermischen und Austauschen zwischen vermeintlich Eigenem und Fremdem – denn genau das: was das Eigene und was das Fremde ist, muss das Immunsystem im Zuge des fortlaufenden Prozesses der Selbstdefinition ständig neu bestimmen. Ein erstes Mal stoßen wir an dieser Stelle auf den Unterschied zwischen einem Alltagsgebrauch von Begriffen wie Immunität oder Konflikt und dem wissenschaftlichen Versuch ihrer genaueren Bestimmung, und immer wieder auch wird das zwei unterschiedliche Perspektiven auf Konflikte betreffen: entweder als ein potenziell destruktives Zusammenstoßen oder als ein produktiver Austausch.

Harmonie oder Kampf

Hinter und neben diesen Konfliktperspektiven stehen sich aber generell oft zwei disparate Sichtweisen auf biologische Prozesse gegenüber, die sich wiederum in ihrer Haltung zum Thema Konflikt unterscheiden. Auf der einen Seite steht hier die Annahme eines grundsätzlich harmonischen Körpers, der nur durch Krankheiten oder andere äußere Einwirkungen in Unordnung gerät. Ausgehend von der Antike, über das Mittelalter und die Säftelehre der Renaissance, findet sich eine entsprechende Einstellung auch noch in der modernen Medizin. Eine an Metchnikoff geschulte Konfliktbiologie mit ihren internen Kämpfen zwischen körpereigenen Zellen bleibt für eine an *Wellness* und *Wholeness* orientierte Körperkultur weiterhin eine gravierende weltanschauliche Irritation.

Auf der anderen Seite steht aber die geradezu kriegerische Metaphorik in populärwissenschaftlichen Verbreitungen (auto-)immunologischer Erkenntnisse, exemplarisch die von Schlachten, Invasionen, Killerzellen usw. nur so wimmelnde Berichterstattung über Covid-19, aber auch wissenschaftliche Handbücher, wie sie etwa Roberto Esposito untersucht hat: »Das Immunsystem wird darin als ein regelrechtes militärisches Dispositiv der Verteidigung und des Angriffs beschrieben, das gegen alles gerichtet ist, was nicht als ›Eigenes‹ bzw. als ›Selbst‹ wiedererkannt wird und somit zurückgedrängt und zerstört werden muß.«[49] Und auch der feministischen Wissenschaftshistorikerin Donna Haraway zufolge hat das Immunsystem eine geradezu geostrategische Bedeutung als lokale wie globale »Landkarte, die in der Dialektik der westlichen Biopolitik das Erkennen und Verkennen von Selbst und Anderem steuert«.[50]

Diesen beiden Sichtweisen, der des »harmonischen« Körpers, an den Konflikte »von außen« – in Form von Viren, Bakterien, Krankheiten – als Gefahren herangetragen werden, und der bellizistischen, die den Körper als Schauplatz ständiger Abwehrkämpfe gegen »feindliche« Fremdkörper auch in seinem Inneren begreift, steht mit dem produktiven Konfliktverständnis Taubers und anderer[51] eine dritte Sichtweise gegenüber: Für Organismen in einem System immer komplexerer Organismen und Systeme – von der einzelnen Zelle über das Organ, das individuelle Lebewesen bis hin zum gesamten Ökosystem – finden auf allen Mikro- und Makroebenen Wechselwirkungen zwischen »Eigenem« und »Fremdem« statt, die als produktive Prozesse unaufhörlich dazu beitragen, dass wir uns erstens erhalten sowie zweitens als »Selbst« begreifen und entsprechend handeln können. Denn ohne den Austausch mit einem »Fremden«, das von außen in unseren Körper kommt – angefangen bei der Luft, die wir atmen, und dem Licht, das unsere Zellen brauchen, aber auch in Form von Nahrung, sozialer Nähe etc. –, könnten wir gar nicht überleben. Schon darin erweist sich die Unsinnigkeit jeder einseitigen Reduktion des Fremden auf etwas »Abzuwehrendes«. Im Verständnis einer solchen dritten Perspektive eignen sich (Auto-)Immunprozesse als (nicht nur metaphorische) Grundlage für einen Konfliktbegriff, der sich nicht auf den destruktiven Zusammenstoß zweier feindlicher Elemente reduzieren lässt und den wir im Folgenden noch entsprechend bestimmen müssen.

Doch zwischen harmonisch-ganzheitlicher Ignoranz und bellizistischer Vereinseitigung fällt eine solche produktive Einschätzung der im Bereich des (Mikro-)Biologischen gleichwohl omnipräsenten Konflikthaftigkeit offenkundig schwer. Dabei ist die Problematik einer mit Konflikten verbundenen Aushandlung von Eigenem und Fremdem gerade durch die rasanten technologischen Fortschritte der letzten Jahrzehnte besonders virulent geworden. Man denke nur an die Transplantationsbiologie, Gentechnologie und Bionik, in denen die Schnittstelle zwischen menschlichem Körper und seinen diversen Anderen – andere Körper, Technologien, Maschinen, Bakterien ebenso wie andere Geschlechter, Spezies oder Gattungen – stets aufs Neue verhandelt werden muss. Die oben angeführte Autoimmuntoleranz als eine Art positive Immunschwäche wird damit vom Sonderfall zum Paradigma eines neuen konflikthaften Verständnisses von Selbstidentität.[52] Einen biologischen Konflikt zu verstehen, verlangt somit immer auch eine Perspektivierung von Eigenem und Anderem. Einen Körper können wir daher durch seine Verarbeitung disparater Vorgänge verstehen, also dadurch, wie er sich zu diesen verhält, wie er sie in sich integriert und zu den seinen macht.

2.

Bruchlinienkonflikte im Kampf der Kulturen: Soziobiologie und Politologie

Widmen wir uns nunmehr soziobiologischen und in der Folge auch politischen Einlassungen zum Thema Konflikt, so stellen wir fest, dass sie in zweifacher Kontinuität an das zuvor Analysierte anknüpfen. Zum einen werden weiterhin ubiquitär Konflikte konstatiert und zugleich ihre Leugnung kritisiert, oft verbunden mit der an sich nicht falschen Beobachtung, dass ein Ausweichen vor diesen sogenannten Konflikten lediglich zu einer Eskalation führe. Dazu kommt, dass die auf gesellschaftlicher und politischer Ebene gebrauchten Argumente vielfach den biologischen Beobachtungen oder (Konflikt-)Metaphern folgen, die wir bereits kennengelernt haben. Neben biologischen werden vor allem psychologische Begründungsstrategien herangezogen, um anthropologische Behauptungen einer inhärent aggressiven Natur des Menschen zu belegen – sie fehlen in kaum einem der politisch-konservativen Ansätze, denen wir in der Folge begegnen werden. Dabei laufen solche Positionen Gefahr, genau das Gegenteil von dem zu tun, was der Konfliktsoziologe Ralf Dahrendorf als eigentliche Aufgabe seines Fachs identifiziert, nämlich »Konflikte aus spezifisch sozialen Strukturen herzuleiten und sie nicht durch den Rückgriff auf psychologische […] oder deskriptiv-historische Variablen« zu naturalisieren.[53]

Ein Beispiel für die Übernahme der genannten Muster

sind soziobiologische Beschreibungen unseres Sozialverhaltens – in Form von Stämmen, Volksgemeinschaften und ganzen Zivilisationen – auf der Basis biologischer Verwandtschaftsverhältnisse. Gemäß obiger evolutionsbiologischer Erklärungsansätze führt die darwinistische Grundannahme einer Programmierung der Einzelnen auf ihr Eigeninteresse auch innerhalb von Gemeinschaften notwendig zu Zusammenstößen. Einschlägige evolutionspsychologische Untersuchungen des Phänomens *Mord* gehen sogar davon aus, dass »zwei Individuen sich in einem Konflikt sehen, wenn die Förderung der zu erwartenden Fitness des einen die Verringerung der Fitness des anderen zur Folge hat«, was die Autor:innen wiederum zu der Behauptung führt, dass Mord eine – wenn auch drastische – Konfliktlösungstechnik sei.[54]

Trotz der Einwände von gewichtigen Sozialanthropologen wie Bronisław Malinowski, demzufolge »der Krieg keine biologische Grundlage hat«,[55] hält sich unter Ethnologen wie Ethologen hartnäckig die gegensätzliche pessimistische Einschätzung, gewalttätige Auseinandersetzungen wie Kriege seien eine anthropologische Konstante. Vor allem die vergleichende Verhaltensforschung – ein seit den 1930er-Jahren existierendes Forschungsgebiet im Kontext von Verhaltensbiologie, Zoologie und Psychologie – und ihre Vertreter wie Konrad Lorenz oder Iräneus Eibl-Eibesfeldt haben sich mit entsprechenden Thesen zur angeborenen Aggressivität von Tieren ebenso wie des »Triebwesens« Mensch hervorgetan. Kollisionen zwischen einzelnen Mitgliedern der Gruppe sind ihnen zufolge quasi biologisch vorprogrammiert: etwa in Bezug auf »unterschiedliche Reproduktionsstrategien« von Männchen und Weibchen, die »fast zwangsläufig, auf jeden Fall aber regelmäßig, zu Interessenkonflikten« führen – und zwar nicht nur bei Trauerschnäppern und Affen, sondern eben auch beim Homo sapiens. Dabei stützen sich die – mitunter sogar in expliziter Kritik an Feminismus und *Gender Studies* formulierten – Mutmaßungen über die biologisch vorgezeichneten Zusammenstöße zwischen den einzigen beiden natürlichen Geschlechtern gerne auf fragwürdige Naturbeobachtungen.[56] Und auch wenn zwischen biologischem Ursprung und »Schicksalhaftigkeit« im Kampf der Geschlechter unterschieden wird, so heißt es dann doch: »Der Geschlechterkonflikt als solcher ist unabwendbar, und seine evolutionären Spuren haben sich tief in die menschliche Psychophysiologie eingegraben«, etwa in angeblich völlig unterschiedlichen Ausprägungen von männlicher Eifersucht und derjenigen von Frauen, die aus Sicht männlicher Konfliktpsychologie eher durch emotionale als sexuell vollzogene Untreue getriggert werden soll.[57]

Politischer Sozialdarwinismus

Konflikte wären demnach ein durchgehendes Prinzip menschlichen Zusammenlebens, basierend auf einer besonders Männern angeborenen Aggressivität, die mit der Neigung einhergeht, das Eigene – Weibchen, Nachwuchs, Gruppe – instinktiv gegen alles Fremde und potenziell Feindliche zu verteidigen (eine auch politisch folgenreiche Theorie, insofern sie letztlich noch Xenophobie und Rassismus als evolutionäre Notwendigkeit naturalisiert und legitimiert). Es hilft an dieser Stelle nur wenig, dass solche sozialdarwinistischen Theoreme genau genommen gar nicht direkt auf Darwin selbst zurückgehen, sondern auf spätere Theoretiker wie Herbert Spencer, der die wirkungsmächtige Metapher des *gesellschaftlichen Organismus* geprägt hat, sowie auf den 1929 geborenen Begründer der Disziplin der Soziobiologie, Edward O. Wilson.

In seinen ausgeprägtesten Varianten geht ein solcher politischer Sozialdarwinismus sogar des grundlegenden progressiven Moments von Darwins Theorie verlustig, nämlich der evolutionären und in diesem Sinn fortschrittlichen Komponente. Ein frühes Beispiel dafür ist der *Grundriss der Soziologie* (1884) von Ludwig Gumplowicz, der darin eine umfassende Kategorisierung von Konflikten vorschlägt (Rassenkonflikte, Klassenkonflikte etc.) und darum auch als einer der Väter der Konflikttheorie bezeichnet wurde.[58] Zivilisationen entstehen nach diesem Modell aus dem Krieg zwischen Kulturen und ethnischen Gruppen, ohne dass sich daraus noch eine evolutionäre Entwicklung ablesen ließe, geschweige denn ein Fortschritt. Stattdessen zeichnet Gumplowicz ein Bild zyklischer Wiederkehr von Aufstiegen und Abstiegen unterschiedlicher »Rassen«, die sich in kriegerischen Konflikten abwechselnd unterwerfen und unterworfen werden.

Innerhalb eines biologistischen oder biopolitischen Paradigmas der Moderne aktualisiert Gumplowicz dabei eine lange Tradition pessimistischer Anthropologie in der Staats- und Politiktheorie, deren wirkungsmächtigster Vertreter der bereits genannte Thomas Hobbes (1588–1679) ist. Anders als etwa für Aristoteles und ihm folgende Theoretiker, die den Menschen als intrinsisch politisches Wesen verstehen, ist dieser für Hobbes und seine (heimlichen) Nachfolger bis in die Gegenwart ein grundsätzlich asoziales Wesen, das ständig in Auseinandersetzung mit allen anderen steht, die es gleichwohl zum Überleben braucht. Darüber hinaus kommt es zu einer dauerhaften Spannung der Individuen mit jenem Allgemeinwesen des Staates, auf das sie zwar zum Schutz gegen ihre Mitmenschen angewiesen sind, das aber mit ihren eigenen egoistischen und asozialen Interessen kollidiert. Bürgerkriegsähnliche Auseinandersetzungen werden hier also auf einen Naturzustand zurückgeführt, der wenn überhaupt nur durch vertragliche Einbindung der nunmehr politischen Konkurrenten in ein staatliches Gemeinwesen – Hobbes berühmten »Leviathan« – überwunden werden kann.[59]

Ein neues Paradigma?

Obwohl diese äußerst konfliktfixierte Politiktheorie auf den ersten Blick kaum direkte Nachfolger gefunden hat, sollte man sich deswegen nicht zu der Annahme verleiten lassen, dass sie in der gegenwärtigen politischen Debatte keine Rolle spielen würde. Ersetzt man Gumplowicz' Begriff der »Rasse« – die er selbst freilich schon als kulturelle und nicht nur biologische Einheit verstand – durch den der »Zivilisation«, so finden wir uns mitten im konservativen Mainstream der US-amerikanischen politischen Theorie der vergangenen Jahrzehnte wieder, nämlich bei der These eines unüberwindbaren und immerwährenden Konflikts zwischen unterschiedlichen Kulturen.

Die These eines *Clash of Civilisations* (ins Deutsche übersetzt als *Kampf der Kulturen*) geht auf einen in der Zeitschrift *Foreign Affairs* publizierten Aufsatz des amerikanischen Politikwissenschaftlers Samuel P. Huntington zurück, der vier Jahre nach dem Fall der Berliner Mauer nicht einfach nur eine neue politische Situation konstatiert, sondern für diese zugleich ein neues politologisches Paradigma einfordert, was er beides an unterschiedlichen Konfliktstrukturen erläutert: »Meine Hypothese lautet, dass die grundlegende Konfliktquelle in dieser neuen Welt weder primär ideologischer noch primär ökonomischer Natur sein wird. Die großen Spaltungen zwischen den Menschen und die vorherrschende Quelle von Konflikten werden kultureller Art sein. Nationalstaaten werden die mächtigsten Akteure im Weltgeschehen bleiben, aber die Hauptkonflikte globaler Politik werden zwischen Nationen und Gruppen unterschiedlicher Kulturen auftreten. Der Kampf der Kulturen wird die Weltpolitik beherrschen. Die Bruchlinien zwischen den Kulturen werden die Kampflinien der Zukunft sein.«[60]

1996 erschien dann Huntingtons gleichnamiger, weltweiter Buchbestseller, in dem er diese auf »Konflikt« fokussierenden Überlegungen weiter ausarbeitet. Trotz aller sonstigen Ausdifferenzierungen lautet die Grundthese weiterhin: »Die Welt ist in der Tat anarchisch und voll von Stammes- und Nationalitätenkonflikten, aber die Konflikte, die die größte Gefahr für die Stabilität darstellen, sind jene zwischen Staaten oder Gruppen aus unterschiedlichen Kulturen.«[61] Entsprechend den »Bruchlinien« zwischen diesen Kulturen sind diese Konflikte das, was Huntington auch »Bruchlinienkonflikte« nennt.

Nach Jahrzehnten der relativ auswechselbar – und nicht nur konflikttheoretisch undifferenziert – mal als Kalter Krieg, mal als Ost-West-Konflikt bezeichneten Spannungen skizziert Huntington noch vor den Terroranschlägen in den USA vom 11. September 2001 ein neues politisches Paradigma für die Gegenwart. Sein Ansatz versteht sich auch als Widerspruch zu der nach 1989 ebenso breit diskutierten wie oft missverstandenen These seines Schülers Francis Fukuyama von einem *Ende der Geschichte*, oder in Huntingtons Worten: der »Annahme, das Ende des Kalten Krieges bedeute das Ende signifikanter Konflikte in der globalen Politik und die Entstehung einer einzigen, relativ harmonischen Welt«.[62] Vor dem Hintergrund und in Absetzung von dieser ihm zufolge naiven Einschätzung des politischen Status quo plädiert Huntington für ein realistisches – und das bedeutet traditionell meist auch imperialistisches[63] – Update von Geopolitik, die immer schon durch grundlegende Auseinandersetzungen strukturiert werde.

Mit der allmählichen Herausbildung von Nationalstaaten nach dem Westfälischen Frieden 1648 seien für eineinhalb Jahrhunderte politische Konfrontationen meist solche zwischen Monarchen (und ihren Heeren) gewesen. Nach der Französischen Revolution 1789 waren die »Konfliktlinien« dann bis zum Ersten Weltkrieg zwischen Nationen zu finden, bevor es anschließend zu einer jahrzehntelangen Kollision diesmal unterschiedlicher Ideologien gekommen sei. In seiner Gegenwart angekommen, werde nun die »Rivalität der Supermächte« Huntington zufolge »abgelöst vom Konflikt der Kulturen. Weltpolitik wird heute nach Maßgabe von Kulturen und Kulturkreisen umgestaltet. In dieser Welt werden die hartnäckigsten, wichtigsten und gefährlichsten Konflikte nicht zwischen sozialen Klassen, Reichen und Armen oder anderen ökonomisch definierten Gruppen stattfinden, sondern zwischen Völkern, die unterschiedlichen kulturellen Einheiten angehören. Innerhalb der einzelnen Kulturkreise werden Stammeskriege und ethnische Konflikte auftreten.«[64] Zwar werden Nationalstaaten weiterhin eine wichtige Rolle spielen, sowohl Auslöser als auch Art ihrer Zusammenstöße werden aber zunehmend von kulturellen Faktoren, also widerstreitenden Einstellungen oder Naturen verschiedener Zivilisationen beeinflusst. In der nicht mehr durch den Kalten Krieg bzw. Ost-West-Konflikt geprägten Welt sollen also anstelle ideologischer, politischer oder ökonomischer Unterscheidungen nunmehr kulturelle und zivilisatorische im Vordergrund stehen.

Der damit verbundene »Kampf der Kulturen ist ein Stammeskonflikt im Weltmaßstab«[65], so Huntington in seinem Kurzschluss der Kategorien unter Absehung geopolitischer und vor allem ökonomischer Details. Ja, letztlich verschleiert Huntingtons – so der Ökonom Thomas Piketty – »urtrumpistisches Buch« das Aufkommen für das 21. Jahrhundert typischer »multidimensionaler Konflikte [...], die sich an Fragen der Ungleichheit, der Migration und der Identität entzünden und es erheblich erschweren, Koalitionen zu schmieden und Mehrheiten zu finden, mit denen man den wachsenden Ungleichheiten Einhalt gebieten könnte«. Denn »in eben dem Augenblick, da die Konfliktlinien zwischen den Identitäten sich verschärft haben«, sind, so Piketty, »die Klassenkonflikte aus dem Blickfeld geraten.«[66]

Für uns von Interesse ist hier weniger die verwirrende Undifferenziertheit von Huntingtons verschiedenen »Zivilisationen« – neben der vermeintlich klar abgrenzbaren Region des »Westens« sind das etwa die Religion Islam, der Kontinent Afrika oder die Insel Japan –, sondern vielmehr seine Beschreibung der zwischen ihnen sich ausbreitenden »Konfliktlinien« und entsprechenden »Bruchlinienkonflikte«. Diese treten vor allem zwischen benachbarten oder anderweitig in Kontakt tretenden Kulturen auf, und zwar exemplarisch zwischen westlichen Nationen mit ihren liberal-individualistischen, demokratischen Werten und den diesbezüglich nahezu umgekehrt beschriebenen islamischen Staaten, die noch dazu durch eine ungesunde und auf Dauer untragbare Überbevölkerung geprägt seien (denn auch dieses im 18. Jahrhundert vom britischen Nationalökonom Thomas Malthus etablierte Motiv pessimistischer Anthropologie greift Huntington auf, um ihm zudem eine latent rassistische Note zu verleihen). Dass die islamische Kultur über Jahrhunderte in wirtschaftlicher und technologischer Hinsicht der westlichen mindestens ebenbürtig war, findet ebenso wenig Berücksichtigung, wie auch die Radikalisierung und zunehmende Rückschrittlichkeit arabischer Länder seit den 1960er- und 1970er-Jahren kein Irritationspotenzial für Huntingtons große zivilisatorische Erzählung hat.

Im Gegensatz zu diesen kulturellen Auseinandersetzungen seien nun etwa »Konflikte zwischen Reich und Arm eher unwahrscheinlich, weil es den armen Ländern unter normalen Umständen an politischer Einigkeit, ökonomischer Macht und militärischem Potential gebricht, die reichen Länder herauszufordern«.[67] Der Prozess der Dekolonisierung, der in der Tat reich ist an Konflikten aufgrund der andauernden, aber eben versteckten ökonomischen Ausbeutung, wird einfach als – gänzlich konfliktfrei – gegeben und aus westlicher Sicht der ehemaligen Kolonialherren zudem völlig unproblematisch angenommen. Ja, die ehemalige Kolonialisierung scheint nachträglich geradezu gerechtfertigt, wenn man die seither bestehenden Auseinandersetzungen betrachtet: »In der Welt von heute hat die Entkolonialisierung stattgefunden, und an die Stelle kolonialer Befreiungskriege sind Konflikte zwischen den befreiten Völkern getreten.«[68]

Für den Zeitpunkt seiner Untersuchung hält Huntington fest, dass »knapp die Hälfte der 48 ethnischen Konflikte, die es Anfang 1993 gab, Konflikte zwischen Gruppen aus unterschiedlichen Kulturen« waren, darunter etwa der Jugoslawienkrieg zwischen Kroaten, Serben und bosnischen Muslimen oder die Bombardierung Bagdads durch die USA, aber auch so aktuell wieder virulent gewordene Ereignisse wie der Krieg zwischen Armenien und Aserbaidschan. Huntington versäumt auch nicht, den UN-Generalsekretär und den US-Außenminister zu »ermutigen, ihre Friedensbemühungen auf diese Konflikte zu konzentrieren, da sie in sich ein viel stärkeres Potential bergen, zu weiträumigeren Kriegen zu eskalieren, als andere«.[69]

Aus heutiger Sicht bemerkenswert ist Huntingtons Einschätzung der Situation zwischen Russland und der Ukraine, die er von der »realistischen«, nationalstaatlich orientierten Auffassung von Politologen wie John Mearsheimer abgrenzt, der bereits Mitte der 90er, als Huntingtons Buch erschien, von einem neu aufflammenden Sicherheits- und Großmachtwettstreit zwischen den beiden Staaten ausging. »Der kulturell orientierte Ansatz«, so Huntington, »würde demgegenüber die engen kulturellen, persönlichen und historischen Bande zwischen Rußland und der Ukraine und die Vermischung von Russen und Ukrainern in den beiden Ländern hervorheben und das Hauptaugenmerk statt dessen auf die Bruchlinie zwischen der orthodoxen Ost-Ukraine und der unierten West-Ukraine richten [...]. Während der etatistische Ansatz [Mearsheimers; A. A.] ein Schlaglicht auf die Möglichkeit eines russisch-ukrainischen Krieges wirft, minimalisiert der kulturelle Ansatz diese Gefahr und wirft statt dessen ein Schlaglicht auf die Möglichkeit einer Spaltung der Ukraine, wobei kulturelle Faktoren zu der Prognose führen würden, daß eine solche Teilung blutiger als in der Tschechoslowakei verlaufen könnte, aber weit weniger blutig als in Jugoslawien.«[70]

Die Tatsache, dass Mearsheimer am Ende recht behalten sollte, aber Huntington zugleich nicht ganz unrecht zu haben schien, deutet zum einen darauf hin, dass, was die Politikwissenschaft jeglicher Couleur gerne als »Konflikt« bezeichnet, sich womöglich doch etwas komplexer verhält, als sie es sich zumeist vorstellt. Zum anderen drängt sich der Verdacht auf, dass Huntington mit seinen Thesen letztlich geostrategischer Propaganda auf den Leim geht. Denn so wie man etwa davon ausgehen kann, dass im Kalten Krieg ideologische Überzeugungen (nationalstaatliche) geostrategische Interessen weniger ersetzten, als mindestens auch zu verschleiern halfen, so gilt Ähnliches auch für einen Kulturkampf zwischen russisch geprägter Ost- und europäisch denkender Westukraine oder zwischen »Westen« und »Islam«. Dass es etwa mit der vermeintlichen Verteidigung der ehrwürdigen »westlichen Werte« in den vor allem ökonomisch wertgeschätzten Öloasen des Nahen Ostens nie sehr weit her war, dürfte inzwischen ebenso geläufig sein wie die religiöse Verbrämung von Wirtschafts- und Machtinteressen im Islamismus, gegen die sich viele Muslime, auch theologische Autoritäten, weltweit meist vergeblich zu wehren versuchen. Es waren gewiss nicht zuletzt auch Huntingtons Thesen, die dieser Strategie im Westen mit zu ihrem durchschlagenden Erfolg verhalfen. Und heute ist es also Wladimir Putin, der die »kulturellen Unterschiede« zwischen Ost- und Westukraine instrumentalisiert, um die »engen kulturellen, persönlichen und historischen Bande zwischen Rußland und der Ukraine« zu zerreißen und seinen persönlichen imperialen Interessen zu unterwerfen.

Anwesenheit und Abwesenheit politischer Konflikte

Huntingtons Position kann als eine Version von Ethnopluralismus verstanden werden, ein Ansatz, der auf die territoriale Trennung von in sich als kulturell homogen behaupteten Ethnien gründet, also von Angehörigen unterschiedlicher Kulturen, die seit Urzeiten strikt voneinander getrennt gewesen seien – und dies auch in Zukunft bleiben sollen. Deswegen ist Huntingtons Ansatz auch trotz – oder gerade wegen – der Betonung einer Vielzahl an (naturalisierten, vermeintlich gesetzmäßig auftretenden und somit apolitischen, weil der Sphäre politischer Einflussnahme entzogenen) »Konflikten« zugleich ein Musterbeispiel für eine konfliktscheue und antipolitische Theorie. Denn beides geht zusammen: In dem Maße, als die tatsächlichen politischen und ökonomischen Zusammenhänge – etwa »tribaler« Kämpfe zwischen arabischen oder afrikanischen Clans – ignoriert werden, um diese jenseits von zwar postkolonialen, aber eben doch weiterhin bestehenden Ausbeutungsverhältnissen als kulturelle oder quasi biologische Notwendigkeit beschreiben zu können, führt das zu einer (v)erklärenden Essenzialisierung der jeweiligen kriegerischen Auseinandersetzung. Oder umgekehrt: Indem solche Kämpfe als kulturell oder quasi biologisch notwendig beschrieben werden, lassen sich die tatsächlichen politischen und ökonomischen Zusammenhänge, zu denen im postkolonialen Zeitalter auch die nach wie vor bestehenden Ausbeutungsverhältnisse gehören, leichter verschleiern. Die Behauptung, es gebe analog zur Biologie unvereinbare, sich unversöhnlich gegenüberstehende kulturelle Gegensätze, die notwendigerweise zu kriegerischen Auseinandersetzungen führen, bedarf dann keiner weiteren Plausibilisierung oder Erklärung. Auf diese Weise ersetzt oder verdeckt die Naturalisierung von Konflikten das Fehlen ihrer tatsächlich politischen Analyse.

Verwirrenderweise aber richtet auch Huntington selbst an seine liberalen Widersacher den Vorwurf einer realitätsfernen Konfliktscheu und fehlenden Anerkennung dessen, was (geo-)politisch auf dem Spiel steht, ja was es mit dem Wesen von Politik eigentlich immer schon auf sich habe. Einem typischen Muster konservativer Theoretiker folgend, lautet der Vorwurf gegenüber liberalen oder sozialdemokratischen Idealisten, dass deren politische Bemühungen um soziale Harmonie und Stabilität die dafür gänzlich ungeeignete menschliche Natur missachten würden. Dadurch, dass Progressive die Notwendigkeit politischer Auseinandersetzungen leugnen und übersehen, inwiefern der Mensch von Natur aus zu Konflikten neige, verschwänden diese aber natürlich nicht. Ganz im Gegenteil droht den multikulturellen Globalisten laut Huntington ein hoher Preis für ihre Naivität, nämlich eine Zunahme und Eskalation von Konflikten qua Gewalt.

Obwohl Huntington von einer transhistorischen Kontinuität unterschiedlicher kultureller Identitäten ausgeht, läuft ihm zufolge in diesem Kontext doch eher der liberale Westen Gefahr, seine spezifische Identität zu verlieren: Neben naiver Toleranz oder gar Faszination für andere Kulturen zählt Huntington hier zu den Ursachen auch Drogenkonsum, verfrühten Geschlechtsverkehr, »Verfall der Familie, damit zusammenhängend die Zunahme von Ehescheidungen, unehelichen Geburten, Müttern im Teenageralter und Alleinerziehenden«.[71] Aber auch in anderen Zivilisationen, exemplarisch in Versuchen, die islamische Kultur aufzuklären, beobachtet Huntington das immer gleiche Muster: naive Konfliktignoranz, die Korruption eigentlicher Identität und dann eine Eskalation von Gewalt.

Huntington bedient sich in diesem Zusammenhang einer interessanten Metaphorik, wenn er vom »westlichen Virus« spricht: Werde dieser einmal von politischen Führern in einem nicht westlichen Land eingeschleppt, dann führe diese *Infektion* zu »einer kulturellen Schizophrenie, die zu seinem bleibenden und definierenden Merkmal wird«.[72] Auch wenn zeitweise strategische Allianzen zwischen Teilen unterschiedlicher Zivilisationen bestehen, ist diesen nie lange Dauer beschieden. Letztlich gehe die Mischung von Eigenem und Fremdem mitunter sogar auf Kosten etwa von

Nationalstaaten, die in Unkenntnis oder Leugnung zivilisatorischer Spannungen in ihrer Bevölkerung Gefahr laufen, die eigene Identität und Stabilität zu verlieren.

Die, wie wir im vorigen Kapitel gesehen haben, ursprünglich aus dem juridischen Bereich stammende, hier aber aus der Virologie übernommene (auto-)immunologische Bildsprache geht dabei in ihrer Rückübersetzung in den politischen Diskurs allzu oft ihrer wissenschaftlichen Pointe verlustig. Statt zu einer steten *auto*immunologischen Neuverhandlung von Eigenem und Fremdem sowie zu Einsichten über die *eigene* (Angewiesenheit auf) Fremdheit und Multiplizität zu führen, werden Konflikte dann meist als offenkundiger Beweis für eine quasi »natürliche« Selbstimmunisierung *gegen* virale Fremdheit verstanden.

Freund und Feind

Identitätspolitische Abgrenzungen von Eigenem und Fremdem sind also nur um den Preis einer verzweifelten – weil ebenso paradoxen wie kontraproduktiven – Pseudoimmunisierung zu haben, die einen zentralen politischen Aspekt von Autoimmunität geradezu in sein Gegenteil verkehrt. Der Philosophin Giovanna Borradori zufolge gilt nämlich: »Eine Funktion des Begriffs der Autoimmunität ist es, in die klassische Gegenüberstellung von Freund und Feind einen dritten Terminus einzuführen«[73], nämlich eben den der Autoimmunität selbst, deren Konzeption bei Alfred Tauber und anderen wir schon im vorigen Kapitel als Drittes zwischen harmonistischem und bellizistischem Konfliktverständnis in der Biologie analysiert haben. Bei Freund und Feind nun handelt es sich um genau jene beiden Kategorien, die in konservativen Vereinnahmungen des Konfliktbegriffs eine zentrale Rolle spielen, nicht zuletzt in dem Vorwurf an vermeintlich naive Gegenpositionen, diese würden durch ihre zurückhaltende Ignoranz gegenüber »Konflikten« deren Eskalation erst eigentlich hervorrufen.

Dass die Unterscheidung zwischen Freund und Feind nicht einfach nur im Zentrum von Politik steht, sondern das Politische selbst ausmacht, ist bekanntlich die zentrale These von Carl Schmitts *Begriff des Politischen.*[74] Wie auch bei Schmitts »bedeutendstem heutigen Nachfolger«[75] Huntington – der allerdings Schmitt wohlweislich an keiner Stelle erwähnt[76] – ist mit dieser Differenz zugleich eine Warnung verbunden: Wer vor lauter freundschaftlicher Konfliktscheu keinen Feind mehr kennen wolle, laufe über kurz oder lang Gefahr, von diesem überwältigt zu werden und seine Identität zu verlieren.[77] Denn die Ausblendung fundamentaler politischer Konfliktkategorien (Ausnahmezustand, Souveränität, Feindschaft, Krieg, Opfer, Tötung etc.) hat Schmitt zufolge dramatische Konsequenzen. Wo der quasi *feindschaftliche* Untergrund jeder politischen Auseinandersetzung missachtet oder geleugnet wird und Krieg nicht als stets auch reinigender Prozess alles Politischen integriert ist, drohe umgekehrt deren totale Eskalation: »Erst die Ableugnung der wirklichen Feindschaft macht die Bahn frei für das Vernichtungswerk einer absoluten Feindschaft.«[78]

Selbstverständlich aber bewertet der vehemente Gegner der Weimarer Republik und zwischenzeitliche NS-Advokat Schmitt unterschiedliche Formen von Konflikt anders als sein US-amerikanischer Nachfolger. Das betrifft speziell bewaffnete Auseinandersetzungen oder Kriege, die bei beiden Konservativen als Eskalationsstufe von Konflikten fungieren. Bei Huntington droht Krieg als Konsequenz einer Nichtbeachtung oder eines Sich-nicht-Eingestehens eines unauflöslichen Zusammenstoßes feindlicher Zivilisationen. Der dezidierte Antidemokrat Schmitt hingegen konfrontiert seine liberalen, progressiven und sozialistischen Zeitgenossen angesichts des Verschwindens antiquierter Kriegstechnologien im Zeitalter atomarer Vernichtungswaffen mit der rhetorischen Frage: »Verschwinden deshalb auch Kampf und Krieg und Feindschaft überhaupt und verharmlosen sie sich zu sozialen Konflikten?«[79]

In einer bis heute wirkungsmächtigen Volte identifiziert Schmitt Demokratie mit Pazifismus und Konfliktphobie, ja mehr noch: Das Ausweichen vor Konflikten ist für ihn nichts anderes als ein administratives, technokratisches, ökonomisches Ausklammern des Politischen selbst. Angesichts dieser demokratischen Gefahr setzt er, so formuliert es der Politikwissenschaftler Jens Hacke, offen auf den »Krieg als äußerste Steigerung des politischen Konflikts, ja als Höhepunkt des Politischen«.[80] Zuverlässig bringt Schmitt auch den realpolitischen Stachel im Fleisch einer konfliktvergessenen demokratischen Kultur auf den Punkt, noch einmal in Hackes Worten: »Die Begriffe Freund, Feind und Kampf erhalten ihren realen Sinn dadurch, daß sie insbesondere auf die reale Möglichkeit der physischen Tötung Bezug haben und behalten«[81].

Deutlicher noch als Huntington und andere Konservative, die den Konfliktbegriff instrumentalisieren, attackiert Schmitt die ideologischen Paradoxien der westlichen Demokratien und ihrer »postheroischen Gesellschaften« (Herfried Münkler) mitsamt den für sie typischen »asymmetrischen Kriegen« oder »asymmetrischen Konflikten« (Philipp von dem Knesebeck).[82] »Die Soldaten solcher Konflikte sind heute weniger in Armeen als in kleinen Trupps formiert, deren brutalste Spielart der terroristische Einzelkämpfer ist. Auch die geopolitischen Konfliktlinien verlaufen nur noch selten entlang physischer Grenzen, sondern vielmehr zwischen konkurrierenden Werten«, so nicht Schmitt, auch nicht Huntington, sondern der Politologe Herfried Münkler[83]. Der Vorwurf gegen liberales Denken lautet also: Indem sich dessen Idee einer »offenen Gesellschaft« (Karl Popper) gegen aus konservativer Sicht »natürliche« Grenzen und Identitäten richtet und die Gesellschaft mit dem utopischen Anspruch überfordert, diese Grenzen wider ihre »Natur« durchlässig zu halten, erweist sie sich als Ursache für in Gewalt und Krieg eskalierende Konflikte, die heute nicht etwa verschwunden sind, sondern sich in Form von asymmetrischen Kriegen und Konflikten lediglich gewandelt und verlagert haben.

Letztlich verläuft auch Schmitts Argumentation entlang einer bereits mehrfach analysierten konservativen Strategie, die den eigenen angeblichen Konfliktrealismus von der vermeintlichen Konfliktphobie der Gegenseite abgrenzt. Deren Naivität und Idealismus rufe erst jene Eskalation von Gewalt hervor, die pazifistische Multikulturalisten oder liberale Globalisierungsfreunde einfach nicht verstehen und die sie deswegen lieber umgekehrt reaktionären Hardlinern und deren Realpolitik in die Schuhe schieben – ein ewiger Kreislauf, aus dem paradoxerweise schon genau deshalb kein Ausweg möglich ist, weil ein (zumindest implizites) Einverständnis darüber besteht, dass es sich bei Konflikten um tendenziell simpel binär strukturierte und dabei gewalthaltige und zur Eskalation neigende Phänomene handelt.

Reaktionäre Regressionen

Wenn auch ein eingefleischter Antisemit wie Carl Schmitt seine zynische Verteidigung von Krieg und Feindschaft vorantreibt, indem er nach dem üblichen Muster ein unhinterfragtes Alltagsverständnis von »Konflikt« instrumentalisiert, sollte das nicht so einfach beiseite gewischt werden. Der von Reaktionären und Progressiven wechselseitig an die jeweils andere Seite gerichtete Vorwurf, für Konflikteskalation verantwortlich zu sein, ist nicht bloß einem äußerst losen Sprachgebrauch geschuldet, sondern, wie gesagt, auch einem quer durch die politischen Lager reichenden Einverständnis darüber, dass Konflikte zumindest potenziell gewalthaft sind.

Zwei Missverständnisse müssen an dieser Stelle vermieden werden. Erstens bedeutet dieses implizite Einverständnis gerade nicht, dass wir es mit einem expliziten Nachdenken oder gar einer Definition des Konfliktbegriffs zu tun hätten (oder auch nur mit einem Problembewusstsein bezüglich dieses Mangels). Und zweitens folgt aus dieser Einigkeit noch lange kein einheitlicher Umgang mit den vage als »Konflikte« bezeichneten Phänomenen. Denn wo, so die Soziologin Cornelia Koppetsch, »linke Bewegungen den Schlüssel zur gesellschaftlichen Konfliktbewältigung zumeist in der Ausdehnung individueller Rechte und Teilhabemöglichkeiten auf immer größere Bevölkerungsgruppen und mithin in einer übergreifenden Solidarität sehen, artikulieren rechte Bewegungen exklusive Rechte und Solidaritäten, die sie aus der Zugehörigkeit zu partikularen, d. h. lokal, regional oder religiös begrenzten, Gemeinschaften ableiten und die sie gegen andere Gruppen verteidigen«.[84]

Was also die hier zuletzt genannten – egal, ob rechten, reaktionären oder konservativen – Positionen eint, ist ein regressiver, d. h. an der Vergangenheit orientierter Zugriff auf gesellschaftliche Spannungen. Und zwar insofern, als sie sich durchgehend auf seit Urzeiten festgelegte menschliche Eigenschaften oder auf Zivilisationen beziehen, die sich unverändert, unvermischt und ohne Austausch von Eigenem und Anderem durch die Zeit erhalten sollen. Es ist diese erschreckend wenig hinterfragte Festschreibung einer naturalisierten, vermeintlich historisch verbürgten Identität, die einen ebenso wenig definierten – und wie wir sehen werden letztlich falschen – Konfliktbegriff gerade für konservative Autor:innen so attraktiv macht. Das führt im Ergebnis zu etwas, was hier als Naturalisierung oder Essenzialisierung von Konflikten bezeichnet wird: Potenziell gewaltvolle Konfrontationen – sowohl zwischen Individuen als auch zwischen kleinen und größeren Gruppen, Nationen, Zivilisationen – seien grundsätzlich notwendig und für alle Zeiten unumgänglich, weil in Natur und Wesen des Menschen begründet.

In dem Maße, wie hier historische, gesellschaftliche und ökonomische Aspekte außer Acht gelassen werden, führt eine solche Position zu einem anthropologisch, (sozio-)biologisch und genetisch argumentierenden politischen Determinismus – oder einfach einem letztlich den Konflikt aus dem Bereich des Politischen eskamotierenden Rassismus. »Heute zeigen sich andere Formen von Rassismus, die es nicht mehr nötig haben, zu ihrer Rechtfertigung auf die Biologie zurückzugreifen«, so der postkoloniale Theoretiker Achille Mbembe sicher auch mit Blick auf Huntington: »Es genügt [...], die Unvereinbarkeit der ›Zivilisationen‹ zu behaupten«.[85] Und wie schon Rassismustheorien Macht und Machtmissbrauch legitimieren sollten, dient auch die konservative Auffassung des »Konflikts« dem Machterhalt von Eliten (seien es Autokraten oder weiße männliche Europäer und Nordamerikaner). Ihr binarisierter, naturalisierter »Konflikt« ist in einem ganz wörtlichen Sinne ein nützliches Instrument, um einen Status quo zu verteidigen, von dem sie immer noch profitieren. Liberale Positionen haben dagegen zwar die Interessen des Individuums im Blick, sie neigen jedoch dazu, vom Irrtum eines ähnlich simplifizierten Konfliktbegriffs ausgehend eine utopische Harmonie und Widerspruchsfreiheit anzustreben, die in ihrer Wirklichkeitsfremdheit ebenso kontraproduktiv sein kann.

Gegenüber neuen identitären Diskursen ließe sich nun ganz grundsätzlich mit dem Historiker Yuval Harari fragen, ob denn eine Suche nach Identität überhaupt Aussicht auf Erfolg hat, wenn man allein auf »gemeinsame Wesensmerkmale« blickt. Wäre es vielleicht nicht nur bei der Frage der Abgrenzung und Konfrontation, sondern auch bei der der Konstitution von Identität besser, nach »gemeinsamen Konflikten und Dilemmata« zu suchen?[86] Denn was teilen wir denn noch etwa mit dem »ständigen Konflikt zwischen kirchlichen und staatlichen Machtansprüchen« des Mittelalters[87] oder den sich bekriegenden protestantischen und katholischen Glaubenskämpfer:innen der Zeit vor dem Westfälischen Frieden? Zugespitzt formuliert, teilen liberale Europäer:innen des 21. Jahrhunderts das Desinteresse an diesen Religionsbürgerkriegen eher mit den damaligen Angehörigen anderer Religionen und Zivilisationen, als dass sie, wie in Huntingtons Modell, heute wie damals als Angehörige der christlichen Zivilisation in einer ewigen Opposition zu anderen Kulturen stünden.

Entscheidende Trennlinien verlaufen heute viel eher zwischen liberalen Kulturen der Öffnung und nationalistischen der Schließung, und »[d]ieser Konflikt ist keineswegs gleichbedeutend mit einem Konflikt zwischen dem Westen und ›dem Rest‹«.[88] Das erklärt auch das uneingestandene Einverständnis der realpolitischen Hardliner, die über alle monotheistischen Fronten hinweg in nahezu allen gewalttätigen Auseinandersetzungen und Kriegen von einer Fortsetzung der äußeren Spannungen bzw. einer Beibehaltung von Huntingtons »Konfliktlinien« innenpolitisch profitieren. (Das gilt – um nur einige dieser Linien zu erwähnen – für radikale Islamisten im Iran und christliche Fundamentalist:innen in den USA ebenso wie für Angehörige der Hamas in Palästina und für israelische Vertreter jüdischer Siedler.)

Und es erklärt theoretische Hardliner wie Huntington, die lieber am Status quo immerwährender Konfrontationen festhalten wollen, als ihre geopolitischen Grundannahmen zu überdenken – und damit auch ihre Instrumentalisierung des Konzepts »Konflikt«. Tatsächliche Spannungen gibt es heute eher zwischen verschiedenen Weltbildern, etwa einem anhaltenden Eurozentrismus und postkolonialen Positionen oder zwischen dem zunehmenden Selbstbewusstsein anderer Kulturen und »unserem« Nichtakzeptieren, dass die globale Hegemonie des (weißen und patriarchalischen) Westens für immer zu verschwinden droht. Aus dieser Perspektive betrachtet, bekommt freilich der konservative Gemeinplatz einer allgemeinen Konfliktscheu tatsächliche Relevanz und wirft einen neuen Fragehorizont auf.

3.

Die Konfliktscheu des depressiven Subjekts: Soziologie und Psychologie

Wir haben gesehen, dass der leicht festzustellenden Omnipräsenz von Konflikten und Konfliktdiskursen in den letzten Jahrzehnten eine nicht minder offensichtliche Konfliktscheu, ja bisweilen sogar Konfliktphobie gegenübersteht – zumindest als Vorwurf, der in der Regel vor allem an die politischen Gegner:innen adressiert wird. Jenseits solcher ideologischen Grabenkämpfe hat der französische Soziologe Alain Ehrenberg in etwa zeitgleich mit Huntingtons Kulturkampftheorie eine gesellschaftspsychologische Diagnose gestellt, nach der das depressive Individuum des ausgehenden 20. Jahrhunderts »erschöpft« ist nicht etwa von seiner umfassenden Konfliktbearbeitung, sondern gerade von deren zwanghafter Vermeidung und den daraus resultierenden psychologisch wie politisch desaströsen Konsequenzen: »Die zeitgenössische Person ist in einem Prozess der ›Dekonfliktualisierung‹ gefangen, im psychiatrischen wie im gesellschaftspolitischen Bereich.«[89] Ehrenberg nennt das die »Konfliktscheu des depressiven Subjekts«.[90]

Ehrenbergs Diagnose zugrunde liegt die Einsicht, dass Konflikte eine konstitutive Bedeutung für Individuum wie Gesellschaft haben. Auf politischer Ebene etwa bedeutet die erstrebenswerte »Institutionalisierung eines Konflikts«, dass divergierende »Elemente zugleich miteinander zusammenhängen und in Konflikt miteinander stehen«, dass sie also gerade *»durch den Konflikt zusammenhängen«*.[91] Konstruktiv sind Konflikte hier sowohl für die jeweiligen Protagonisten als auch für das Politische selbst, denn ohne ein Austragen der jeweiligen Zusammenstöße sowie die Repräsentation notwendig und dauerhaft konfligierender Positionen gibt es keine Politik im emphatischen Sinn (höchstens administrative Regulierung und bürokratische Dauerbehandlung). Die politische Organisation von Bevölkerungsgruppen und ihre institutionelle Repräsentation in Parlamenten und Parteien gibt »dem Konflikt einen Schauplatz – das Politische«.[92] Es ist ebendiese Politizität, das genuin Politische im Feld der Politik, das mit jenem gesamtgesellschaftlichen Konfliktschwund verloren zu gehen droht, den Ehrenberg als Zeichen des ausgehenden 20. Jahrhunderts analysiert.

Doch auch die Ebene des Individuums hat sich grundlegend gewandelt. Galt noch zu Beginn des mit Sigmund Freuds Psychoanalyse eingeläuteten Jahrhunderts, dass ein Subjekt das Subjekt seiner Konflikte ist, ja dass »sich die Begriffe von Subjekt und Konflikt bis zur Äquivalenz« überschneiden,[93] hat dieses Menschen- und Weltbild knapp hundert Jahre später laut Ehrenberg seine Selbstverständlichkeit verloren: »Das Ende der Neurose ist zugleich das Ende einer Welterfahrung, die den Konflikt ins Zentrum der Conditio humana stellte und ihm Sinn gab« (und die uns deswegen auch in Teil II noch eingehender beschäftigen wird).[94] Von dem durch Vorschriften und Verbote umstellten und zusammengehaltenen neurotischen Subjekt unterscheide sich die seit Ende des 20. Jahrhunderts immer dominanter werdende Depression zuallererst in ihrem Bezug bzw. genauer ihrem Nichtbezug zum Konflikt.[95]

Das Zeitalter der Depression

Die Dominanz der Depression äußert sich nicht nur in einer neuen vorherrschenden Psychopathologie, sondern sie bedeutet auch eine andere Art von Subjektivität und Personalität. Mangels Integration seiner Konflikte in das eigene Selbstbild zerfällt das depressive Subjekt zusehends in unterschiedliche Teile, weshalb es durch eine »innere Zerrissenheit gekennzeichnet ist. Bei dieser Spaltung stehen die Teile weder im Konflikt noch in Beziehung zueinander: Ein Gefühl der Unzulänglichkeit beherrscht die Person.«[96] Daraus wiederum resultiert eine Neigung zu Abhängigkeitsverhältnissen und die Sucht nach ständig neuen Reizen, wie Ehrenberg noch an der Schwelle zur breiten Durchsetzung des Internets feststellt.

Das konfliktscheu-depressive Subjekt folgt den Imperativen der Authentizität, Selbstidentität und Selbstverwirklichung, doch seine vorrangigen Kennzeichen sind Scham, Erschöpfung, die »besondere Schwierigkeit, Leiden zu ertragen, und die fortwährende Suche nach Wohlbefinden«. Diese Disposition lässt sich auch als ein »Zustand der permanenten Adoleszenz« beschreiben, wie Ehrenberg Jahre vor Etablierung der ersten sozialen Medien und mehr als eine Dekade vor Einführung des Like-Buttons bei Facebook formuliert.[97] War und ist die Neurose eine Krankheit des Gesetzes, so ist und wird die Depression »eine Krankheit der Unzulänglichkeit. Ihr scheint ein gut ausgebildetes Überich zu fehlen, und sie leidet sehr wenig unter Konflikten«.[98] Oder anders: »Der Erfolg der Depression beruht auf dem *verlorenen Bezug auf den Konflikt*«, wie er nicht nur für einzelne Individuen typisch ist, sondern zunehmend für unsere Gesellschaft als Ganzes.[99]

Wo keine Symptome sind, da ist auch keine Heilung möglich

Die depressive Erschöpfung zeichnet sich – im Gegensatz etwa zu den theatralischen Symptomen der klassischen Hysterie oder zu psychotischen Schüben – durch ihre Unscheinbarkeit oder scheinbare Inexistenz und, damit verbunden, durch ihr Insistieren aus. Der »pathologische Mensch von heute ist eher traumatisiert als neurotisch (oder psychotisch), er ist gehetzt, leer und unruhig«.[100] Zu diesem ständigen Davonlaufen vor den eigenen Konflikten – deren Teil wir gleichwohl sind und die Teil von uns bleiben – passt nur scheinbar paradoxerweise ein Auf-Dauer-Stellen von Behandlungen und Therapien, das letztlich auch jede Heilungsabsicht unterläuft. »Die Langzeitbetreuung ersetzt die Heilung gerade deshalb, weil Antidepressiva (…) die Konflikte auf Distanz« halten.[101] Nicht zuletzt die Entwicklung immer effektiverer Präparate mit immer geringeren Nebenwirkungen (wie Persönlichkeitsveränderung, physischen Beschwerden, Abhängigkeit) kann Ehrenberg zufolge dazu führen, dass psychische Erkrankungen chronisch werden, »indem sie die Konfrontation mit etwaigen Konflikten, aus denen die Depression hervorgeht, übergehen«.[102]

Wenn in den vergangenen Jahren im Rahmen von Pandemie und Lockdowns die Zahl an mit Depression diagnostizierten oder sich selbst als depressiv diagnostizierenden Menschen so massiv zugenommen hat, dann sicher nicht nur aufgrund von objektiven Existenzängsten oder erzwungener Isolation.[103] Ein weiterer, ganz banaler Grund dafür, dass die neue Modekrankheit Depression heißt, dürfte auch darin liegen, dass – mit Ehrenberg gesprochen – alles »zur Depression [wird], weil Antidepressiva auf alles wirken. Man kann alles behandeln, man weiß aber nicht mehr genau, was heilbar ist. Zur gleichen Zeit, zu der der Konflikt aus dem Blick gerät, verwandelt sich das Leben in eine chronische Identitätskrankheit.«[104]

Offensichtlich gehen hier gesellschaftliche und medizinische Veränderungen Hand in Hand, ohne dass sich einzelne wissenschaftliche Ansätze in der psychologischen Praxis jemals dauerhaft durchsetzen. Es ist an dieser Stelle unmöglich, auch nur ansatzweise auf die diesbezügliche Geschichte der Psychiatrie der letzten Jahrhunderte einzugehen. Stattdessen sei mit Blick auf unsere Fragestellungen lediglich auf die Durchsetzung eines *biopsychosozialen* Modells verwiesen, in dem Physiologisches, Psychologisches und Soziales auf eine Weise verstanden werden, die sich etwa von der (im Detail noch zu diskutierenden) Konfliktneurose der Psychoanalyse grundlegend unterscheidet.[105] Ehrenberg beschreibt die einschlägigen Veränderungen als Durchsetzung eines Defizitmodells auf Kosten des zuvor hegemonialen Konfliktmodells: »In der medizinischen Version ist der defizitäre Mensch vor allem Objekt seiner Krankheit. Er ist insofern Objekt, als er durch die Art seines Leidens definiert wird (wobei unwichtig ist, ob er daran leidet, dass ihn seine Mutter in der frühen Kindheit zu wenig liebte, oder ob sein Serotoninspiegel zu niedrig ist): In diesem Modell muss sich der Depressive seinen Konflikten nicht stellen, denn er *hat* eine Krankheit, von der man ihn befreien kann. In der psychoanalytischen Version schafft er es nicht, zum Subjekt seiner Konflikte zu werden.«[106]

Wir sind hier also letztlich mit unterschiedlichen und miteinander konfligierenden Beschreibungsweisen einer gemeinsamen individual- und gesellschaftspsychologischen Realität konfrontiert, die nicht zufällig um die Bedeutung des Konflikts kreist.[107] Handelt es sich bei psychischen Erkrankungen um lästige Störungen des Ichs, die es im besten Fall zügig medikamentös und ohne genauere Kenntnis der konfliktreichen Geschichte der jeweiligen Patient:in zu beseitigen gilt? Oder sind psychologische Konflikte umgekehrt Träger noch unverstandener seelischer Wahrheiten, die dem Menschen zumutbar sind?

Konfliktscham und konstruktive Eskalation

Ehrenbergs Analysen der historischen psychologischen, psychiatrischen und sozialen Veränderungen sind eine wichtige Voraussetzung für ein genaueres Verständnis jener von konservativen Kulturtheoretikern meist nur polemisch in den Raum gestellten Konfliktscheu, für die sich aber auch progressivere Konfliktmediator:innen interessieren. Oftmals ist es nämlich eine in jeder Hinsicht falsche Scham vor einer manifesten Konfrontation vage gefühlter Widersprüche, die die jeweiligen Gegenüber vom Anerkennen und damit dem Austragen – oder wie wir noch genauer sehen werden: auch dem *Herstellen* – eines Konflikts abhält.[108]

Zugleich wird diese Konfliktscheu und Konfliktscham noch verstärkt durch eine vielfältige Konfrontation mit dem Fremden im Eigenen. Der zwanghaft unterdrückte Konflikt mit unzumutbaren oder scheinbar nicht ins eigene Weltbild zu integrierenden Werten offenbart sich umso nachhaltiger im Schock über das eigene Konfliktverhalten, inklusive dessen offensichtlich selbstwidersprüchlicher Zurückweisung als Teil des eigenen Selbst (»So bin ich *eigentlich* nicht«). Obwohl die Attribution eindeutig ist, wird ein Teil des Selbst verleugnet oder ausgelagert: »Viele Menschen haben das Gefühl, dass sie zwei völlig verschiedene Personen sind, wenn sie in einen Konflikt verwickelt sind und wenn sie es nicht sind, und sie fühlen sich oft unwohl mit der Art von

Person, die sie sind, wenn sie einen Konflikt eingehen«, so der amerikanische Mediationsexperte Bernard Mayer[109]. Demgegenüber stellt Mayer sein Konzept der »konstruktiven Eskalation« von Konflikten.[110] Diese besteht aber gerade nicht in einer Eskalation der latenten oder manifesten Gewalt einer Situation, sondern in der Akzeptanz der Unauflösbarkeit des Konflikts.

Ein solches optimistisches Vertrauen in Konflikte fehlt Ehrenberg zuweilen, etwa wenn er stellenweise in eine Art geschichtsphilosophische Melancholie abzugleiten droht, derzufolge ein auf heroische Konfrontation mit unangenehmen Wahrheiten verpflichtetes Subjekt der Vergangenheit angehört und daher »der Konflikt nicht mehr produktiv ist«.[111] In dem Maße jedoch, als es uns um ein möglichst trennscharfes Verständnis der gegenwärtigen Konfliktscheu und ihrer spezifischen Eigenschaften geht, muss die Gefahr eines solchen kulturkritischen Lamentierens vermieden werden. Das Gleiche gilt für die eigentümlich pessimistisch oder gar zynisch klingende Vorstellung einer quasi abschreckenden »Lektion, die die Depression für den Menschen bereithält, der glaubt, sein eigener Gesetzgeber werden zu können«.[112] Zudem ist es ja auch keineswegs so, dass neurotische Konfliktsymptome wie Schuldgefühle, Fehlleistungen oder Zwangshandlungen auf der einen und depressive Minderwertigkeitskomplexe, ständige Suche nach Anerkennung oder mangelnde Selbstliebe auf der anderen Seite einander wechselseitig ausschließen müssen.[113] Ein auch nur kursorischer Blick auf die Gewohnheiten heutiger Nutzer:innen von sozialen Medien verdeutlicht, wie beides sehr wohl zusammengehen kann.

Digitale Ökonomie

Trotz solcher Relativierungen erweisen sich Ehrenbergs Analysen einige Digitalisierungsjahrzehnte später beinah noch treffender, haben doch die schon länger existierenden ideologischen Eskamotierungsversuche von Konflikten nunmehr endlich ihre »kongeniale« technologische Plattform gefunden. Unternehmen wie Uber, die über ihre Apps lediglich prekäre Freiberufler vermitteln (in diesem Fall für Fahrdienste) und so deren vermeintliche Selbstbestimmtheit ausbeuten, ohne zugleich Verantwortung für ihre soziale Absicherung zu übernehmen, stehen heute exemplarisch für ein neues Paradigma ökonomischer Konfliktvermeidung. Denn wo keine Angestelltenverhältnisse mehr bestehen, da soll es auch keine Arbeitskonflikte geben können – um von einem grundsätzlichen Konflikt zwischen Arbeit und Kapital oder gar einem Klassenkampf erst gar nicht zu fantasieren.

Gewiss ist die Geschichte immer wieder anders gestalteter Arbeitskämpfe und Auseinandersetzungen zwischen Besitzenden und Werktätigen ebenso lang wie der Versuch ihrer Verschleierung und damit »Verunmöglichung«. In einem Punkt jedoch unterscheidet sich die aktuell letzte Stufe des sogenannten Plattformkapitalismus mit seiner sowohl räumlichen als auch juridischen Trennung zwischen Kapitaleigentümer und Arbeitskraft von früheren Stufen (etwa der in der taylorschen Fabrik der fordistischen Moderne durchgesetzten Separierung von Planung und Fließbandarbeit). In der neuesten Evolutionsstufe der arbeitsökonomischen Konfliktvermeidung sollen die traditionellen Auseinandersetzungen und Interessenskonflikte schon aus arbeitsrechtlichen Gründen erst gar nicht aufkommen dürfen.

Für die einstweiligen arbeitenden Profiteure der neuen digitalen Ökonomie nicht anders als für immer größere Teile dessen, was Soziolog:innen eine wachsende Überschussbevölkerung (*Surplus Population*) nennen, steht mit der Frage nach dem Verschwinden genuin politischer Konflikte so ziemlich alles auf dem Spiel. Betroffen sind hier nämlich nicht zuletzt jene traditionellen Konfliktinstitutionalisierungen wie Gewerkschaften oder Arbeitskämpfe, die es in der Vergangenheit erlaubten, eine Konfliktkommunikation mit Unternehmern oder Eigentümern herzustellen, und zwar egal, ob diese konfrontativ oder kompromissbereit angelegt waren. Wo jedoch immer weniger Arbeitskräfte vonnöten sind und die verbliebenen Arbeitnehmer:innen oder Angestellte sich zunehmend als Selbstständige (d. h. in selbstausbeuterischer Konkurrenz mit anderen) wiederfinden, da verschwindet auch der Hebel, mit dem sie einst Druck ausüben konnten. Für die Frage nach einer allgemeinen sozioökonomischen Tendenz zur Vermeidung ökonomischer Auseinandersetzungen macht es an dieser Stelle kaum einen Unterschied, ob sich Uber-Fahrerinnen nun aus arbeitsrechtlichen Gründen oder aus purer Furcht nicht organisieren können oder ob etwa Vertreter der kreativen Klasse und Profiteur:innen der digitalen Gig-Ökonomie dies auch gar nicht wollen. Ein generelles Kennzeichen des Plattformkapitalismus besteht darin, keine Repräsentation und Aushandlung der weiterhin vorhandenen Ungleichheiten und Benachteiligungen zu erlauben – oder diese zumindest erheblich zu erschweren.[114]

Der »Niedergang des Konflikts in der Gesellschaft« hat deswegen heute mehr noch als zur Entstehungszeit von Ehrenbergs Studie gravierende Folgen: »An die Stelle der Kämpfe zwischen Gruppen tritt die individuelle Konkurrenz«,[115] eine dekonfliktualisierende Vereinzelung mit beunruhigenden politischen – oder streng genommen antipolitischen – Konsequenzen. Denn naturgemäß bedeutet diese Verdrängung des Politischen und das damit verbundene Unverständnis von Konflikten keineswegs, dass politische Divergenzen verschwunden wären. Wie ein anderer französischer Soziologe, Alain Touraine, einer der Vordenker der postindustriellen Gesellschaft, richtig bemerkt hat, bringt jede Gesellschaft und Epoche ihre je eigenen Konfliktlinien hervor. Seiner aus den frühen 1990ern stammenden Analyse zufolge geschieht dies seit den 1960er-Jahren verstärkt ausgehend von Alternativ- oder Protestbewegungen, die sich großteils aus einer jungen und gebildeten Mittelschicht rekrutieren.[116] Andere Kommentator:innen beobachten dagegen heute einen neuen Klassenkampf entlang der Konfliktlinie zwischen »liberalen Kosmopoliten« und selbst ernannten oder tatsächlichen Globalisierungsverlierern.[117] Schon für Touraine war darum das Gebot der Stunde: »allem voran die intellektuelle und praktische Herstellung [*construction*] neuer gesellschaftlicher Debatten und Konflikte«.[118] Und obwohl er es so nicht ganz gemeint haben mag, können wir das auch als Auftrag begreifen, überhaupt erst einmal zu verstehen, worum es sich bei diesen immer erst herzustellenden Konflikten eigentlich handelt.

Daher wenden wir uns nun zum Abschluss dieser im ersten Teil versuchten Bestandsaufnahme der Gegenwart noch einmal ausführlich dem Bereich der (neuen) Medientechnologien zu. Auf diesem Terrain werden wir noch einmal verstärkt der bereits analysierten Parallelität von Konflikthypertrophie und zunehmender Konfliktvermeidung begegnen. Die mit sozialen Medien eng verbundene Forderung, sein wahres Selbst zu verwirklichen und darzustellen, führt, wie wir mit Ehrenberg bereits feststellen konnten, zu einer tendenziellen »Erschöpfung des Selbst«. Daran ändert sich auch nichts, wenn der entsprechende Imperativ der Selbstverwirklichung ein gesellschaftlich verordneter ist. So gesehen befinden wir uns in einem teuflischen Kreislauf. Die beständige Unmöglichkeit, die eigene Authentizität zu verwirklichen, verfestigt paradoxerweise den Glauben im Ich, tendenziell nur sich selbst folgen zu müssen, anstatt sich mit den sozialen und ökonomischen Dimensionen von Konflikten auseinanderzusetzen. »Die Schwierigkeit, Erfahrungen mit Konflikten zu machen«, so Ehrenberg, »schwächt die Identifikationsmechanismen, die für die Herausbildung einer Identität unabdingbar sind, die mit ihren Konflikten leben kann.«[119]

4.

Sozial-digitale Konfliktsymbiose: Medien und Technologie

Ehrenbergs an der Schwelle zum 21. Jahrhundert formulierte Diagnosen zur Konfliktscheu des depressiven Subjekts werden vor dem Hintergrund unserer neuen sozialen Medienrealität noch einmal virulenter, denn es ist ja keineswegs anzunehmen, dass unterdrückte Probleme einfach verschwinden. Viel plausibler ist die entgegengesetzte Vermutung eines grundlegenden Zusammenhangs von Konfliktakzeptanz und Ambivalenztoleranz mit umgekehrt zunehmender Aggressivität gegenüber anderen immer dort, wo die eigenen Konflikte – die Konflikte, an denen wir teilhaben und die Teil von uns sind – und die damit verbundenen Ambivalenzen unter den Teppich gekehrt werden. Die Behauptung einer grassierenden Konfliktphobie bei gleichzeitigem Identitätsfuror wird quer durch das politische Spektrum erhoben. Nicht nur intolerante Rechte, sondern auch ihrem Selbstverständnis nach tolerante Menschen sind mit dem Vorwurf konfrontiert, gesellschaftlichen Auseinandersetzungen und divergierenden Identitätsvorstellungen auszuweichen.

Der Ruf nach *Safe Spaces*, die Forderung von *Trigger Warnings* und weitere vergleichbare Phänomene erscheinen dann auf einmal in einem ganz anderen Licht und als Symptom einer Kultur, der es zunehmend schwerfällt, ihre Auseinandersetzung mit Fremdem, Abweichendem, Anderem auf eine moderate Art und Weise zu moderieren. Paradoxerweise gilt das oftmals gerade für Individuen oder Gruppen, die sich eine derartige Welt- oder Meinungsoffenheit ganz explizit auf die Fahnen schreiben. (Um diese weiter unten näher auszuführende Beobachtung schon hier etwas zu präzisieren: Sie gilt selbstverständlich nicht für Personen oder Gruppen, die etwa aufgrund tatsächlicher Bedrohung, Benachteiligung oder Traumatisierung einen echten Bedarf nach sicheren Räumen oder Triggerwarnungen haben. Es geht hier vielmehr um das Phänomen, dass sich heute zunehmend gerade die Privilegiertesten, und zwar an allen Enden des politischen Spektrums, einzubilden scheinen, auch selbst zu benachteiligten Gruppen oder Identitäten zu gehören. So etwa zahlreiche Vertreter:innen der westlichen Diskurselite, die es als existenziellen Angriff auf ihre Rede- und Meinungsfreiheit (miss-)verstehen, wenn sie für die Inhalte ihrer auf offener Bühne oder in auflagenstarken Medien verbreiteten freien Meinungsäußerung kritisiert werden, anstatt dass sie gerade darin das Wesen der Meinungsfreiheit erkennen.)

Eine besondere Rolle bei dieser mangelnden Moderation von gesellschaftlichen Aushandlungen kommt nun einer eigentlich traditionell dafür vorgesehenen Instanz zu, den Medien. Denn, so der Medienwissenschaftler Hartmut Winkler: »Medien sind auch immer Medien des Streits.« Daher sei es »völlig falsch, Medien einseitig mit Verständigung und Konsens gleichzusetzen«.[120] Zu der immer schon vorhandenen Faszination von Massenmedien an Phänomenen wie Dissens, Gewalt, Krieg, oder was immer jeweils als Konflikt aufgegriffen wird, kommt heute freilich noch eine technologisch induzierte Verstärkung der beiden in diesen Kapiteln beobachteten Tendenzen von Konfliktubiquität und Konfliktscheu: nämlich einerseits eine Zuspitzung von

Auseinandersetzungen sowie andererseits damit verbunden eine zunehmende emotionale und intellektuelle Überforderung. Ein Verweis auf die Schlagworte *Filter Bubble, Cancel Culture* oder *Shitstorm* sollte genügen, um den Zusammenhang beider Tendenzen sowie ihre wechselseitige Verstärkung anzuzeigen. Die Flucht vor gesellschaftlichen Auseinandersetzungen durch den Rückzug in die Filterblasen führt, wie gesagt, kaum je zum Verschwinden von Spannungen, sondern viel eher zu ihrer Verschärfung. Die Medien verlieren dabei zunehmend die Fähigkeit, ihre Aufgabe der Moderation und Mediation wahrzunehmen. Stattdessen stehen Medien und gesellschaftliche Auseinandersetzungen heute zunehmend in einem symbiotischen Verhältnis, indem sie sich gegenseitig nähren und verstärken.

Kurze Geschichte der »Konfliktmedien«

Auch für die historischen Zeiten der noch rein analogen Massenmedien lässt sich eine enge Verbindung zwischen Medien und allen möglichen als »Konflikte« bezeichneten Phänomenen auf mindestens zwei Weisen konstatieren. Erstens sind Verbrechen, Gewalt, Kriege immer schon ein nahrhaftes, weil Auflagen und Reichweiten stärkendes Futter für Tageszeitungen und später auch Rundfunksender gewesen, die sich aber zweitens immer auch aktiv und parteiisch – also keineswegs nur als neutrale mediale Vermittler – in gesellschaftliche oder politische Auseinandersetzungen eingemischt haben, ja diese des Öfteren auch mitentschieden haben. (Dieser letzte Punkt zeigt sich nur am offensichtlichsten an konservativen Konglomeraten wie dem Axel-Springer-Konzern oder der Rupert-Murdoch-

Gruppe, ohne Letztere wir vermutlich in einer Welt ohne Brexit und Donald Trump leben würden.)

Wie weit man auch in der Geschichte etwa der Printmedien zurückgeht, überall trifft man auf eine enge Verbindung von historisch ganz unterschiedlichen Verbreitungsformen und konflikthaften Auseinandersetzungen – von Flugblättern und Flugschriften des 15. und 16. Jahrhunderts, die das Feuer der religiösen Konfrontationen zwischen Protestanten und Katholiken entfachten und ausweiteten, ersten Wochenzeitungen des 17. Jahrhunderts, die zu einem großen Teil mit Berichten über kriegerische Zusammenstöße gefüllt waren, bis hin zu den krawalligen Boulevardblättern des 20. Jahrhunderts.[121] So überrascht es auch nicht, dass empirische Untersuchungen zur Frage *What makes a First Page Story?* die magnetische Anziehung von eruptiven und eskalierenden Ereignissen für Printmedien im Allgemeinen belegen, und zwar inklusive der simplifizierenden Tendenz von Personalisierung und Reduktion auf meist zwei distinkte Streitparteien. In mediengeschichtlichen Darstellungen und leserpsychologischen Rekonstruktionen wird eine solche Stilisierung des berichteten Geschehens meist mit einer Verbesserung der Identifikationsmöglichkeiten für die Leser:innen begründet.[122]

Neben dieser ersten, historisch wie psychologisch durchaus stimmigen Herleitung ist aber speziell für die Massenmedien des 20. Jahrhunderts – und hier insbesondere nach den Erfahrungen mit medialen Kriegsdarstellungen von Erstem Weltkrieg über Vietnam bis hin zum Zerfall Jugoslawiens und jüngst dem Krieg in der Ukraine – auch eine zweite Konstellation von Medien und Konflikt von Bedeutung. Die jeweils zu berichtenden Konfrontationen sind nun nicht mehr nur bevorzugte »passive« Inhalte von Medien, sondern die Konfliktprotagonisten selbst haben ebenfalls ein aktives Interesse an der Vermittlung und Darstellung des niemals völlig objektiven oder objektivierbaren Geschehens sowie ihrer Position darin.

So wundert es auch nicht, wenn die Anfänge der deutschen Zeitungswissenschaft mit einer besorgten Kritik und Einsicht einhergehen, dass das »gedruckte Wort […] zu einem Kampfmittel der heimtückischen Art geworden« sei, wie einer der Gründungsväter des Fachs, der Nationalökonom Karl Bücher, 1926 konstatierte.[123] Spätestens im Zeitalter der Massenmobilisierung und Krieg führender Demokratien wird das Publikum selbst zu einem Konfliktprotagonisten, seine Meinung zu einem nie genau zuzuordnenden Teil der Auseinandersetzung. Massenmedien erweisen sich dadurch als niemals nur neutrale Berichterstatter und Konfliktvermittler, sondern als aktive Protagonisten einer stetig wachsenden und sich technologisch wandelnden medialen Kampfzone. Der Streit der medialen Kriegsteilnehmer um die öffentliche Meinung ist daher auch als »Konflikt der Nichtkombattanten« beschrieben worden.[124]

Medienkonsum und Eskalation

In diesen Zusammenhang gehört auch die nach dem 11. September 2001 verbreitete Tendenz einer »Prämediation« (Richard Grusin), also eine Neuausrichtung der Medien immer weiter weg vom Schon-Geschehenen oder Gerade-Geschehenden hin auf eine als Bedrohung geschilderte Zukunft. Aus Angst vor dieser Zukunft, genauer: vor drohenden Terroranschlägen oder anderen gewalttätigen Konfrontationen, und um Traumatisierung vorzubeugen, sollen mögliche Irritationen in den Medien präemptiv thematisiert, vermittelt und in diesem Sinn mediatisiert werden.[125]

Diese angebliche Vorbeugung von Traumatisierungen durch eine affektive Prophylaxe mittels mikrodosierter Verabreichung medialer Angst führt freilich – gemäß dem weiter oben formulierten Präemptionsparadox – in der Realität oft zu genau der Gewalteskalation, vor der zu warnen sie vorgibt. Prämediation ist dabei nur der derzeitige Endpunkt einer langen Geschichte der medialen Repräsentation vermeintlicher Konflikte, in denen diese erst durch entsprechende Berichterstattung zu öffentlichen Ereignissen werden. »Die Konfliktkonstellation verändert sich dadurch [...] grundlegend«, wie die Medienwissenschaftler Hans-Jürgen Bucher und Amelie Duckwitz feststellen, und zwar im Sinne einer »Umwandlung der Medien vom Übermittler zum Konflikt-Schauplatz«.[126] Heute werden »Konflikte« nicht mehr nur in Medien dargestellt, sondern sie finden in diesen statt. Konflikte sind immer auch Medienkonflikte, so wie Medien selbst zu Konfliktmedien geworden sind.

Sicher begann diese Entwicklung zwar schon lange vor den Veränderungen der Medienlandschaft im 21. Jahrhundert, das Selbstverständnis von Journalist:innen zu prägen. Doch die Rolle des Journalismus als aktiver *Player* ändert sich mit dem Echtzeitcharakter der Medienkommunikation. Die Entstehung weltweit operierender 24-Stunden-Nachrichtenkanäle bedeutet nicht nur eine »Ausweitung der Akteure und der kommunikativen Netzwerke, die Beschleunigung der Konfliktberichterstattung«, sondern wir haben es hier wiederum mit einer nur scheinbar paradoxen zeitlichen Umkehr zu tun: Die Angst oder Scheu vor Auseinandersetzungen nimmt diese vorweg, ja bringt die entsprechenden Probleme überhaupt erst hervor und verfestigt zugleich die Vorstellung, die dahinterliegenden Konflikte würden tatsächlich und geradezu von Natur aus existieren. (Wir werden demgegenüber noch sehen, dass eine tatsächliche Lösung von Konflikten – wenn überhaupt – nur über ihre Herstellung und produktive Austragung angestrebt werden kann.)

Freilich ist diese Form von Kooperation zwischen Medien und Konfliktparteien nicht nur auf Fälle genau kalkulierter informationeller Kriegsführung beschränkt. Auch darüber hinaus sind Journalist:innen zunehmend eingebettet in die jeweiligen Auseinandersetzungen. Immer öfter wird darum der Vorwurf von *Resistance Journalism* erhoben, in dessen Rahmen Reporter:innen glauben, es mit der Wahrheit nicht immer ganz so genau nehmen zu müssen. Im journalistischen Widerstand heiligt dann der Zweck manch unsauberes Mittel, denn wer will schon wenige Wochen vor der Präsidentschaftswahl noch einmal investigativ gegen den Widersacher Donald Trumps vorgehen? Oder wer Gefahr laufen, die gute *#metoo*-Sache durch journalistische Übervorsichtigkeit im Umgang mit ohnedies nicht immer ins letzte Detail überprüfbaren Informationen zu schwächen?[127]

Eskalation und Polarisierung

Verbunden ist das alles außerdem mit einer zunehmenden Polarisierung einzelner Medien, und zwar unabhängig von den jeweiligen ideologischen oder Parteigrenzen. Auch hier haben die Entwicklungen in den USA rund um Donald Trump das zweifelhafte Verdienst größerer Klarheit. Verfolgt man nämlich die einschlägige Berichterstattung, kann man mit dem *Spiegel* zu folgender Einschätzung gelangen: »CNN macht es inzwischen auf gewisse Weise nicht anders als Fox News. Aus dem Sender, der einst für harte Nachrichten stand, ist ein Programm geworden, das Demokraten genau das gibt, was sie hören wollen.«[128]

Der viel beklagten Polarisierung oder Fragmentierung der Gesellschaft, deren vereinzelte Mitglieder zunehmend kontroversen Debatten und der Konfrontation mit divergierenden Ansichten ausweichen, entspricht eine Fragmentierung der Medien selbst. Einzelne Medien bedienen verstärkt eine der (beiden) Konfliktparteien, etwa der Demokraten oder Republikaner, und bestätigen die Ansichten ihrer Anhänger:innen. Jede Abweichung qua Konfrontation mit konträren Überzeugungen wird nicht nur mit wütenden Leserbriefen oder Online-Kommentaren quittiert. Viel schwerer, weil geschäftsschädigender, wiegt das Weiterzappen vieler Zuschauer:innen, das zu schrumpfenden Werbeeinnahmen führt. Diese medial polarisierte Ausdifferenzierung folgt hier nicht zuletzt dem Vorbild des rechten US-Nachrichtensenders Fox News, der von Rupert Murdoch ja explizit mit Blick auf eine konservative Marktlücke innerhalb eines tendenziell liberalen Fernsehnachrichten-Mainstreams gegründet wurde. Der ökonomische Druck verstärkt die Tendenz zu medialer Einseitigkeit, und diese wiederum fördert die von beiden Seiten gebetsmühlenartig beklagte Polarisierung der Gesellschaft, und zwar inklusive ritueller Beschwörung von Parteinahme und Konfliktscheu der jeweils anderen Seite.

Angesichts dieser Lage erinnert der Konsum von Medien immer öfter an Phänomene, die einschlägige Ratgeber als typische Verfallsgeschichte von Auseinandersetzungen nach dem Scheitern jeglichen Mediationsversuchs beschreiben. »Wenn jede vermittelnde Stimme automatisch der Gegenseite zugeschlagen wird, dann gibt es irgendwann keine vermittelnden Stimmen mehr«, kommentierte die Historikerin Barbara Stollberg-Rilinger die Polarisierung im Rahmen einer besonders in Deutschland explosiven Debatte um den BDS-Beschluss des Bundestags.[129] Die Inhalte der parteilichen und mit politischen Parteien sympathisierenden Medien, nicht anders als ihre Rezeption, erinnern an das Verhalten von nicht mehr kommunikationsfähigen Streitparteien, die einander nicht mehr zuhören und oftmals nicht viel anderes wollen, als dem Gegenüber – häufig losgelöst vom konkreten Anlass – Schaden zuzufügen. Ist eine solche Eskalationsdynamik einmal eingetreten, ist ihr nur schwer zu entkommen. Positionen werden festgefahren, Fronten verhärten sich, die Wahrnehmung wird zunehmend selektiv, und zur Kenntnis genommen wird meist nur noch das, was die eigene Haltung stützt.[130] Bei dem, was Denkpsycholog:innen auch als *Confirmation Bias* beschreiben, haben wir es mit einer schwerwiegenden epistemologischen Gefahr zu tun. Diese sogenannte »Bestätigungsneigung« führt zu einer Ausklammerung von Fakten und tendenziellen Verdummung – die Verstärkung eines Teufelskreises, der notwendigerweise eine weitere Eskalation der jeweiligen Auseinandersetzung befördert.

Digitale Konflikttechnologien

Mit den digitalen Technologien und sozialen Medien erfährt diese kulturelle und politische Polarisierung noch einmal eine neue Dimension und Verschärfung. Der Verdacht lautet, dass der damit verbundene Verlust an Denk- und Urteilsfähigkeit nicht mehr einer missbräuchlichen Anwendung der jeweiligen Medien geschuldet ist, sondern diesmal medientechnologisch verankert ist. Denn es gibt gute Gründe für die Annahme, dass es eben diese Technologien sind (sowie die mit ihnen verknüpften ökonomischen Interessen der jeweiligen Plattformen), in denen die meist unvermittelt gegenüberstehenden Tendenzen einer ubiquitären Zuspitzung von Auseinandersetzungen bei gleichzeitig zunehmender Konfliktunfähigkeit begründet liegen. So unscheinbare Helferlein wie Tripadvisor oder die Bewertungen bei Amazon, der Like-Button auf Facebook oder Googles aus keinem Alltag mehr wegzudenkender PageRank-Algorithmus erweisen sich in soziologischer Betrachtung als sogenannte *Judgment Devices* (Lucien Karpik), als quasi trojanische Pferde für eine nach dem Muster von Freund / Feind organisierte Umprogrammierung nicht nur unseres Konsumverhaltens. »Die Tyrannei der binären Meinung ist nicht nur ein Symptom des Konsumdenkens, sondern auch eine Folge des permanenten Informationsflusses, den das Internet erzeugt«, schreibt der britische Politökonom William Davies über die Carl-Schmittisierung unserer Like-Kultur: »Wenn Ihre wichtigste Beziehung zu einem Artefakt darin besteht, dass Sie es geliket, geklickt oder angesehen haben, und Ihre wichtigste Beziehung zu einer politischen Position darin liegt, dass Sie für sie gestimmt haben, was bleibt dann noch zu sagen? Und was gibt es über die alternative Sichtweise zu sagen, außer, dass sie nicht die Ihre ist?«[131]

Soziale Medien eint ein ökonomisches Interesse an einem beständig hochgehaltenen psychosozialen Erregungslevel. Medientechnologische Unterschiede zeigen sich lediglich darin, wie die soziale Polarisierung im Einzelfall genau zustande gebracht wird. Bei Facebook etwa ist es zunächst einmal die dem Firmenslogan *Connecting the world* diametral entgegengesetzte Atomisierung der Nutzer:innen in Gleichgesinnte und einander so wenig wie möglich widersprechende Identitäten – oder wie es im Englischen treffend heißt: *like-minded users.* (Mit Blick auf die Zunahme von *Fake News* und *Post-Truth* als wechselseitige Vorwürfe bedeutet der sozialmediale »Rückzug aus einer allgemeinen

Agora der öffentlichen Debatte in abgetrennte ideologische Bunker« auf Facebook zugleich: »Wenn Sie nicht zu der Gruppe gehören, die die Lügen aufgetischt bekommt, werden Sie höchstwahrscheinlich auch nie erfahren, dass sie im Umlauf sind.«)[132]

Facebook bedient die herrschende Aufmerksamkeitsökonomie mittels ausgefeilter – und letztlich undemokratischer, weil intransparenter – Algorithmen, die uns zunehmend in auf uns persönlich zugeschnittene Filterblasen und Echokammern versetzen, in denen wir nicht einmal mehr, wie in traditionellen Massenmedien, auf unangenehme oder unseren Ansichten widersprechende Berichte mit einem Weiterblättern oder Wegzappen reagieren müssen. Der 2009 eingeführte Like-Button ist dabei nur die expliziteste Manifestierung einer perfekten medientechnologischen Plattform für die im vorherigen Kapitel diskutierte depressive Kondition einer tendenziell postkonfliktuellen Gesellschaft. Was Ehrenberg noch einfühlsam als eine »manchmal rührende Suche nach Anerkennung« beschrieb, die »in extremen Fällen zur Abhängigkeit werden« kann, »zu einem unstillbaren Bedürfnis« nach widerspruchsfreier Zustimmung, das sich naturgemäß nie erschöpfen, sondern nur zur Erschöpfung führen kann,[133] ist dem Autor und Provokateur Bret Easton Ellis zufolge heute zu einem »zunehmenden Kult der Gefälligkeit« geworden, mit einem »endlosen Bedürfnis nach Likes, Likes, Likes«.[134]

Kein Wunder also, dass die derart konfliktfrei quarantänisierten Individuen und Gruppen schließlich irgendwann bei dem kleinsten versehentlichen oder auch absichtsvoll herbeigeführten Kontakt mit konträren Positionen verlässlich in Ambiguitätsintoleranz explodieren. Dabei »hilft« auf Twitter die sprachliche und argumentative Verkürzung, mit der bereits vorhandene Tendenzen zur Vereinfachung und Zuspitzung noch verstärkt werden. Der Kulturwissenschaftler Joseph Vogl spricht in diesem Zusammenhang von einer durch soziale Medien induzierten Reduktion des Geäußerten auf das Meinungshafte und von einem »strukturellen Populismus«, ja angesichts gezielt verletzender »ballistischer« – also geschossartiger – Kommunikation sogar von einer »Tribalisierung«, »Monadisierung« und »Partikularisierung« von Nutzergemeinschaften.[135]

Einige Beispiele für (vermeintliche) Konfliktvermeidung

Sowohl Twitter als auch Facebook sind also ideale Plattformen für eine ganze Reihe an in den vergangenen Jahren heftig diskutierten Phänomenen wie *Cancel Culture*, *Political Correctness*, *Trigger Warnings* und *Wokeness*. Alle diese Beispiele zeichnet aus, dass sie sich nicht einfach auf umstrittene Phänomene beziehen, sondern selbst umstrittene Phänomene sind. Da sie also gewissermaßen selbst Konfliktbegriffe sind, umreißen sie nicht einfach auf neutrale Art und Weise einen objektiv gegebenen Sachverhalt, sondern intervenieren auch selbst in dem von ihnen beschriebenen Feld. So impliziert etwa die bloße Anwendung der Formel »politisch korrekt« auf eine vermeintliche Konfliktsituation tendenziell immer schon den Vorwurf, die eigene Meinungsfreiheit sei bedroht. Zugleich verwundert es wenig, wenn ältere Vertreter:innen der Fraktion »Das wird man ja wohl noch sagen dürfen« in ihrer Kritik an der angeblichen »Generation Beleidigt« diese als tendenziell konfliktunfähig bezeichnen. Statt Widersprüche und konträre Sichtweisen auszuhalten oder gar eine echte politische Konfrontation zu suchen, würden empfindliche »Schneeflöckchen« auf allenfalls passiv-aggressive Empörung, Ausschluss oder Rückzug in die eigene Filterblase setzen. Dabei ist hinter den wechselseitigen Projektionen und (teils vorsätzlichen) Missverständnissen, dem scheinbaren Gegensatz aus uneinsichtiger Gewalttätigkeit der einen und angeblicher Konfliktunfähigkeit der anderen stets offenkundig, dass etwa die immer feiner ausdifferenzierten Wokeness-Sprachspiele auf dieser und die libertären Anti-PC-Zuspitzungen auf jener Seite einander wechselseitig bedingen.

Aber handelt es sich bei Verfechtern von Triggerwarnungen oder Schutzräumen für Mensch wie Natur wirklich ausschließlich um weltfremde Gutmenschen und naive *Social Justice Warriors* mit akutem Ambiguitätstoleranzdefizit? Oder fühlen sich nicht eher umgekehrt chauvinistische Kulturkritiker etwa von den immer sicht- und hörbareren jungen Frauen wie Greta Thunberg oder Alexandria Ocasio-Cortez und den von ihnen vorgebrachten Themen getriggert? Die Diskussionen um Triggerwarnungen sind überhaupt ein gutes Beispiel für eine verzerrte und symptomfixierte Debatte über Konflikt(un)fähigkeit, die die tatsächlich bestehenden Spannungen nicht nur nicht expliziert, sondern geradezu kaschiert. So geht es ja beim Fordern von Triggerwarnungen nicht primär darum, wohlstandsverwöhnte Weichlinge vor dem Verlassen ihrer jeweiligen Komfortzonen zu bewahren. Sondern genau umgekehrt soll es verletzlichen oder benachteiligten Personen gerade ermöglichen, sich mit schmerzhaften und traumatischen Themen und Ereignissen der eigenen Geschichte auseinanderzusetzen.

Eine erstaunliche Einhelligkeit zwischen den Lagern besteht freilich in der grundsätzlichen Kritik an der jeweils anderen Seite wie auch in den pauschalen Hinweisen, dass Dissens und Streitfähigkeit demokratische Notwendigkeiten wären. Viel zu häufig aber wird überhaupt nicht auf der Höhe der bestehenden Konflikte diskutiert oder kommen die eigentlichen Konflikte gar nicht erst zur Sprache (von einem tieferen Verständnis dessen, was »Konflikte« wirklich sind, ganz zu schweigen). So etwa, wenn durch »Forderungen, die aus dem Verweis auf eigene reale oder potenzielle Verletzungen erwachsen, andere emanzipatorische Debatten erschwert oder gar verhindert werden: zum Beispiel macht- und herrschaftskritische Analysen von Gewalttaten oder kontroverse Debatten (...), die es von allen Beteiligten erfordern, auch Ambivalenzen und schmerzhafte Konflikte aushalten zu können«, wie der Sozialpsychologe Markus Brunner schreibt.[136] Dazu kommt, dass es im professionellen Konkurrenzalltag um ökonomische, geschlechtliche oder ethnische Haupt- und Nebenverletzungen in den in diesen Debatten federführenden Bereichen – Massenmedien, Kunstwelt, Universitäten – leider oft nicht weit her ist mit der intersektionalen Solidarität.[137]

Auch die Einschätzung und Beurteilung einzelner Beispiele von *Cancel Culture* gestaltet sich in dem Maße als schwierig, als die Diskurskontrahent:innen in der Regel in einer geteilten, bipolaren Opfer-Täter-Dynamik gefangen sind und entsprechend wahl- und hemmungslos mit entsprechenden Anschuldigungen um sich werfen. Der Tenor der konservativen Feuilletonkritik lautet jedenfalls, »dass in vielen gesellschaftspolitischen Konfliktzonen längst die moralische Stichwaffe über die faktenbasierte Auseinandersetzung obsiegt hat«, so ein Kommentator der *Neuen Zürcher Zeitung*, »also in den Konfliktzonen der Gegenwart die Empörung mehr als das Argument zählt«.[138]

Auf der anderen Seite des publizistischen Spektrums schaut man sich die Fakten und Argumente etwas genauer an. Hier gilt nämlich der Vorwurf der *Cancel Culture* selbst als »Kampfkonzept. Eines das blind ist für Machtverhältnisse«, wie es in der Berliner *Tageszeitung* (*taz*) heißt.[139] Bei diesen Machtverhältnissen handelt es sich um historisch überlieferte Privilegien, die anzugreifen anscheinend äußerst negative Gefühle bei vielen »Betroffenen« hervorruft. Mit diesen sind aber nun umgekehrt die selbst erklärten Opfer des vermeintlichen Diskursausschlusses gemeint, für die mit jeder Ausladung eine:r politisch inkorrekten Prominenten gleich Berufsverbote und die Abschaffung der Meinungsfreiheit am Horizont stehen. De facto handelt es sich aber zumeist nur um minimale Einsprüche gegen eine nach wie vor unangefochtene Hegemonie. Kaum eines der angeblichen Opfer vermeintlich konfliktscheuer Wokeness muss wegen des Verzichts auf ein paar Auftritte in Talkshows oder an Rednerpulten – wohl zugunsten von zahllosen weniger privilegierten jungen Frauen oder Vertreter:innen von Minoritäten – um seine ökonomische oder öffentliche Existenz fürchten. Aber offenkundig ist schon die vorsichtige Hinterfragung von scheinbar historisch oder ideologisch verbürgten Selbstverständlichkeiten zu viel des moralischen Gutmenschentums.

Und so werden im inflationären Gebrauch – oder besser Missbrauch – des Konfliktwortschatzes auch an dieser Stelle die Positionen austauschbar. Der viel beschworene Vorwurf der »Konfliktscheu« erweist sich zuletzt als Bumerang, der seine eigenen Werfer trifft. Allein in seinen (bislang gänzlich unhinterfragten) Grundannahmen nicht mehr unwidersprochen zu bleiben sowie seine (völlig unverdienten) historisch gewachsenen Privilegien schwinden zu sehen reicht für die zur Strafe in die Alte-weiße-Männer-Box gepackten Schreibtischtäter aus, sich vollständig grundlos als Benachteiligte zu gerieren. Wer, geschockt vom plötzlich »massiven« Widerspruch, jegliche Veränderung in Form von Privilegienverlust verweigert und die eigene (auch historische) Täterrolle verleugnet, der findet sich, meist ohne es selbst zu bemerken, in einer erfundenen Opferrolle wieder und lässt so genau jene Konfliktunfähigkeit erkennen, die man sonst so gerne nur auf andere projiziert.

Der Widerwille, sich mit substanziell abweichenden Meinungen auseinanderzusetzen, korreliert mit einer zunehmenden Verhärtung in Bezug auf identitätsstiftende Themen, die mit ihrer beharrlichen Verhandlungsresistenz nicht zuletzt dazu führen, dass so gut wie alle anderen Themen und Probleme in den Schatten gestellt werden. Kaum etwas, das zum Beispiel eine:r Politiker:in nicht verziehen wird, solange sie nur im jeweiligen Kulturkampf auf der richtigen Seite steht, wie sich wiederum am deutlichsten in den USA beobachten lässt. Drastische Beispiele hierfür sind die Diskussionen bzw. eben die Nicht-Diskutierbarkeit von Abtreibung, Waffenbesitz oder Einwanderungsgesetzen. Ein damit verbundenes, zentrales identitätsstiftendes Thema ist die Frage nach dem Eingeständnis historischer Schuld, entlang der eine – wenn nicht *die* – identitätspolitische Konfliktlinie durch die amerikanische Bevölkerung verläuft, und zwar zwischen der durch Genozid, Sklaverei und (Ressourcen-)Ausbeutung an die Macht gekommenen und sich erbittert an sie klammernden, rein »weißen« (ehemaligen) Mehrheit und einer ihr gegenüberstehenden multiethnischen Zivilisation.[140]

Identitätspolitik und Konfliktblindheit

Ein letztes Phänomen, das es im Zusammenhang der gegenwärtigen Diskussion um Konfliktscheu anzuführen gilt, ist die sogenannte Identitätspolitik. Auch hier bilden sich seltsame Diskursallianzen, etwa wenn (alte) Linke und (neue) Rechte in eine ähnliche (antiintellektualistische) Kerbe schlagen und den Vertreter:innen einer solchen Politik wahlweise vorwerfen, dass sie vor lauter narzisstischer Absorption in ihren Filterblasen die Bedeutung tatsächlich solidarischer Praktiken vergessen oder dass sie in ihrer Ablehnung jedweder Tradition als rassistisch, frauenfeindlich oder homophob zusammen mit allen abweichenden Ansichten letztlich auch die Meinungsfreiheit überhaupt abschaffen wollen. Diese Vorwürfe werden immer dann besonders virulent, wenn es um das Verhältnis der eigenen Geschichte zu derjenigen der anderen geht, oder wie William Davies meint: »Wenn die Vergangenheit zum Gegenstand eines politischen Konflikts wird, kommt es zu einem Tribunal, das einmal mehr über eine binäre Frage entscheiden soll: Schuld oder Unschuld.«[141]

Wirft man einen kurzen Blick in die reale, nicht fantasierte oder verklärte, Vergangenheit, dann zeigt sich ein anderes Bild. In der meines Wissens frühesten Verwendung einer Vorstellung von »Identitätspolitik« durch das schwarze feministische Combahee River Collective ging es 1977 nämlich nicht um konfliktscheuen Ausschluss, sondern genau umgekehrt um (Selbst-)Inklusion im Widerstand gegen gewaltsame Unterdrückung: »Dieser Fokus auf unsere eigene Unterdrückung ist im Begriff der Identitätspolitik verkörpert. Wir glauben, dass die tiefgreifendste und potenziell radikalste Politik unmittelbar aus unserer eigenen Identität entsteht, im Gegensatz dazu, jemand anderes Unterdrückung beenden zu wollen.«[142]

So verstanden ist Identitätspolitik also nur dann zu rechtfertigen, wenn sie sich nicht – wie von linken und rechten Konservativen missverstanden – auf eine vorgegebene Identität bezieht und auf dieser Basis bestehende Privilegien zu verteidigen oder zu vermehren sucht, sondern wenn sie im Kampf gegen tatsächliche Unterdrückung die Konfliktgrenzen notwendig offen hält. Letzteres ist aber gerade unter den Bedingungen des Internets eine fast unmögliche Aufgabe. Und das nicht etwa wegen insgesamt fehlender persönlicher Begegnung, sondern aus den oben genannten medientechnologischen Gründen. Soziale Netzwerke wie Facebook sind der Medientheoretikerin Wendy Chun zufolge Katalysatoren und Profiteure einer destruktiven, zwar höchst konfrontativen, aber letztlich konfliktvermeidenden Version von Identität. »Um es ganz unverblümt zu sagen: In dem Versuch, jegliches Gefühl von Gemeinsamkeit zu zerstören, werden ›Gemeinschaften‹ auf der Grundlage von Spaltungen und Feindseligkeiten geplant und aufgebaut. Anstatt ein post-rassisches, post-identitäres Zeitalter einzuläuten, perpetuieren diese sozialen Netzwerke durch ›Standard‹-Variablen und Axiome wütende Mikroidentitäten. Mithilfe von Datenanalyse werden individuelle Unterschiede und Gemeinsamkeiten aktiv gesucht, geformt und genutzt, um dadurch gesellschaftliche Cluster zu erfassen und zu gestalten.« Dagegen lautet ihr Appell: »Um in Differenz zu leben, müssen wir von Konflikten ausgehen – anstatt vor ihnen wegzulaufen.«[143]

Die sich wechselseitig mit dem Vorwurf der Konfliktscheu konfrontierenden progressiven und konservativen Einlassungen zum Thema Identitätspolitik argumentieren schlichtweg nicht auf der Höhe eines Verständnisses von Identität, wie wir es in obigen Analysen zur Autoimmunität skizziert haben. Wo Identität als statische Einheit verstanden wird und nicht als konfliktuelles Ineinander von Eigenem und Fremdem, da wundert auch ein fehlendes Verständnis und Interesse für den Konfliktbegriff selbst nicht. Gerade weil die neuesten Medientechnologien sowohl das

Auftreten von Auseinandersetzungen als auch die Scheu vor abweichenden Positionen verstärken, bedarf es umso mehr einer genaueren Bestimmung oder Definition jenes Phänomens Konflikt, das ebenso sehr überall verortet wird, wie es zugleich alle (Diskurs-)Beteiligten überfordert. Und zwar deshalb überfordert, weil hier nicht jene potenziell produktiven Klärungsprozesse, die eine Auseinandersetzung im besten Fall beinhaltet, verstärkt werden, sondern ihre destruktive Spielart, der Eskalation und Gewalt immer schon eingeschrieben sind oder zumindest *qua natura* zugeschrieben werden.

Weit wichtiger noch als der inflationäre Vorwurf der Konfliktscheu ist darum eine gleich doppelte Konfliktblindheit. Zum einen betrifft das ein Unverständnis darüber, was Konflikte denn eigentlich sind im Gegensatz etwa zu Streitfällen, kriegerischer Gewalt, kulturellen Auseinandersetzungen oder politischen Kontroversen. Damit verbunden ist zum anderen aber auch ein fehlendes Bewusstsein für die grundlegenden Konflikte unserer Zeit, die ganz anders gelagert und weitaus vielschichtiger sind als das, was in der ständigen Reduktion auf zwei gegensätzliche Pole überhaupt verhandelt werden kann. Kein Wunder also, dass sich diese grundlegenden Konflikte darum auch nicht auflösen lassen, wofür die ständigen Hinweise auf täglich zahllose neue »Konflikte« nur eines von vielen Indizien darstellen. Ein mangelndes Verständnis der Logik des Konflikts überhaupt geht mit einer Ignoranz der für unsere Gegenwart und Zukunft prägenden konkreten Konflikte Hand in Hand.

Inwiefern dies mehr als nur ein Zeichen *unserer* Zeit ist und stattdessen die Moderne insgesamt betrifft, werden wir im folgenden zweiten Teil untersuchen. Das moderne oder aufgeklärte Nachdenken über sich selbst in den vergangenen beiden Jahrhunderten wird dabei verständlich als eine langwierige Auseinandersetzung über die eigene konflikthafte Konstitution der (nicht mehr nur) menschlichen Existenz. Im Verlauf dieser nun nachzuvollziehenden Auseinandersetzung kristallisieren sich nach und nach die Grundzüge einer allgemeinen Theorie und Definition von Konflikt heraus, die freilich nicht nur für die Vergangenheit und ein Verständnis unserer Gegenwart relevant sind, sondern auf zentrale Weise auch die Zukunft betreffen.

II. Vergangenheit – Unterwegs zur Konflikttheorie

Anhand des facettenreichen Gebrauchs des Konfliktbegriffs haben wir im ersten Teil eine Erkundung der Gegenwart vorgenommen. Dabei haben wir bisher bewusst in Kauf genommen, dass der zeitdiagnostische Wert dieser Sondierung anhand der Begriffssonde »Konflikt« auf Kosten von deren Trennschärfe ging. Nach der Bestandsaufnahme also weniger der tatsächlichen *Konflikte* der Gegenwart, sondern vielmehr ihres terminologischen Konflikt*unverständnisses*, wollen wir uns nun zunächst konfliktrelevanten Denkansätzen der Vergangenheit widmen, um aus ihnen einige Bausteine für eine anschließend zu entwickelnde Theorie oder gar Definition von Konflikt zu gewinnen.

Grob unterscheiden lassen sich dabei drei behandelte Autorengruppen: zum einen Texte von Autoren, die den Begriff »Konflikt« selbst nicht oder kaum verwenden, bei denen wir aber dafür umso mehr über das Phänomen lernen können. Konkret sind das drei Philosophen, die uns helfen werden, Konflikt als Signum der Moderne zu verstehen. Für Immanuel Kant (Kapitel 1) im späten 18. Jahrhundert ist unser Erkenntnisapparat selbst gewissermaßen paradox und in sich widersprüchlich, wie die ständigen Konflikte zeigen, in die unsere notwendigerweise über den Bereich des Vernünftigen hinausgaloppierende Vernunft gerät. Für eine breitere Streuung von Konfliktdenken bis heute fast noch wichtiger sind dann Georg Wilhelm Friedrich Hegel (Kapitel 2) und Friedrich Nietzsche (Kapitel 3): dieser als diskursive Drehschreibe einer positiven Konnotierung fundamentaler, kulturprägender Spannungen (etwa die zwischen Apollinischem und Dionysischem); jener, weil er tragische Kollisionen und konfrontative Zusammenstöße als Teil einer dialektischen Fortschrittsbewegung versteht, die auf linke wie rechte Gesellschaftstheoretiker:innen großen Einfluss hatte.

Für eine zweite, darin ebenfalls Hegel folgende Gruppe an bürgerlichen (und weiterhin fast ausschließlich männlichen) Autoren ab dem späten 19. Jahrhundert gilt, dass sie in dem Maße, als sie nun auch explizit eine Vorstellung sozialer »Konflikte« thematisieren, zugleich dazu neigen, diese zu entschärfen. Das führt etwa bei den Vorläufern und Begründern der »Konfliktsoziologie« – von Max Weber und Georg Simmel bis Lewis Coser und Ralf Dahrendorf (Kapitel 5) – wenn nicht stets zu einem Ideal von »Konsens«, dann doch zu dem von »Kompromiss« und einer nicht zuletzt ökonomischen Produktivität in Gestalt von »Konkurrenz«. Bisweilen entsteht sogar der Eindruck, dass bei allen Vorteilen, die eine namentliche Diskussion des Begriffs für unsere theoretische und definitorische Arbeit mit sich bringt, diese explizite Thematisierung von »Konflikt« bei den genannten Autoren gleichwohl fast zwangsläufig mit seiner Aufhebung – im Sinne Hegels als Verschwinden und Höherhebung – einhergeht. Ganz manifest wird das bei solchen Autor:innen (Kapitel 6), denen es aus professionellen Gründen darum zu tun ist, Konflikte wenn möglich einer pragmatischen oder rechtlichen Lösung zuzuführen.

Eine dritte, wiederum zeitlich und inhaltlich heterogen von Sigmund Freud (Kapitel 4) bis Jacques Rancière und Jean-François Lyotard (Kapitel 7) reichende Autorengruppe schließlich verwendet den Begriff mal mehr, mal weniger, vor allem aber in einer für uns ganz entscheidenden Weise, denn ihr wissenschaftliches und politisches Verständnis von Theorie selbst ist eminent auf Konflikt gepolt.

1.

Antinomien der Vernunft: Kants Grundlegung der modernen Subjektivität

Ein generelles Vorurteil über die dem Deutschen Idealismus zugerechneten Denker drückt sich schon in dieser Bezeichnung aus. Zumindest lenkt der Begriff »Idealismus« davon ab, in welchem Ausmaß seine Vertreter überaus aufmerksame Beobachter der zeitgenössischen politischen, industriellen und gesellschaftlichen Umbrüche, allen voran der Französischen Revolution, waren. So haben auch Kant und Hegel versucht, eine Vielzahl an politischen Problemkonstellationen aus ihrer vermeintlichen zeitgenössischen Kontingenz zu befreien und stattdessen ihre historische und philosophische Notwendigkeit herauszuarbeiten.

Kant steht dabei nicht nur aus chronologischen oder philosophiehistorischen Gründen am Beginn einer modernen Epoche, die sich selbst im Zeichen unhintergehbarer Kollisionen betrachtet. Noch vor allen Einsichten in grundlegende moralphilosophische und ethische Dilemmata verdanken wir Kant eine aufgeklärte Kritik der Vernunft, oder eine Kritik aufgeklärter Vernunft, die diese im Licht letztlich unlösbarer erkenntnistheoretischer Spannungen beschreibt. Beim Blick nach innen – also dem Versuch, Seele und Subjekt zu verstehen – droht, was Kant »Fehlschlüsse« oder »Paralogismen« der Vernunft nennt. Und lenkt diese ihren Blick auf ein radikales Außen, um sich Fragen kosmologischer Art oder allgemeinen Naturgesetzen außerhalb des konkreten menschlichen Erfahrungsraums zu widmen, so führt dies notgedrungen zu »Antinomien«, also einem »Widerstreit der Gesetze« der Vernunft. In beiden Fällen handelt es sich um grundlegende Widersprüche insofern, als die mit ihnen einhergehenden Unstimmigkeiten, Komplikationen und Überforderungen unvermeidbar sind, sozusagen in der Natur der Sache liegen.

Die aufgeklärte Vernunft in Widerspruch mit sich selbst

»Die menschliche Vernunft hat das besondere Schicksal in der Gattung ihrer Erkenntnisse: daß sie durch Fragen belästigt wird, die sie nicht abweisen kann, denn sie sind ihr durch die Natur der Vernunft selbst aufgegeben, die sie aber auch nicht beantworten kann, denn sie übersteigen alles Vermögen der menschlichen Vernunft.«[144] Das schreibt Kant 1781 schon in der Vorrede zu seiner epochemachenden *Kritik der reinen Vernunft*, an der er mehr als ein Jahrzehnt und praktisch ohne irgendeine Ablenkung durch andere Schriften gearbeitet hat. Es bedurfte vieler Jahre exklusiver Konzentration, um *das* philosophische Problem nicht nur seines Lebens, sondern seiner Epoche und noch unserer Zeit auf den kritischen Begriff zu bringen – und das meint auch: eine neue Sprache, einen neuen Stil zu entwickeln, der sich von seinem früheren Schreiben stark unterscheidet. Das implizierte außerdem, sich darüber klar zu werden, dass es nicht mehr die traditionellen philosophischen oder theologischen Fragen nach dem Wesen Gottes oder seines Verhältnisses zum Menschen waren, die den primären Antrieb für Kants Denken bilden sollten, sondern dass er dieser Tradition etwas Neues hinzuzufügen hatte.

So schreibt Kant am 21. September 1798 in einem Brief an einen Freund gegen Ende seines Lebens rückblickend: »Nicht die Untersuchung vom Daseyn Gottes, der Unsterblichkeit etc. ist der Punct gewesen von dem ich ausgegangen bin, sondern die Antinomie der r. V. [reinen Vernunft, A. A.]: ›Die Welt hat einen Anfang –: sie hat keinen Anfang etc. bis zur vierten: Es ist Freyheit im Menschen, – gegen den: es ist keine Freyheit, sondern alles ist in ihm Nathurnotwendigkeit‹; diese war es welche mich aus dem dogmatischen Schlummer zuerst aufweckte und zur Critik der Vernunft selbst hintrieb, um das Scandal des scheinbaren Widerspruchs der Vernunft mit ihr selbst zu heben.«[145] Es ist gerade diese Einsicht in die »Scheinbarkeit« eines Widerspruchs, die es Kant ermöglichte, die antinomische Kollision zweier Positionen herauszuarbeiten und die damit verbundene Unruhe – theoretisch wie im Bereich des Praktischen – auszuhalten.

Der »dogmatische Schlummer«, von dem Kant spricht, ist gewissermaßen die erkenntnistheoretische Dimension jener berühmten »selbst verschuldeten Unmündigkeit«, aus der der Mensch sich zu befreien habe, wie Kant zufolge der Imperativ und das Merkmal der Aufklärung lauten. Nicht weniger wichtig als der »Muth dich deines eigenen Verstandes zu bedienen«[146] ist es aber umgekehrt, dem spekulativen Überfliegen einer ungebremsten Vernunft vorzubeugen. Daraus erklärt sich die Notwendigkeit einer erkenntnistheoretischen Kritik unserer Vernunfttätigkeit. Nur eine minutiöse Kritik unserer von Natur aus unreinen Vernunft kann deren Abdriften in haltlose Spekulation und Unvernunft verhindern. Ja, schlimmer noch: Angesichts einer Vernunft, die mit sich im Unreinen ist, droht immer auch die Gefahr, dass das widersprüchliche Verhältnis der Vernunft zu sich selbst zu einer skeptischen oder irrationalen Zerstörung ihrer Intentionen, Interessen und Ideale führt.

In der einige Jahre später überarbeiteten zweiten Auflage der *Kritik der reinen Vernunft* führt Kant vier Themen an, zu denen unsere menschliche Vernunft einander jeweils widersprechende Thesen und Antithesen vorbringt, die allesamt unausweichlich sind und somit auch nicht von ihr aufgelöst werden können. Dass sie sich dennoch alle der Vernunft als wahr und beweisbar aufdrängen, macht sie zu dem, was Kant die »Antinomie der reinen Vernunft« nennt:[147]

	These	Antithese
I.	»Die Welt hat einen Anfang in der Zeit und ist dem Raum nach auch in Grenzen eingeschlossen.«	»Die Welt hat keinen Anfang, und keine Grenzen im Raume, sondern ist, sowohl in Ansehung der Zeit, als des Raumes, unendlich.«
II.	»Eine jede zusammengesetzte Substanz in der Welt besteht aus einfachen Teilen, und es existiert überall nichts als das Einfache oder das, was aus diesem zusammengesetzt ist.«	»Kein zusammengesetztes Ding in der Welt besteht aus einfachen Teilen, und es existiert überall nichts Einfaches in derselben.«
III.	»Die Kausalität nach Gesetzen der Natur ist nicht die einzige, aus welcher die Erscheinungen der Welt insgesamt abgeleitet werden können. Es ist noch eine Kausalität durch Freiheit zur Erklärung derselben anzunehmen notwendig.«	»Es ist keine Freiheit, sondern alles in der Welt geschieht lediglich nach Gesetzen der Natur.«

	These	Antithese
IV.	»Zu der Welt gehört etwas, das, entweder als ihr Teil, oder ihre Ursache, ein schlechthin notwendiges Wesen ist.«	»Es existiert überall kein schlechthin notwendiges Wesen, weder in der Welt, noch außer der Welt, als ihre Ursache.«

Kant präsentiert uns hier eine mit sich und über ihre Identität im Streit liegende Vernunft. Diese vorkritische oder noch nicht ausreichend über sich aufgeklärte Vernunft analysiert er als verstrickt in einen ebenso abgründigen wie notwendigen Widerstreit mit sich selbst. Die »Reinheit« der Vernunft darf nun nicht so verstanden werden, als ob es um einen Rückgang vor ihre kulturelle, zivilisatorische oder gar philosophische Verunreinigung ginge. Mit sich selbst ist unsere Vernunft nämlich insofern von »Natur« aus in Widerspruch, als sie die von ihr aufgestellten und sich widerstreitenden Thesen und Antithesen nicht aufzulösen – oder in Hegels späterer Terminologie: nicht aufzuheben – vermag.

Die Vernunft agiert aber nur so lange antinomisch, wie sie in einem vorkritischen dogmatischen Schlummer verbleibt. Das Vorhaben einer auch in der etymologischen Wortbedeutung *kritischen* »Entscheidung« (von griechisch *krinein* = entscheiden, trennen) ist es, das unendliche Fortschreiten und Leerlaufen der Vernunft innerhalb der endlichen sinnlichen Erfahrungswelt zu begrenzen. Eine philosophische Grundentscheidung Kants ist die definitorische Trennung einer *phänomenalen* Welt der Erscheinungen von einer *noumenalen* der Dinge an sich. Nur mit dieser für seinen kritischen Idealismus zentralen Unterscheidung lässt sich vermeiden, dass die Antinomien der Vernunft Anlass zu destruktiver Irrationalität geben und in einen – auch moralischen – Skeptizismus führen. Die Gegenstände der Erfahrung sind niemals unmittelbar gegeben, weswegen sich auch keine Aussagen über ihr Wesen an sich treffen lassen, sondern eben nur darüber, wie sie sich in unserer Erfahrung zeigen. Unser Erkenntnisvermögen hat es also letztlich mit einem Zusammenprall von noumenaler und phänomenaler Welt zu tun, der ebenso unvermeidbar ist wie die daraus resultierenden Spannungen und Antinomien einer zwischen unterschiedlichen Ansprüchen und Vermögen hin- und hergerissenen Vernunft.

Es kann nicht oft genug wiederholt werden, dass es sich hier nicht um ein Problem mangelnder Bildung oder unzureichender Intelligenz handelt, sondern um einen genuinen Konflikt, der zum Wesen der menschlichen Natur selbst gehört (für eine göttliche oder auch eine künstliche Intelligenz, von deren Möglichkeit Kant noch nichts ahnte, könnte die Sachlage eine andere sein). Und dies nicht nur aus erkenntnistheoretischen Gründen, also weil unsere Vernunft nicht vermeiden kann, sich in widersprüchliche metaphysische Annahmen zu verstricken. Denn das Über-sich-Hinausschießen der (un)reinen Vernunft, ihr widerstreitendes Verhältnis zu sich selbst (zu ihren Interessen und Zielen), potenziert sich noch einmal unter praktischen oder ethischen Vorzeichen. So problematisch nämlich die konflikthafte Veranlagung unserer Vernunft Kant zufolge ist – weswegen er sie ja zum Zwecke einer Bereinigung vor die Entscheidungsinstanz seiner Kritik zerrt –, sosehr begrüßt er den erkenntnistheoretischen Widerstreit aus ethischer Perspektive. Das wird nicht erst in seiner zweiten, der *Kritik der praktischen Vernunft* deutlich, sondern kündigt sich bereits in der nicht zufällig unter Philosophiestudierenden wegen ihrer Undurchdringlichkeit berüchtigten *Transzendentalen Dialektik* seiner ersten Kritik an, und zwar in einem Kapitel mit dem bezeichnenden Titel »Von dem Interesse der Vernunft bei diesem ihrem Widerstreite«.[148]

Was aus (erkenntnis-)*theoretischer* Sicht als unglückliche, wenngleich unhintergehbare Spannung der beiden Quellen der Erkenntnis – Sinnlichkeit und Verstand – erscheint, die einander immer wieder in die Quere kommen, das ist aus ethischer oder *praktischer* Sicht geradezu ein Glücksfall. »Unglücklicherweise für die Speculation (vielleicht aber zum Glück für die praktische Bestimmung des Menschen) sieht sich die Vernunft, mitten unter ihren größesten Erwartungen, in einem Gedränge von Gründen und Gegengründen so befangen, daß, da es sowohl ihrer Ehre, als auch sogar ihrer Sicherheit wegen nicht thunlich ist, sich zurückzuziehen, und diesem Zwist als einem bloßen Spielgefechte gleichgültig zuzusehen, noch weniger schlechthin Friede zu gebieten, weil der Gegenstand des Streits sehr interessirt, ihr nichts weiter übrigbleibt, als über den Ursprung dieser Verunreinigung der Vernunft mit sich selbst nachzusinnen: ob nicht etwa ein bloßer Mißverstand daran schuld sei, nach dessen Erörterung zwar beiderseits stolze Ansprüche vielleicht wegfallen, aber dafür ein dauerhaft ruhiges Regiment der Vernunft über Verstand und Sinne seinen Anfang nehmen würde.«[149]

Kant erläutert in dieser bemerkenswerten Passage also, dass der notwendige erkenntnistheoretische Widerstreit der Vernunft durchaus auch in ihrem praktischen Interesse ist. Worin genau dieses Interesse besteht, wird im Folgenden noch zu untersuchen sein. Und wenn wir uns am Ende dieser historischen Rekonstruktion der Bedeutung und dem Selbstverständnis von Theorie im 20. Jahrhundert widmen, werden wir sehen, wie es gerade diese Nuancierungen sind, auf die Autoren wie Jacques Derrida oder Jean-François Lyotard dann als explizit konflikthaft zurückgreifen.[150]

Paralogismen

Neben den antinomischen kosmologischen Spekulationen thematisiert Kant aber auch Fehlschlüsse oder Paralogismen, die entstehen, wenn die Vernunft ihren Blick nach innen, auf das erkennende Subjekt wendet. Für ein präziseres Verständnis der Logik von Konflikten sind *transzendentale Paralogismen* deswegen relevant, weil sie im Gegensatz zu einfachen Fehlschlüssen oder inhaltlichen Irrtümern, die ebenso gut auch nicht hätten auftreten können oder zu vermeiden wären, eben *transzendental* sind, d.h. in Kants Diktion: die Bedingungen der Möglichkeit von Erkenntnis selber berühren. Sie sind unhintergehbar, weil sie ihren Grund in der Natur der menschlichen Vernunft haben (was jedoch nicht bedeutet, dass sie nicht zu entscheiden wären): »Der *logische* Paralogismus besteht in der Falschheit eines Vernunftschlusses der Form nach, sein Inhalt mag übrigens sein, welcher er wolle. Ein *transcendentaler* Paralogismus aber hat einen transcendentalen Grund, der Form nach falsch zu schließen. Auf solche Weise wird ein dergleichen Fehlschluß in der Natur der Menschenvernunft seinen Grund haben, und eine unvermeidliche, obzwar nicht unauflösliche Illusion bei sich führen.«[151]

So wie die Vernunft sich in Antinomien verheddert, wenn sie vom Bedingten (dem wahrgenommenen Phänomen) spekulativ auf ein *äußeres* Unbedingtes (die Totalität aller Erscheinungen) zu schließen versucht, so führt in Analogie dazu die Suche nach einem Unbedingten im *Inneren* des Subjekts – oder eben des Subjekts *als* etwas Unbedingtem und Unendlichem – zu einem Paralogismus. Im Gegensatz zu Descartes' sich auf sich selbst berufendem und auf sich selbst stützendem *cogito* (»ich denke«) wie auch gegen dogmatische Ansätze in der rationalen Psychologie seiner Zeit führt Kant daher in seiner ersten Kritik das *Ich* bzw. die Formel *Ich denke* nur mit aller Vorsicht als formale Voraussetzung für ein zusammenhängendes Erleben von Wahrnehmungen ein (sowie als Voraussetzung dafür, dass wir uns im Regelfall als mit unseren Erinnerungen verbundenes einheitliches Individuum wahrnehmen). »Das: Ich denke, muss alle meine Vorstellungen begleiten können; denn sonst würde etwas in mir vorgestellt werden, was gar nicht gedacht werden könnte, welches eben so viel heißt als: die Vorstellung würde entweder unmöglich, oder wenigstens für mich nichts sein.«[152]

Der stets naheliegende paralogistische Fehler nun, über den Kant uns aufzuklären sucht, besteht darin, dieses *Ich (denke)* zu substanzialisieren, während es ihm zufolge doch nur eine subjektive Bedingung der Erkenntnis von Gegenständen in der Außenwelt ist. So wie wir von Objekten nur in Korrelation mit einem auf sie gerichteten Subjekt wissen, so können sich auch Subjekte ihrer selbst nur in Korrelation mit von ihnen wahrgenommenen Objekten vergewissern. Schon in Kants transzendentaler Erkenntnisphilosophie also ergibt sich erhebliches Potenzial für Konflikte zwischen Eigenem und Anderem daraus, dass jedes Ich nur anhand von ihm fremden Inhalten von sich selbst erfährt. Als vermeintlich absolute und unteilbare Individuen werden wir von Kant darüber aufgeklärt, dass wir keinen substanziellen oder metaphysischen Kern haben und nur über Anderes und Fremdes konfliktuell zu uns selbst finden. Auch im Fall der stets drohenden transzendentalen Paralogismen der Vernunft treffen wir also auf den schon thematisierten vernunftinternen Konflikt. Es handelt sich um die der Vernunft innewohnende Tendenz, die endlichen Erkenntnisquellen des Menschen zu verabsolutieren (ein übernatürlicher, über der Natur stehender göttlicher Verstand wäre von solchen Problemen selbstverständlich nicht betroffen).

Das philosophische Genie Kants, das ihn zum wohl einflussreichsten Philosophen der Moderne gemacht hat, besteht nun darin, dass ihn diese paralogische und antinomische Anlage der Vernunft – also dass die Vernunft naturgemäß in Konflikt mit sich selbst steht und nicht mit irgendetwas Äußerem wie ihrem Körper oder der Geschichte – nicht zu einer skeptischen Einstellung verführt. Stattdessen verdanken wir ihm den Hinweis, dass es gerade die Paralogismen und Antinomien sind, die uns zu dem machen, was wir als vernünftige und endliche Wesen sind. Kants Idealismus ist ein *kritischer* und ein *ermöglichender* insofern, als das Subjekt erst durch seine Konflikte in die Lage versetzt wird, produktiv über seine Endlichkeit zu entscheiden. Souveränität erlangen wir demnach, wenn wir diese Konflikte als objektive anerkennen, statt sie auf ein subjektives Ungenügen zu reduzieren und zugleich darüber in Resignation zu verfallen. (Diese Objektivität tatsächlicher Konflikte ist keinesfalls zu verwechseln mit der vermeintlichen – in Wahrheit aber selbst nur subjektiv behaupteten – Naturgegebenheit irgendwelcher angeblichen Kämpfe mit anderen, die uns in diesem Buch immer wieder begegnet.)

Kants Einsichten in erkenntnistheoretische Antinomien und Paralogismen ermöglichen uns ein besseres Verständnis unserer selbst als Konfliktwesen, und zwar auf diversen Ebenen. Die von ihm herausgearbeiteten, zunächst einmal epistemologischen Konflikte bestimmen, wie wir noch sehen werden, auch die Logik ganz anderer Konfliktbereiche, ja sie werden geradezu zum Signum der Moderne überhaupt.[153] Ohne explizit über eine – geschweige denn eine politische – Theorie des Konflikts nachzudenken, ja ohne überhaupt den Begriff zu verwenden,[154] klärt Kant die Moderne über ihr unruhiges Wesen auf. Dass das – mit Hans Blumenberg gesprochen – *Weltbild* der Moderne insgesamt ein konflikthaftes ist, erweist sich nicht zuletzt beim Versuch, erkenntnistheoretische Kriterien und Entscheidungen auf moralphilosophische Fragen anzuwenden. Dieser auch von Kant selbst untersuchten Sphäre wenden wir uns nun zu.

Moralische Dilemmata

Bei seiner Untersuchung, ob sich die Kant'schen »Ideen« kognitiv beweisen oder widerlegen lassen, kommt Jean-François Lyotard zu dem Schluss, dass sie »zum Widerstreit« oder bisweilen sogar zur »Paradoxie« führen, wenn wir versuchen, moralische Fragen mit erkenntnistheoretischer Strenge zu beleuchten.[155] Aus der Heterogenität zwischen kognitiven und ethischen Sätzen ergeben sich Spannungen in Kants berühmtem kategorischen Imperativ, der von dem Ideal getragen ist, im Alltag allgemeingültige moralische Urteile zu etablieren. Die entsprechende Anweisung formuliert Kant zunächst einmal so: »Frage dich selbst, ob die Handlung, die du vorhast, wenn sie nach einem Gesetze der Natur, von dem du selbst Teil wärest, geschehen sollte, du sie wohl als durch deinen Willen möglich ansehen könntest?«[156] Damit ist der Anspruch formuliert, die kausale (Natur-)Gesetzmäßigkeit, wie sie der *Kritik der reinen Vernunft* zufolge im empirischen Bereich des Sinnlichen gültig ist, in den Bereich der praktischen Vernunft zu übersetzen. Es stellt sich jedoch die Frage, ob dies möglich ist, also inwieweit die Idee der unmittelbaren Wirksamkeit solcher allgemeingültigen Gesetze auf unser Handeln praktikabel ist, und zwar auf ein Handeln in Freiheit und aus Achtung für andere Menschen nach moralischen Maximen.

Der Anspruch, eine strenge, quasi naturwissenschaftliche Methodik auf die Ethik anzuwenden, die moralische Maxime also so zu formulieren, dass sie sich gemäß dem kategorischen Imperativ »als allgemeines Naturgesetz denken und wollen« lässt, hat zur Folge dass es für das Fehlverhalten von Individuen keine Entschuldigung in den jeweiligen kontingenten Umständen geben kann.[157] Dies ist nun aber nicht so (wie gemeinhin üblich) misszuverstehen, dass erst die Strenge des kategorischen Imperativs in der Folge zu moralischen Konflikten oder Dilemmata führe, weil empirisch schwache Individuen von ihnen fremden Idealen überfordert wären. Vielmehr ist der Bereich des Ethischen bei Kant konfliktuell von Anbeginn, und seine moralphilosophische Leistung besteht zuallererst darin, uns auf die damit verbundene Unruhe zu verpflichten.

Mit dem Aushalten eines fundamentalen oder originären ethischen Konflikts ist anderes gemeint als mit dem Konstatieren von moralischen Dilemmata, zu denen erst unser empirisches Handeln führt. Streng genommen kann es in Kants Verständnis auf der Ebene von Pflichten auch gar kein moralisches Dilemma geben, höchstens subjektive Widersprüche auf der Ebene von Verbindlichkeitsgründen (etwa zwischen der engen oder strikten Pflicht, nicht zu lügen, und der weiten, kontextabhängigen Pflicht, anderen zu helfen): »Ein *Widerstreit der Pflichten* [...] würde das Verhältniß derselben sein, durch welches eine derselben die andere (ganz oder zum Theil) aufhöbe. – Da aber Pflicht und Verbindlichkeit überhaupt Begriffe sind, welche die objektive praktische Notwendigkeit gewisser Handlungen ausdrücken, und zwei einander entgegengesetzte Regeln nicht zugleich nothwendig sein können, sondern wenn nach einer derselben zu handeln es Pflicht ist, so ist nach der entgegengesetzten zu handeln nicht allein keine Pflicht, sondern sogar pflichtwidrig: so ist eine *Collision von Pflichten* und Verbindlichkeiten gar nicht denkbar.«[158]

Diese für undenkbar erklärte »Kollision von Pflichten und Verbindlichkeiten« taucht freilich an mehreren neuralgischen Punkten in Kants Moralphilosophie wieder auf. Mit seinen Überlegungen »Über ein vermeintes Recht aus Menschenliebe zu lügen« widmet er einem solchen ethischen Widerstreit sogar einen ganzen Aufsatz. Seine diesbezügliche Position und das moralphilosophische Skandalon noch einmal zuspitzend, bestätigt er darin, dass selbst »die Lüge gegen einen Mörder, der uns fragte, ob unser von ihm verfolgter Freund sich nicht in unser Haus geflüchtet, ein Verbrechen sein würde«.[159] Auch und gerade in solchen Extremfällen entscheidet sich Kant dafür, den ethischen Konflikt auszuhalten, statt ihn aufzulösen bzw. zu vermeiden. Konkret lautet Kants kontraintuitive Entscheidung hier *gegen* eine bloße Hilfspflicht (sowie anlassbezogene Mutmaßungen über bedenkliche Konsequenzen, wenn Hilfe unterlassen wird) und *für* die von der Vernunft geprüften Maximen der Pflicht. Demzufolge ist das schwerwiegendste Verbrechen nicht, dass wir einem Einzelnen die Hilfe verweigern, sondern dasjenige der Lüge, weil es einer Unterlassung unserer Pflicht gegenüber der Menschheit als Ganzer gleichkommt, auch (und weil) damit noch einmal der Konflikt zwischen Idealem und Realem hervorgehoben wird, dass es »kein richtiges Leben im falschen« – in diesem falschen Ganzen – geben kann, wie es in Adornos *Minima Moralia* später heißen wird.[160]

Trotz aller geradezu vernunftfetischistischen Strenge verirrt sich freilich auch Kant bisweilen in moralphilosophischen Niederungen. Ein für viele Spätere beinahe komisches Beispiel dafür ist sein Verbot des Suizids als einer »Zernichtung der Sittlichkeit«, die Kant zufolge wiederum eine Variante des oben schon erkenntnistheoretisch ausgedeuteten Konflikts zwischen noumenaler (also geistiger) und phänomenaler Ordnung im Menschen ist. Im Suizid würdigt der *»Homo phaenomenon«* nämlich den *»Homo noumenon«* herab, der ihm doch gerade als höhere Bestimmung anvertraut war,[161] oder salopp formuliert: Wir haben kein Recht, uns aus purem Egoismus zu töten, ohne Rücksicht auf das Höhere und Ideale in uns. Der Philosoph Jens Timmermann hat die moralischen Ambivalenzen in Kants Tugendlehre in einem großartigen Aufsatz bis in ihre teilweise grotesken Details nachvollzogen: »Während es zum ›partiellen Selbstmorde‹ zu zählen ist, wenn sich jemand einen Zahn ausreißt und ihn verschenkt oder verkauft, ›um ihn in die Kinnlade eines andern zu pflanzen oder die Kastration mit sich vornehmen zu lassen, um als Sänger bequemer leben zu können‹, ist für Kant eine medizinisch notwendige Amputation moralisch ebenso unbedenklich wie das Haareschneiden, was ›als Verbrechen an seiner eigenen Person nicht gerechnet werden‹ kann – es sei denn, man tut dies, um die Haare zu verkaufen, ein Fall, den Kant als ›nicht ganz schuldfrei‹ bezeichnet.«[162]

Im Gegensatz zu solchen homöopathischen Selbstmorddosen erlaubt Kant die vom Suizid zu unterscheidenden Beispiele von Selbsttötung unter bestimmten Bedingungen, angefangen wiederum bei minimalen Eingriffen, die letztlich dem Erhalt des Lebens dienen, wie Kant an dem anscheinend auch heute noch brisanten Beispiel des Impfens erläutert. Während heute freilich – zumindest für vernünftige Menschen – die möglichen Nebenwirkungen in keinerlei (Konflikt-)Verhältnis zu potenziell tödlichen Erkrankungen stehen, sah das zu Zeiten der Lebendimpfung mit aktiven

Viren für Kant noch etwas anders aus: »Wer sich die Pocken einimpfen zu lassen beschließt, wagt sein Leben aufs Ungewisse.«[163] In ganz bestimmten und bewusst kalkulierten Fällen sind aber sogar für Kant Selbsttötungen erlaubt, denn so weit möchte er nun auch wieder nicht gehen, »es einem großen unlängst verstorbenen Monarchen zum verbrecherischen Vorhaben an[zu]rechnen, daß er ein behend wirkendes Gift bei sich führte, vermutlich damit, wenn er in dem Kriege, den er persönlich führte, gefangen würde, er nicht etwa genötigt sei, Bedingungen der Auslösung einzugehn, die seinem Staate nachteilig sein könnten; denn diese Absicht kann man ihm unterlegen, ohne daß man nötig hat, hierunter einen bloßen Stolz zu vermuten«.[164]

Letztlich, und das scheint mir die Pointe in Timmermanns Relektüre von Kants Überlegungen, tauchen die von Kant ausgeschlossenen »moralischen Konflikte« und »moralischen Dilemmata«, die es doch eigentlich »gar nicht geben kann«,[165] genau an der Stelle wieder auf, an der Kants Tugendlehre sich eine unvermeidliche moralphilosophische Kollision eingestehen muss. Auf der einen Seite stehen moralische Ideen, höhere Naturzwecke und quasi naturwissenschaftlich ausargumentierte moralische Forderungen, auf der anderen der ethische Alltag einzelner Subjekte und ihr jeweiliges Urteilsvermögen. Von daher ist es auch kein Zufall, dass Kant sich gezwungen sah, der ersten, erkenntnistheoretischen, und der zweiten, praktischen, Vernunftkritik noch als dritte eine zwischen beiden vermittelnde *Kritik der Urteilskraft* folgen zu lassen. »Das bedeutet, daß dem Urteil, nicht dem kategorischen Imperativ, der Primat in der Ethik zukommt. Denn der kategorische Imperativ bestätigt nur, daß eine Maxime – im Allgemeinen – moralisch zulässig ist; und Maximen, die dieses Kriterium erfüllen, gibt es viele. Zur moralischen Angemessenheit einer Handlung fehlt noch das Urteil, daß eine bestimmte Maxime in einer gegebenen Situation die passende, einschlägige, richtige ist. Dabei muß schon vorausgesetzt werden, daß sie als allgemeines Naturgesetz gedacht und gewollt werden kann«, oder anders gesagt: Moralische Dilemmata und Konflikte müssen »durch die praktische Vernunft des einzelnen handelnden Menschen *entschieden*« werden.[166]

Widerspruch zur Gegenwart

Nach dem Muster des dogmatischen Schlummers auf erkenntnistheoretischem Terrain oder der Anrufung des Urteilsvermögens im Fall moralischer Konflikte gestaltet sich auch Kants epochemachender Appell an die Protagonist:innen eines Aufklärungsprozesses, zu dem auch wir noch gehören. Denn Kants Begriff der Aufklärung bezeichnet, wie Michel Foucault in seiner Rekonstruktion betont hat, keine zeitlich eingrenzbare Epoche. Aufklärung ist vielmehr Ausdruck eines Zeitkonflikts und einer Asynchronie, liegt doch das aufgeklärte Subjekt immer auch im Widerstreit mit seiner eigenen Gegenwart.

Schon von daher ist ein idealer Zustand von Aufgeklärtheit niemals zu erreichen. Aufklärung impliziert »nur« den zugleich philosophischen wie ethischen und politischen Imperativ, sich gegen das Vorgedachte oder die bestehende Wirklichkeit auf seinen eigenen Verstand zu besinnen. »Aufklärung ist der Ausgang des Menschen aus seiner selbst verschuldeten Unmündigkeit. Unmündigkeit ist das Unvermögen, sich seines Verstandes ohne Leitung eines anderen zu bedienen. Selbstverschuldet ist diese Unmündigkeit, wenn die Ursache derselben nicht am Mangel des Verstandes, sondern der Entschließung und des Muthes liegt, sich seiner ohne Leitung eines andern zu bedienen. *sapere aude!* habe Muth dich deines eigenen Verstandes zu bedienen! Ist also der Wahlspruch der Aufklärung.«[167] Was die Aufklärung und das aufgeklärte Subjekt auszeichnet, ist nicht einfach ein Mehr an Wissen. Vielmehr wird die so verstandene »Aufklärung« zu einer – sowohl philosophiegeschichtlich als auch historisch – wesentlichen Grundlage für ein Konfliktverständnis, wie wir es hier herausarbeiten wollen. »Aufklärung« fungiert dann eben nicht (nur) als Epochenbegriff, sondern als Chiffre für eine Denkweise, die dadurch Erkenntnisse hervorbringt, dass sie sich als im Konflikt mit ihrer Gegenwart begreift. Dieses Denken kann auch deshalb nicht primär darauf ausgerichtet sein, Konflikte einfach aufzulösen, weil diese Konflikte Teil des Erkenntnisprozesses selbst sind, oder anders: weil sich die gegebenen Verhältnisse überhaupt erst dort zeigen und verstehen lassen, wo sie sich für unser Denken als konfliktuell erweisen. Dass Aufklärer:innen kritische Zeitgenossen in dem Sinne sind, als sie die aufklärende Vernunft in einen Konflikt mit dieser Gegenwart bringen, ist prägend geworden für unser modernes Verständnis von Intellektualität sowie von Theorie überhaupt – wie wir noch gesondert untersuchen werden.[168]

Konflikt der Institutionen

An allen Ecken und Enden ist das Werk des oft als idealistischer Konsenstheoretiker (miss-)verstandenen Kant gezeichnet von Konflikten, die auszuhalten er uns ermahnt. Dies tut er jedoch nicht resigniert darüber, dass auch der kritischste Versuch einer Reinigung der Vernunft die Widersprüche unserer endlichen Existenz nicht zu lösen vermag. Vielmehr sind Konflikte unseres Erkenntnisvermögens Ausgangspunkt und Ermöglichungsgrund höherer intellektueller, ethischer und politischer Ambitionen, die zu ignorieren und nicht aushalten zu wollen einen Verrat an uns selbst bedeuten würde. Zu den einzelnen erkenntnistheoretischen, moralphilosophischen und allgemein gesellschaftlichen Konflikten kommen noch diejenigen, die sich zwischen den einzelnen Bereichen und menschlichen Vermögen ergeben, etwa dem Begehrensvermögen und dem Erkenntnisvermögen oder Sinnlichkeit und Einbildungskraft, die allesamt eine spannungsgeladene und eben deswegen produktive Koexistenz führen.

Über diesen Konflikt der menschlichen Vermögen (lateinisch: *facultates*) hinaus hat Kant sich auch mit dem Widerstreit zwischen unterschiedlichen akademischen Disziplinen in Form eines *Streits der Fakultäten* beschäftigt. Darin wird deutlich, dass das universitäre Denken, das er zu aufgeklärtem Räsonnement und Wahrheitsstreben auffordert, nicht nur mit einer auf Nützlichkeit und Staatsräson geeichten Außenwelt in Konflikt gerät. Auch innerhalb der akademischen Institutionen kommt es zu einem Zusammenstoß zwischen einerseits nur der Wahrheit verpflichteten und andererseits staatlich eingesetzten bzw. instrumentalisierten Fachrichtungen, und zwar anhand der Frage, »ob das menschliche Geschlecht im beständigen Fortschreiten zum Besseren sei«.[169]

Ebendiese Frage spielt nun eine zentrale Rolle in den weit über die Grenzen der akademischen Philosophie hinaus einflussreichen Überlegungen Kants zu internationalen Institutionen. In den Reflexionen etwa zur Schlichtung von Auseinandersetzungen zwischen Menschen, Gruppen und ganzen Nationen in seinen viel gelesenen Texten *Zum ewigen Frieden* (1795) und *Idee zu einer allgemeinen Geschichte in weltbürgerlicher Absicht* (1794) wendet er seine kritischen

Einsichten und Entscheidungen auf geschichtsphilosophische Fragen an. Die einschlägigen rechtsphilosophischen Überlegungen erinnern dabei nicht zufällig an die mit dem kategorischen Imperativ kritisch herausgearbeiteten Spannungen zwischen der Freiheit des Einzelnen und den Ansprüchen der Gesellschaft, nur diesmal mit Blick auf die Auseinandersetzung zwischen Staaten.

In seinem Nachdenken über die Möglichkeit eines Weltbürgertums und einer entsprechenden Weltregierung konfligiert Kants Vernunftoptimismus mit seinem anthropologischen Pessimismus, wohl am prägnantesten zusammengefasst in dem Diktum: »[A]us so krummem Holze, als woraus der Mensch gemacht ist, kann nichts ganz Gerades gezimmert werden.«[170] Doch Optimismus und Pessimismus bleiben auch hier in keinem unproduktiven dualen Widerspruch, sondern stehen bei Kant stets in einem produktiven Konflikt, den er in seiner politischen Theorie sogar selbst thematisiert: »Das Mittel, dessen sich die Natur bedient, die Entwickelung aller ihrer Anlagen zu Stande zu bringen, ist der Antagonism derselben in der Gesellschaft, so fern dieser doch am Ende die Ursache einer gesetzmäßigen Ordnung derselben wird. Ich verstehe hier unter dem Antagonism die ungesellige Geselligkeit der Menschen, d. i. den Hang derselben in Gesellschaft zu treten, der doch mit einem durchgängigen Widerstande, welcher diese Gesellschaft beständig zu trennen droht, verbunden ist. Hiezu liegt die Anlage offenbar in der menschlichen Natur.«[171]

Die vom Menschen zugleich angestrebte und abgewehrte Geselligkeit bringt ebenjene Konflikte hervor, die den Menschen über sich hinaus und zu seiner Bestimmung führen, ihn letztlich zu sich selbst werden lassen. Ansonsten würden »die Menschen, gutartig wie die Schafe, die sie weiden, [...] ihrem Dasein kaum einen größeren Werth verschaffen, als dieses ihr Hausvieh hat; sie würden das Leere der Schöpfung in Ansehung ihres Zwecks, als vernünftige Natur, nicht ausfüllen. Dank sei also der Natur für die Unvertragsamkeit, für die mißgünstig wetteifernde Eitelkeit, für die nicht zu befriedigende Begierde zum Haben oder auch zum Herrschen! Ohne sie würden alle vortrefflichen Naturanlagen in der Menschheit ewig unentwickelt schlummern. Der Mensch will Eintracht; aber die Natur weiß besser, was für seine Gattung gut ist: sie will Zwietracht.«[172]

Dass der Mensch nur durch seine (un)gewollte soziale Natur er selbst wird, dass die Natur nur vermittels Antagonismen das Potenzial des Menschen verwirklichen kann, das nimmt Kant wiederum gerade nicht zum Anlass, einseitig die Notwendigkeit von Krieg, Streit oder Kampf von Zivilisationen anzunehmen. Denn während diese darauf abzielen, das eigene Dasein gegenüber dem des Gegenübers zu verteidigen – und sei es um den Preis von dessen Vernichtung –, ist bei Kant das Wissen um diese Diskrepanz und das Aushalten der damit verbundenen Unruhe die Voraussetzung für seine Idee des Weltbürgers im Rahmen eines transnationalen Völkerbunds. Wenn Kant hier von »Natur« spricht, dann handelt es sich nicht um eine von Huntington und anderen an der Vergangenheit orientierten politischen Anthropolog:innen angerufene »ursprüngliche Natur« die den / die Einzelne:n auf ihre biologischen oder »zivilisatorischen« Ausgangspunkte festlegt. Zugespitzt formuliert und zeitlich genau umgekehrt entzünden sich Kants Überlegungen an seinem Enthusiasmus für eine zukünftige Natur oder Zukunftsnatur, die aus dem Widerspruch des aufgeklärten Menschen mit seiner Gegenwart immer wieder neu hervorgeht. Nur eine derart verstandene »Natur hat also die Unvertragsamkeit der Menschen, selbst der großen Gesellschaften und Staatskörper dieser Art Geschöpfe wieder zu einem Mittel gebraucht, um in dem unvermeidlichen Antagonism derselben einen Zustand der Ruhe und Sicherheit auszufinden; d.i. […]: aus dem gesetzlosen Zustande der Wilden hinaus zu gehen und in einen Völkerbund zu treten.«[173]

Der meist mit dem Verweis auf eine ursprünglich böse Natur des Menschen verbundene Vorwurf der Naivität mag zwar so einige seiner Epigonen in Sachen Völkerbund und internationales Recht treffen, aber nicht unbedingt Kant selbst. Dieser hing nämlich weder dem Traum einer alles befriedenden Weltregierung an, noch behauptete er für die stattdessen von ihm favorisierte Allianz unabhängiger souveräner Staaten die geschichtliche Teleologie eines dauerbefriedeten Völkerbunds (und das, obwohl diese Allianz sich ganz anders als in der heutigen Praxis der Vereinten Nationen nur aus Staaten zusammensetzen sollte, die sich dem quasi kategorischen Imperativ universeller Menschenrechte verpflichtet fühlen).[174] Wiederum nur aus dem Widerstreit, und weil »Internalität und Internationalität zwei Züge der kantischen Rechtslehre [sind], die sich nicht voneinander trennen lassen«,[175] sind für Kant Völkerrecht (*ius gentium*) und Weltbürgerrecht (*ius cosmopoliticum*) immanenter Teil des Rechts überhaupt, ohne dass damit impliziert wäre, irgendein internationales Recht könne Konflikte (ein für alle Mal) beilegen.

In Kants Rechtslehre spielen interne wie externe Konflikte eine prägende Rolle, und entsprechend sind die zu einer Aufnahme in eine internationale Staatengemeinschaft fähigen Staaten souverän nur im Wissen um ihre eigenen Grenzen und in Abgrenzung zu anderen Staaten. Gleichwohl sind individuelle und zivile Verhältnisse die Voraussetzung für staatliche Ordnung (und nicht umgekehrt, wie von Hobbes bis Huntington gerne angenommen), und nur in internationalen Allianzen ist die Sicherheit von Einzelstaaten zu ermöglichen.[176] Das bedeutet jedoch weder einen Verlust von Souveränität noch einen Konflikt zwischen nationalem und internationalem Recht. Wie wir noch sehen werden, bringen nationales oder internationales Recht Konflikte aber auch nicht zum Verschwinden, sondern helfen uns, diese zuallererst zu artikulieren.

2.

Dialektik, Identität, Klassenkampf: Hegel zwischen Rechts und Links

Mit Kant haben wir gesehen, dass die Aufmerksamkeit für Konflikte auch die Chancen erhöht, ihre Produktivität auf anderer Ebene zu verstehen. Das Aushalten der von Antinomien und Paralogismen hervorgerufenen Unruhe wird so zu einer ethischen Auszeichnung unserer Vernunft. Kants kritische Entscheidung, statt von bloßen Irrtümern oder leicht ausmerzbaren Widersprüchlichkeiten einzelner Subjekte von notwendigen Antinomien zu sprechen, führt zu einer neuen Grenzziehung menschlicher Vermögen und Institutionen, die in deren Bestimmung den Konflikt integriert, anstatt ihn auszuschließen.

Eine Dynamisierung und Temporalisierung erhält das Verständnis von Konflikten dann nur wenig später bei Georg Wilhelm Friedrich Hegel, und zwar begonnen bei seinen Analysen zur intersubjektiven Konstitution des Menschlichen bis hin zu tragischen Kollisionen im Verlauf der Geschichte. Dabei wird klar, dass so etwas wie eine in sich konflikthaft konstituierte Vernunft nicht einfach vorliegt, sondern stets selbst erst das Ergebnis von (historischen) Konflikten ist. Deren Produktivität erweist sich nicht bloß auf einer anderen oder höheren Ebene, vielmehr sind sie der Auslöser für die Veränderung einer Struktur, in der sie ansonsten nicht (auf-)lösbar wären – zumindest nicht von der Gesellschaft, in der sie auftreten.

Historischer Fortschritt qua Auflösung bestehender Vorstellungen und Verhältnisse vollzieht sich Hegel zufolge durchgehend nach einem bestimmten Muster. Stets sind es Kollisionen antithetischer Positionen, die zu einem bestimmten Zeitpunkt oder in einer bestimmten historischen Entwicklungsstufe mit Notwendigkeit auftreten und sich deswegen auch nie einfach innerhalb der jeweiligen Gesellschaft auflösen lassen, sondern diese zu einer im Wortsinne *radikalen* Transformation zwingen. *Aufhebung* – in der dreifachen Bedeutung von Auflösung, Aufbewahrung und Höherhebung – vorhandener Widersprüche innerhalb einer Gesellschaft bedeutet für Hegel immer auch ein Transzendieren oder Überschreiten des Status quo zugunsten eines neueren und fortgeschrittenen Entwicklungsstands. Freilich führt die produktive Aufhebung von Konfrontationen in Form der Herausbildung anderer gesellschaftlicher Institutionen und neuer historischer Subjekte nicht zu einem endgültigen Verschwinden von Konflikten. Zwar ist Fortschritt nur möglich dank Konflikten, die ihrer Auflösung harren. Jedoch folgen darauf stets wieder andere und ebenso grundlegende Konflikte, deren Merkmale eine Gesellschaft definieren: Konflikte kennzeichnen und begrenzen eine Gesellschaft in Form ihrer zugrunde liegenden Spannungen und Widersprüche, deren Auflösung nichts anderes bedeutet als ihren Untergang oder das Ende der sie bestimmenden kulturellen Formation. Können die bestehenden kulturellen, religiösen oder politischen Institutionen einer Gesellschaft ihre Funktionen nicht mehr erfüllen, verlieren sie ihre bindende Kraft, und an ihre Stelle treten wieder andere, die Ausdruck eines neuen Selbstverständnisses und neuer politischer Verfahren sind.

Ein markantes Beispiel dafür ist der von Hegel in seinen *Vorlesungen über die Philosophie der Geschichte* (ab 1822) analysierte und auch an anderen Stellen immer wieder behandelte Untergang der antiken Polis mit ihrem paradigmatischen Justizverfahren, der Verurteilung und Hinrichtung des Sokrates im Jahr 399 vor unserer Zeitrechnung in Athen. Aus Sicht einer Mehrheit ihrer Tradition verpflichteter Zeitgenossen starb er zu Recht als Strafe für seine staatsfeindliche Verführung der Jugend – aus unserer späteren, nicht nur philosophiehistorischen Sicht dagegen ist er ein Justizopfer oder Märtyrer im Namen individuellen Denkens. Anstelle eines Werturteils und einseitiger Parteinahme in dieser Auseinandersetzung analysiert Hegel den Fall als exemplarisch für einen unauflöslichen Konflikt. Denn in der Tat muss den altehrwürdigen Athenern Sokrates' Berufung auf ein inneres Gewissen, sein *daimonion*, irgendwann nicht mehr als nutzlose philosophische Spekulation oder bedenklicher Spuk erschienen sein, sondern als eine Gefahr für die gültigen Regeln der Allgemeinheit. Um einen Konflikt handelt es sich dabei in dem eben skizzierten Sinn, dass ein für die antike griechische Gesellschaft nicht auflösbarer Widerspruch besteht zwischen allgemeinen, von Göttern verbürgten Regeln und einem individuellen Nachdenken und (Selbst-)Vergewissern darüber, was denn nun das Gute (für mich) ist und was nicht.

Historisch gesehen hören erst einige Jahrhunderte später mit dem frühen Christentum individuelles Gewissen und Glaube an ein Höheres auf, antithetische Widersprüche zu sein. Spätestens als das Christentum in einer Synthese von römischem Kaisertum und jüdischem Monotheismus eine neue Staatsreligion wird, bringt es jedoch ebendiese Widersprüche erneut hervor: Von den ersten Verfolgungen von Häretikern und Ketzern bis zu den Auseinandersetzungen zwischen Protestanten und Katholiken ringen individueller und institutionell dogmatisierter Glaube miteinander – ein Widerspruch, der schließlich in eine die gesamte Moderne bis heute durchziehende Spannung zwischen Religion und Aufklärung mündet, aber auch in politische Konflikte, die letztlich erst mit der Französischen Revolution 1789 zu einer Entscheidung gelangen. Für die sich auf sie berufende liberale Demokratie sind nun alle Subjekte frei und gleich vor dem Gesetz – was, wie wir alle bezeugen können, weiterhin keine Lösung sämtlicher gesellschaftlicher Ungerechtigkeiten und Probleme bedeutet. Denn wie die folgenden beiden Jahrhunderte nicht müde wurden zu zeigen, waren auch die vermeintlich universellen Menschenrechte oder die berühmte Losung der »Freiheit« vornehmlich weißen Männern vorbehalten, ebenso die »Brüderlichkeit« also auf nur ein Geschlecht beschränkt und darüber hinaus die »Gleichheit« ökonomisch und sozial sehr ungleich verteilt.

Der Untergang der griechischen Stadtstaaten, das christliche Mittelalter, der vordemokratische Absolutismus und die Französische Revolution sind einzelne Stationen auf dem von Hegel beschriebenen Gang des Weltgeistes als einer Entdeckungsreise des Ichs bzw. der Gesellschaft und der Freiheit – die Hegels persönlicher Idiosynkrasie zufolge ausgerechnet in der preußischen Monarchie seiner eigenen Zeit (mit ihren institutionell verankerten Rechten Einzelner und einer ansatzweisen Marktökonomie) bereits alle grundlegenden Aspekte menschlicher Freiheit verwirklicht haben und an ein Ende gekommen sein sollte.[177] Selbstverständlich hat Hegels positive Identifikation mit dem aufgeklärten Absolutismus für anhaltende Diskussionen, Unverständnis und Polemik gesorgt. Aber sind wir heute wirklich so viel weiter? Wer kann sich denn heute tatsächlich eine konkrete Alternative zu unserer real existierenden »freien Marktwirtschaft« (= Kapitalismus) und zur liberalen Demokratie vorstellen, die ungeachtet ihrer zahlreichen ungelösten Probleme doch immer noch die beste Regierungsform sei – oder mit Winston Churchill gesprochen: »die schlechteste [...] abgesehen von all den anderen«?[178] In diesem Sinne sind die allermeisten von uns also immer noch Hegelianer:innen, Zeitgenossen eines analogen Endpunkts der Geschichte, der nun eben zweihundert Jahre später stattfindet.[179]

Auch unabhängig von ihrer gesellschaftspolitischen Bewertung bleiben Hegels Überlegungen relevant für ein genaueres Verständnis des Wesens und der Funktion von Konflikten. Denn nach Hegels Geschichtsauffassung besteht Fortschritt in einer Kette fundamentaler Kollisionen, bei denen die jeweiligen Konflikte nur mittels radikaler Transformation zu einer Aufhebung von sich *tragisch* – das heißt unauflösbar – gegenüberstehenden Positionen führen. Hinzu kommt, dass auch die Entwicklung grundlegender Aspekte von Subjektivität, wie etwa eines Selbstbewusstseins, für Hegel nur in Auseinandersetzung mit anderen möglich ist – wodurch Konfrontationen vorprogrammiert sind. Nur im Kampf um Anerkennung werden wir zu uns selbst, *gegen* und *mit* anderen, die im Zuge dessen Teil unserer selbst werden und unser subjektives Selbstverständnis prägen.

Dialektik

Anders als Kants kritisches Denken von Antinomien und notwendigen Grenzen unserer Vernunft zeichnet sich Hegels spekulative Philosophie durch ein selbstbewusstes Überschreiten vorhandener Grenzen und die Verbindung vermeintlicher Gegensätze aus. Hatte Kant seine Kritik als Grenzsetzung und Entscheidung über konfligierende Bereiche der Vernunft verstanden, so ist Hegels Spekulation von der Überzeugung getragen, dass die Entscheidung über eine Grenze oder einen Konflikt nur im Wissen über beide Seiten möglich ist. Bis in seine Sprache hinein ist Hegels Denken geprägt von der Suche, Neuerfindung und Ausdeutung von Begriffen, die in sich gespalten, mehrsinnig oder scheinbar widersprüchlich sind. Vornehmlich an solchen Begriffen entzündet sich ihm zufolge eine spekulative ›Freude des Denkens‹, exemplarisch am Konzept der »Aufhebung«, das sowohl Auflösung oder Zerstörung als auch Höherhebung oder Weiterentwicklung bezeichnet.[180]

Methodisch operiert Hegel auf allen Ebenen seiner philosophischen Analyse mittels einer von ihm neu konzipierten Methode der Dialektik. Egal, ob er sich der Herausbildung eines auf sich selbst reflektierenden Bewusstseins und dessen philosophischem Verständnis in der Moderne widmet oder ob er geschichtsphilosophisch die Entwicklung immer komplexerer sozialer und politischer Strukturen nachzeichnet: Stets sind es eine These (athenische Gesetze; unreflektiertes Selbstbewusstsein) und Antithese (moralische Selbstständigkeit; Auseinandersetzung mit anderen), die notwendig miteinander kollidieren und einer synthetischen Aufhebung zu einer höheren Gesellschafts- oder Bewusstseinsformation harren (christliche Ethik; reflektiertes Selbstbewusstsein). Mit Fortdauer der (Geistes-) Geschichte und immer selbstbewussteren Ansprüchen nehmen auch die Kollisionen zwischen Außen- und Innenwelt, Geschichte und Bewusstsein, neue Züge an. Dialektik ist für Hegel aber nicht nur eine grundlegende Methode zur Analyse von Vergangenheit und Gegenwart, oder anders: zur Analyse der spezifischen Konflikte, die jede gegenwärtig hegemoniale und noch so dominante Ideologie in ihrer Vorherrschaft bedrohen. Dialektik ist darüber hinaus Operator zukünftiger historischer Entwicklung selbst (gedacht als Selbstentfaltung des Weltgeistes), also einer Geschichte, die stets nur entlang der Kollision von These und Antithese sowie ihrer synthetischen Aufhebung voranschreitet. Dialektik erlaubt es, die Konflikthaftigkeit jeder sozialen Wirklichkeit zu verstehen und zugleich über ihre historische Beschränktheit hinauszugelangen in Richtung einer anderen Zukunft.[181]

Exemplarisch für den produktiven *Drive* von Hegels Konfliktdialektik ist ein kurzes Kapitel in seiner 1807 erschienenen *Phänomenologie des Geistes*, das sich der »Selbständigkeit und Unselbständigkeit des Selbstbewusstseins; Herrschaft und Knechtschaft« widmet, im 20. Jahrhundert aber auch verstärkt als Darstellung einer historischen Etappe und als Modell geschichtlicher Entwicklung überhaupt interpretiert wurde. Auf wenigen und selbst für Hegels Verhältnisse extrem verdichteten Seiten beschreibt er hier, wie wir nur in notwendiger Kollision und Auseinandersetzung mit einem anderen Selbstbewusstsein zu einem Bewusstsein unserer selbst gelangen: »Jedes sieht *das Andere* dasselbe tun, was *es* tut […]. Jedes ist dem Anderen die Mitte, durch welche jedes sich mit sich selbst vermittelt und zusammenschließt, und jedes sich und dem Anderen unmittelbares für sich seiendes Wesen, welches zugleich nur durch diese Vermittlung so für sich ist. Sie *anerkennen* sich als *gegenseitig sich anerkennend.*«[182]

Nur mittels einem oder einer anderen werde ich zu mir selbst, nur in und mit einem anderen Selbst komme ich zu mir. Bei-sich-selbst-Sein-im-anderen nennt Hegel das in einer für ihn typischen dialektischen Formulierung, die zugleich auf das darin zugrunde liegende Konfliktpotenzial verweist. Denn wenn wir nur im sozialen Verbund – etwa in zu Institutionen verfestigten Formen des Zusammenlebens – wir selbst sein können, dann trägt diese Selbstidentität stets Züge einer Fremd-Identität. Was in Kants »ungeselliger Geselligkeit« noch eine statische Eigenschaft des Menschen war, wird hier zum Auslöser einer produktiven Dynamik, die konstitutiv ist für die Bestimmung von Individualität und Gesellschaft: Ich kann mich niemals unabhängig von meiner mich zugleich beschränkenden Umgebung definieren.

Angesichts dieser fundamentalen Abhängigkeit, der Unmöglichkeit einer trennscharfen Abgrenzung zwischen mir und den anderen, sind Konflikte nicht irgendwie absehbar und unangenehmerweise in Kauf zu nehmen. Die Auseinandersetzung um Anerkennung ist, so verstanden, konstitutiv und steht am Beginn individueller und sozialer Strukturen. Diametral entgegengesetzt zu dem verbreiteten Vorurteil ihrer Destruktivität sind Konflikte – von intersubjektiven Anerkennungsprozessen bis hin zur Kollision ganzer historischer Epochen – in Hegels spekulativer Dialektik der Motor für die Entstehung und Weiterentwicklung von Individuen wie Gesellschaften, für die Produktivität der Geschichte als Konfliktgeschichte.[183]

Konservative

Dass es dem Hegel-Kenner Axel Honneth zufolge auch eine »Gefahr des Pathologischen an aller Anerkennung«[184] gibt, und zwar in dem Maße, als familiäre, berufliche und demokratisch-politische Anerkennungsverhältnisse in den vergangenen Jahrzehnten zunehmend an Bedeutung verloren haben, das bestätigen mittlerweile fast alle Studien zum neueren Rechtspopulismus. Dessen Protagonist:innen entstammen nämlich keinesfalls nur ökonomisch benachteiligten Milieus, sondern oftmals historisch durchaus privilegierten Teilen der Bevölkerung, denen es mittlerweile aus verschiedenen Gründen an Anerkennung mangelt. (Die Frage, ob das zu Recht oder zu Unrecht der Fall ist, wäre überhaupt erst einmal als bewusster und historisch informierter Konflikt auszutragen.)[185]

Mit diesem Hinweis auf die Bedeutung von Anerkennung soll aber keineswegs diejenige anderer sozialer und vor allem ökonomischer Aspekte ignoriert werden (nicht zuletzt, weil Anerkennung auch über soziale und ökonomische Verhältnisse vermittelt wird). Ohne diese hier ausführlich diskutieren zu können, ist genau das aber in konservativen Lesarten von Hegels Konfliktdenken der Fall, die eine von ökonomischen Bedingungen unabhängige anthropologische Konstante, einen immerwährenden Kampf um Status und Macht betonen, den aufheben zu wollen ein fataler Fehler aller linken oder liberalen Politik sei. Nicht ökonomische Ungleichheit wäre demnach verantwortlich für soziale Unruhen, nicht globale Ausbeutung der für Rohstoffe und Produktion zuständigen Peripherie durch die Zentren kapitalistischer Wirtschaft wären der Grund für geopolitische Verwerfungen, sondern ein immerwährender und Menschen von Natur aus eigener Wille zu Macht und zugleich kleinlicher wie größenwahnsinniger Anerkennung.

»Das Streben nach Anerkennung ist das zentrale Problem der Politik, weil es der Ursprung von Tyrannei und Imperialismus ist und den Wunsch bedingt, über andere zu herrschen«,[186] schrieb etwa einst der US-Politologe Francis Fukuyama, dessen berühmte These vom »Ende der Geschichte« 1989 ebenfalls bereits eine konservative

Hegel-Deutung bemühte, die er drei Jahrzehnte später aber teilweise neu fassen musste: »Das Verlangen nach Anerkennung der eigenen Identität vereint als Leitmotiv vieles von dem, was sich heutzutage in der Weltpolitik abspielt. Es beschränkt sich nicht auf die Identitätspolitik, wie sie an Universitäten praktiziert wird, oder auf den weißen Nationalismus, den es erzeugt hat, sondern es erstreckt sich auch auf breitere Phänomene wie den Aufschwung des altmodischen Nationalismus und des politisierten Islam. Ein großer Teil dessen, was als wirtschaftliche Motivation gilt, ist, wie ich darlegen werde, in Wirklichkeit in dem Verlangen nach Anerkennung verwurzelt und kann deshalb nicht einfach mit wirtschaftlichen Mitteln befriedigt werden.«[187] Obwohl Fukuyama sich explizit auf Hegel und dessen Terminologie bezieht, ignoriert er deren produktives und progressives Verständnis von Konfliktdynamik, demzufolge es die ungelösten Konflikte und Versprechen einer Gesellschaft sind, die sie zur Veränderung treiben, ganz im Gegensatz zu immerwährenden Auseinandersetzungen um Anerkennung quasi als Ausdruck einer ahistorischen anthropologischen Neidkultur.

Eine andere, eher strukturkonservative – und wie wir sehen werden, vor allem konfliktsoziologisch einflussreiche – Lesart Hegels lässt sich vielleicht am ehesten als »Entschärfung« charakterisieren – zu der freilich Hegel selbst die Vorlage lieferte. Im Zuge der Weiterentwicklung seiner zunächst in der *Phänomenologie des Geistes* skizzierten Theorie der Anerkennung findet sich in Hegels Vorlesungen über die *Grundlinien der Philosophie des Rechts* (1821) zum ersten Mal das Motiv einer solchen bürgerlichen Entschärfung von Konflikten im Sinne ihrer Aufhebung in »Konkurrenz«. Hier konnten die Studenten erfahren, inwiefern ihre zeitgenössische und nachrevolutionäre Gesellschaft nicht nur – wie eingangs erwähnt – im aufgeklärten Absolutismus des preußischen Staats zu einer finalen Aufhebung der Spannungen zwischen Individuum und Gesellschaft, Bürgern und Staatswesen findet, sondern – wie Honneth zusammenfasst – »in den Sphären des Rechts, der Familie, der Marktgesellschaft und schließlich des Staates institutionelle Bedingungen herrschen sollen, unter denen sich die Gesellschaftsmitglieder symmetrische oder gleiche Anerkennung für ihre sich ergänzenden Eigenschaften schulden«.[188] Dabei sollen schließlich in einer geordneten kapitalistischen Ökonomie die Konkurrenz von Gewerbetreibenden und der Konsum ihrer Güter in Form einer »Anerkennung durch die äußerlichen Darlegungen« individuellen Erfolgs zu einer produktiven Aufhebung destruktiver Tendenzen führen.[189] Eine an derartige Überlegungen anschließende bürgerliche Hegel-Deutung wird uns weiter unten im Kontext der Konfliktsoziologie noch ausführlicher beschäftigen (Kapitel II.5).

Marx und der Klassenkampf

Das entgegengesetzte, progressive Spektrum der Hegel-Rezeption wird im 19. Jahrhundert entscheidend durch den Soziologen *avant la lettre* Karl Marx geprägt (der, indem er einer der einflussreichsten Denker des industriellen Zeitalters wurde, zu einer wesentlich stärkeren Ausprägung dieser Rezeptionslinie gegenüber konservativen Lesarten Hegels beigetragen hat). In der berühmt gewordenen Formulierung seines Freundes und Co-Autors Friedrich Engels unternimmt Marx es, Hegels Philosophie »vom Kopf, auf dem sie stand, wieder auf die Füße« zu stellen,[190] und streicht dabei die gesellschaftliche Dynamik und den politischen Wahrheitsgehalt von Konflikten heraus. Er tut dies in Übernahme und Umwertung von Hegels dialektischer Methode, die den Blick darauf eröffnet hat, dass die (soziale) Wirklichkeit grundsätzlich durch antithetische Widersprüche geprägt ist, die ihrer Synthese harren.[191] Marx' Umdrehung von Hegel besteht nun darin, dass es für ihn nicht intellektuelle Antinomien oder geistige Widersprüche sind, die die Weltgeschichte in Atem halten und ständig vorantreiben, sondern bisher unbemerkte soziale und ökonomische Kollisionen. Dass Letztere von Ökonomen und Philosophen bislang nicht gesehen wurden, oder genauer: nicht gesehen werden konnten, hat seinen Grund darin, dass jede Zeit ihre blinden Flecken nicht nur aus der Vergangenheit übernimmt, sondern ihr Ungewusstes zugleich selbst hervorbringt. Zentraler Aspekt von Marx' Theorie des Kapitalismus ist demnach eine den Protagonisten meist gar nicht bewusste ideologische Verschleierung der kapitalistischen Wirklichkeit als einer »Fetischisierung« der Warenform sowie des Doppelcharakters von Waren in Form ihres Gebrauchs- und Tauschwerts.

Marx macht also einen tatsächlich vorhandenen Konflikt sichtbar, indem er erstens *systematisch* herausarbeitet, dass eine tendenziell sinkende Profitrate bestehender Industrien die Kapitalist:innen zur Suche nach immer neuen Einnahmequellen zwingt, also in erster Linie der Abschöpfung von Mehrwert im Produktionsprozess mittels systematischer Ausbeutung von Arbeiter:innen (und in der Folge von Arbeiter:innen und Ressourcen in Kolonien außerhalb Europas). Zu diesem grundlegenden Hauptkonflikt der Ausbeutung von Arbeit gehört zweitens die *historische* Beobachtung, dass die Arbeiter nur dadurch in ausbeuterische industrielle Lohnverhältnisse gezwungen werden konnten, weil sie zuvor als Bauern mit Gewalt von ihrem jahrhundertelang gemeinschaftlich genutzten Land, der sogenannten Allmende, getrennt und enteignet worden waren. Für eine *Konflikttheorie* nun ist Marx deswegen eine exemplarische Figur, weil er die übliche Reihenfolge verkehrt: Was er als notwendigen Konflikt unvereinbarer ökonomischer Interessen von Kapitalisten- und Arbeiterklasse analysiert, ist nicht etwa Ursache von Gewalt oder muss erst zu ihr eskalieren. Vielmehr ist dieser Konflikt bereits Ausdruck und Resultat einer schon lange bestehenden Gewalt gegenüber einer großen Mehrheit der Menschen, die die gegenwärtigen Zustände hervorgebracht hat.

Und so überrascht es nicht, wenn Marx' Theorie auf allen Ebenen von Konflikten erzählt, von einzelnen Arbeiterkämpfen bis hin zur historischen Entwicklung im Ganzen: »Die Geschichte aller bisherigen Gesellschaft ist die Geschichte von Klassenkämpfen«, heißt es gleich im Eingangssatz des *Kommunistischen Manifests* von 1848.[192] Und in einer anderen berühmten Formulierung wenig später werden konfliktgetriebene »Revolutionen als Lokomotiven der Geschichte«[193] bezeichnet. Der »Klassenkampf« ist *der* zentrale Begriff der marxistischen Theorie, einer politisch-ökonomischen Theorie als Konflikt und Einspruch gegen den Status quo. Marx konzipiert hier einen notwendigen ökonomischen Konflikt, weil ihm zufolge die Produktivkräfte (also vor allem die Arbeiter:innen) im Laufe ihrer Entwicklung zwangsweise in Konflikt mit den Eigentumsverhältnissen einer Gesellschaft geraten.[194]

Im manifesten Klassenkampf als historische Notwendigkeit wird dann auch noch einmal ein zentraler Unterschied zu Hegel deutlich: Marx beschreibt einen ökonomischen Konflikt im Unterbau der Gesellschaft (nicht in ihrem geistigen Überbau), dessen sich die Protagonisten selbst bewusst werden müssen, weil keine höhere List der Vernunft und kein Weltgeist ihnen die Entscheidung über den Konflikt abnehmen oder dessen Aufhebung für sie übernehmen kann. Es handelt sich also *mit* Hegel um einen historischen, aber *gegen* Hegel um einen latenten ökonomischen Konflikt, im Zuge von dessen Herstellung und Manifestmachung gegen die Widerstände des Kapitals die Arbeiterklasse sich als historisches Subjekt konstituiert. Wir haben es hier also mit keiner rein philosophischen, sondern mit einer zugleich *theoretischen* wie *praktischen* Konzeption zu tun.

Wie der Sozialwissenschaftler Alex Demirović erläutert, ist der Klassengegensatz deswegen ein Klassen*konflikt*, weil eine »*wechselseitige Abhängigkeit* der beiden Klassen voneinander« besteht: »Sie befinden sich in einem ständigen Konflikt, der weitgehend ihr alltägliches Leben prägt. Die Tragik für beide Konfliktparteien ist, daß sie sich bekämpfen müssen, weil es jeweils um die Grundlagen ihrer Existenz geht; sie können aber auch nicht voneinander lassen, da sie sich wechselseitig brauchen, solange sie durch das kapitalistische Produktionsverhältnis miteinander verbunden sind.«[195] Dass dieser Klassenkonflikt zwischen Kapitalist:innen und Arbeiter:innen ein *notwendiger* ist, bedeutet, dass sie ihn auch führen und fortsetzen müssen – und zwar mit einer zuweilen tragischen historischen Konsequenz, der wir auf anderer Ebene schon bei Hegel begegnet sind. Für Kapitalisten wie Arbeiter geht es bei diesem Konflikt nicht nur um ihre Existenz, sondern auch um ihren möglichen Untergang. Auch so etwas wie ein Klassen(selbst)bewusstsein existiert nur in den von den Klassen ausgefochtenen Kämpfen.

Überzeugte Marxist:innen gingen daher immer schon davon aus, dass am Beginn jeder emanzipatorischen Alternative zum Kapitalismus die Formulierung und die Aneignung eines Konflikts stehen, dass also – in den Worten des britischen Philosophen Stuart Hampshire – »das Ziel und der Zweck des Konflikts, nämlich die Emanzipation der Arbeiter, sich aus dem Konflikt selbst ergeben würden«.[196] Nur auf der Basis dieser konflikttheoretischen Grundannahme konnten radikale Theoretiker:innen und Revolutionär:innen des 20. Jahrhunderts auf die Idee kommen, real existierende Gewalt gerade nicht zu lindern und damit zu kaschieren und zu perpetuieren, sondern auf eine Zunahme an Gewalt zu pochen. Also auf eine Eskalation jener Symptome, die allen Beteiligten das Bestehen und die Unausweichlichkeit eines Konflikts in Erinnerung halten: etwa die »verstärkte Ausnutzung aller Konflikte«, wie sie Lenin im Jahr vor der russischen Revolution forderte.[197] Und unabhängig davon, ob man das nun politisch goutiert, dem ökonomisch zustimmt, die teils katastrophalen Folgen verdammt oder nicht, bleibt doch die Tatsache bestehen, dass die marxistische Klassenkonflikttheorie es vermocht hat, aus einer »Klasse-an-sich« eine »Klasse-für-sich«, aus einer abstrakten Idee konkrete Wirklichkeit werden zu lassen – dass also die Herstellung des Konflikts zur Konstituierung des Subjekts der Arbeiterklasse geführt hat, und zwar sowohl rückwirkend als auch bis auf Weiteres für alle Zukunft.[198]

Postkoloniale Deutungen

Exemplarisch für den marxistischen Appell, die dem Konflikt vorausliegende (ökonomische, politische, rassistische) Gewalt gegen die kapitalistischen und kolonialen Gewaltherrscher zu wenden, steht der französische Psychiater und Vordenker des Antikolonialismus Frantz Fanon (ein weiteres Beispiel wäre der immer noch viel zu wenig beachtete afroamerikanische Soziologe W.E.B. Du Bois[199]). In seinem Buch *Schwarze Haut, weiße Masken* von 1952 nutzt Fanon die Hegel'sche Herr-Knecht-Dialektik als Modell für den Konflikt zwischen Kolonialherren und Kolonialisierten und plädiert davon ausgehend für eine Eskalation – auch von Gewalt. In dem auf Deutsch als »Der Neger und Hegel« übersetzten Unterkapitel geht Fanon von der unzureichenden historischen Befreiung der Sklaven aus, denn: »Zwischen dem Weißen und dem Schwarzen gibt es keinen offenen Kampf. Eines Tages hat der weiße Herr den Negersklaven *kampflos* anerkannt. Aber der ehemalige Sklave will *sich anerkennen lassen.* Hegels Dialektik gründet auf absoluter Gegenseitigkeit, die es zu verdeutlichen gilt.«[200]

Das zentrale Problem – und der lange Schatten der Sklaverei in Kolonialismus und strukturellem Rassismus bis heute – besteht also in einem inhumanen oder entmenschlichenden Fehlen an Reziprozität. Oder anders gesagt: Die entscheidenden Konflikte finden nicht *auf* – und schon gar nicht *über* – dem gesellschaftlichen Feld statt. Am ehesten kann von einem grundlegenden Konflikt *unterhalb* der Gesellschaft gesprochen werden, der im Kampf um den Eintritt *in die* Gesellschaft und um gesellschaftliche Akzeptanz zum Ausdruck kommt. Die zentrale politische Auseinandersetzung einer Gesellschaft richtet sich immer auch auf die Frage, woraus diese Gesellschaft denn überhaupt besteht, wer oder was sie konstituiert, was oder wer eine Gesellschaft ausmacht und Teil von ihr ist oder sein darf.

Anders als Hegel zu seiner Zeit und wir heute implizit zumeist annehmen, ist die Zeit der produktiven Auseinandersetzungen noch nicht an ihr Ende gekommen. Ganz im Gegenteil ist unsere Gesellschaft weiterhin geprägt von den Phantomschmerzen ungelöster Konflikte und der Exklusion von in ihr An- wie Abwesenden. Nach wie vor also entzünden sich Konflikte daran, was politisch »eigentlich« gar nicht existiert (zu Hegels Zeit Frauen oder Sklaven, heute Migrant:innen und künftige Generationen) oder zumindest nicht für sich sprechen kann (deswegen entzündet sich die sogenannte postkoloniale Theorie in eminenter Weise an Gayatri Spivaks Frage: *Can the Subaltern Speak?*[201]). Daher existieren auch Konflikte nicht einfach, sondern *insistieren* notwendig immer dort, wo systematische Widersprüche, erzwungene Leerstellen oder Brüche in einer Gesellschaft bestehen. Das ist etwa der Fall, wenn »Knechte« oder »Pöbel«[202] (Hegel), die Arbeiterschaft (Marx), Sklaven (Fanon) oder sonst wie Entrechtete sich außerhalb des »normalen« oder normalisierenden Rechts befinden und *gleichzeitig* notwendiger Bestandteil einer Ökonomie oder eines Gemeinwesens sind.

Wer derart *innerhalb* einer Gesellschaft zugleich von ihr *aus*geschlossen ist, dessen nicht nur soziale Existenz steht auf dem Spiel, sondern damit auch seine menschliche Subjektivität überhaupt. Denn diese besteht, wie sich die Hegel folgende Tradition einig ist, in der sozialen Anerkennung durch andere. Anders formuliert könnte man sagen: Die Marx'sche Idee, dass die Unterdrückten erst durch die Herstellung des Konflikts sich als historisches (bzw. gesellschaftliches) Subjekt konstituieren, lässt sich auch auf die Minoritäten unserer Zeit übertragen, was – in Kombination mit der oben zitierten Überlegung von Harari, bei der Konstitution von Identität besser nach »gemeinsamen Konflikten und Dilemmata« zu suchen – auch eine solchermaßen offen verstandene Identitätspolitik in ein neues Licht rückt.

3.

Dionysos oder der Gekreuzigte: Nietzsches Genealogie der Gegengeschichte

Es ist geradezu ein Klischee, in Friedrich Nietzsche einen Philosophen zu sehen, der Dissonanzen und Polaritäten grundsätzlich positiv konnotiert und dessen kulturtheoretische Diagnosen sich stets am Aufspüren verborgener Widerstände entzünden. Es ist darum nicht weniger wahr. Nietzsches konfrontatives Denken steht quer zu seiner eigenen Zeit wie zur Geschichte, und sein Ideal historischer Forschung erweist sich geradezu daran, inwiefern sie versteckte Widersprüche lebendig werden lässt. Die von ihm entwickelte genealogische Methode operiert entlang gewaltsamer Sprünge, Diskontinuitäten und asynchroner Ursprünge, die jede Annahme ursprünglicher Identitäten als ideologisch entlarvt. Nietzsches affirmatives Verständnis solcher Brüche, das diese gerade nicht als Verfallsprodukt einer ursprünglich friedvollen Kohärenz begreift, betrifft also stattdessen ihren immer auch historischen Wahrheitsgehalt. Die Aufgabe des Genealogen lautet somit: Wo scheinbar harmonische Ideale waren, soll Einsicht in die lebendige Existenz von Konflikten geschaffen werden.

Nietzsches Konfliktvokabular

Das reichhaltige und stark ausdifferenzierte Vokabular für kulturelle Zusammenstöße reicht in Nietzsches Texten von »Agon« und »Auseinandersetzung« über »Kampf« und »Krieg« bis hin zu »Zwist«, »Zwietracht« und »Zwiespalt«.[203] Dazu kommen diverse Schlagworte, die eine – wenngleich oftmals missverständliche – Affinität zum Konfliktthema haben: Vom »Philosophieren mit dem Hammer« über den »Willen zur Macht« bis hin zum »Übermenschen« – kaum eines der bekannter gewordenen Motive seines Denkens, das nicht eine einschlägige Stoßrichtung zeigen würde. So betrifft etwa Nietzsches Versuch einer »Umwertung aller Werte« auch das Verständnis jeglicher Art von Spannungen oder Konfrontationen, die er im Unterschied zur schon damals gängigen Sichtweise durchgehend positiv konnotiert. Entsprechende Unstimmigkeiten bilden für ihn die Grundlagen des Daseins, und in Versuchen sie zu meiden, zu ignorieren oder zu leugnen, sieht er konsequenterweise den Ausdruck einer jahrtausendealten lebensfeindlichen Haltung. Dieses Konfliktdenken *avant la lettre* und sein konflikttheoretisches Grundmotiv werden von der Diskursdrehschreibe Nietzsche in Umlauf gebracht und in der Folge so weit popularisiert, dass sie spätestens ab der Wende zum 20. Jahrhundert von unzähligen Kultur- und Sozialtheoretikern variiert und zunehmend auch ausbuchstabiert werden.[204]

Schon Nietzsches *Geburt der Tragödie*, die der 27-jährige Basler Professor für Altphilologie 1872 auf spektakuläre Weise in seine Disziplin hinein detonieren ließ – und die ihn zugleich für immer aus dieser herauskatapultierte –, hebt an mit der maximalen These eines nicht nur die griechische Kultur beherrschenden Gegensatzes. Die gleich im ersten Satz formulierte, epochemachende These lautet, dass »die Fortentwicklung der Kunst an die Duplicität des Apollinischen und des Dionysischen gebunden« sei und »in der griechischen Welt ein ungeheurer Gegensatz, nach Ursprung und Zielen, zwischen der Kunst des Bildners, der apollinischen, und der unbildlichen Kunst der Musik, als der des Dionysus, besteht: beide so verschiedne Triebe gehen nebeneinander her, zumeist im offnen Zwiespalt miteinander und sich gegenseitig zu immer neuen kräftigeren Geburten reizend«.[205]

Die Wortfelder von Kampf, Gegensatz, Zwiespalt beschreiben hier allesamt unterschiedliche Entwicklungsstufen und Variationen einer Dynamik, die Nietzsche mal als Kollision zwischen Traum und Rausch, mal zwischen dem Individuationsprinzip und dessen Auflösung oder zwischen Besonderem und Allgemeinem beschreibt. Einzig in und aus einem unauflösbaren Widerstreit zwischen Apollinischem und Dionysischem, zwischen dem formbildenden Gestaltungswillen, den er in der bildenden Kunst walten sieht, und dem rauschhaften, zügellos-freien Willen in der Musik, lässt sich für Nietzsche die Entstehung der attischen Theaterkunst erklären wie auch ihre späteren Renaissancen, zuletzt ihre Wiedergeburt in den Opern Richard Wagners. Die Stärke einer Kultur lässt sich geradezu daran messen, wie sehr es ihr gelingt, diesen Gegensatz, der sie zugleich zu sprengen droht, künstlerisch auszutragen oder sogar noch zu steigern.

Kein Wunder, dass sich der junge akademische Überflieger mit diesem Text fast genauso schnell wieder aus seinen professoralen Würden verabschiedete, wie er sie zuvor erobert hatte. Später wird der Genealoge Nietzsche selbst seine Frühschrift kritisieren – wegen ihres Wagnerianismus und der Terminologie Kants (und Schillers), vor allem aber wegen ihrer schopenhauerianischen Metaphysik – und dafür immer wieder mit anderen Gegensatzpaaren operieren. Was aber »Natur« und »Kultur«, »Wahres« und »Falsches«, »Oberflächliches« und »Tiefes« sowie »Apollinisches« und »Dionysisches« miteinander teilen, ist die Art und Weise ihrer wechselseitigen Verbundenheit: In dem Maße, als sie antagonistisch miteinander verwoben sind und die jeweiligen Widerstände zum Ausdruck kommen, kann auch ihre kulturelle Produktivität zum Vorschein gebracht werden.

Spätere Kommentator:innen von Nietzsches Gegensatzdenken – so sie sich nicht von seiner gefährlichen Nähe zu sozialdarwinistischen Theorien abschrecken ließen – tendierten oft zu entschärfenden, kalmierenden Lektüren. Fast nach dem Muster von Hegels Dialektik folgt dann auf These und Antithese eine künstlerische Höherhebung. Diese positive Bewertung von Nietzsches positiver Bewertung des Widerstreits wird dann mit der Annahme erkauft, dass sich die jeweiligen Pole in einer »konflikthaften Dynamik der Selbstermächtigung«[206] gegenseitig stimulieren. So verstanden, werden die von Nietzsche präparierten Gegensätze zu einem lebensphilosophischen Aufputschmittel, das unzählige junge Schöngeister in Form von Marschlektüre noch bis in die Schützengräben des Ersten Weltkriegs begleitete.[207] Ebenso wie auch weitere Varianten der üblichen Unterscheidungen von guten und bösen oder »unmäßigen« und »gemäßigten« Konflikten[208] führt das aber letztlich nicht zu weitergehenden Einsichten in Nietzsches (Konflikt-)Denken. Denn dieses besteht vielmehr in seinem genuinen Beitrag zu einem modernen Verständnis unserer Zeit, ja von Zeit überhaupt, die er als grundsätzlich gespalten versteht.

Zwei Formen von Geschichte

Auch wenn der Skandalphilologe den Begriff selbst kaum verwendet, steht Nietzsches Umwertung der philologischen Methodik ganz wesentlich im Zeichen des Konflikts. Mit seiner Konzeption und Praxis der Genealogie entwickelt er nämlich eine neue und in jeder Hinsicht konfliktaffine Form von Geschichtsschreibung. Dazu bedarf es der von ihm praktizierten »Herkunfts- und Entstehungsgeschichte« (so die wörtliche Bedeutung von »Genealogie«) als jener historischen Methode, die geschichtliche Entwicklung jenseits sauberer Anfänge, teleologischer Kausalitäten und vorgegebener Ziele sichtbar machen kann.

In seiner zweiten *Unzeitgemässen Betrachtung* von 1874 thematisiert Nietzsche schon im Titel – *Vom Nutzen und Nachtheil der Historie für das Leben* – eine Grundspannung, die ein *Übermaß* an Historie für das Leben bedeuten kann.[209] Als beginnender Geschichtspsychologe erkundet Nietzsche in dieser frühen Schrift die Kollision unterschiedlicher Formen von Historie, also nicht nur von verschiedenen Geschichtsauffassungen, sondern von tatsächlich divergierenden Geschichten: einerseits eine leblose Geschichte der kontinuierlichen Entwicklungen und Ursprünge, quasi von und für lebensferne Philologinnen und Archäologen; andererseits ein lebendiges Zusammenstoßen von ab- und wieder auftauchenden Zeiten, die sich in ihren Wiedergeburten und gewaltsamen Transformationen nur dem Zugriff eines in sie involvierten Genealogen verständlich machen, der freilich mitunter Gefahr läuft, von den evozierten Konflikten überwältigt zu werden.

Anstelle einer angeblich teleologischen Entwicklung oder objektiven Geschichtsbetrachtung, die von jeglichem persönlichen Interesse frei zu sein meint, propagiert Nietzsche somit einen aus dem Konflikt heraus forschenden Historiker, der ein lebendiges und eben »unzeitgemäßes« Interesse an divergenten Herkünften und Vergangenheiten hat. Die Suche nach dem einen und wahren Ursprung weicht einem genealogischen Aufspüren von Herkünften im Plural, etwa eine »doppelte Vorgeschichte von Gut und Böse [...] nämlich aus der Sphäre der Vornehmen und der der Sklaven«, die Nietzsche dann vor allem in seinen Überlegungen *Zur Genealogie der Moral* weiter ausbaut.[210]

Genealogie als historischer Konflikt der Zeiten

Egal, ob der unsere Kultur aufspannende Konflikt zwischen Dionysischem und Apollinischem, Künstler und Priester oder »Rom gegen Judäa, Judäa gegen Rom«[211] lautet, stets richtet sich Nietzsches unzeitgemäße Genealogie gegen unsere lebensfeindliche Zivilisation (entsprechende Begriffspaare lauten dann etwa auch Vornehmheit gegen Moral, Wahrheit gegen Lüge, Leben gegen Tod). Dem historischen Geist seiner Zeitgenossen widerspricht Nietzsche mit seinem Imperativ einer absoluten Bejahung des Lebens (bis hin zum Willen zu dessen ewiger Wiederkehr). Genau umgekehrt zum auch heute wieder beliebten regressiven Verklären der eigenen Vergangenheit – *Make dieses oder jenes great again* – und der Idealisierung nie gewesener Ursprünge, knöpft sich Nietzsche die Ideale seiner Vergangenheit vor, indem er sie mit ihren ganz und gar nicht großartigen Herkünften konfrontiert (etwa die Entstehung der Moral aus dem Ressentiment).

Im Scheinwerferlicht der Genealogie zeigen sich die herrschenden Ideen seiner (und noch unserer) Zeit als verstrickt in Antinomien, Paralogismen und Konflikte mit ihrem eigenen Anderen, etwa dass die (vermeintliche) Wahrheit eine (Lebens-)Lüge ist oder dass die moralischen Ideale ganz unmoralische Motivationen haben. »Sprechen wir sie aus, diese *neue Forderung*: wir haben eine *Kritik* der moralischen Werthe nötig, *der Werth dieser Werthe ist selbst erst einmal in Frage zu stellen* – und dazu thut eine Kenntniss der Bedingungen und Umstände noth, aus denen sie gewachsen, unter denen sie sich entwickelt und verschoben haben [...], wie eine solche Kenntniss weder bis jetzt da war, noch auch nur begehrt worden ist. [...] Wie? Wenn das Umgekehrte die Wahrheit wäre? Wie? wenn im ›Guten‹ auch ein Rückgangssymptom läge, insgleichen eine Gefahr, eine Verführung, ein Gift, ein Narcoticum, durch das etwa die Gegenwart *auf Kosten der Zukunft* lebte?«[212]

Die falsche Historie – sowohl im Sinne eines falschen Geschichtsverständnisses wie einer ideologisch gefälschten Vergangenheit selbst – ist also nicht einfach lebensfeindlich im Sinne eines vagen Vitalismus. Ganz konkret erleben wir bis heute, wie in jedem Wortsinn *herrschende* Ideologien oder Fantasien über die Vergangenheit zur Rechtfertigung und zum Modell für weiter aufrechterhaltene Ungerechtigkeiten und Gewalt benutzt werden. Denken wir nur etwa an den Zusammenhang zwischen (Leugnung von) nordamerikanischem Siedlerkolonialismus und anhaltendem strukturellen Rassismus in den USA, bei dem für die Nutznießer des Status quo ihre eigenen Privilegien in dem Maße unsichtbar sind, als sie die Gegenwart nicht mit ihrer verklärten Vergangenheit in Verbindung setzen können. Oder an eine auch bei uns weiterhin vorherrschende Leistungsideologie, die die massiv und zunehmend ungleiche Wohlstandsverteilung allein einem irgendwie verstandenen individuellen »Verdienst« zuschreibt und dabei unterschlägt, dass der weitaus größte Teil der Vermögen auf (nicht nur in Deutschland oft moralisch und politisch bedenkliche) Erbschaften zurückgeht – die angeblich so leistungsfähige Gegenwart also in erster Linie eine weitgehend verleugnete Vergangenheit kannibalisiert. (Und das schließlich nicht anders, als der Reichtum unserer Industrienationen im Wesentlichen auf der Kolonialisierung und Kannibalisierung fossiler Brennstoffe beruht.) Solche falschen Erinnerungen der Zeitgenossen aber stehen damit auch quer zu einer Zukunft, die diesen Namen verdienen würde und mehr als bloßes chronologisches Vergehen der Gegenwart meint. Nur eine unzeitgemäße – das heißt ihrer Gegenwart nicht sichere und gegen diese gerichtete – Genealogie unterschiedlicher Vergangenheiten eröffnet also, wie wir noch sehen werden, auch neue Perspektiven für die Zukunft.

Damit wird auch verständlich, warum Nietzsche gegen den Historismus des ausgehenden 19. Jahrhunderts, den er als lebensfeindlichen Angriff auf seine und auf Zeit überhaupt versteht, die genealogische Inszenierung eines Konflikts der Zeiten miteinander setzt. Gegen die teleologisch und chronologisch aus der Vergangenheit entspringende antiquarische Geschichte, auf die aus der ihrer selbst sicheren Gegenwart stets zurückgegriffen werden kann, liegt Nietzsches Interesse an der Zukunft und ihren entweder lebensbejahenden oder -verneinenden Vergangenheiten. »Die Genealogie erhebt nicht den Anspruch, in die Zeiten hinabzusteigen und eine das Vergessen übergreifende Kontinuität herzustellen; sie soll nicht zeigen, dass die Vergangenheit noch da ist und die Gegenwart immer noch insgeheim mit Leben erfüllt, nachdem sie den Lauf der Zeit von Anfang an geprägt hat. [...] Es geht darum, die Historie zu einem Gegengedächtnis zu machen und darin eine ganz andere Form von Zeit zur Entfaltung zu bringen«, schreibt Nietzsches genealogischer Nachfolger Michel Foucault in seinem Aufsatz »Nietzsche, die Genealogie, die Historie« von 1971.[213] Nicht einfach nur einzelne geschichtliche Ereignisse, sondern Geschichte selbst, und mit ihr die einzelnen Zeitdimensionen, werden als asynchron und miteinander kollidierend gedacht. Die Aufgabe des genealogischen Philosophen besteht deshalb darin, das historische Spiel der Kräfte und dynamischen Zeitsymptome aufzuzeichnen – auch wenn der so sensibilisierte Genealoge Gefahr läuft, von den unterschiedlichen Zeiten in Stücke zerrissen zu werden. Denn auflösen lassen sich die entsprechenden Konflikte Nietzsche zufolge nicht, vielmehr eignet ihnen die Tendenz, die ihrer bewusst gewordenen Subjekte und Gesellschaften zu verschlingen.

Kunstgeschichte als Konfliktgeschichte

Noch in den kurz vor seinem endgültigen Zusammenbruch verschickten, so offensichtlich wahnsinnigen wie gewissermaßen auch *wahr*sinnigen Briefen performt Nietzsche den Konflikt der Zeit mit sich selbst. Damit sind auch seine letzten Texte noch Ausdruck der existenziellen (und intellektuellen) Sprengkraft historischer Konflikte, denen sich der selbst ernannte Genealoge offensichtlich irgendwann einmal nicht mehr entziehen konnte oder wollte. »Was unangenehm ist und meiner Bescheidenheit zusetzt, ist, daß im Grund jeder Name in der Geschichte ich bin«, schreibt Nietzsche in einem seiner – abwechselnd auch mit »Dionysos« oder »Der Gekreuzigte« unterzeichneten und unter anderem an Bismarck, Cosima Wagner oder den König von Italien, Umberto I., adressierten – letzten Briefe, in diesem Fall am 5./6. Januar 1889 aus Turin an den verehrten Kunsthistoriker Jacob Burckhardt. Und beginnen lässt er diesen wunderbaren und entwaffnend ehrlichen Brief an den ehemaligen Baseler Kollegen folgendermaßen: »Lieber Herr Professor, zuletzt wäre ich sehr viel lieber Basler Professor als Gott; aber ich habe es nicht gewagt, meinen Privat-Egoismus so weit zu treiben, um seinetwegen die Schaffung der Welt zu unterlassen. Sie sehen, man muß Opfer bringen, wie und wo man lebt.«[214]

Mit Burckhardt teilte Nietzsche das Interesse am Wiederkehren des Vergangenen, entfaltete daraus aber ein Panorama historischer Zeitkonflikte, die weit jenseits der kunsthistorischen oder literaturgeschichtlichen Gepflogenheiten des damaligen – und übrigens auch noch des heutigen – akademischen Diskurses liegen. Dieses von Nietzsche entworfene Konfliktmodell von Zeit und Geschichte hat später niemand so radikal nachvollzogen wie der Kunsthistoriker Aby Warburg. Auch bei ihm entfalten die von Nietzsche herausgestellten Spannungspole von Apollinischem und Dionysischem ihre Wirkung quer durch die Geschichte. Entsprechend gilt Warburgs Interesse der Etablierung einer Kunstgeschichte der Zeitkonflikte und Polaritäten, von denen sich in seinen Texten unzählige finden: Realismus und Klassizismus, Individualismus und Idealismus, flämische Pietät und etrusko-heidnische Kaufmannskultur, mittelalterliche Didaktik und Renaissance-Stilistik, christliche und säkulare Allegorik oder – mit Nietzsches letzten schizophrenen Identifizierungen gesprochen – Dionysos und der Gekreuzigte.

Die aus ihrer andauernden Kollision entstehenden künstlerischen Formen und Formeln untersucht Warburg als ein Nachleben von »Pathosformeln«.[215] Bei diesen handelt es sich um den formelhaften Ausdruck starker Emotionen in künstlerischer Gestik und Mimetik, die Warburg in Antike, Renaissance und Moderne in jeweils ganz unterschiedlichen Kulturen auftauchen sieht und die sich nicht mit den üblichen Mitteln kunsthistorischer Hermeneutik verstehen lassen, also im Nachvollzug chronologischer Entwicklungen oder historischer Einflüsse. Das jeder Chronologie zuwiderlaufende und asynchrone *Nachleben* von historischen Konflikten, *in* der Zeit und *von* unterschiedlichen Zeiten stellt eine stets schon gespaltene Gegenwart vor neue kulturelle und intellektuelle Fragen. Aus konflikttheoretischer Sicht taucht zudem die Frage auf, ob es diesem Nachleben analog nicht auch ein *Vorausleben* von Konflikten geben könnte.

4.

Das Ich der Neurose: Freuds Neuerfindung des Menschen als Konfliktwesen

Die von Warburg analysierten Pathosformeln und ihr Nachleben sind der symptomhafte Ausdruck eines Zusammenpralls widerstreitender Dynamiken, sie sind künstlerische Manifestationen oder kulturelle Kompromisse ansonsten in unbewusstem Widerstreit miteinander stehender historischer Tendenzen. Neben Nietzsche stand für Warburgs Konzeption noch ein anderer Tiefenforscher Modell: Sigmund Freud mit seiner Analyse von »Konfliktneurosen«. Offensichtlich nämlich war »das Vokabular von *Konflikt* und *Kompromiss* für die Definition von Warburgs *Pathosformel* ebenso notwendig wie für Freuds *Symptombildung*«.[216]

Kant, Hegel und Nietzsche hatten – freilich noch ohne dem Begriff selbst besondere Aufmerksamkeit zu schenken – die fundamentale Bedeutung von Konflikten für unsere mit sich im Unreinen befindliche Vernunft und kulturelle Entwicklung betont. Gegen Ende des 19. Jahrhunderts werden die von diesen Konfliktdenkern *avant la lettre* analysierten Antinomien, Kollisionen und Kämpfe dann auch explizit als »Konflikte« identifiziert und als solche zentral für das Selbstverständnis der bürgerlichen Kultur und ihre avancierte Theoriebildung auf ganz unterschiedlichen Feldern. Das gilt exemplarisch auch für Freud, dessen Etablierung der Psychoanalyse auf der Entdeckung unhintergehbarer Konflikte beruht. Die grundsätzlich neurotische Disposition der Gesellschaft wie jede:s Einzelnen geht zurück auf nicht zu überbrückende Differenzen und unlösbare individual- wie massenpsychologische Konfliktkonstellationen.

Konfliktpsychologie

Bei allen sonstigen theorieinternen Revisionen und Veränderungen schon zu Lebzeiten Freuds blieb eine Konstante als Kern der psychoanalytischen Theorie und Praxis bestehen: der sogenannte »ödipale Konflikt«. Mit diesem »Grundkonflikt« aus der kindheitlichen Entwicklungsphase ist Freud zufolge jedes Subjekt konfrontiert, und die Auseinandersetzung mit ihm bzw. seine »Entscheidung« wird die zentrale Aufgabe der Psychoanalyse. Aus deren Sicht steht der Mensch in ständiger Konfrontation mit der äußeren wie mit seiner inneren Natur, aber auch mit der ihn konstituierenden und von ihm geschaffenen Kultur, die er für sein Überleben braucht, die aber zugleich seinen »natürlichen Bedürfnissen« zuwiderläuft. Einen grundsätzlichen Konflikt, der die psychischen Störungen und »Neurosen« auslöst, lokalisiert Freud zwischen dem »Ich« und seiner Sexualität (als Teil des »Es«), mit der es beständig konfrontiert ist. Mit der genaueren Bestimmung des Ich und der Annahme von in seinem Dienste stehenden »Trieben« (etwa dem der Selbsterhaltung) tendiert Freud dann dazu, von einem Konflikt zwischen unterschiedlichen Trieben auszugehen, also zunächst zwischen Ich-Trieben und dem, was er »libidinöse« Triebe nennt, sowie in der Folge – entsprechend seiner spätesten Konzeption eines Triebdualismus – zwischen Lebens- und Todestrieb (*Eros* und *Thanatos*).[217]

In diesem Sinne sind das Thema der Psychoanalyse nicht

so sehr Probleme, die das Ich mit äußeren Hindernissen hat, als vielmehr heterogene Forderungen, die *im* Subjekt selbst zusammentreffen und dort unmöglich ohne Abspaltungen zu vereinen sind: Das Subjekt der Psychoanalyse ist geprägt von Konflikten, die es nicht in sich aufheben kann. Dabei handelt es sich jedoch nicht um manifeste Frustrationen (etwa den Wunsch nach sexueller Triebbefriedigung, den man sich aus moralischen Gründen nach einiger Überlegung dann doch lieber versagt), sondern um »latente« und unbewusste Konflikte, die sich in pathologischen Symptomen, neurotischen Ticks und rätselhaften Verhaltensweisen äußern.

Die Psychoanalyse spürt Konflikte an allen möglichen Orten und in unmöglichen Begegnungen oder Konfrontationen auf, zwischen Wünschen und deren Abwehr, unterschiedlichen Trieben, ja sogar zwischen verschiedenen psychischen Instanzen. »Die Übertragungsneurose entspricht dem Konflikt zwischen Ich und Es, die narzißtische Neurose dem zwischen Ich und Über-Ich, die Psychose dem zwischen Ich und Außenwelt«, so Freud in seinem kurzen Aufsatz zu *Neurose und Psychose.*[218] Hinter der zuweilen etwas unübersichtlichen Fülle an Konfliktarten und -ebenen kann jedoch, wenn nicht ein systematisches Verständnis, so doch zumindest eine kohärente Funktionsweise von Konflikten ausgemacht werden. Und zu dieser von Freud analysierten Funktionsweise gehört zuallererst, dass Konflikte eine konstituierende Funktion für ihre Subjekte haben.

Freuds Konzeption der Neurose

In seinen *Vorlesungen zur Einführung in die Psychoanalyse* von 1916/17 beschreibt Freud die für Neurotiker typische Dynamik: »Man findet bei diesen Personen regelmäßig die

Anzeichen eines Widerstreites von Wunschregungen oder, wie wir zu sagen gewohnt sind, eines psychischen Konfliktes. Ein *Stück der Persönlichkeit* vertritt gewisse Wünsche, ein anderes sträubt sich dagegen und wehrt sie ab. Ohne solchen Konflikt gibt es keine Neurose. Das schiene nun nichts Besonderes. Sie wissen, daß unser seelisches Leben unaufhörlich von Konflikten bewegt wird, deren Entscheidung wir zu treffen haben. Es müssen also wohl besondere Bedingungen erfüllt sein, wenn ein solcher Konflikt pathogen werden soll. Wir dürfen fragen, welches diese Bedingungen sind, zwischen welchen seelischen Mächten sich diese pathogenen Konflikte abspielen, welche Beziehung der Konflikt zu den anderen verursachenden Momenten hat.«[219]

Zunächst einmal ist allen diesen Fällen eines gemeinsam: »Der Konflikt wird durch die Versagung heraufbeschworen, indem die ihrer Befriedigung verlustige Libido nun darauf angewiesen ist, sich andere Objekte und Wege zu suchen. Er hat zur Bedingung, daß diese anderen Wege und Objekte bei einem Anteil der Persönlichkeit ein Mißfallen erwecken, so daß ein Veto erfolgt, welches die neue Weise der Befriedigung zunächst unmöglich macht. […] Die abgewiesenen libidinösen Strebungen bringen es zustande, sich auf gewissen Umwegen doch durchzusetzen, allerdings nicht ohne dem Einspruch durch gewisse Entstellungen und Milderungen Rechnung zu tragen. Die Umwege sind die Wege der Symptombildung, die Symptome sind die neue oder Ersatzbefriedigung, die durch die Tatsache der Versagung notwendig geworden ist.«[220] Ohne Konflikt also keine Neurose, wobei Freud noch ergänzt, dass bei der Entstehung eines neurotischen Konflikts zur äußeren Versagung noch eine innere hinzukommen muss.[221]

Einer naheliegenden Versuchung, Konflikte einfach zum Verschwinden zu bringen, indem man sich etwa sexuell auslebt, erteilt Freud in diesem Zusammenhang eine vehemente Absage. Doch auch der gegenteilige Versuch einer einseitigen Askese kann keine Lösung sein. Ein psychischer »Konflikt wird dadurch nicht aufgehoben, daß man einer dieser Richtungen zum Sieg über die gegnerische verhilft. Wir sehen es ja, daß beim Nervösen die Askese die Oberhand behalten hat. Die Folge davon ist gerade, daß sich die unterdrückte Sexualstrebung in Symptomen Luft schafft.«[222]

Wenn Konflikte also nicht einfach auflösbar sind, dann sind sie aber doch – so Freuds überraschende Formulierung – zu »entscheiden«. Der psychoanalytische Einsatz lautet dabei, dass die therapeutisch kontrollierte Wiederholung von Konflikten deren pathologische Komponente reduziert oder (zumindest teilweise) revidiert. »Durch solches Aufsuchen der Verdrängung, Aufdecken der Widerstände, Andeuten des Verdrängten gelingt es wirklich, die Aufgabe zu lösen, also die Widerstände zu überwinden, die Verdrängung aufzuheben und das Unbewußte in Bewußtes zu verwandeln. Dabei gewinnen wir den klarsten Eindruck davon, wie sich um die Überwindung eines jeden Widerstandes ein heftiger Kampf in der Seele des Patienten abspielt, ein normaler Seelenkampf auf gleichem psychologischen Boden zwischen den Motiven, welche die Gegenbesetzung aufrechthalten wollen, und denen, die bereit sind, sie aufzugeben. Die ersteren sind die alten Motive, die seinerzeit die Verdrängung durchgesetzt haben; unter den letzteren befinden sich die neu hinzugekommenen, die hoffentlich den Konflikt in unserem Sinne entscheiden werden. Es ist uns gelungen, den alten Verdrängungskonflikt wieder aufzufrischen, den damals erledigten Prozeß zur Revision zu bringen.«[223]

Um den Konflikt austragen zu können – »zu einem Austrag zu bringen«, lautet Freuds exakte Formulierung –, bedarf es zuallererst einer tatsächlichen Konfrontation der an ihm beteiligten Instanzen oder Protagonisten. Wenn sich diese nicht begegnen, besteht auch keine Aussicht, dass sie gegenseitig voneinander Kenntnis nehmen bzw. sich ihrer bewusst werden. Neurotische Erkrankungen sind freilich »normalerweise« gerade dadurch gekennzeichnet, dass der sie bestimmende Konflikt nicht ausgetragen wird, weil die Protagonisten nicht nur nichts voneinander wissen wollen, sondern gar nichts voneinander wissen *können*. Im neurotischen Normalfall treffen nämlich unbewusste und bewusste Inhalte *nicht* aufeinander. Daher ist »der pathogene Konflikt der Neurotiker nicht mit einem normalen Kampf seelischer Regungen, die auf demselben psychologischen Boden stehen, zu verwechseln [...]. Es ist ein Widerstreit zwischen Mächten, von denen die eine es zur Stufe des Vorbewußten und Bewußten gebracht hat, die andere auf der Stufe des Unbewußten zurückgehalten worden ist. Darum kann der Konflikt zu keinem Austrag gebracht werden; die Streitenden kommen so wenig zueinander wie in dem bekannten Beispiel der Eisbär und der Walfisch. Eine wirkliche Entscheidung kann erst fallen, wenn sich die beiden auf demselben Boden treffen. Ich denke, dies zu ermöglichen, ist die einzige Aufgabe der Therapie.«[224]

Im Unterschied zu einer lösbaren Auseinandersetzung oder einem Kampf, der egal, wie weit eskaliert, doch irgendwann einmal aufhören wird, sind neurotische Konflikte bei Freud dadurch definiert, dass sie nicht ausgetragen oder aufgehoben werden können. Das liegt aber gerade nicht daran, dass sie zwischen von Natur aus divergierenden Elementen stattfinden, sondern daran, dass diese Elemente Teil ein und desselben Individuums sind. Dass Konflikte als solche verdrängt werden, geht dabei auf dieselben Instanzen zurück, die ihrer Rückkehr aus der Verdrängung und in der Folge einer Auflösung im Wege stehen. Der Akt der Verdrängung ist Ausdruck eines unaufhebbaren Konflikts. Und so wie verdrängte Inhalte nicht einfach aus dem Es oder Unbewussten wieder in das bewusste Ich und seine überirdischen Forderungen hinaufgehoben werden können, so bleiben auch Konflikte in den allermeisten Fällen unbewusst. (Dass die allermeisten daraus resultierenden psychischen Probleme, physischen oder psychosomatischen Symptome und sozialen Schwierigkeiten in der Alltagssprache gleichwohl als »Konflikte« bezeichnet werden, erschwert naturgemäß die Einsicht in die Natur des jeweiligen psychischen Konflikts.)

Was die psychoanalytische Theorie und Praxis angesichts dieses Dilemmas verspricht, ist eben nicht die Auflösung und Verabschiedung von Konflikten, sondern deren *Entscheidung.* Damit ist einstweilen nicht mehr – aber auch nicht weniger – gemeint, als die per Definition eigentlich unmögliche Kommunikation zwischen bewussten und unbewussten Inhalten oder überhaupt eine bewusste Kommunikation von Unbewusstem möglich zu machen. Im psychoanalytischen *Setting*, beim Erzählen von Geträumtem, dem (vom bewussten Ich unkontrollierten) freien Assoziieren, beim projektiven Wiederholen ödipaler Bindungen oder dem Durcharbeiten von Fehlleistungen wird dem Unbewussten ein – ausnahmsweise mit dem Bewusstsein geteilter – therapeutischer Raum gegeben. Nur ohne es zu wissen, und quasi gegen ihren Willen, kommen die psychischen Instanzen dann zuweilen miteinander in Kontakt: »Wo Es war, soll Ich werden«, wie Freud in einer späteren Fortsetzung seiner Vorlesungsreihe schreiben sollte.[225]

Dass diese im Wortsinn *ent-scheidende* Voraussetzung für ein Verstehen des Konflikts (um von seiner Auflösung noch gar nicht zu reden) nicht der Normalfall ist, auch nicht im psychoanalytischen Alltag, versteht sich von selbst. Und es verdeutlicht noch einmal, auf welch fundamentaler Ebene wir Freuds ebenso impliziter wie radikaler Theorie des Konflikts folgend ansetzen müssen. Der Philosoph Paul Ricœur nannte Freud neben Marx und Nietzsche einen der zentralen »Meister des Zweifels«, deren Denken stets auf eine Entzifferung von falschem Bewusstsein ziele.[226]

Symptom und Kompromiss

Damit können wir zunächst einmal resümieren: Der Mensch ist ein Konfliktwesen, nicht nur nach außen, sondern ebenso nach innen. Die Psychoanalyse ist die Wissenschaft seiner unvermeidlichen inneren, also psychischen Konflikte, und ihre Aufgabe besteht eben darin, eine ansonsten nicht stattfindende Begegnung der seelischen Konfliktinstanzen im therapeutischen Setting herbeizuführen. Wo und solange eine solche Begegnung ausgeschlossen bleibt, wird das – bisweilen mit aller Gewalt psychischer Erkrankungen – bezeugt durch Symptome. Diese sind somit der zentrale Ansatzpunkt der psychoanalytischen Therapie – und damit auch der entscheidende Gegenstand einer psychoanalytisch informierten Konflikttheorie.

Dazu noch einmal Freuds *Vorlesungen*: »Von den neurotischen Symptomen wissen wir bereits, daß sie der Erfolg eines Konflikts sind, der sich um eine neue Art der Libidobefriedigung erhebt. Die beiden Kräfte, die sich entzweit haben, treffen im Symptom wieder zusammen, versöhnen sich gleichsam durch das Kompromiß der Symptombildung«.[227] Für eine allgemeine Konflikttheorie können wir daraus ableiten, dass es durchaus auch »faule Kompromisse« in Gestalt von kranken oder krank machenden Kompromissen gibt – und zwar faul in zweifacher Weise: mit *faulen*, also üblen, Konsequenzen für das Subjekt, das zu *faul*, also träge, war, sich der Entscheidung zu stellen, weil es nicht den Mut hatte, sich aus der selbst verschuldeten Verdrängung zu befreien. Und es ist gerade diese pathogene oder faule Kompromissfunktion, die letztlich auch zu psychischen Rückschritten führen kann. Denn: »Wir wissen auch, daß der eine der beiden Partner des Konflikts die unbefriedigte, von der Realität abgewiesene Libido ist, die nun andere Wege zu ihrer Befriedigung suchen muß. Bleibt die Realität unerbittlich, auch wenn die Libido bereit ist, ein anderes Objekt an Stelle des versagten anzunehmen, so wird diese endlich genötigt sein, den Weg der Regression einzuschlagen und die Befriedigung in einer der bereits überwundenen Organisationen oder durch eines der früher aufgegebenen Objekte anzustreben. Auf den Weg der Regression wird die Libido durch die Fixierung gelockt, die sie an diesen Stellen ihrer Entwicklung zurückgelassen hat.«[228]

Eine Neurose tritt also nicht einfach jedes Mal auf, wenn ein Wunsch des Subjekts eine äußere Einschränkung oder Versagung erfährt. Hinzu kommen muss eine aus der Ich-Entwicklung stammende Konfliktneigung, die stark beeinflusst, in welche Richtung sich die Libido (zurück-) bewegt.[229] So verstanden ist jedes Symptom Ausdruck eines psychischen Zeitkonflikts, in dem unterschiedliche biografische Zeitzonen kollidieren. In einem Akt der Regression, indem es in der Zeit zurückgeht, wiederholt das Symptom »jene frühinfantile Art der Befriedigung, entstellt durch die aus dem Konflikt hervorgehende Zensur, in der Regel zur Empfindung des Leidens gewendet und mit Elementen aus dem Anlaß der Erkrankung vermengt. […] Diese Verwandlung gehört dem psychischen Konflikt an, unter dessen Druck sich das Symptom bilden mußte, wobei zumindest starke Parallelen zwischen der individuellen Libidoentwicklung und derjenigen der Gattung bestehen«.[230] Anders formuliert: Das Individuum kehrt, obwohl längst erwachsen geworden und mit ganz anderen inneren und äußeren Konfliktkonstellationen konfrontiert, immer wieder zu Strategien zurück, die es als Kind entwickelt hat, um das aus bestimmten Konflikten resultierende Leid zu lindern – etwa den Schmerz über die »unbefriedigte, von der Realität abgewiesene Libido«. In ihrer unzeitgemäßen, vom ursprünglichen Konflikt abgelösten Wiederholung werden solche Strategien zu Neurosen. Das derart neurotische Subjekt stößt nicht einfach auf einen oder mehrere Konflikte, sondern es geht überhaupt erst ursprünglich aus diesen hervor, ist es doch von Beginn an gespalten durch unvereinbare Bedürfnisse, Ansprüche und Begehren.

Psychische und kulturelle Regression

Schon einige Jahre vor seinen *Vorlesungen* hatte Freud 1913 in seiner Schrift *Totem und Tabu* laut Untertitel *Einige Übereinstimmungen im Seelenleben der Wilden und der Neurotiker* ausgemacht. Die spekulative Annahme lautete dort, dass unsere Vorfahren über eine höhere Konflikttoleranz verfügt haben müssen als wir Modernen, denn »es sei den Seelenregungen der Primitiven überhaupt ein höheres Maß von Ambivalenz zuzugestehen, als bei dem heute lebenden Kulturmenschen aufzufinden ist«.[231] In dem Maße, in dem sich diese Ambivalenz des Seelenlebens verringerte, verschwand auch die soziale Funktion des Tabus als »*Kompromißsymptom des Ambivalenzkonfliktes.* Von den modernen Neurotikern, welche genötigt sind, diesen Kampf und das aus ihm hervorgehende Tabu zu reproduzieren, würden wir sagen, daß sie eine archaistische Konstitution als atavistischen Rest mit sich gebracht haben, deren Kompensation im Dienste der Kulturanforderung sie nun zu so ungeheuerlichem seelischen Aufwand zwingt«.[232]

Erschwerend kommt hinzu, dass der für den Eintritt in Kultur und kulturellen Fortschritt notwendige Triebverzicht die Kapazitäten der meisten Menschen übersteige, so Freuds auch in politischer Hinsicht skeptische Einschätzung unmittelbar vor Beginn des Ersten Weltkriegs. Damit ist auch einmal mehr einem alltagssprachlichen Verständnis von »Konflikteskalation« im Zusammenhang mit Kriegen widersprochen, denn aus Freuds Perspektive war es der Umstand, dass die meisten seiner Zeitgenossen es nicht vermochten, sich aus ihrer selbst verschuldeten Konfliktscheu zu befreien und sich den sie selbst konstituierenden Konflikten zu stellen, der zur kollektiven Katastrophe führte, nicht irgendeine metaphorische Eskalation von Konflikten. Die meisten Individuen weigern sich (oder haben einfach nicht die Kraft), ihre latenten Konflikte einer Entscheidung zuzuführen, was zuallererst einmal hieße, sie sich bewusst zu machen. Angesichts einer solchen Konstellation ist gesellschaftlicher Fortschritt nur schwer vorstellbar.

Dies ist freilich ein Befund, der uns auch heute noch nicht ganz fremd geworden ist. Und man muss dafür auch keineswegs nur in die offen autokratisch regierten Gesellschaften unserer näheren Umgebung blicken, wo ein Neoimperialist wie Wladimir Putin einer zur liberalen Demokratie strebenden Bevölkerung in der Ukraine einen neuen Vernichtungskrieg in Europa aufzwingen kann – vor dem zu fliehen es dann übrigens auch in der Ukraine nur Frauen, Kindern und Alten erlaubt ist, während Männern unter 60 Jahren dieser soziale Fortschritt einer postheroischen Gesellschaft einstweilen noch verwehrt bleibt. Doch auch bei uns mehren sich längst bittere Bekenntnisse der Reue darüber, dass man sich einst zu Zeiten der umfassenden atomaren Abschreckung im Kalten Krieg noch den Luxus einer Wehrdienstverweigerung erlauben zu können meinte, was man heute natürlich keinesfalls mehr in Erwägung ziehen würde – wäre die Wehrpflicht in Deutschland nicht längst abgeschafft.[233] Immerhin ist hierzulande unlängst ein entscheidender Schritt gelungen, den seinerzeit vom NS-Regime wieder eingeführten Paragrafen 219a des Strafgesetzbuchs zu tilgen, der die Werbung für Schwangerschaftsabbrüche unter Strafe stellte und dadurch auch eine ausführliche Informierung erschwerte. In geradezu tragischer Ironie hob am selben Tag, als der deutsche Bundestag die Abschaffung des umstrittenen Paragrafen beschloss, der Oberste Gerichtshof in den USA das dort seit 1973 geltende grundsätzliche Recht auf Schwangerschaftsabbruch auf. Das Urteil zeigt, dass wir uns auch einmal erreichter gesellschaftspolitischer Fortschritte keineswegs für alle Zeit sicher sein können. Freud hingegen ging 1913 so weit, hier einen tief liegenden Wunsch der Regression in unserer Kultur zu konstatieren, oder eigentlich: *aus* unserer Kultur.

Gut eineinhalb Jahrzehnte – und viele Millionen Kriegstote – später wird Freud diesen Zeitkonflikt 1930 zur These von einem generellen *Unbehagen in der Kultur* ausweiten.[234] In die Zwischenzeit fällt außerdem der Übergang zu einer neuen Begrifflichkeit, der sogenannten »zweiten Topik« von Ich / Es / Über-Ich (anstelle von Bewusstem / Unbewusstem / Vorbewusstem), vor allem aber die Etablierung eines dem Prinzip *Eros* oder »Lebenstrieb« gegenüberstehenden »Todestriebs«, *Thanatos*.[235] Im Zuge dessen nimmt auch das für ein temporales Verständnis von Konflikten zentrale Konzept der »Regression« noch einmal andere Bedeutung an: Regression bedeutet nun nicht mehr nur

Kennzeichen einer neurotischen Rückkehr zu früheren Befriedigungsstufen. In seinen biologischen und ihm zufolge *metapsychologischen* Erklärungsversuchen des Todestriebs erläutert Freud diesen als ein tief (in der Zeit) wurzelndes Begehren, zu einem früheren, quasi amöbenhaften, und das heißt vor allem reizreduzierten, Daseinszustand zurückzukehren.

Die zuvor diskutierte psychologische Regression des Neurotikers auf eine frühkindliche Stufe der Libido ruht also auf einem generellen Willen zur Rückkehr in einen erregungslosen Zustand vor jeder Kultur, ja vor jedem Leben. Dazu passt eine von Freud immer wieder betonte Parallele zwischen Neurotikern und »Primitiven«. Aus Perspektive seiner kulturkritischen und anthropologischen Diagnosen, in denen er stammes- und individualgeschichtliche Beobachtungen oft kurzschließt, erscheinen die Regressionstendenzen der Neurotiker noch einmal in einem anderen Licht. Die spekulative Hypothese lautet an dieser Stelle, dass der Neurotiker auf dem Rücken seiner Konflikte nicht nur in eine frühere infantile Stufe zurückkehren will, sondern in eine frühere menschheitshistorische Phase. Noch extremer lässt sich Freuds Gegenposition zum alltagssprachlichen Verständnis von Konflikt nicht markieren: Konflikte resultieren nicht aus dem Zusammenstoß von Subjekten – von Einzelnem und Anderem oder von Individuum und Gesellschaft –, sondern sie liegen uns voraus und führen uns zu uns, oder eigentlich: vor uns zurück.

Im Sinne einer schon für die Erfindung der Psychoanalyse charakteristischen (und höchst problematischen!) Aufhebung der prinzipiellen Bedeutung des Unterschieds zwischen Realität und Fantasie (damals noch zwischen dem realen oder imaginierten frühkindlichen Missbrauch von Hysterikerinnen) gilt auch für die Parallele von Neurotikern und Primitiven, für den modernen, am Ödipuskomplex leidenden Menschen nicht anders als für seinen potenziell vatermörderischen Vorfahren: »Es ist wirklich nicht entscheidend, ob man den Vater getötet oder sich der Tat enthalten hat, man muß sich in beiden Fällen schuldig finden, denn das Schuldgefühl ist der Ausdruck des Ambivalenzkonflikts, des ewigen Kampfes zwischen dem Eros und dem Destruktions- oder Todestrieb. Dieser Konflikt wird angefacht, sobald den Menschen die Aufgabe des Zusammenlebens gestellt wird; solange diese Gemeinschaft nur die Form der Familie kennt, muß er sich im Ödipuskomplex äußern, das Gewissen einsetzen, das erste Schuldgefühl schaffen. Wenn eine Erweiterung dieser Gemeinschaft versucht wird, wird derselbe Konflikt in Formen, die von der Vergangenheit abhängig sind, fortgesetzt, verstärkt und hat eine weitere Steigerung des Schuldgefühls zur Folge.«[236]

Den Menschen als Konfliktwesen zu verstehen, von ihm die Auseinandersetzung mit seinen Konflikten zu fordern, bedeutet mit Freud auch, ihn als schuldbehaftet zu begreifen. (Eine mögliche postheroische Wende hin zu der von Ehrenberg geschilderten Entschuldigung der Depression liegt gänzlich jenseits seines Horizonts.) Angesichts des aufkeimenden Faschismus und Nazismus ist Freuds mit Hobbes und anderen argumentierender politisch-anthropologischer Pessimismus zumindest nachvollziehbar. Als »Folge des mitgeborenen Ambivalenzkonflikts, als Folge des ewigen Haders zwischen Liebe und Todesstreben« steigert sich nämlich das Schuldgefühl »vielleicht bis zu Höhen, die der Einzelne schwer erträglich findet«.[237] Auch der faschistoide Todeswunsch der Gesellschaft erklärt sich somit aus einem ungelösten und unentschiedenen Konflikt, von dem Freud in seinen skeptischeren Momenten bezweifelte, ob die Mehrzahl der Menschen zu einer entsprechenden Entscheidung – geschweige denn einer Lösung – überhaupt willig oder fähig wäre.

5.

Konkurrenz, Kompromiss, Konsens: der »Konflikt« der Soziologie

Wie wir am Beispiel Freuds gesehen haben, war für bürgerliche Theoretiker des beginnenden 20. Jahrhunderts nicht mehr zu ignorieren, dass die moderne Gesellschaft auf fundamentalen Konflikten aufgebaut ist. Im Gegensatz zu Kant, Hegel oder selbst Nietzsche, der das Konfliktdenken *avant la lettre* des deutschen Idealismus des 18. und 19. Jahrhunderts noch einmal zugespitzt hat, wird dann der Konfliktbegriff zunehmend explizit verwendet, so auch in der sich um 1900 etablierenden deutschsprachigen Soziologie. Bei Max Weber und vor allem Georg Simmel finden sich nicht nur zahlreiche Elemente der von ihren idealistischen Vorfahren angedachten Konfliktlogik, sondern auch deren unterschiedliche Bewertungen, Aufhebungen und (bürgerliche) Transformationsversuche. So versuchen die Soziologen nun, »Konflikt« als eine, wenn nicht *die* zentrale Kategorie für gesellschaftliche Entwicklung und Fortschritt fruchtbar zu machen.

Wie zuvor schon bei Marx, geschieht das auch hier unter dem Einfluss von Hegels Geschichtsphilosophie, speziell seiner Überlegungen zur Dynamik gesellschaftlicher Auseinandersetzungen. Bei den bürgerlichen Sozialtheoretikern werden Konflikt, Streit und Kampf jedoch nicht im Sinne eines Klassenkampfs verschärft. Statt auf der Ebene der Sozialstruktur lokalisieren sie die Produktivität von Konflikten verstärkt auf ökonomischem Terrain, wobei dieser Bereich bisweilen die Funktion eines Ventils für überschüssige Aggression und überflüssige Auseinandersetzungen bekommt. Mit Blick auf die Konflikttheorien des 20. Jahrhunderts, vor allem die selbst ernannte »Konfliktsoziologie« der Nachkriegszeit, ist dabei richtungsweisend, dass mit einer vermeintlichen Aufhebung unproduktiver Konflikte durch ihre Transformation in angrenzende Kategorien wie (ökonomische) Konkurrenz, Kompromiss und Konsens die bedenkliche Tendenz einhergeht, soziale Konflikte unterzubelichten oder zum Teil sogar auszublenden. Zudem findet der Konfliktbegriff im Moment seines Auftauchens in der akademischen Theoriebildung eine Bestimmung, die der Tendenz Vorschub leistet, ihn synonym zu Streit, Auseinandersetzung, Krieg zu verwenden und mit diesen Phänomenen zu verwechseln – und das paradoxerweise, obwohl auch die Soziologie den »Konflikt«, anders als »Streit« oder gar »Krieg«, positiv zu deuten versucht.

Die Entstehung der Soziologie im Zeichen des »Konflikts«

In Max Webers 1921/22 postum herausgegebenem Hauptwerk *Wirtschaft und Gesellschaft* heißt es programmatisch: »*Kampf* soll eine soziale Beziehung insoweit heißen, als das Handeln an der Absicht der Durchsetzung des eignen Willens gegen Widerstand des oder der Partner orientiert ist. ›Friedliche‹ Kampfmittel sollen solche heißen, welche nicht in aktueller physischer Gewaltsamkeit bestehen. Der ›friedliche‹ Kampf soll ›Konkurrenz‹ heißen, wenn er als formal friedliche Bewerbung um eigne Verfügungsgewalt über Chancen geführt wird, die auch andre begehren. ›Geregelte Konkurrenz‹ soll eine Konkurrenz insoweit heißen, als sie in Zielen und Mitteln sich an einer Ordnung orientiert.«[238]

Webers Beschreibung sozialer Verhältnisse nuanciert zahlreiche Abstufungen einer durchgehend von Konflikten geprägten Gesellschaft. Seine Beispiele für deren vielfältige Ausdrucksformen reichen von blutigen Kämpfen, die auf Vernichtung eines Gegners abzielen, über geregelte Kampfspiele oder Wettkämpfe, wie sie in zahllosen Sportarten zu finden sind, bis hin zu unterschiedlichen Formen der erotischen, ökonomischen und politischen Konkurrenz. Moderne Gesellschaften sind nach Webers Verständnis von einer Art ökonomischen Teleologie, einem universellen Konkurrenz- und Selektionsmechanismus gesteuert. Wie von einer unsichtbaren Hand geleitet, führen dabei die Kämpfe Einzelner oder von Massen »trotz noch so vieler ausschlaggebender Zufälle und Schicksale doch auf die Dauer im Resultat zu einer ›Auslese‹ derjenigen, welche die für den Sieg im Kampf durchschnittlich wichtigen persönlichen Qualitäten in stärkerem Maße besitzen.«[239]

Eine noch prominentere Rolle haben Konflikte bei Georg Simmel, der sich vor allem für das initiale Phänomen der »Vergesellschaftung« interessiert, also dafür, wie sich soziale Verhältnisse und Relationen zwischen unterschiedlichen Entitäten herstellen. Vor allem in dem *Der Streit* überschriebenen Kapitel seiner 1908 publizierten *Soziologie* zeichnet er unterschiedliche Stufen konfliktinduzierter Vergesellschaftung nach, vom offenen Kampf über den gesellschaftlich institutionalisierten Rechtsstreit bis hin wiederum zur »subtilste[n] Form des Konfliktes«, nämlich der »Konkurrenz«.[240] Wenn Simmel diesbezüglich eine »sozialisierende Kraft der Konkurrenz«[241] hervorhebt, dann ist damit die Hoffnung verbunden, dass entsprechende Konflikte, im

Gegensatz zu destruktiven Auseinandersetzungen, von subjektiven Motiven oder Emotionen befreit werden können – was also wiederum einer Aufhebung von individuellem Streben im Dienste eines höheren Zwecks entspräche.

Konflikt, Streit und sogar Kampf haben aus dieser Perspektive eine – für den Alltagsverstand auf den ersten Blick kontraintuitive – produktive soziale Funktion. So »muss der gewöhnlichen Anschauung die Frage paradox vorkommen, ob nicht der Kampf selbst schon, ohne Rücksicht auf seine Folge- oder Begleiterscheinungen, eine Vergesellschaftungsform ist«.[242] Konfliktsoziologisch betrachtet, soll die *Verbürgerlichung* des Konflikts in der Konkurrenz gerade nicht zu einem zerstörerischen »Kampf aller gegen alle« führen, sondern zu einem wertsteigernden »Kampf aller um alle« für ein gemeinsames höheres Ganzes: Eine »überindividuelle Einheit sachlicher oder sozialer Natur schließt die Parteien und ihren Kampf ein«.[243] Diese dialektische oder mephistophelische (Böses wollende und doch nur Gutes erreichende) Wirkung wird möglich, weil »was zwischen Individuen, in bestimmter Richtung laufend und isoliert betrachtet, etwas Negatives, Abträgliches ist, innerhalb der Totalität der Beziehung keineswegs ebenso zu wirken [braucht]; denn hier gibt es – wie es vielleicht am einfachsten die Konkurrenz der Individuen innerhalb einer Wirtschaftseinheit zeigt – mit andern, von dem Konflikt nicht berührten Wechselwirkungen zusammen ein ganz neues Bild, in dem das Negative und Dualistische, nach Abzug dessen, was es etwa an singulären Beziehungen zerstört hat, seine durchaus positive Rolle spielt«.[244]

Derart ökonomisch verstanden, sind Konflikte wertsteigernd, weil »Konkurrenz das Geschäft belebt« und die Konkurrenten sich und einander immer neue Höchstleistungen abverlangen. Darüber hinaus haben Konflikte für die bürgerliche Gesellschaft als Ganze eine konstitutive und progressive Funktion, und zwar deswegen, weil miteinander kollidierende und in Konkurrenz stehende Gruppen sich gerade dadurch einander annähern oder ihrer Geteiltheit und Gemeinsamkeit bewusst werden sollen. In dieser »Integrationsfunktion von Konflikten« liegt für Simmel auch der Grund dafür, dass sie keine bloße Gefährdung der gesellschaftlichen Ordnung darstellen, sondern Bedingung der Möglichkeit von sozialen Beziehungen und »Vergesellschaftung« sind.[245] Somit stellen – in den Worten des Soziologen Carsten Stark – Konflikte »nicht die Gesellschaft in Frage, sondern *sind* die Gesellschaft«.[246]

Vor allem in ihrer subtilen oder sublimierten Form der Konkurrenz übernehmen Konflikte in liberalen Gesellschaften und Ökonomien eine zentrale Form der Vergesellschaftung oder Sozialisation. Gerade die Notwendigkeit, gemeinsame Normen mit widerstreitenden Anderen auszuhandeln, sowie die Einsicht in die Notwendigkeit von Kompromissen vereinen die Kontrahent:innen. Oder noch einmal mit Stark: »In Simmels Konfliktsoziologie fallen daher die Konfliktform der Konkurrenz und die Friedensform des Kompromisses in der kapitalistischen Geldwirtschaft des Marktes zusammen. Der Markt ist gleichsam eine objektive Form, die sowohl Konflikt als auch Konfliktlösung beinhaltet. Seine unpersönliche und damit entemotionalisierte Konfliktstruktur wird durch die Interaktion der Konkurrenten mit dem objektivierten Wertmaßstab ›Geld‹ in einen permanenten Kompromiss verwandelt.«[247]

Immer wieder wiesen schon Simmels Zeitgenossen auf den blinden Fleck einer solchen sozialtheoretischen Aufhebung der destruktiven oder kriegerischen Aspekte von Konflikten zugunsten von Konkurrenz hin – ganz zu schweigen von den (nicht erst heute sichtbaren) zerstörerischen Aspekten ökonomischen Wachstums. Die bürgerliche Perspektive auf einen angeblich freien Markt, der die destruktiven Tendenzen einzelner Teilnehmer im Dienste aller zum Positiven wandle, wurde und wird von Traditionalisten wie von linken Theoretiker:innen als Verharmlosung und bisweilen pure Ideologie kritisiert. Was, wenn in der kapitalistischen Ökonomie in globaler Perspektive die zerstörerischen Kräfte überwiegen, ja der Kapitalismus de facto eher in Kontinuität mit (z. B. imperialistischer) kriegerischer Auseinandersetzung steht? In diesem Sinne haben Marx und Engels von einem »Konkurrenzkampf durch Kriege« gesprochen,[248] während Carl Schmitt mit Blick auf ständige Sanktionen, Embargos, Abwertung fremder Währungen und andere Formen ökonomischer Kriegsführung die pazifistische Scheinheiligkeit des Liberalismus geißelte[249] (was er vermutlich auch heute noch tun würde, etwa angesichts des Wirtschaftskriegs, den der Westen in Reaktion auf die Invasion der Ukraine gegen Russland führt). Als ob die deutsche, chilenische oder amerikanische Industrie am Aufstieg Hitlers, Pinochets oder Trumps unbeteiligt gewesen wäre, als ob der »freie« Markt nicht stets von einem in seinem autoritären und austeritären Interesse und gegen dasjenige eines Großteils der Bevölkerung intervenierenden Staats gestützt würde – als ob ökonomische, soziale und politische Konflikte produktiv zu machen, tatsächlich heißen könnte, sie einfach in ökonomische Konkurrenz aufzuheben.

Wenn diese soziologisch in ihrer abgemilderten Form als Konkurrenz verstandenen Konflikte als konstitutiv für die Gesellschaft und ihre Ordnung betrachtet werden, dann bedarf es hier einer Differenzierung zu Freud, der dem Konflikt eine konstituierende Funktion für das Subjekt zuschreibt. In der Anwendung des Begriffs auf die gesellschaftlichen Verhältnisse findet nämlich eine unscheinbare, aber folgenreiche Verschiebung statt. Vor allem bei Kant, aber auch bei Hegel und Nietzsche konfrontieren uns Konflikte – wenn auch *avant la lettre* – in erster Linie mit den unauflösbaren Brüchen unseres Denkens. Bei Simmel konfligieren ökonomische und politische Interessen, und das heißt: Sie *kollidieren.* Wo Kant Antinomien, Paralogismen und Widersprüche freilegt und so Erkenntnisse zutage fördert (ohne die Widersprüche je ganz auflösen zu können), beschreibt Simmel »Zusammenstöße« und Auseinandersetzungen zwischen »Kontrahenten«. Damit wird jedoch die Auseinandersetzung, der Konflikt selbst, negativ konnotiert, allerdings gewissermaßen durch die Hintertür: Denn nur dann, wenn der Konflikt einen Prozess in Gang gesetzt hat, der in einen den Konflikt aufhebenden Kompromiss mündet, kann er seine »kontraintuitive« positive Fruchtbarkeit entfalten. Mit seinem ersten Auftauchen in der Soziologie wird der Konflikt sogleich nicht mehr ohne seine Lösung gedacht, womit ihm also immer schon das Ziel (Telos) eingeschrieben ist, aufgehoben zu werden. Und wo das nicht gelingt, wird die Konfliktsoziologie der Nachkriegszeit (aber bei Weitem nicht nur sie!) zwischen »produktiven« und »unproduktiven« oder zwischen »echten« und »unechten« Konflikten unterscheiden.

Nach zwei Weltkriegen verdankt sich der erneute Aufschwung einer nunmehr explizit so genannten »Konfliktsoziologie« vor allem dem Deutschamerikaner Lewis Coser sowie dem Deutschbriten Ralf Dahrendorf. Letzterem zufolge hat damals »sich die Soziologie eines Themas wieder besonnen, das ihre Ursprünge mehr als irgendein anderer Gegenstandsbereich bestimmt hat«.[250] Beide Ansätze versuchten dabei, sich vor ihrem jeweiligen gesellschaftspolitischen Kontext der 1950er- und 60er-Jahre eine konflikttheoretische Alternative oder zumindest Ergänzung zum US-amerikanischen und bundesrepublikanischen Status quo zu erarbeiten – als Alternativen zu vorherrschenden Perspektiven, die sich sowohl gesellschaftlich wie gesellschaftswissenschaftlich an Konsens und Stabilität orientierten. Diesen Kontext gilt es nun zunächst zu skizzieren.

Der gesellschaft(swissenschaft)liche Konsens der Nachkriegszeit

Trotz großer kultureller Unterschiede und naturgemäß stark divergierender Erfahrungen und Einschätzungen des Zweiten Weltkriegs fand sich in den folgenden Jahrzehnten doch eine weitreichende Übereinstimmung bei westlichen Siegern und Verlierern. Sie äußerte sich im Wunsch nach dauerhaftem Frieden und der Scheu vor Auseinandersetzungen, ja bisweilen sogar in der Unterdrückung von jeder Art sozialer Widersprüche. Im Zeichen des beginnenden Kalten Kriegs verschwammen zuweilen die Unterschiede zwischen gesellschaftspolitisch konservativen Positionen (etwa zur Frauenemanzipation), reaktionären Versuchen einer gewaltsamen Aufrechterhaltung oder Wiederherstellung einer früheren Gesellschaftsordnung (so in ehemaligen Sklavenhaltergesellschaften und Kolonien) sowie einem bisweilen hysterischen Antikommunismus. Ironischerweise spielte das Thema Konflikt dabei insofern eine zentrale ideologische Rolle, als etwa beide Seiten des sogenannten »Ost-West-Konflikts« der jeweils anderen nicht ganz zu Unrecht eine Unterdrückung von politischen oder ökonomischen Konflikten vorwarfen (totalitäres Verbot von Dissens im Osten, Leugnung des Klassenkonflikts im Westen), während sie für sich selbst entweder deren Überwindung in Anspruch nahmen oder wenigstens ihre bewusste Transformation in rationale Debatten, bei denen zwischen Konsens und rational ausgefiltertem Dissens bisweilen kaum noch zu unterscheiden war.

Eine derartige »Konsensmentalität« war also gewissermaßen nicht nur die totalitäre Form der Staaten des Ostblocks, sondern auch die hegemoniale Doktrin der boomenden amerikanischen Gesellschaft wie auch der Wirtschaftswunderjahre in Westdeutschland, die seit 1968 von progressiver wie konservativer Seite für ihre naiv-utopische Harmoniesucht und »volkspädagogische *Pazifizierungsstimmung*« in der Kritik standen.[251] Scheinbar neutral und von daher imaginär außerhalb des Konflikts von Osten und Westen verortet, ist aber auch Österreich ein besonders gutes Beispiel für eine gesamtgesellschaftliche Konfliktignoranz. Die aus der staatsideologischen Doktrin, das erste Opfer Nazideutschlands gewesen zu sein, hervorgehende Konfliktbereinigung der Politik und Entpolitisierung der Kultur fanden ihre Instrumente in der Institutionalisierung einer sogenannten »Sozialpartnerschaft« zwischen Arbeitgeberinnen und Arbeitnehmern sowie einem strengen »Proporzsystem« zwischen jahrzehntelang gemeinsam regierenden Christsozialen und Sozialdemokraten. Im beschaulichen Rückblick der Republik selbst heißt es dazu: »An die Stelle des politischen Konflikts trat mehr Zusammenarbeit. Aus einer Konfliktdemokratie wurde eine Konsensdemokratie. Die politischen Parteien sahen sich nicht mehr als Feinde.«[252]

Die Konfliktscheu jener Zeit erklärt sich nicht nur aus den eben erst überstandenen Kriegserfahrungen. Sie wird weiter verständlich vor dem Hintergrund einer im Westen lange Zeit geradezu sakrosankten Zustimmung zur *Pax Americana* mitsamt ihren (inter-)nationalen Beschwichtigungsversuchen oder subtilen Unterdrückungsmechanismen. Vor allem in den USA selbst ging mit weitgehenden sozialen Kompromissen eine Verdrängung von Rassen- und Klassenkonflikten durch die Idee einer konsumorientierten *Corporate Family* einher, inklusive Wiederherstellung eines kleinbürgerlichen Rollenbilds für die in der (Zwischen-) Kriegszeit zunehmend unabhängig gewordenen Frauen.[253] Auf internationaler Ebene drückte sich der Geist dieser Jahre in der Gründung und Stärkung transnationaler Organisationen aus, etwa der Vereinten Nationen oder des Internationalen Währungsfonds, die aufgrund ihrer überwiegend westlichen, vor allem US-amerikanischen Prägung gleichwohl von Beginn an unter (Konsens-)Ideologieverdacht standen – und weiterhin stehen.

Nicht zuletzt in Reaktion auf die hier nur grob skizzierte Konsensfixierung der Zeit schreibt sich parallel dazu seit den 1950er-Jahren eine neue Richtung der Soziologie namentlich »Konflikt« auf die Fahnen und knüpft damit an die deutschsprachige Soziologie zu Beginn des Jahrhunderts an, die sich in nicht geringem Maße in Auseinandersetzung mit dem Thema Konflikt konstituiert hatte. Wir werden noch sehen, inwiefern diese Anknüpfung keineswegs unproblematisch und mit der Übernahme jener gravierenden konfliktpragmatischen Vorentscheidungen verbunden war, die schließlich auch die Weichen für zahlreiche der uns heute beschäftigenden Ambivalenzen in Bezug auf den Konfliktbegriff stellen sollte.

Die Konfliktsoziologie der 1950er-Jahre

Lewis Cosers 1956 veröffentlichtes Buch *The Functions of Social Conflict* ist weit mehr als nur eine *Theorie sozialer Konflikte*, wie der Titel der 1965 erschienenen deutschen Übersetzung lautet. Die Analyse von Konflikten als grundlegendem Operator gesellschaftlicher Prozesse spiegelt sich in der Konfrontation, die das Buch gegenüber der eigenen Disziplin seiner Zeit eingeht. Das betrifft vor allem die damals dominierende Systemtheorie von Talcott Parsons mit ihrer Orientierung »an einem gesellschaftlichen Harmonieideal, das nach dem Zweiten Weltkrieg ein Kennzeichen der Mentalität der US-amerikanischen Mittelschicht war«, so der Soziologiehistoriker Klaus Lichtblau: »Soziale Konflikte erschienen dabei als Störfälle.«[254]

Cosers Konflikttheorie ist somit zugleich Soziologie des Konflikts und – in milderer Form als Freuds Psychoanalyse, aber dafür expliziter – Soziologie *als* Konflikt. Denn Coser zielt gleichzeitig auch auf praktische Veränderung. Nicht zuletzt deswegen richtet er seine Überlegungen an eine weitere »Zuhörerschaft von konfliktinteressierten Gruppen« wie Rechtsanwälte, Reformerinnen oder Politiker, deren Interesse an gesellschaftlicher Auseinandersetzung und Transformation es für sie weniger erstrebenswert macht, »den Gruppenkonflikt auf ein Minimum beschränken« zu wollen.[255]

In diesem Sinne formuliert Coser »Simmels These neu«, wonach das »Fehlen von Konflikt […] nicht als Zeichen von Stärke und Stabilität einer Beziehung betrachtet werden« kann.[256] Ähnlich den zuvor diskutierten früheren Soziologen interessiert sich aber letztlich auch Coser – polemisch zugespitzt – weniger für Konflikte selbst als für deren vermeintlich Anderes. Auch bei Coser wird der Konflikt zu einem Ausgangspunkt, von dem aus sich der Weg zu einer neuen Harmonie eröffnet: In der Formel von »Konflikt oder Konsens« scheint immer schon die Formel von »Konflikt *als* Konsens« durch. Denn eine Pointe von Cosers Gegenüberstellung liegt darin, dass die Funktion des sozialen Konflikts diejenige einer Stabilisierung der sozialen Verhältnisse ist[257]: »Insofern Konflikt die Auflösung von Spannung zwischen

Gegnern ist, hat er stabilisierende Funktionen und wird zum integrierenden Bestandteil der Beziehung.«[258] Aber beschreibt die »Stabilisierung der Verhältnisse« etwas anderes als genau jene Harmonie, gegen die Coser anfangs anschrieb, nur dass es sich um eine Harmonie höherer Ordnung handelt, die zu erreichen es des Prozesses einer »konfliktuellen Läuterung« bedarf?

Offensichtlich besteht für Coser jedenfalls ein fundamentaler Unterschied zwischen einem Konflikt und einer feindlichen antagonistischen Haltung. Ersterer ist immer schon eine Form sozialen Handelns, die als Interaktion oder »Trans-Aktion« wirksam wird.[259] Simmel aufgreifend, analysiert er, wie Konflikt »neue Arten von Interaktion zwischen Gegnern schaffen« kann, die vorher gar keine Notiz voneinander genommen haben. Egal ob die in ihren subjektiven Interessenskonflikten verstrickten Kontrahent:innen es wollen oder nicht, egal ob sie es aus ihrer subjektiven Sicht verstehen können oder nicht, wird ihr Konflikt zum gesellschaftsbildenden Faktor, ja »zum Agenten bei der Sozialisierung der beiden streitenden Parteien«, und mehr noch: Der »Konflikt wird zum Anreiz bei der Einsetzung von Normen und Regeln«.[260]

So verstanden haben Konflikte nicht nur eine gesellschaftsstabilisierende Funktion, sondern verstärken die Partizipation am sozialen Leben. Gerade im Streit werden sich die Kontrahenten sowohl ihrer selbst bewusst als auch der Tatsache, dass sie entlang geteilter Interessen agieren, die zwar zu Interessenskonflikten führen mögen, aber doch von gemeinsamen Zielen und von Normen zeugen, die sie – von nun an und gewissermaßen rückwirkend immer schon – mit ihren Gegnerinnen teilen. »Konflikt mit anderen Gruppen trägt zur Schaffung und zur Festigung der Gruppenidentität bei.«[261]

Was bei diesem Verständnis der konstitutiven Funktion von Konflikten freilich nicht ausreichend berücksichtigt wird, ist die Frage, inwieweit die Trennlinie zwischen den konfligierenden Teilen eines gesellschaftlichen Ganzen dieses Ganze und seine Teile überhaupt erst definiert und als solches ermöglicht. Denn was, wenn die produktive Reichweite von Konflikten noch umfassender ist und die Identität der eigenen zugleich mit der der anderen Seite konstituiert? Meine Gruppe und die anderen, Ego und Alter Ego, Eigenes und Fremdes würden dann nur aus dem Konflikt heraus existieren, den wir miteinander teilen und der das uns trennende Gemeinsame (oder das gemeinsam Trennende) konstituiert. Wir würden also gerade nicht mit unseren unterschiedlichen Interessen Teil ein und derselben im Konsens aufgehobenen Gruppe. Was ich mit der anderen teile, wäre dann ein von unserem Konflikt aufgespanntes, gemeinsames Ganzes. Die andere wäre insofern Teil von mir und nicht das Gegenteil, das mich allein auf mich als getrennte Entität zurückwirft und als bloßes (In-)Dividuum stärkt.

Bürgerliche Definitionen

Wenn Cosers Differenzierungen letztlich doch wieder mit einer strikten Unterscheidung von Eigenem und Fremdem operieren, dann aus innerhalb seiner Systematik ganz augenscheinlichen Gründen. Sein zentraler, darin über Simmel hinausgehender, konfliktsoziologischer Beitrag ist die ganz im Sinne seiner funktionalistischen Sozialtheorie getroffene Unterscheidung zwischen »unechten« Konflikten und solchen, die eine soziale Funktion haben.[262] Bei Simmel besteht noch ein gradueller Unterschied zwischen der Bedeutung des individuellen Menschen im Kampf und seiner prinzipiellen Austauschbarkeit in der Konkurrenz, in der die subjektiven Emotionen der Beteiligten nicht mehr berücksichtigt werden müssen. Bei Coser werden individueller Kampf und überindividuelle Konkurrenz zu einem strikten Gegensatz.[263] Daher zählen auch nur überpersönliche, unemotionale Auseinandersetzungen als echte Konflikte, die er von bloßem Ressentiment, Aversionen oder feindseligen Gefühlen unterscheidet.

Bei aller Aufmerksamkeit auf eine transformatorische Funktion dessen, was die Konfliktparteien miteinander teilen, ist freilich auch Cosers Unterscheidung (wie die vielen anderen zwischen guten und bösen, produktiven und unproduktiven oder wahren und unwahren Konflikten) Ausdruck einer theoretischen wie praktischen Hilflosigkeit. »Echte Konflikte« auf Kosten von »unechten« zu bestimmen und letztere einfach auszusortieren, ist nicht nur konflikttheoretisch unbefriedigend, weil es die notwendige definitorische Entscheidung letztlich aufschiebt oder von weltanschaulichen Vorentscheidungen abhängig macht und weil es gerade da, wo Konflikte besonders insistieren und eben nicht lösbar sind, sich des billigen Tricks bedient, sie per Definition schlicht auszusondern. Dabei ist auch die Legitimierung scheinbar rationaler Konflikte einerseits und die Delegitimierung emotionaler, irrationaler und dysfunktionaler Konflikte andererseits selbst weniger rational, als sie zu sein vorgibt.

In gewisser Weise fällt Coser an dieser entscheidenden Stelle selbst hinter die Einsichten seiner eigenen Theorie zurück, nämlich hinter den Anspruch, Konflikte nicht als per se »dysfunktional« zu denken, sondern in Bezug auf historisch stets andere und damit auch veränderbare Sozialstrukturen – also auf jene Konflikte im emphatischen Sinn, für die eine Gesellschaft (noch) keine institutionalisierten

Formen der Konfliktaustragung gefunden hat.[264] »Konflikte, die durch Frustration bestimmter Forderungen innerhalb einer Beziehung und durch Gewinnkalkulationen der einzelnen Partner entstehen und sich auf das angenommene frustrierende Objekt richten, können als *echte Konflikte* bezeichnet werden, insofern sie nämlich Mittel sind, ein bestimmtes Ergebnis zu erreichen. *Unechte Konflikte* andererseits sind, auch wenn sie die Interaktion zweier oder mehrerer Personen angehen, nicht durch die gegensätzlichen Ziele der Gegner verursacht, sondern durch die Notwendigkeit einer Spannungsentladung zumindest beim einen von beiden«[265], oder sie entstehen »aus Versagungen und Frustrationen durch den Sozialisierungsprozeß und später durch Verpflichtungen aus der Erwachsenenrolle«.[266]

Nicht erst vor dem Hintergrund zunehmender Spannungen zwischen den Generationen in den 1950er- und 60er-Jahren liest sich das reichlich tendenziös. Wir sind hier erinnert an Hegels Vorstellung von den Kämpfen der modernen Welt, die als dialektische »Erziehung des Individuums an der vorhandenen Wirklichkeit« zu verstehen seien, in denen »sich das Subjekt die Hörner abläuft« und »sich in die bestehenden Verhältnisse und die Vernünftigkeit derselben hineinbildet«.[267] Hegels paternalistische Teleologie und Cosers tendenzielle Infantilisierung von sozialem Protest taugen auch dazu, unbeliebte Konfliktarten und ihre Protagonist:innen als vermeintliche Spannungsentladungen renitenter Jugendlicher zu delegitimieren und ihnen mittels einer rationalisierenden Definition das Recht auf Konflikt abzusprechen.

Einige Jahrzehnte bzw. Jahrhunderte feministischer wie postkolonialer Kritik später fehlt uns heute das naive Grundvertrauen in Rationalität oder »Vernünftigkeit«, die oft genug nur eher schlecht als recht die Irrationalität zu kaschieren versucht, die sie selbst erzeugt. Irrationalität, Emotionalität und generell die vermeintliche Weigerung, sich rationalen Prozessen anheimzugeben, sind Zuschreibungen (man könnte auch sagen: Totschlagargumente), die damals wie heute oft von denjenigen vorgebracht werden, die vom Status quo profitieren und sich folglich gegen all jene wenden, die dessen Konsens stören – und das meint nicht selten den erzwungenen Konsens darüber, welche Konflikte nun als legitim und echt oder illegitim und unecht zu bezeichnen wären.

Blinde Flecken

Schon Simmels Ansatz zeichnete sich dadurch aus, dass er die »Konfliktform der Konkurrenz und die Friedensform des Kompromisses in der kapitalistischen Geldwirtschaft des Marktes« analog fasste, wobei der Markt als Muster für jene objektive, unpersönliche, entemotionalisierte und somit rationale Form fungierte, »die sowohl Konflikt als auch Konfliktlösung beinhaltet«.[268] Wie problematisch eine solche Begrenzung sein kann, tritt schließlich an den von Coser angeführten Beispielen zutage. »Der Begriff des ›echten Konflikts‹ impliziert nicht notwendig, daß die angewandten Mittel tatsächlich adäquat sind, das erstrebte Ziel zu erreichen; sie können auch nur scheinbar adäquat sein, und sei es nur, weil sie von der Kultur gebilligt sind. Arbeiter, die streiken, um den Ausschluß ihrer schwarzen Kollegen aus dem Betrieb zu erzwingen, damit ihre Löhne nicht sinken, befinden sich in einem echten Konflikt. Aber [...] wenn sich die Situation so verändert hat, daß andere Mittel mehr einbringen, dann ist die Wahrscheinlichkeit groß, daß die Arbeiter von einer Diskriminierung abstehen.

Wenn sie jedoch weiterhin die Neger diskriminieren, obwohl andere wirksamere Mittel ihnen für ihr Ziel zur Verfügung stehen, kann man zunächst einmal annehmen, daß nicht-realistische Elemente wie ›Vorurteil‹ in dem Konflikt zutage treten.«[269]

Wiederum gehen hier (konflikt-)definitorische Vorentscheidungen mit Vorurteilen in der konkreten Analyse einher, ja die methodische Begrenzung ist mit Ausgrenzungen gleich auf mehreren Ebenen verbunden. Hier rächt sich, dass die Analyse bei einem vermeintlich bipolaren Konfliktgeschehen – in diesem Fall zwischen weißen und schwarzen Arbeitern – stehen bleibt und nicht nach einem zusammenhängenden Dritten und Ganzen fragt: einem auch in liberalen Gesellschaften offenkundig endemischen Rassismus (und weniger einem kolonialen Erbe als einer kolonialen Konstitution von kapitalistischen Imperien wie von Nationalstaaten).[270] Wenn wir stattdessen mit Cosers definitorischer Unterscheidung gegen seine methodische Entscheidung argumentieren, könnten wir nämlich auch zum genau umgekehrten Schluss gelangen. Gerade das Übersehen der strukturell rassistischen Tatsache, dass historisch benachteiligte Arbeiter:innen oder solche mit migrantischem Hintergrund weniger gut entlohnt werden und daher für Arbeitgeber schlicht profitabler sind, macht den vermeintlich *echten* zum eigentlich *unechten* Konflikt.

Ja mehr noch, die tiefere Pointe von Cosers Ansatz liegt doch gerade darin, dass in letzter Instanz überhaupt nicht von *dem* einen oder echten Konflikt die Rede sein kann. Denn das Verhältnis zwischen Arbeiter:innen unterschiedlicher Ethnien lässt sich nicht losgelöst von der zur jeweiligen Zeit vorherrschenden politischen Ökonomie begreifen und ist im Verlauf der unterschiedlichen Globalisierungsphasen des Kapitalismus starken Veränderungen unterworfen: von dem mit den ersten Phasen der Kolonialisierung seit dem 16. Jahrhundert rasant zunehmenden Sklavenhandel in die »Neue Welt« über die für die Industrialisierung konstitutive Ausbeutung der enteigneten heimischen Landbevölkerung bis hin zur mit den Migrationsbewegungen der letzten Jahrzehnte einhergehenden und sich heute weiter verschärfenden Verquickung von ethnischen mit Klassenkonflikten.

Mit Blick auf die bürgerliche Konfliktsoziologie muss der Verdacht darum an dieser Stelle zugespitzt lauten, dass das Fehlen einer genaueren ökonomischen Analyse, die auch weitere geopolitische Zusammenhänge berücksichtigen müsste, auf die blinden Flecken des früher »Erste Welt« genannten globalen Nordens generell verweist, also jenes »westlichen« Denkens, das für sich selbst doch so gerne in Anspruch nimmt, über die Rationalität und Legitimität nicht nur von Konflikten entscheiden zu können. Am Horizont taucht hier eine erste Erklärungsmöglichkeit für die Vermutung auf, dass es eine der abgründigen Funktionen des Konfliktbegriffs sein könnte, über die eigentlichen Konflikte einer Gesellschaft hinwegzutäuschen.

Die Unterscheidung vermeintlich »echter« von »unechten«, wirklicher von unwirklichen, guter von schlechten »Konflikten« ist, anders formuliert, eine Differenzierung einerseits nach solchen Konflikten, in denen »legitime« Interessen verhandelt und versöhnt werden, und andererseits solchen Konflikten, bei denen man die darin zum Ausdruck kommenden Interessen (Wertvorstellungen, Wahrnehmungen) leugnet oder denen man ihre Legitimität abspricht. (Dieser Aspekt wird uns auch im folgenden Kapitel anlässlich der *Basic-Human-Needs*-Theorie von John Burton beschäftigen.) Es wäre eine äußerst perfide – wenngleich seltsam vertraute – Ideologie, gerade durch diese Unterscheidung von vermeintlich echten und unechten oder guten und schlechten »Konflikten« in Wahrheit eine Entscheidung gegen die tatsächlich in der Gesellschaft wirksamen Konflikte zu treffen. Ohne es zu wollen und mit gutem politischem Gewissen noch gegen die im ersten Teil analysierten anthropologischen Naturalisierungen oder biologischen Essenzialisierungen von »Konflikt« formuliert, wären die konfliktsoziologischen Aufhebungen dann nicht nur solche seiner reaktionären Instrumentalisierungen, sondern auch von Konflikten selbst.

Es ist wohl weder dem Zufall noch nur den idiosynkratischen Vorlieben ihrer Hauptvertreter geschuldet, dass die im 20. Jahrhundert etablierte Disziplin der Konfliktsoziologie von einem liberalen Bild der Gesellschaft geprägt ist. Mit diesem verbunden sind immer auch entsprechende Vorentscheidungen darüber, was legitimerweise als Konflikt bezeichnet werden kann und was nicht. In diesem liberalen Sprachgebrauch naturgemäß nicht erlaubt sind radikale, revolutionäre oder auch nur im emphatischen Sinn *politische* Konflikte, die auf mehr als nur eine »Trans-Aktion« zwischen bereits existierenden und sich in ihrer Rationalität wechselseitig bestärkenden Kontrahent:innen abzielen. Dass aber auch ganz neue politische Subjekte auftauchen könnten, die nicht nur einzelne Normen innerhalb des vorgegebenen gesellschaftlichen Wertekanons infrage stellen, sondern vielmehr ganz neue Werteparadigmen aufs politische Tapet bringen – eine solche Vorstellung kann einer dem Status quo verpflichteten Wissenschaft nur irrational erscheinen.

Ihre Stärke freilich haben die konfliktsoziologischen Analysen vor allem mit Blick auf bestehende Verhältnisse, in denen ihre Konfliktdefinitionen nicht nur Sinn ergeben, sondern auch als Kriterium für die Offenheit einer Gesellschaft in Form ihrer Konfliktfähigkeit funktionieren (und wie wir langsam besser begreifen, bedeutet das eigentlich *Konsens*fähigkeit und Konkurrenz*willigkeit*). »In lose strukturierten Gruppen und offenen Gesellschaften«, so Coser, »hat der Konflikt, der die Lösung der Spannung zwischen Gegnern herbeiführen will, stabilisierende und integrierende Funktionen für die Beziehung. [...] Diese Systeme verschaffen sich selbst durch Tolerierung und Institutionalisierung des Konflikts einen wichtigen stabilisierenden Mechanismus.«[271] Wenn aber nun ein solches Konfliktbewusstsein geradezu als Gradmesser für liberale und offene Gesellschaften fungieren kann, bedeutet das umgekehrt, dass starre Gesellschaften nicht zuletzt an ihrer Konfliktangst und -intoleranz zu erkennen sind. Oder in den geopolitischen Alltag des Kalten Kriegs übersetzt: Die undemokratischen sozialistischen Staaten würden nicht zuletzt an den von ihnen ignorierten real existierenden Konflikten scheitern.

Antirevolutionäres Herrschaftsmodell

Von dem deutschbritischen Soziologen und Politiker Ralf Dahrendorf wird zur gleichen Zeit ein solcher liberaler Versuch, Gesellschaft *auch* von ihren Konflikten her zu verstehen, noch einmal anders ausformuliert.[272] Dahrendorfs konfliktsoziologischer Ansatz lässt sich als synthetische Aufhebung zahlreicher bisher gestreifter Positionen und Perspektiven verstehen, und zwar einerseits pessimistischer oder zynischer (These: Der Mensch ist ein gewalttätiges Konfliktwesen, das nur mit Mühe zu halbwegs friedlicher Koexistenz zu zwingen ist) und andererseits naiver oder illusionärer (Antithese: Der Mensch ist, wenn nicht von

Natur aus gut, dann doch ein aus Eigeninteresse rationales und auf Konsens gerichtetes Konfliktwesen). Mit Blick auf die sozialwissenschaftliche Theorie geht es hier also um eine Aufhebung von einseitig entweder »Stabilität« oder »Wandel« betonenden Gesellschaftsmodellen. Die wesentlichen Elemente von Ersterem lauten nach Dahrendorf so:

»1. Jede Gesellschaft ist ein relativ beharrendes, stabiles Gefüge von Elementen.
2. Jede Gesellschaft ist ein wohlintegriertes Gefüge von Elementen.
3. Jedes Element in einer Gesellschaft leistet einen Beitrag zu ihrem Funktionieren.
4. Jede Gesellschaft beruht auf einem Konsensus ihrer Mitglieder.«

Doch er ergänzt:

»Es dürfte deutlich sein, daß eine Theorie, die auf diesem Modell basiert, sich nicht dazu eignet, Phänomene des sozialen Konflikts und Wandels zu erklären oder auch nur zu beschreiben. Zu diesem Zweck ist vielmehr ein Modell erforderlich, das in allen vier Punkten die genau entgegengesetzte Position einnimmt:

1. Jede Gesellschaft unterliegt zu jedem Zeitpunkt dem Wandel; sozialer Wandel ist allgegenwärtig.
2. Jede Gesellschaft kennt zu jedem Zeitpunkt soziale Konflikte; sozialer Konflikt ist allgegenwärtig.
3. Jedes Element in einer Gesellschaft leistet einen Beitrag zu ihrer Veränderung.
4. Jede Gesellschaft beruht auf dem Zwang (constraint) einiger ihrer Mitglieder durch andere.«[273]

Liberal auch in Sachen der soziologischen Theoriebildung, gibt Dahrendorf an dieser Stelle nicht etwa einem der beiden Modelle den Vorzug, sei es doch »unmöglich, mit den Mitteln der empirischen Forschung zu entscheiden, welches der beiden Modelle richtiger ist«. Vielmehr seien sie beide »in gewisser Weise zutreffend und analytisch fruchtbar«: »Stabilität und Wandel, Integration und Konflikt, Funktion und ›Dysfunktion‹, Konsensus und Zwang sind, so scheint es, zwei gleich gültige Aspekte jeder denkbaren Gesellschaft, dialektisch aneinandergekettet und nur in ihrer Kombination erschöpfend als Beschreibung des gesellschaftlichen Prozesses.«[274]

In Dahrendorfs konfliktliberalem Modell unterliegen Gesellschaften einem permanenten Wandel, weswegen Konflikte in ihnen allgegenwärtig sind. Doch diese treten nicht nur zwischen den ständig zur Veränderung beitragenden Gesellschaftsmitgliedern auf, sondern können sich auch gegen die jeweilige Herrschaft selbst und ihre Zwangsinstrumente richten, auf denen Gesellschaften unweigerlich beruhen, weil ohne sie kein halbwegs friedliches Zusammenleben möglich wäre.[275] Während für Coser in Abgrenzung zur marxistischen »Klassentheorie des Konflikts« der einzelne Akteur im Vordergrund steht, haben wir bei Dahrendorf in Weiterführung von Webers Herrschaftstheorie den »strukturellen Ursprung sozialer Konflikte in den Herrschaftsverhältnissen zu suchen«. Denn wo immer »Menschen zusammenleben und soziale Organisationsformen begründen, gibt es Positionen, deren Träger innerhalb bestimmter Bereiche und für bestimmte Positionen Befehlsgewalt haben, und andere Positionen, deren Träger diesen Befehlen unterworfen sind«.[276]

Dieser Rekurs auf eine in Fragen der sozialen Mobilität eher skeptische politische Anthropologie verdeutlicht auch, warum liberale Theorien des Konflikts dessen dauerhafte Lösung ausschließen und stattdessen auf institutionalisierte Formen eines beständigen Konfliktaustrags pochen – wie er in den westlichen Demokratien mit ihrer Gewaltenteilung und ihren politischen Institutionen organisiert ist.[277] Es ist diese konsensorientierte Institutionalisierung, die das dialektische Hin und Her von Integration und Konflikt oder von Stabilität und Wandel reguliert, das als Motor einer stets sich verändernden Gesellschaft garantieren soll, dass soziale Konflikte als vermeintlich »produktiv« und rational aufgewertet werden können. Es handelt sich um eine im politischen wie ökonomischen Sinn liberale Gesellschaftstheorie, weil ihre Frage weniger lautet, *was die Gesellschaft zusammenhält*, als vielmehr, *was eine Gesellschaft vorantreibt*, in der dem Konflikt eine katalysierende Funktion für Fortschritt zugeschrieben werden kann.[278]

Wie üblich, wenn auf quasi anthropologische Konstanten rekurriert wird, um eine Naturalisierung von Herrschaft zu begründen, wird dies auch hier begleitet von einem skeptischen Desinteresse an der grundlegenden Transformation politischer Systeme oder einer möglichen Veränderung der sozialen Klassenstrukturen.[279] Bevor wir uns aber einer solchen Perspektive im Rahmen der poststrukturalistischen Theorie wieder annähern können, müssen wir uns zunächst noch einem weiteren Bereich systemstabilisierender Konfliktbearbeitungen widmen.

6.

Mediation, Management, externe Entscheidung: Konfliktpragmatik und Recht

Die mit Abstand umfangreichste Auseinandersetzung mit dem Thema »Konflikt« findet seit Jahrzehnten nicht auf der Ebene akademischer Soziologie statt, sondern im Bereich der sogenannten »Konfliktberatung«. Ob Intervention in privaten Beziehungen, Vermittlung bei unternehmensintern nicht mehr lösbaren Streitigkeiten oder Mediation auf dem Feld Internationaler Beziehungen – stets geht es dabei um eine konkrete pragmatische Anwendungsdimension, was naturgemäß gravierende Auswirkungen auf das Verständnis (oder Unverständnis) von Konflikten hat. Zunächst einmal kommt dabei eine intuitiv naheliegende Umgangsweise mit Auseinandersetzungen und Streitfällen zum Tragen, nämlich der Versuch, eine Distanz zum Geschehen zu gewinnen. Als »Konflikte« werden daher ebenjene Probleme bezeichnet, die von den Betroffenen nicht selbst gelöst werden können, weil sie als in den Fall Involvierte keine ausreichend objektivierende Distanz zu ihren subjektiven Positionen zu finden vermögen. Wenn es die Beteiligten selbst also – trotz bestem Willen – nicht mehr alleine richten können, dann muss eine (vermeintlich) objektive und neutrale Instanz gefunden werden.

Diese hier extrem komprimierte intuitive Herangehensweise, dieser nachvollziehbare Reflex einer Objektivierung und Distanzierung, dient noch als Grundlage der reflektiertesten, auch professionellen Umgangsweisen mit »Konflikten«. Im professionellen Umgang mit privaten und öffentlichen Auseinandersetzungen treffen wir dann auf prinzipiell zwei miteinander verbundene Arten von Lösungsansätzen (denn wenn Mediator:innen ins Spiel kommen, ist stets »Lösung« oder »Auflösung« von Konflikten das primäre Ziel, deren tiefer gehendes »Verstehen« aber, wenn überhaupt, nur Mittel zum Zweck). In beiden Lösungsansätzen kann von einer Art *Externalisierung* gesprochen werden, die versucht, einen Konflikt zu isolieren und mittels Objektivierung unter Kontrolle zu bringen. Dies kann nun entweder durch Hinzuziehung einer übergeordneten rechtlichen Instanz geschehen, die unter Umständen auch entscheidungsbefugt ist, oder aber mithilfe neutraler Dritter, die einen einvernehmlichen Ausweg aus der Konfrontation zwischen (meist zwei) Konfliktparteien finden sollen.

Wir werden sehen, inwiefern ein Grundproblem dieser Herangehensweise an (subjektiv gedachte) Konflikte als (objektiv) zu lösende darin besteht, dass die Annahme einer Lösbarkeit stets die Existenz eines neutralen Bereichs oder einer unbeteiligten Position voraussetzt, von der aus an einer Auflösung der Konflikte gearbeitet werden kann. Dabei kann es sich um eine reale Person, eine allgemein bindende Regel oder gar ein konkretes Gesetz handeln, deren Neutralität und Objektivität durch den Ausschluss jeglichen Eigeninteresses an dem jeweiligen Streitfall garantiert sein soll. Vermittelnde Dritte dürfen selbst keine mit dem von ihnen zu schlichtenden Fall verbundene Interessenskonflikte haben. Nur so können sie ein ebenfalls außerhalb des Bereichs von Konflikten gedachtes Recht oder die von ihm geprägten Gesetze verkörpern.

Die seit Mitte des 20. Jahrhunderts in gewaltiger Menge

verfassten Konfliktratgeber haben, wie bereits erwähnt, zuallererst einen pragmatischen Horizont. Ziel ist es, die widersprüchlichen Herangehensweisen der Kontrahent:innen nachzuvollziehen und, wenn möglich, zu korrigieren. Eine Unzahl an Konfliktforscher:innen auf dem Feld der internationalen Beziehungen, im Managementbereich, sowie selbst ernannte Spezialisten für Zwischenmenschliches behaupten allesamt, über Lösungsmethoden für Konflikte zu verfügen. Richtiger wäre es jedoch, von Techniken zu sprechen, mit denen einzelne Konflikt*symptome* zum Verschwinden gebracht werden sollen, gewissermaßen die unerwünschten Nebenwirkungen eigentlich unbewusster oder ungewusster Konflikte: typische Konstellationen, Kommunikationsprobleme oder Fehler beim Versuch, Dissens oder Streit aufzulösen. In dem Maße, als solche Symptome im Fokus der Aufmerksamkeit stehen, bleibt für die Eigenart von Konflikten oder für das Konflikthafte selbst oft erstaunlich wenig Interesse übrig. Was aus Sicht der professionellen »Konfliktforschung« qua Konflikt*pragmatik* durchaus Sinn ergeben kann, erscheint aus konflikt*theoretischer* Sicht als zuweilen obsessive Konfliktvermeidung.

Bei Kant und Hegel, bei den drei »Meistern des Zweifels«[280] Nietzsche, Marx und Freud sowie zumindest in Ansätzen auch in der Soziologie noch hat sich der Konflikt als ein produktives, ja für die Konstitution des Subjekts wie der gesellschaftlichen Verhältnisse notwendiges Phänomen gezeigt. So muss es durchaus überraschen, dass die ganz überwiegende Mehrzahl an berufsmäßiger Auseinandersetzung mit »Konflikt« in erster Linie um sein Verschwinden bemüht ist. Die Frage, was uns dieser Befund über Konflikte verrät, soll hier jedoch nicht primär im Vordergrund stehen. Vielmehr geht es zunächst einmal um die konzeptionellen Vorentscheidungen, die auf den Gebieten der professionellen Konfliktforschung und der darauf aufbauenden pragmatischen Ansätze getroffen werden. Das betrifft vor allem die problematische Grundannahme einer möglichen Neutralität gegenüber Konflikten. Wir werden dagegen sehen, inwiefern es sich bei »Recht«, »Gerechtigkeit« oder »Gesetz« selbst um zutiefst konfliktbeladene Kategorien handelt. So kann etwa weder von einem für alle Gesellschafts- und Kulturbereiche allgemein und widerspruchsfrei gültigen Recht die Rede sein, noch lassen sich unterschiedliche nationale oder internationale Rechtsauffassungen reibungslos zur Deckung bringen. Gesetze sind, so verstanden, bewegliche Instrumente, die nicht einfach »von oben«, *top down*, aus einer von ihnen nicht betroffenen Rechtsentität abgeleitet oder übersetzt werden können. Vielmehr verhält es sich so, dass sich stets wandelnde Gesetze ein in sich divergierendes und konfliktaffines Recht hervorbringen – und dass in diesem sich wandelnden Recht sich verändernde gesellschaftliche Werte zum Ausdruck kommen.

Produktiv für die Frage nach Konflikten wird die Kategorie des Rechts möglicherweise erst dann, wenn wir die übliche implizite oder explizite Grundannahme auf den Kopf – oder auf die Füße – stellen. Mit vorhandenen und vermeintlich über den Dingen stehenden Gesetzen lassen sich tatsächlich bestehende Konflikte nicht lösen. Was das Recht bzw. ein funktionierendes Rechtssystem leisten kann und soll, ist genau umgekehrt eine Herstellung und Formung von Konflikten als einer Möglichkeit, bestehende Ungerechtigkeit oder eskalierende Gewalt zu thematisieren und einzudämmen. Sobald wir das Recht selbst als zutiefst in Konflikte verwoben, ja diese gewissermaßen überhaupt erst herstellend begreifen – anstatt als über ihnen stehend und sie auflösend –, ermöglicht das schließlich eine theoretisch wie praktisch neue Umgangsweise mit Konflikten, die diese nicht einfach auflösen, sondern sie verstehen und produktiv machen will.

Damit wäre dann also auch schon die Gegenposition zu der oben skizzierten intuitiven Grundannahme aller gut meinenden Konfliktlösungsversuche umrissen, die von privater Einflussnahme bis hin zu politischen Interventionen reichen – und natürlich nicht zuletzt einen ganzen Wirtschaftszweig professioneller Mediation umfassen. Diesem weitläufigen Feld müssen wir uns nun kurz zuwenden.

Externalisierung und Öffnung

Wenn kein Kompromiss zwischen zwei Parteien gefunden werden kann und die Konkurrenz im freien Spiel der Kräfte oder Märkte zu keiner Klärung, sondern unter Umständen eher zu einer Verschärfung der Auseinandersetzung führt, wird die Aufhebung des Konflikts auf andere Weise gesucht, und zwar in einer Öffnung oder Externalisierung des Streits auf neutrale Dritte. Kaum berücksichtigt wird in solchen konfliktpragmatischen Interventionen, was wir mit Hegel als subversives Moment dialektischer Aufhebungen analysiert haben, nämlich dass die tatsächliche Auflösung eines Widerspruchs zwischen zwei Parteien eine radikale Veränderung des gesamten Kontexts impliziert. Davon aber ist beim konfliktpragmatischen Herumdoktern oder Hantieren mit Konfliktbereinigungstechniken kaum je die Rede, geht es hier doch gerade umgekehrt eher um eine schnellstmögliche Rückkehr zum Status quo ante, im typischen Beispielsfall eines Großteils der Ratgeberliteratur: zur möglichst effizienten Weiter- und Zusammenarbeit der Konfliktpartner:innen.[281]

Häufig zielen pragmatische Konfliktlösungsvorschläge

auf eine kommunikative Öffnung, die – bildlich gesprochen – ein Ausweichen der aufeinanderstoßenden Elemente ermöglichen soll. Ein:e mit sozialer Erfahrung oder juridischer Autorität ausgestattete:r Dritte:r soll jene notwendige externe Position einnehmen, derer es bedarf, um Kompromissmöglichkeiten nicht nur zu erkennen, sondern auch glaubhaft vorschlagen zu können. Souveränität, über einen Konflikt zu entscheiden, bedeutet hier gerade nicht, dass die in ihn Involvierten zu einer Erkenntnis ihrer strukturellen Befangenheit oder dadurch zu einer Einsicht in ihre wechselseitige Verbundenheit gelangen (das autoimmunologische Fremde im eigenen Selbst und Anderen). Von den Konfliktparteien wird geradezu das Gegenteil gefordert, nämlich die – von Freud emphatisch eingeforderte – eigene Entscheidungskraft abzutreten an eine externe Instanz, der allein eine Souveränität der Entscheidung zugetraut wird.

Dieses hier skizzierte Modell ist freilich nicht nur für die moderne oder professionalisierte Konfliktbearbeitung prägend: Vielmehr verläuft von Ältestenräten über unabhängige Gerichte bis hin zu internationalen Gerichtshöfen eine Evolution von immer anonymer und vor allem komplexer agierenden Institutionen, die sich der Lösung von Auseinandersetzungen widmen. Naturgemäß bestehen bei den Beteiligten immer schon Zweifel, was eine solche Veräußerlichung und Auflösung von Konflikten betrifft, oder genauer gesagt: ob die als Schlichter herbeigerufenen Personen wirklich so neutral oder die von ihnen herangezogenen Kriterien wirklich so objektiv sind, wie allgemein behauptet wird. Auch hier reichen die Beispiele von heimlicher Komplizenschaft verdächtigter gemeinsamer Bekannter, die bei einer Aussprache der Eheleute helfen sollen, bis zu überproportional von westlichen Staaten besetzten internationalen Ordnungsgremien, die bei regionalen oder nationalen Krisen eine schlichtende Funktion einnehmen sollen, dabei aber oftmals in Verruf stehen, vor allem ihren eigenen Interessen zu folgen.[282]

Konfliktpragmatik

Wenn hier an verschiedener Stelle von »Konfliktpragmatik« die Rede ist, dann beinhaltet das zugleich immer auch eine nachträgliche »Theoretisierung« und Erläuterungen der Lösung von Konflikten. Zugespitzt formuliert zeichnet sich ein solcher vermeintlich »theoretischer« Zugang also durch eine letztlich praktische Herangehensweise aus. So gesehen geht es hier ja vor allem um ein möglichst schnelles Verschwinden, kaum je um eine tiefer gehende Auseinandersetzung mit den wesentlichen Eigenschaften von Konflikten selbst, sondern vor allem um pragmatische Fragen (deswegen ist es dem überwiegenden Teil der Beschäftigungen mit dem Thema »Konflikt« auch kaum je um eine Diskussion der in diesem Buch analysierten Philosophie, Anthropologie oder politischen Theorie zu tun).

Ein Beispiel dafür ist der Versuch, verschiedene Phasen und Verlaufsformen von Auseinandersetzungen möglichst minutiös zu differenzieren: so etwa einen *regellosen Konfliktaustrag*, der in Form von Kriegen bisweilen ganz auf Kosten anderer Akteure geht; einen *regulierten Konfliktaustrag*, bei dem sich die Konfliktparteien trotz unvereinbarer Ziele zumindest an gemeinsam vereinbarten Normen und Regeln orientieren; weiter die *Konfliktbeendigung*, die durch ein Akzeptieren der Unvereinbarkeit von Zielen gekennzeichnet ist; und schließlich der ebenfalls mögliche Fall einer vollständigen *Konfliktlösung*, bei der alle Beteiligten nicht nur eine Beilegung der offen ausgetragenen Konfrontation vereinbaren, sondern sich die vermeintlich unvereinbareren Positionen de facto als miteinander harmonisierbar erweisen, und alle Beteiligten ihre Ziele ohne Kosten für andere verfolgen können.[283]

Aber selbstverständlich sind auch diese in sich plausiblen Unterscheidungen unvereinbar mit Ansätzen, die von einem ganz grundsätzlichen Zweifel geprägt sind, ob echter Konsens in Bezug auf Konflikte oder ihre vollständige Auflösung im strengen Sinn jemals zu erreichen oder überhaupt wünschenswert ist. Wenn diese nämlich das gesamte Umfeld zweier quer zueinander stehender Positionen umfassen, dann droht bei zwischenzeitlichen Kompromissen immer dann die Gefahr einer langfristigen Intensivierung des Problems, wenn das Provisorische jeder Einigung und das Andauern des zugrunde liegenden Widerstreits übersehen oder ignoriert wird. Daher kann auch kaum je endgültig geklärt werden, wann es sich um einen echten Konsens im Dienste stabiler zukünftiger Kooperation oder wann vielmehr um einen faulen Kompromiss handelt, der letztlich alles nur noch schlimmer macht. Ebenso fließend bleiben die Grenzen zwischen einem Ausweichen vor Konflikten, erzwungener Unterordnung, Delegation an eine dritte Instanz, gewaltsamer Durchsetzung der eigenen Agenda, Kompromissen auf der Basis einer genauen Abwägung von Vor- und Nachteilen oder schließlich dem Finden eines gemeinsamen Konsenses, wie er von vielen Konfliktpragmatikern angestrebt wird.[284]

Das eigene Selbstverständnis der selbst berufenen Konfliktmanager:innen ist durchwegs geprägt von Neutralität und Überparteilichkeit. Wenn Mediatorinnen oder Moderatoren in der Kommunikation über meist dyadisch verstandene Konflikte mal die eine, mal die andere Position einnehmen, dann tun sie dies lediglich im Dienste eines taktischen Ausgleichs (ohne die eine Seite vor der anderen zu bevorzugen) und mit dem sinnvollen Ziel, eine höhere Flexibilität der in ihren Positionen festgefahrenen Protagonist:innen zu erreichen. Sinnvoll ist das deshalb, weil etwa Auseinandersetzungen in Familien oder Betrieben meist dadurch gekennzeichnet sind, dass es keinem der Involvierten gelingt, von der eigenen Sichtweise abzusehen und eine andere Perspektive einzunehmen. Insofern ist die Einübung in die Position des jeweiligen Gegenübers oder Opponenten ein erster und wichtiger Schritt heraus aus der eigenen Abkapselung.

Eine prinzipielle konfliktpragmatische Übereinstimmung scheint auch über die – auf den ersten Blick wiederum ebenso nachvollziehbare – Vermeidung von Eskalation zu bestehen. Nur in Ausnahmefällen, und auch dann nur unter strenger Kontrolle eines neutralen Dritten, wird zu einer »Eskalation von Konflikten« geraten, etwa wenn in passiver Aggressivität festgefahrene Ehepartner motiviert werden, ihren Aggressionen doch einmal freien Lauf zu lassen, oder Opfern häuslicher Gewalt geraten wird, ihre Angst zu überwinden und sich an die Polizei zu wenden. In der großen Mehrzahl der Fälle werden Eskalationen ausschließlich negative Effekte zugeschrieben. Bei andauerndem und negativem Konfliktverlauf wie im Fall komplizierter Scheidungen, in denen gemeinsame Kinder eine klare Trennung unmöglich machen, besteht die Herausforderung von Moderatorinnen und Mediatoren in einer Deeskalation angesichts einer zunehmenden Verhärtung der Positionen, kontraproduktiven Ultimaten und der daraus resultierenden Angst vor einem Gesichtsverlust. In sogenannten *Lose-lose*-Situationen treten die eigenen Interessen – oder diejenigen der Kinder, um die es den Betroffenen zufolge eigentlich gehen soll – in den Hintergrund, und Vorrang hat der Zwang, dem einst so geliebten Konfliktpartner, mit dem man jetzt gar nichts mehr gemeinsam haben will, Schaden zuzufügen.[285] Die Eskalation der irrationalen oder gewalttätigen (Oberflächen-)Symptome eines Konflikts – wohlgemerkt nicht des Konflikts selbst, wie es der Alltagssprachgebrauch fast durchgehend nahelegt – ist darum das Gegenteil der Herstellung eines Konflikts, durch die sich die Involvierten ihrer tatsächlichen Konfliktpartnerschaft bewusst werden könnten, also gemeinsamer Ambivalenzen, Ängste und Interessen, auch nach dem Ende einer Partnerschaft.

Wenn hier darum stattdessen auf ein produktives Potenzial von Konflikten verwiesen wird, dann darf dies keinesfalls mit einer gleichgültigen oder gar zynischen Haltung gegenüber der destruktiven Dynamik eskalierender Gewalt verwechselt werden. Nur wird bei dieser der Konflikt allzu oft mit seinen Symptomen vertauscht und rein negativ gefasst, was meist weder bei der konkreten Analyse eines Gewaltdelikts hilft, noch einem allgemeinen Verständnis von Konflikten dient. Und ist nicht eher der umgekehrte »Normalfall« zynisch, also wenn etwa in Fällen von häuslicher Gewalt von einem »Konflikt« zwischen Ehepartnern gesprochen wird – so als ob die (meist männlichen) Täter und die (meist weiblichen) Opfer zwei gleichberechtigte Konfliktparteien wären? Gerade bei Mediation und Moderation sollte es darum gehen, sich auf Konflikte zu konzentrieren und Situationen, in denen ihre Symptome zu gefährlichen Eskalationen führen, davon auszuklammern, und zwar nicht nur de facto – indem man beispielsweise die Polizei einschaltet, wenn jemand gewalttätig wird –, sondern auch sprachlich. In Wahrheit erschwert nämlich diese sowohl alltagssprachliche als auch im Konfliktmanagement gebräuchliche Redeweise, die Konflikt und eskalierende Gewalt nicht voneinander trennt, das Auffinden tiefer liegender, zuweilen auch gesellschaftlicher Gründe und Grundkonflikte, die für weit verbreitete Phänomene wie männliche Gewalt oder Femizide verantwortlich sind.[286]

Die nachvollziehbar pragmatische Ausrichtung professioneller Konfliktbetreuer:innen kommt auch in einer Vielzahl an zu Reputations- oder Werbezwecken geschriebenen Konfliktratgebern zum Ausdruck. Deren ergebnisorientierte Ausrichtung ist entweder der Not der Umstände geschuldet (drohender Bruch eines Waffenstillstands), dem Bedürfnis der Konfliktpartner (im Fall von Scheidungsberatung) oder der Erwartungshaltung der Auftraggeber (aus der Wirtschaft – Stichwort unrentable »Konfliktkosten«[87]). Mit der in vielen Fällen akut und eilig benötigten *Konfliktbeilegung* geht jedoch einher, dass kaum je Zeit für eine genaue Definition dessen bleibt, was alle diese so verschiedenen Bereiche gemein haben, sodass eben der »Konflikt« als Sammelbezeichnung für ganz unterschiedliche Phänomene herhalten muss: als Grund für mangelnde Effizienz im Büroalltag, für psychologische Blockaden in Langzeitbeziehungen oder für bewaffnete Auseinandersetzungen zwischen Nationalstaaten.

In diesem definitorischen Desinteresse und der naiven Selbstverständlichkeit, mit der eine solch unspezifische Begriffsverwendung auch (und gerade) von professionell mit »Konflikten« Befassten zum Einsatz gebracht wird, kommt gleichwohl eine tiefere Wahrheit zum Ausdruck. Denn dass die gemeinhin sogenannten »zugrunde liegenden Konfliktursachen« eine wichtige Rolle spielen, wird natürlich von kaum einer der divergierenden Schulrichtungen oder Konfliktlösungsmethoden prinzipiell infrage gestellt. So wird letztlich auch kein noch so pragmatisch ausgerichteter Gruppendynamiktrainer gänzlich davon abraten, ein zumindest grobes Verständnis der Kontexte der Auseinandersetzung zu gewinnen. Dies geschieht aber eben nicht unbedingt im Dienst einer korrekten oder gar vollständigen Beschreibung der jeweiligen Konfliktsituation oder gar zum Zweck eines präzisen Verständnisses dessen, was Konflikte von gehässigen Streitereien, unproduktiven Aggressionen oder blutigen Auseinandersetzungen unterscheidet, sondern schlicht und einfach mit dem Ziel, die entsprechende Intervention anschließend präziser vornehmen zu können.

Angesichts dieser offensichtlichen Limitierungen sollen aus der unüberschaubaren Menge an konfliktpragmatischen Ratgebern sowie theoretischen Ansätzen und Methoden hier nur zwei Konzepte kurz genauer diskutiert werden, die zugleich beide auf ihre Weise über das Feld der Konfliktpragmatik hinausweisen: zum einen der im Bereich der internationalen Beziehungen einflussreiche, auf der Annahme von *Basic Human Needs* (BHN) aufbauende Ansatz John Burtons sowie zunächst der Versuch einer konfliktpragmatischen Neuausrichtung durch Bernard Mayer.

Ein neues Paradigma im Konfliktmanagement: *Staying with Conflict*

Vor einigen Jahren hat der amerikanische Mediator und Konfliktpraktiker Bernard Mayer in seinem Buch *Staying with Conflict* nicht weniger als eine Neuausrichtung seiner gesamten Profession gefordert. »Als Trainer für Konfliktintervention bin ich viele Jahre lang davon ausgegangen, dass das Wachstum von Individuen, Gemeinschaften, Organisationen und Gesellschaften von zwei Variablen in der Konfliktgleichung abhängt: einerseits dem Wissen, wie und wann ein Konflikt zu initiieren oder auf eine höhere Intensitätsstufe zu heben ist, und andererseits dem Wissen, wie Konflikte klug und umfassend gelöst werden können. Mittlerweile bin ich zu der Überzeugung gelangt, dass es noch eine entscheidende dritte Variable gibt: das Wissen, wie man auf Dauer bei einem Konflikt bleibt [*how to stay with conflict over time*] – beharrlich, effektiv und verantwortungsvoll.«[288]

Noch einige Jahre vor Donna Haraways programmatischem Plädoyer *Staying with the Trouble* (dt. *Unruhig bleiben*)[289] hat Mayer damit falsche Aussöhnungen und Schlichtungen zugunsten eines »Bleibens« oder »Verweilens« bei Unversöhnlichem verabschiedet. Anhaltende Konflikte (*Enduring Conflicts*) zeichnen sich nun gerade dadurch aus, dass sie mit weitergehenden sozialen und politischen Strukturen verbunden sind und Fragen zu den jeweiligen Machtverhältnissen aufwerfen.[290] Und nicht zufällig revidiert Mayer seine jahrzehntelang praktizierten konfliktpragmatischen Ansichten in einem Buch, das wiederholt auf in Zukunft – und wie wir noch genauer nachvollziehen müssen: aus der Zukunft – unlösbare Konflikte etwa im Kontext von Umweltveränderungen eingeht.[291] Der Glaube an eine endgültige oder vollständige Lösung durch umfangreiche Verhandlungen und allumfassende Verträge ist nicht nur ein Irrtum, sondern bedeutet zudem eine drastische Reduktion der Handlungsoptionen in diesen ökologische, ökonomische wie politische Aspekte vereinenden und damit letztlich den ganzen Planeten umfassenden Auseinandersetzungen: »Was wir entwickeln müssen, ist ein stabiles System aus Kommunikation, Verhandlung, möglichen Teilvereinbarungen und beständigem Kampf.«[292]

Gegen die beiden naheliegenden Optionen von Fatalismus und Idealismus betont Mayer die problematischen Konsequenzen eines vermeintlichen Lösens von Konflikten, das in Wahrheit ein Ausweichen vor ihnen ist. Die erste strategische Herausforderung lautet daher, stattdessen aktiv Konflikte herzustellen (*to construct conflict*), und zwar mit dem Ziel, längerfristig tragfähige Umgangsweisen mit Konfliktsituationen zu ermöglichen.[293] Für die Arbeit des in der Zukunft des 21. Jahrhunderts angekommenen Konfliktpragmatikers bedeutet das nicht weniger als eine komplette Hinterfragung der bisherigen Praxis seiner Disziplin mit ihrem Fokus auf Heilung durch Konfliktlösung. Damit verschieben sich dann auch die eingeübten Umgangsweisen mit dem üblicherweise angenommenen teleologischen Lebenszyklus von Konflikten: »Können wir in Bezug auf Konflikte unseren Fokus verschieben – von Prävention, Management und Lösung hin zu Antizipation, Unterstützung und Engagement?«[294]

Auch die erfahrenste Dosierung und noch das virtuoseste Spiel auf der Klaviatur von Eskalation und Deeskalation führt nämlich zu keiner Auflösung struktureller oder planetarischer Konflikte, die in einer Situation fest implementiert und verhältnismäßig veränderungsresistent sind. Entscheidend ist angesichts dessen nun, dass Mayer – nicht anders als Haraway – das erzwungene Dranbleiben an nicht auflösbaren Konflikten keineswegs als notwendigen Kompromiss oder gar als professionelles oder persönliches Scheitern einstuft. Das Andauern und Annehmen von Konflikten qua Auseinandersetzung ist ihm zufolge gerade umgekehrt die Voraussetzung für ein gelungenes Leben. Erst die Herstellung von und das Verweilen bei Konflikten ermöglicht die volle Entfaltung unserer Selbst: »Staying with conflict is what allows all of us to lead life to the fullest.«[295]

Basale menschliche Bedürfnisse

Bereits Mitte des 20. Jahrhunderts hat der australische Diplomat und Konfliktforscher John Burton eine Theorie von *Basic Human Needs* (BHN) entwickelt und zum Ausgangspunkt seiner Überlegungen zur Lösung von Konflikten gemacht. Dieser Ansatz ist für uns nicht nur deshalb relevant, weil er auf ganz verschiedenen Ebenen der Konfliktbearbeitung Anwendung gefunden hat, sondern auch, weil er einen interessanten Versuch unternimmt, die Bedeutung von Konflikten genauer einzugrenzen und von bloßen Streitfällen zu unterscheiden, und wir dabei zugleich nachvollziehen können, wie er bei diesem Versuch an politische und ökonomische Grenzen stößt. Burton bezieht sich zunächst einmal auf das als »Bedürfnispyramide« bekannt gewordene Hierarchiemodell menschlicher Bedürfnisse des amerikanischen Sozialpsychologen Abraham Maslow. Dieses reicht auf der Basis physiologischer Bedürfnisse wie Wasser und Nahrung in mehreren Stufen über Sicherheit, Intimität und Freundschaft bis zur Erfüllung des eigenen Potenzials an der Spitze der Pyramide. Im Hinblick auf sein Verständnis von Konflikten legt Burton den Fokus auf die unhintergehbaren, unveränderlichen basalen Bedürfnisse.

Nur diesen ein für alle Mal gegebenen, quasi ontologischen, transkulturell und -historisch fixen Bedürfnissen des Menschen gesteht Burton ein tatsächliches Konfliktpotenzial zu. Nur, wo es um eine Bedrohung unveräußerlicher Bedingungen menschlichen Lebens geht, die keinen (und schon gar keinen faulen) Kompromissen zugänglich sind, da ihre Kompromittierung den Menschen selbst gefährden oder in seinem Wert herabsetzen würde – nur dort hätten wir es mit Konflikten zu tun. In allen anderen Fällen spricht Burton eher von »Disputen«.[296] Worüber sich (noch) disputieren lässt, das betrifft noch nicht den existenziellen Kern einer Person oder Gemeinschaft – so lässt sich dieser Ansatz zusammenfassen (wobei natürlich auch Burton selber und noch mehr seine zahlreichen Nachfolger:innen im Zuge ganz unterschiedlicher Anwendungen unzählige Nuancierungen der BHN-Theorie vorgenommen haben).[297] Obwohl in Konfliktratgebern gerne recht oberflächlich unter »Verteilungskonflikten« subsumiert, wäre etwa der Wunsch, mehr zu verdienen als eine Kollegin, mit Burton verstanden kein anthropologisches Grundbedürfnis und somit auch kein Konfliktgrund. Wenn jedoch weltweit immer mehr Arbeitnehmer:innen fünf- oder sechsmal wöchentlich ganztags einer oder sogar mehreren schlecht bezahlten Lohntätigkeiten nachgehen müssen, dann kann das mit oder ohne Marx als Ausdruck eines Grundkonflikts unserer Gesellschaft zwischen Kapital und Arbeit verstanden werden, dem sogenannte »Machtkonflikte« als Resultat unklarer Hierarchien, versteckter Abhängigkeiten oder falscher Autoritäten in jeder Hinsicht nachgeordnet sind.

Folgt man den Ansätzen der BHN-Schule, dann handelt es sich letztlich auch bei Konflikten aufgrund basaler menschlicher Bedürfnisse um ein Zusammenspiel verschiedener, auch externer Faktoren. Eine Rolle spielen dabei etwa die Wichtigkeit des blockierten Ziels, die Intensität der Verlusterfahrung, deren Dauer oder Frequenz ebenso wie eine Antizipation eingebildeter oder tatsächlicher Bestrafungen, die je nach Alter, Geschlecht oder sozialer Situation zu anderen Reaktionen führt: etwa auf einen wiederholten Jobverlust oder die erneut gescheiterte Bewerbung, die eine zukünftige Anstellung und damit Aussicht auf sicheren Lebensunterhalt, zwischenmenschliche Wertschätzung und gesellschaftliche Anerkennung immer prekärer werden lassen.[298]

Die Entstehungs- und Erfolgsgeschichte von Burtons Ansatz fällt zeitlich zusammen mit der Ausbreitung der Konfliktsoziologie und ist verbunden mit einem für den Aufbruch der Nachkriegsjahrzehnte typischen Wissenschaftsoptimismus. In Burtons Fall führte dieser Zeitgeist zu jener transdisziplinären Öffnung und Überkreuzung etwa von psychologischen, soziologischen und politikwissenschaftlichen Ansätzen, die in der Etablierung eines neuen interdisziplinären Forschungsfelds der »Konfliktlösung« (*Conflict Resolution*) mündete.[299] Diese disziplinäre Öffnung wurde weiter befeuert durch eine Hinterfragung bis dahin dominanter politischer Paradigmen innerhalb der Sozialwissenschaften, also auch auf dem Feld der internationalen Beziehungen und hier besonders mit Blick auf soziale Konflikte.

Wissenschaftlichen und politischen Optimismus verbindend, wendeten sich Burton und seine Nachfolger explizit gegen das bis dahin dominante, vermeintlich »realistische« (in Wahrheit oft nur pessimistische, opportunistische oder zynische) Modell geopolitischer Konflikttheorie, dem wir – von Hobbes bis Huntington – bereits als einem Dauerbrenner konservativer politischer Theoriebildung begegnet sind.[300] Das auf dieser »realistischen« Konflikttheorie[301] aufbauende Modell internationaler Beziehungen zwischen Staaten denkt globale Politik als Nullsummenspiel, bei dem die eigenen Vorteile nur auf Kosten der damit automatisch als Gegner gesetzten Anderen möglich sind.

Im Gegensatz dazu orientierte sich Burton an einem sogenannten *World Society Paradigm* und untersuchte ein komplexes Netz an nicht nur nationalstaatlichen Protagonisten, sondern auch diversen anderen politischen und wirtschaftlichen Akteur:innen. Die konkrete Hoffnung dabei lautete, dass von der BHN-Theorie abgeleitete Prozesse der Konfliktlösung dazu beitragen könnten, gewalttätige Auseinandersetzungen zu vermeiden oder zu *vor*meiden (*provent*): »Aus diesem Grund wurde der neue Begriff ›*Pro*vention‹ eingeführt, um dessen Entscheidungsfunktion von ›Prävention‹ abzugrenzen, womit in der Regel lediglich mehr Polizei auf den Straßen gemeint ist, ohne dass man sich um Problemursachen oder Maßnahmen zu ihrer Beseitigung kümmert.«[302]

Wir müssen hier nicht die unterschiedlichen Konjunkturen von Burtons Ansatz im Detail nachvollziehen (seine rasche Ausbreitung und Blütezeit in den 1970er-Jahren, eine Marginalisierung im Zuge der konservativen Revolution der Thatcher- und Reagan-Jahre, schließlich seine wieder stärkere Berücksichtigung in jüngerer Zeit). Relevanter für unsere historische Rekonstruktion auf dem Weg zu einer produktiven Konflikttheorie ist dagegen ein prinzipieller Zweifel an Burtons humanistischer Grundidee, der auch für die aus ihr resultierenden Lösungsstrategien nicht folgenlos bleiben kann. Vor allem von progressiver Seite gibt es Kritik etwa an der Selbstverständlichkeit, mit der quasi ontologische und transkulturell feststehende menschliche Bedürfnisse angenommen werden, so als ob es ein überhistorisches Wesen des Menschen gäbe, das aus der Vergangenheit überliefert auch in der Zukunft unverändert bliebe. Der konkrete Einwand aus postkolonialer und feministischer Perspektive lautet hier, dass eine solche vermeintlich universelle Annahme in Wahrheit bloß die Verallgemeinerung einer partikularen Position bedeute, die schlicht so dominant oder gar hegemonial sei, dass alle Abweichungen von ihrer Norm als blinde Flecken erscheinen. »Der Mensch« dieser Theorie ist demnach eher nur der weiße westliche Mann, dessen »basale menschliche Bedürfnisse« durchaus in Konflikt mit denjenigen anderer Kulturen oder Geschlechter stehen.[303]

Aus Sicht Burtons haben die (vermeintlich universellen) basalen Bedürfnisse einen Vorrang vor mit Geschlecht, sozialer Klasse oder ethnischer Zugehörigkeit verbundenen Werten – eine Berechtigung für »Konflikte« wird nur den ersteren zugestanden. Abweichungen von der als neutral verstandenen männlichen, weißen Norm werden darauf reduziert, was die marxistische Theorie einmal – im Gegensatz zum ökonomischen »Hauptwiderspruch« – als »Nebenwidersprüche« bezeichnet hat. Dieser Punkt verweist also auf ein theorieimmanentes Dilemma: dass nämlich auch eine solche Unterscheidung von Werten und Bedürfnissen von allen Beteiligten geteilt werden muss, um tatsächlich Anspruch auf Wahrheit zu haben.[304] Wo das nicht der Fall ist, also wenn eine Seite sich nicht als solche gleichberechtigt angesprochen fühlt, wackelt der Anspruch auf Reziprozität der Konfliktpartner, die eine wichtige Voraussetzung für ein soziales Umfeld ist, in dem Hoffnung auf eine proaktive – oder in Burtons Sinne *pro*ventive – Regulierung von Konflikten bestehen soll.

Und schließlich erinnert auch Burtons strikte Eingrenzung von Konflikten auf vermeintlich basale menschliche Bedürfnisse an die Unterscheidung von guten und schlechten, eigentlichen und uneigentlichen Konflikten (indem bei ihm alle Konflikte, in denen es »nur« um Diskutierbares geht, nicht als Konflikte gelten). Diese Unterscheidung aber, nach der Konflikte sich als solche legitimieren müssen, kann, wie bereits bemerkt, dazu dienen, gerade das auszugrenzen, womit sich eine Gesellschaft nicht auseinandersetzen will. Dabei wird nicht zuletzt auch deutlich, wie groß die Zahl von Konfliktpraktikern und -theoretikerinnen ist, denen im Rahmen ihrer Ansätze der Gegenstand abhandenkommt: indem sie den Konflikt entweder in harmonischer Lösung zu überwinden suchen oder aber ihm gerade da seine Legitimität und somit seine Existenz absprechen, wo er sich in Form von besonders schmerzhafter Reibung zeigt.

Der Konflikt des Rechts

Die auf universelle menschliche Bedürfnisse rekurrierenden Überlegungen zu Konflikten und ihren Lösungen erinnern nicht zufällig an eine Politik, die sich auf allgemeine Menschenrechte beruft, und ihre Entwicklung fällt nicht zufällig in die Zeit der Entstehung und Stärkung einer internationalen Ordnung auf der Grundlage weltweit gültiger Regeln. Die Vorstellung eines überzeitlichen oder geschichtliche Veränderungen überdauernden Wesens des Menschen korreliert mit der impliziten Annahme von »Recht« als einer über oder jenseits von Konflikten stehenden Kategorie. Die konflikttheoretische Berufung auf universelle (Menschen-) Rechte setzt voraus, dass diese nicht selbst von Konflikten geprägt sind, weil sie anderenfalls nicht zu deren Beilegung taugen würden. Wie zu Beginn dieses Kapitels erwähnt, schlage ich (nicht zuletzt mit Blick auf ein neues Verständnis von Zukunftskonflikten) die umgekehrte Perspektive vor, nämlich Recht als eine konfliktermöglichende Instanz zu verstehen.

Das gilt insbesondere für die Idee eines *universellen* Rechts, ist doch die Kategorie des Universellen selbst von einem für unsere Frage zentralen Konflikt durchzogen. So schreibt der Philosoph Étienne Balibar mit Blick auf Hegels Vorstellung von »Widerspruch« und dessen Reformulierung bei Lyotard als »Widerstreit« (*différend*): »Einerseits ist *jede Verkündung des Universellen* (etwa die ›Menschenrechte‹) in einem geographischen und historischen Kontext verortet (den man als Kultur bezeichnen könnte), der sie in Form wie Inhalt beeinflusst. Andererseits dient die Verkündung des Universellen weniger einer Einigung der Menschen als vielmehr einer Förderung *inner- wie zwischenmenschlicher Konflikte.* Mit anderen Worten: Sie eint nur, indem sie trennt.«[305]

Die Funktion von universalen Kategorien wie den Menschenrechten bestünde demnach darin, einen Konflikt herzustellen insofern, als sie selbst auf das empirische Ungenügen in ihrer Umsetzung verweisen. Dass die vermeintlich »allgemeinen« Menschenrechte Ende des 18. Jahrhunderts durch ein paar wenige amerikanische und französische (und vor allem ausschließlich männliche) Revolutionäre ausgerufen wurden,[306] braucht deswegen nicht als ein ewiges Ungenügen abgetan, sondern kann vielmehr als produktives Konfliktpotenzial verstanden werden. Erst die Formulierung des allgemeinen, universellen Grundsatzes ermöglicht nicht nur immer weitere Inklusionen (etwa von Frauen und anderen Ethnien oder zukünftig noch ganz Anderen),[307] sondern, wie wir sehen werden, auch beständige Auseinandersetzungen über die mangelnde Vollständigkeit sowie – damit verbunden – richtigere und inklusivere Verständnisse der sich historisch verändernden Kategorien »Mensch« und »Recht«.

Es macht daher an dieser Stelle wenig Sinn, eine jahrhunderte- oder gar jahrtausendelang erbittert geführte Debatte darüber fortzusetzen, ob Rechte denn nun gesellschaftliche Probleme lösen und soziale Veränderungen ermöglichen, oder ob umgekehrt die Gesetze stets von den Mächtigen in ihrem eigenen Interesse am Fortbestand des Status quo festgeschrieben werden. Ähnliches gilt für den Ideologieverdacht und die mögliche Instrumentalisierung internationalen Wirtschafts- oder Kriegsrechts[308] in einer langen und noch immer andauernden Kolonialgeschichte – so als ob schon der bloße Hinweis auf solche Missstände eine Ablehnung jedweder transnationalen Vereinbarungen und der damit verbundenen zivilisatorischen Errungenschaften bedeuten würde.[309]

Ob die Berufung auf Menschenrechte durch internationale Organisationen wie UNO[310] oder NATO dazu beiträgt, gewalttätige Auseinandersetzungen zu lösen, oder umgekehrt das internationale Recht eine manipulierbare und korrumpierte Instanz ist, die bestehende Machtverhältnisse und existierende strukturelle Gewalt fortschreibt, das kann nicht per se entschieden werden. Entgegen einem solchermaßen reduzierten und polarisierten Verständnis von Recht und Konflikt sollten wir uns nicht zuletzt mit Blick auf die Konflikte der Zukunft darin üben, beide zusammen zu denken. Statt auf der einen Seite Konflikte nur negativ zu konnotieren und das Recht auf der anderen Seite mit ihrer Korrektur und Auflösung zu überfrachten, ist es höchste Zeit, sowohl die produktiven Aspekte von Konflikten zu verstehen *als auch* die Rolle, die das Recht dabei spielen kann.[311]

Das Recht des Konflikts

Zunächst einmal sehen wir uns an dieser Stelle mit einer bedrohlichen Reihe von Fragen konfrontiert: Taugen rechtliche Vereinbarungen überhaupt zur Hegung oder Eindämmung von Kriegen? Woran liegt es, dass global ausgerichtete Institutionen trotz aller offiziellen Unterstützung vonseiten ihrer Mitgliedsstaaten im Ernstfall doch so wenig ausrichten können? Liegt das nur daran, dass internationales Recht nicht ausreichend anerkannt oder von staatlichen wie nicht staatlichen Akteuren nur teilweise befolgt wird? Fehlt es der Völkerrechtsordnung also trotz ihrer nationalen Rechtsordnungen vergleichbaren Konfliktbewältigungsstrategien einfach nur an lokalen Gerichten und exekutiven Organen wie etwa einer transnationalen Polizei? Oder ist ein nationales – wie auch ein nach ihm modelliertes internationales – Rechtsverständnis schon längst nicht mehr auf der Höhe der gegenwärtigen planetarischen Konflikte?

Auch wenn wir die Vielzahl der an dieser Stelle auftretenden Fragen und Unklarheiten nicht endgültig entwirren können, hilft doch der Hinweis auf die intrinsische Verbundenheit von Konflikt und Recht. Zunächst betrifft das die zu Beginn des Kapitels erwähnten Inkohärenzen zwischen verschiedenen Rechtsformen (wie privatem und nationalem Recht) oder unterschiedlichen Rechtstraditionen (etwa dem angloamerikanischen *Common Law* und dem kontinentaleuropäischen Zivilrecht). Wichtiger noch ist allerdings die schon mehrfach angesprochene Umwertung im Verhältnis von Recht und Konflikt: ein *Konfliktrecht* also weniger im Sinne einer Rechtsprechung über Konflikte, sondern als Katalysator eines produktiven Herstellens und Austragens von Konflikten, auf nationaler nicht anders als auf internationaler Ebene (auch wenn all das für eine planetarische Ebene noch unzureichend bleibt, wie wir am Ende dieses Buchs sehen werden).

Das Recht ist weder »neutral« noch »eindeutig«, und die gesellschaftlichen Konflikte, die in Rechtstreitigkeiten zutage treten, werden durch Urteile zwar bei(seite)gelegt, aber nicht unbedingt gelöst. Das wird einerseits schon an den langwierigen Entscheidungsfindungen der Rechtsprechenden und den umfangreichen Urteilsbegründungen ersichtlich. Andererseits leuchtet das aus den Begründungen selbst unmittelbar ein, etwa wenn das deutsche Bundesverfassungsgericht urteilt, ein Verbot von Märschen im Angedenken an den Nationalsozialisten Rudolf Heß verstoße nicht gegen die Meinungs- und Versammlungsfreiheit, weil, wie es in der Begründung heißt, das Grundgesetz »als expliziter Gegenentwurf zum Nationalsozialismus verstanden« werden kann – sodass die Ausnahme gerechtfertigt sei und kein Verstoß gegen das Grundgesetz vorliege.[312] Und noch etwas wird hier deutlich: dass im Rechtsstreit nicht zwingend oder auch nur vordergründig Interessen miteinander in Konflikt stehen, sondern Werte, in diesem Falle die Meinungs- und Versammlungsfreiheit und der in Deutschland aus verständlichen Gründen geltende Anspruch, die öffentliche Verherrlichung nationalsozialistischer Gewalt nicht zuzulassen.

Doch das Recht kann nicht nur Auseinandersetzungen beilegen, es kann sie, wie gesagt, auch hervorbringen und dabei erst Konflikte zum Vorschein treten lassen. So ist etwa das historische Urteil des Bundesverfassungsgerichts vom 24. März 2021 zum Klimaschutz zu verstehen: Indem die obersten Richter:innen die Politik darauf verpflichten, ihre Maßnahmen gegen den Klimawandel »auch mit Blick auf die künftigen Generationen« zu treffen und die »Schonung künftiger Freiheit« im Auge zu behalten, lassen sie einen grundlegenden Zeit- und Zukunftskonflikt zutage treten, dessen Herstellung und Entscheidung sie der Politik zur Aufgabe machen.[313] (Diese Fragen werden uns im dritten Teil des Buchs noch eingehender beschäftigen.)

Dass es kein neutrales Recht jenseits gesellschaftlicher Konflikte gibt, ist wiederum kein Grund, das Recht grundsätzlich als kompromittiert zu betrachten, weil die herrschenden Gesetze nun mal meist von den Herrschenden und Besitzenden festgesetzt werden (so etwa ein auf Superreiche zugeschnittenes Steuerrecht oder Einwanderungsgesetze, die genau genommen Nichteinwanderungsgesetze oder Einwanderungsverhinderungsgesetze für die Mehrheit des Planeten darstellen). Aus der Sicht des belgischen Rechtsphilosophen Laurent de Sutter handelt es sich hier zudem um ein Missverständnis in Bezug auf zwei grundsätzlich verschiedene Kategorien, ja sogar um einen »fundamentalen Konflikt zwischen Gesetz und Recht«.[314] Aus der kulturgeschichtlichen Überlieferung rekonstruiert de Sutter ein freies, dynamisches Recht »vor dem Gesetz« – also vor seiner starren Kodifizierung –, das zugleich den Blick freimacht für einen Zustand im Zeichen eines solchen Rechts *nach* der Herrschaft des Gesetzes.[315] Somit werden also auch die mannigfachen Differenzen und (scheinbaren) Widersprüche zwischen Recht und Gesetz plausibel, ebenso wie diejenigen zwischen allgemeinem Rechtsempfinden und seinen spezifischen Ausformulierungen oder zwischen einem abstrakten Gesetz und seiner konkreten Umsetzung. Die in diesem Konfliktbereich, dieser Zwischenzone mögliche Gewalt ist aber weder dem Konflikt noch dem Recht geschuldet, sondern ist schlicht Ausdruck der Welt, in der wir leben.[316]

Die Anerkennung eines bestehenden Konflikts geht mit der Einsicht in konfligierende Dimensionen des Rechts einher. Einen Konflikt im Recht selbst anzuerkennen und Rechtskonflikte produktiv zu machen bedeutet, sich nicht nur mit dem gegenwärtigen Status quo des Rechts auseinanderzusetzen, sondern auch mit der generellen Tendenz, die Gegenwart in Gesetzen festzuschreiben. Wir werden sehen, dass das vor allem mit Blick auf eine immer bedrohlicher auf uns zukommende Zukunft gilt, die per Definition nicht zu verrechtlichen ist, deren Konflikte aber doch bereits heute eine fundamentale Herausforderung für unser gegenwartsfixiertes Rechtsverständnis – und schlimmer noch: für rückwärtsgewandte und vergangenheitsorientierte Institutionen der Rechtsprechung wie den US Supreme Court – darstellt.

Zu der Fehlerhaftigkeit und mangelnden Transparenz der real existierenden globalen Konfliktlösungsinstitutionen kommen in der (post-)anthropozänen Gegenwart und Zukunft aber noch gewichtigere Einwände hinzu. Erstens die grundsätzliche Frage, ob solche vermeintlich konfliktexternen Institutionen überhaupt legitim sein können oder ob sie das vorhandene Konfliktpotenzial nicht vielmehr nur verdrängen, sodass die Konflikte anderswo in verstärkter Form wieder auftauchen. Damit verbunden ist der zweite fundamentale Einwand, ob es denn überhaupt möglich wäre, solch eine höhere Instanz auf planetarischer Ebene zu konstituieren, wie wir es mit unabhängigen Gerichten auf lokaler Ebene oder mit Polizei und staatlichem Gewaltmonopol auf nationaler Ebene gewohnt sind. Denn schon um einiges schwieriger sieht es bekanntlich mit der Etablierung von Konfliktlösungsinstanzen auf inter- und transnationalem Terrain aus: So fehlt etwa dem Völkerrecht eine dem nationalstaatlichen Zwang analoge exekutive Macht, derer es zur tatsächlichen Durchsetzung einer internationalen Rechtsordnung letztlich bedürfte.

Vor diesem Hintergrund wird die noch einmal weit größere Herausforderung – wenn nicht die Unmöglichkeit – deutlich, unter den planetarischen Auspizien des (Post-) Anthropozäns eine vom Klima- und Umweltwandel unbehelligte neutrale Dritte zu finden. Wie könnte eine transnationale Judikative ihre Urteile zu Verbrechen gegen die (zukünftige) Menschheit als Ganze fällen, und wen würde sie adressieren? Und wären nicht neben urteilenden Instanzen auch solche zur Erarbeitung positiver Alternativen gefordert? Aber auch für konkrete Handlungsanweisungen, die

Verpflichtung auf einen Green New Deal oder Formen des Geo-Engineerings wäre jeweils erst eine wissenschaftliche und politische Einigung herzustellen, wer von den entsprechenden Maßnahmen profitiert und wer nicht. Doch die größte Herausforderung mit Blick auf eine Lösung der im Anthropozän prägenden Zukunftskonflikte wird darin bestehen, dass sämtliche Anstrengungen in ihren Wirkungen in der Gegenwart nur schwer nachweisbar oder zuzuordnen sein werden. Nicht nur, aber insbesondere für die Umweltveränderung gilt, dass ihre Effekte zum großen Teil in einer zukünftigen Gegenwart liegen und nur aus der Zukunft auf unsere Gegenwart wirken.

Umso wichtiger freilich ist eine die dominante Konfliktpragmatik ergänzende – und ihre impliziten theoretischen Grundannahmen teilweise ersetzende – neue Theorie des Konflikts. Wir können es uns schlichtweg nicht länger leisten, auf eine Lösung von »Konflikten« zu hoffen, ohne genauer zu definieren, was darunter im Unterschied zu allem möglichen anderen von »Auseinandersetzung« über »Streit« bis »Zwiespalt« gemeint ist. Aus konflikttheoretischer Sicht macht es dabei keinen Unterschied, ob eine trennscharfe Definition als überflüssig oder unmöglich erachtet wird. Für unsere Zukunft verheißt es nichts Gutes, wenn sich die für Konflikt zuständigen Spezialist:innen damit abfinden wollen, dass – wie eine Studie zu internationalen Beziehungen resignativ formuliert – »Unterscheidungen zwischen Konflikten und Nicht-Konflikten bestenfalls unscharf sind und schlimmstenfalls überhaupt nicht getroffen werden«.[317]

Exkurs zur Rechtsphilosophie: Habermas und Luhmann

Bevor wir im nächsten Kapitel schließlich versuchen, auch der Vorstellung von *Konflikttheorie* eine neue Bedeutung abzugewinnen, ist es hilfreich, zunächst noch auf zwei Philosophen und Theoretiker einzugehen, deren Arbeit für das intellektuelle Klima der Bundesrepublik prägend war: Niklas Luhmann und Jürgen Habermas. Habermas ist wohl der Philosoph des 20. Jahrhunderts, der in der Nachfolge Immanuel Kants am häufigsten als Vordenker einer kosmopolitischen Weltbürgerschaft und der Möglichkeit internationaler Friedenskonstruktionen genannt wird. Zugleich versteht sich seine Studie *Faktizität und Geltung* von 1992 nicht nur als Beitrag zu einer *Diskurstheorie des Rechts*, wie es im Untertitel lautet, sondern widmet sich auch der Frage einer rechtlichen Beilegung von Konflikten.[318]

Obwohl man Habermas ähnliche Vorurteile entgegengebracht hat wie Kant, argumentiert auch er keineswegs auf der Basis einer idealistischen Annahme von Konfliktfreiheit. Und doch hält er Konflikte im Sinne kommunizierbarer Widersprüche für lösbar, impliziert doch die bloße Verwendung von Sprache bereits ein Einverständnis zu wechselseitiger Verständigung. (Nicht zuletzt von daher erklären sich auch Habermas' bekannte Formulierungen vom »zwanglosen Zwang« des besseren Arguments sowie von einem Geltungsanspruch auf universelle Zustimmung.) Das den gesellschaftlichen Zusammenhalt bedrohende Risiko von Dissensen oder Konflikten kann daher, wie Thorsten Bonacker schreibt, »durch Verständigungsprozesse und kommunikative Konfliktlösung gemindert werden«, und zwar im Rahmen des modernen Rechtssystems durch den »faktischen Zwangscharakter des Rechts bei gleichzeitiger legitimer Geltung aufgrund der intern ablaufenden Verständigungsprozesse«.[319]

Habermas teilt an dieser Stelle zentrale Prämissen der oben diskutierten bürgerlichen Konfliktsoziologen, etwa das Vertrauen in Recht oder die Steuerungsmedien Geld und administrative Macht, also in die rechtliche Institutionalisierung von Märkten und bürokratischen Organisationen.[320] Gegen aus seiner Sicht konservative Autoren wie Luhmann beschreibt Habermas die »konfliktbewältigende Integrationsleistung des Rechts« so: »In funktional ausdifferenzierten Gesellschaften ist Recht darauf spezialisiert, Erwartungen in der zeitlichen, sozialen und sachlichen Dimension übereinstimmend so zu generalisieren, daß in kontingent auftretenden Konfliktfällen bindend nach dem binären Code von Recht und Unrecht entschieden werden kann.«[321]

Und in der Tat beschreibt Niklas Luhmann das Verhältnis von Recht und Konflikt geradezu umgekehrt. »Auch Moral und vor allem Recht wirken *konfliktfördernd*, indem sie in Aussicht stellen, daß man mit der eigenen Position auf der richtigen Seite liegt und die Gegenseite der öffentlichen Ablehnung oder gar der Sanktionierung durch Gerichte aussetzen kann.«[322] Konflikte werden Luhmann zufolge auch nicht dadurch gelöst, dass man über sie spricht, vielmehr verselbstständigen sich Widersprüche durch Kommunikation. »Es ist demnach prinzipiell verfehlt, Konflikte auf ein Versagen von Kommunikation zurückzuführen (so als ob Kommunikation etwas ›Gutes‹ sei, das scheitern könne). Die Kommunikation ist der autopoietische Prozeß sozialer Systeme, der weiterläuft über alle kooperativen oder antagonistischen Episoden hinweg, solange er weiterläuft. Konflikte dienen also gerade der Fortsetzung der Kommunikation.«[323] Für unsere Frage nach einer Konflikthaftigkeit des Rechts selbst kann also mit Luhmann festgehalten werden, dass das Rechtssystem die Chance auf Konflikte eher vermehrt, weil »Recht und Moral darauf angelegt sind, Konflikte hervorzurufen«, während sie zugleich ihre gewaltsame Austragung verhindern.[324]

Mit Blick auf unsere Betrachtung der Konfliktmetaphorik im Bereich der Mikrobiologie zu Beginn dieses Buchs ist es an dieser Stelle erwähnenswert, dass Luhmann zufolge das Rechtssystem die Funktion eines konfliktuellen Immunsystems einnimmt, das dabei hilft, gesellschaftliche Auseinandersetzungen zu regulieren: Denn eine »Gesellschaft muß hinreichend viele, noch unbesetzte Konfliktchancen bieten, will sie ihr Immunsystem reproduzieren«.[325] Im Vorgriff auf das folgende Kapitel, das eine grundsätzliche Identifikation von Theoriebildung mit Konflikt analysiert, kann auch Luhmann schon als Fall eines impliziten und performativen Konflikttheoretikers genannt werden. Für ihn ist Theorie selbst konfliktuell aufgeladen, auch und gerade dort, wo er sich explizit gegen eine (marxistische) Konflikttheorie mit ihrem Fokus auf Herrschafts- und Klassenkonflikte wendet, der die Alltäglichkeit von Konflikten als Bagatellen ignoriert.[326] Für ein solches »Theoriekonzept, das sich nicht als nette, kooperationsbereite Theorie empfiehlt«, ist bei aller Ambivalenz bezüglich der damit verbundenen gesellschaftlichen Konsequenzen festzuhalten, dass »›Konfliktlösung‹ nicht Ziel ist, sondern eher Nebenprodukt der Reproduktion von Konflikten«.[327]

7.

Kritik und Widerstreit: Die Geburt der Theorie aus dem Geiste des Konflikts

Wie wir gesehen haben, nimmt im Lauf des 20. Jahrhunderts die Beschäftigung mit »Konflikten« stetig zu, ohne dass damit eine zufriedenstellende Unterscheidung von benachbarten Phänomenen wie »Streit«, »Kampf« oder »Krieg« einhergehen würde, geschweige denn eine übereinstimmende Definition des Konfliktbegriffs selbst. Das ist freilich wenig verwunderlich, wenn man bedenkt, dass das, was im überwiegenden Teil der »Konfliktforschung« als theoretische Auseinandersetzung mit dem Phänomen auftritt, in erster Linie das pragmatische Ziel verfolgt, einen vermeintlich konfliktfreien Status quo aufrechtzuerhalten oder wiederherzustellen.

Ähnliches wie für die Konfliktsoziologe der 1950er-Jahre gilt auch noch für die politische Theorie der 1970er- und 80er-Jahre. In einer detailreichen Studie zum Liberalismus der Nachkriegszeit hat die Historikerin Katrina Forrester dessen damalige Konsensfixiertheit anhand einer zentralen Figur, dem amerikanischen Philosophen John Rawls, nachgezeichnet.[328] Der spezifische historische Moment der konsolidierten Nachkriegsjahrzehnte sowie ein idealisiertes Amerika jenseits von rechten und linken Extremismen wurde damals für liberal gesinnte Denker zum Modell einer allgemeingültigen und überzeitlichen demokratischen Ordnung. Mit Blick auf die gleichwohl drängenden gesellschaftlichen Auseinandersetzungen im Zuge etwa des Vietnamkriegs oder der amerikanischen Bürgerrechtsbewegung werden freilich die konflikttheoretischen Grenzen dieser Position deutlich.

Rawls epochemachendem Ansatz zufolge soll es stets möglich sein, gegenwärtigem Unrecht unter Absehung von Vergangenheit und Zukunft zu begegnen: Um eine möglichst gerechte Gesellschaft herzustellen, sollten wir sie stets so konzipieren, als ob wir nicht wüssten, in welche soziale Schicht oder Position wir in dieser Gesellschaft hineingeboren würden. Dieser berühmte »Schleier des Nichtwissens« (*Veil of Ignorance*) ist Ausdruck eines radikalen *Präsentismus*, in dessen konsensuellen, rationalistischen Lösungsfantasien sich die typisch liberale, antirevolutionäre Verteidigung des Status quo offenbart, deren Unzulänglichkeit noch deutlicher wird, wenn wir an Konflikte wie die Klima- und Umweltveränderungen denken, die unsere Gegenwart aus der Zukunft heimsuchen. Denn für zukunftsweisende Entscheidungen in diesen Fragen bedürfte es gerade umgekehrt eines Absehens von der Beschränktheit auf den je eigenen biologischen Zeithorizont – einer zeitdimensionalen Entgrenzung also, die freilich die Ordnung liberaler Ansätze zu sprengen droht. Rawls Gegenwartsverhaftung macht seinen aus heutiger Perspektive sehr sozialdemokratischen, seinem eigenen Selbstverständnis nach liberalen Ansatz durchlässig für libertäre und im Rückblick betrachtet neoliberale Positionen, die das absolute Recht des Gegenwärtigen – und das heißt immer auch des und der gegenwärtig Herrschenden – stärken.

Theorie als Konflikt

Parallel dazu entsteht aber in der zweiten Hälfte des 20. Jahrhunderts auch ein neues Verständnis von »Theorie«, das eben darin besteht, den gesellschaftlichen Status quo radikal zu verändern. Theorie wird nun aus ihrem Anspruch heraus verstanden, transformativ wirken zu wollen, und steht damit immer zugleich in Konflikt mit ihrer über sich selbst unaufgeklärten Gegenwart. Paradigmatisch gilt das etwa für die linken Nietzscheaner des französischen Poststrukturalismus, der um und nach 1968 – und gemeinsam mit den Freudomarxisten der Frankfurter Schule – geradezu gleichbedeutend mit dem Genre »Theorie« verstanden wurde. Diese *French Theory* oder kritische Theorie unterscheidet sich von Kontemplation oder Wissenschaft durch ihre kritische Ausrichtung gegenüber jener Welt, die sie eben nicht nur beschreiben oder begreifen will. Stets also in Konflikt mit der Gegenwart, die sie kritisch verändern will, lässt sich sagen: Diese zeitgenössische Theorie sucht nicht nur den Konflikt oder versucht, ihn zu verstehen. Diese Theorie *ist* Konflikt.

Das bedeutet aber, dass diesem theoretischen Konflikt immer auch reale politische Auseinandersetzungen entsprechen, mit denen ein ums andere Mal neue politische Subjekte konflikthaft auf den Plan treten: Genderkonflikte, Rassenkonflikte und zunehmend auch Klima- und Umweltkonflikte teilen miteinander das Merkmal einer oft jahrhundertelangen Latenz und den theoretischen wie praktischen Kampf um ihr Manifestwerden. Im Unterschied zu der bislang von weißen Männern dominierten Debatte über »Konflikte« tauchen nun intersektionale Erklärungsversuche für soziale Konflikte auf und verabschieden frühere monokausale Deutungen (wie Marx' Ökonomismus oder Freuds

Triebtheorie) zugunsten mehrdimensionaler Ansätze, die immer auch die Auswirkungen auf ganz unterschiedliche Gesellschaftsgruppen im Blick haben.

Wenn in diesem Kapitel von Theorie die Rede ist, dann ist damit ein historisch genau zu verortendes Phänomen gemeint, das nicht mit seinen gleichnamigen »Ursprüngen« in der antiken oder mittelalterlichen *theoria* zu verwechseln ist. Diese war als Wesensschau und kontemplative Betrachtung ewiger Wahrheiten konzipiert und praktiziert worden, wovon im heutigen Alltagsgebrauch kaum noch etwas übrig geblieben ist (»Meine Theorie ist ja, dass der FC Bayern den anderen Mannschaften absichtlich die besten Spieler abkauft«, »Theoretisch könnte ich auch gleichzeitig arbeiten *und* mein Kind betreuen«). Eine reflektiertere moderne Definition von Theorie wiederum besagt, dass es sich dabei um die möglichst systematische und nicht nur auf Erfahrung beruhende wissenschaftliche Erkenntnis handelt. Das ist nun sicherlich nicht falsch, erklärt jedoch nicht das ungeheure Faszinosum, das *Theorie* seit der zweiten Hälfte des vorigen Jahrhunderts – bis heute – ausübt.

Denn diese emphatisch verstandene Theorie unterscheidet sich deutlich von anderen geistigen Tätigkeiten wie gelegentlich betriebener Kontemplation, akademischer Philosophie oder wissenschaftlicher Erklärung: »Das wahre Ziel einer jeden Theorie ist es, den Bereich des Handelns zu definieren, zu dem wir aufgerufen sind«, so der Philosoph Boris Groys.[329] Im Sinne dieses »Aufgerufenseins« ist Theorie mehr als der Versuch, die jeweilige Gegenwart zu verstehen. Sie ist immer auch verbunden mit einem kritischen Anspruch gegenüber dieser Gegenwart, mit der sie nicht übereinstimmen kann.

Archetypus Marx

Ein zentraler Ausgangspunkt für die Theorie des 20. Jahrhunderts sind die Gesellschaftsanalysen von Karl Marx. Was wir oben bereits als eine Ökonomisierung und Politisierung Hegels beschrieben haben, das lässt sich hier noch einmal als Marx' *Theoretisierung* von Hegels Philosophie nachvollziehen. Aus dessen philosophischer Phänomenologie geistigen Voranschreitens vermittels dialektischer Kollisionen wird eine Theorie geschichtlicher Veränderung entlang ökonomischer Widersprüche – wobei »Theorie« hier immer auch ihr vermeintliches Gegenteil, nämlich »Praxis«, impliziert (nur eben, anders als bei der Konfliktpragmatik, nicht im Dienste einer Stabilisierung oder Wiederherstellung, sondern einer Transformation des Status quo).

Das wird schon deutlich an einem der bekanntesten Marx-Sätze, der elften seiner »Thesen« über den Philosophen Ludwig Feuerbach: »Die Philosophen haben die Welt nur verschieden *interpretiert*, es kömmt drauf an sie zu *verändern.*«[330] Und das bedeutet nur scheinbar paradoxerweise, zunächst einmal – wie Marx aus Hegel – *Theorie zu machen*: Wo die Philosophen bisher nur die Wirklichkeit verstehen wollten, will der politische Theoretiker allerdings nicht nur die Disziplinen der Philosophie oder der Ökonomie verändern, sondern mit ihnen zugleich die Sicht auf die (politisch-ökonomische) Wirklichkeit und diese selbst.

Immer wieder sind wir mit den diskutierten Konfliktphilosophen Kant, Hegel, Nietzsche auch auf eine charakteristische Unzeitgemäßheit oder Asynchronie gestoßen: darauf, dass Konflikte sich gerade dadurch auszeichnen, *nicht* in ihre Zeit zu passen. Dies findet sich bei Marx in gesteigerter und multipler Form mit Blick auf Vergangenheit und Zukunft. Der theoretische Dissens mit der Gegenwart korreliert mit einem selbstbewussten – oder seinen Gegnern zufolge »wahnhaften« – Anspruch, letztlich von der Zukunft aus zu denken (statt wie Hegel im preußischen Status quo stecken zu bleiben). Doch auch mit Blick auf die Vergangenheit haben wir es – und zwar wiederum unabhängig davon, ob wir einzelnen Theoremen zustimmen oder nicht! – bei Marx mit einem paradigmatischen *Theoretiker* zu tun, weil er die übliche Chronologie verkehrt: Nicht der Klassenkonflikt zwischen Arbeitern und Kapitalisten liegt der Gewalt der Revolution voraus, zu der er erst eskalieren müsste, sondern die Gewalt der »ursprünglichen Akkumulation« landwirtschaftlicher Gemeingüter durch die Kapitalisten, die die allen Mythen zum Trotz verhältnismäßig freien Bauern zu von ihrer Arbeit zunehmend entfremdeten Lohnsklav:innen degradiert hat, liegt dem erst herzustellenden Klassenkonflikt immer schon voraus.

(Post-)marxistische Radikalisierung

Freilich ist diese Konfliktchronologie in der marxistischen Tradition bis heute umstritten bzw. nicht immer präsent geblieben. Radikalere marxistische Theoriepraktiker wie Lenin haben die soziale und soziologisch untersuchte Funktion des Konflikts, Gruppenidentität zu stärken, auf einseitige und problematische Weise ausgelegt, wie die Nähe einzelner Formulierungen zu denjenigen des gegnerischen Lagers etwa Carl Schmitts belegt. So hat der französische Gewerkschaftssozialist Georges Sorel entgegen Marx' konfliktchronologischer Einsicht explizit auf eine Eskalation von Konflikt zu Gewalt gesetzt, um einer Schwächung der revolutionären Kraft des Klassenkonflikts durch die humanitären Milderungen sozialdemokratischer Politik entgegenzuwirken: »Zwei Ereignisse sind allein imstande dieser Bewegung Einhalt zu tun: ein großer auswärtiger Krieg, der die Energien von neuem stählen könnte [...]; oder eine starke Ausdehnung der proletarischen Gewalt, die den Bürgern die revolutionäre Wirklichkeit zeigen und ihnen die humanitären Plattheiten verleiden würde«, schreibt Sorel in tragischer Prophetie in seinen Reflexionen *Über die Gewalt* von 1908, also kurz vor den Schrecken des Ersten Weltkriegs wie vor der Russischen Revolution.[331]

Nur die ständige gewaltsame Konfrontation könne die Korrumpierung des Proletariats und seine dekadente Verbürgerlichung verhindern, lautet Sorels Warnung, deren konfliktstrategischem Gedankenmuster wir an beiden Extremen des politischen Spektrums bis heute immer wieder begegnen: von der Schuldzuweisung von links außen, die sozialdemokratischen Gewerkschaften seien für das Scheitern der Revolution von 1968 verantwortlich, bis hin zu den Versuchen von Donald Trumps Chefstrategen Steve Bannon, die Kompromissbereitschaft der republikanischen Partei zu sprengen.

Beide politischen Enden zusammen denkt der französische Maoist Alain Badiou, wenn er angesichts der faktischen Alternativlosigkeit der gegenwärtigen (neo-)liberalen Politik zwischen Sozial- und Christdemokratie die vermeintlich einzige Alternative für progressive politische Theorie und revolutionäre Politik skizziert, nämlich »wenn die Krise so stark ist, dass es zu einem wirklichen Konflikt kommt, einem Konflikt zwischen den beiden Tendenzen, zwischen Faschismus und Kommunismus«. Immerhin sei dies »ein Konflikt der Extreme, der einem Bürgerkrieg nahekommt«[332] – der aber unter Umständen die einzige Alternative zu einem durch die neoliberalen Eliten provozierten dritten Weltkrieg sei: »Denn das Gesetz, dem der gegenwärtige Kapitalismus folgt, trägt keineswegs dazu bei, einen Krieg zu vermeiden, sondern sorgt vielmehr dafür, dass er schließlich auf einen großen globalen [*planetary*; A. A.] Konflikt zusteuert.«[333]

Egal, wie man die daraus resultierenden Fragen nun persönlich oder politisch entscheidet, und unabhängig davon, ob man zu dieser oder jener marxistischen Theorietradition Affinitäten empfindet oder nicht, sind wir alle Teil des darin ausgedrückten Paradigmas von Theorie und Konflikt. Denn beide bedingen einander angesichts einer notwendig konflikthaften Gegenwart, die als solche verstehen zu wollen nicht einfach philosophischen Nachdenkens, ökonomischer Studien oder soziologischer Empirie bedarf, sondern eben einer Theorie, die Veränderungen bewirken kann (was natürlich keineswegs ausschließt – ganz im Gegenteil –, dass philosophische Texte oder empirische Studien zu Theorie werden können). Um Theorie handelt es sich auch, wenn ein latenter Konflikt manifest gemacht wird, wenn ein unbewusstes Symptom zum Gegenstand bewusster Auseinandersetzung gemacht werden kann: *Wo Gewalt war, soll Konflikt werden.*

Politische Theorie als Konflikttheorie

In dem Maße, als Theorie inhärent politisch verstanden wird, muss folgerichtig also auch politische Theorie auf Konflikt gepolt sein. Das führt immer wieder dazu, dass eine solche politische (Konflikt-)Theorie so einige Selbstverständlichkeiten im Bereich des Politischen hinterfragt, oder genauer: aus dem Bereich des Politischen streicht. Spätestens mit der Herausbildung demokratischer Gesellschaften haben wir uns etwa daran gewöhnt, die Sphäre des Politischen mit dem gleichzusetzen, was uns täglich in Zeitungen oder sonstigen Nachrichten als Parteipolitik, ministerielle Entscheidungen oder internationale Spannungen begegnet. Doch für eine Marx verpflichtete politische Theorie ist gerade das fragwürdig. Laut Étienne Balibar steckt der Sozialismus des 19. und 20. Jahrhunderts geradezu fest in einer »Aporie der ›Konfliktdemokratie‹: untrennbar vom ständigen Konflikt, aber auch von der Institutionalisierung seiner Kräfte, Organisationen und Diskurse«.[334] Balibar zufolge besteht ein ständiges Schwanken zwischen zwei »antinomischen ›Politiken‹«: und zwar *»einer Politik des Aufstands, der Insurrektion«* und *»einer Politik der Verfassung, der Konstitution.* Oder wenn man lieber will, einer Politik der permanenten, ununterbrochenen Revolution und einer Politik des Staats als institutioneller Ordnung. Es ist klar, dass eine solche Antinomie *den Begriff der Politik selbst zerteilt,* ohne dass jemals eine Synthese zu finden wäre (was vielleicht den typischen Charakter der Moderne ausmacht)«.[335]

Am detailliertesten hat die Identifizierung des Politischen mit dem Konflikt wohl der Philosoph Jacques Rancière nachgezeichnet, und zwar insbesondere in Bezug auf ein notwendig konflikthaftes Auftreten neuer politischer Subjekte.[336] Rancière denkt Politik als den Raum, in dem über soziale Konflikte entschieden werden kann, und das heißt auch, sie überhaupt möglich zu machen: »Die Politik ist zuerst der Konflikt über das Dasein einer gemeinsamen Bühne, über das Dasein und die Eigenschaft derer, die auf ihr gegenwärtig sind.«[337] Dabei handelt es sich um einen andauernden Prozess, den kein historisches Subjekt – und eben auch nicht das europäische Proletariat – jemals wird beenden können. Weder eine finale Revolution noch ein

ein für alle Mal klärendes Gespräch kann oder soll die Aushandlung politischer Konflikte an ein Ende bringen. Zuallererst – und immer wieder – geht es um die Aushandlung dessen, was der Konflikt ist und wer seine Subjekte sind: »Die Diskussion des Unrechts ist kein – auch nicht gewalttätiger – Austausch zwischen konstituierten Partnern. Sie betrifft die Sprechsituation selbst und ihre Handelnden.«[338]

Solche noch herzustellenden politischen Konflikte werden immer dann offenkundig und drängen zu einer Entscheidung, wenn neue politische Akteure zu ihrer Stimme finden und sich in der politischen Arena bemerkbar machen (das Bürgertum, die Arbeiter, Frauen, Flüchtlinge, Kinder, zukünftige Generationen etc.). Dieses praktische Hörbarmachen oder Stimmefinden ist mit einer Bewusstwerdung verbunden, die natürlich nicht auf Theorie im Sinne theoretischer Lektüre angewiesen ist. Zudem sind auch die einzelnen sozialen Kämpfe nie ein für alle Mal abgeschlossen oder unabhängig voneinander. Darauf haben mehrere Wellen feministischer Theorie und Praxis seit den Suffragetten des 19. Jahrhunderts mit derselben Vehemenz hingewiesen, mit der sie die marxistische Marginalisierung von Genderkämpfen auf einen dem ökonomischen »Hauptwiderspruch« gegenüberstehenden »Nebenwiderspruch« beklagt haben.

Des Weiteren zeigt sich auch in der Geschichte des Feminismus das hier vorgeschlagene Verständnis von (Konflikt-)Theorie wirksam in der (Selbst-)Kritik an der früheren identitätspolitischen Ausrichtung, die auf ein von Natur aus unterschiedliches Wesen von Frauen und Männern rekurrierte. Mit ihrem schon im Titel richtungsweisenden Hauptwerk der sogenannten dritten Welle des Feminismus, *Gender Trouble*, befördert Judith Butler in ihrer Abkehr von einem dualistischen Konfliktmodell zugleich ein Verständnis der Intersektionalität politischer Auseinandersetzungen: »Während sowohl die erste als auch die zweite Frauenbewegung eine klare Konfliktlinie aufwies, gilt diese in postfeministischen Diskursen in Anbetracht der zunehmenden Heterogenisierung weiblicher Lebenssituationen und des relativen Bedeutungsverlustes der Geschlechtszugehörigkeit in modernen Gesellschaften als historisch überholt.«[339]

Ein möglicherweise seit Vorzeiten als Problem bekanntes Phänomen als politischen Konflikt zu begreifen, geht damit einher, sich anhand dieses Konflikts über seinen Status als politisches Subjekt bewusst zu werden. Und diese politische Subjekt*werdung* stärkt die Aufmerksamkeit dafür, dass weder Ich noch die Anderen – weder eine mir ganz fremde Opponent:in und schon gar nicht andere Unterdrückte – ein für alle Mal so existieren (müssen). Für Rancière ist das Entstehen eines politischen Subjekts nur in der allgemeinen Bewusstwerdung eines bis dahin unbewussten, unverstandenen, eines unerhörten oder bis dahin unvernommenen Konflikts möglich. Mit dem Aufweis eines ökonomischen Unbewussten des Kapitalismus oder des verdrängten ödipalen Begehrens – um nur zwei zentrale Konflikte des Freudomarxismus zu benennen – ist es daher nicht getan: »Erscheinungsort des Volks [ist] der Ort des Austragens eines Streits. Der politische Streit unterscheidet sich von jedem Interessenskonflikt zwischen konstituierten Teilen der Bevölkerung, da er ein Konflikt über die Zählung der Teile selbst ist. Er ist keine Diskussion zwischen Partnern, sondern ein Gespräch, das die Situation des Gesprächs selbst ins Spiel bringt.«[340]

Ethische und politische Sprachspiele: Lyotard

Die Frage, wie das Politische mit dem (Nicht-)Zur-Sprache-Kommen von Konflikten verzahnt ist, hat ein anderer zentraler Autor der *French Theory*, Jean-François Lyotard, zum Thema gemacht und es auf den Begriff des »Widerstreits« (*différend*) gebracht. Gleich der Eingangssatz seines gleichnamigen Buchs von 1983 steckt das Problem in einer an Kant gemahnenden Diktion ab: »Im Unterschied zu einem Rechtsstreit [*litige*] wäre ein Widerstreit [*différend*] ein Konfliktfall zwischen (wenigstens) zwei Parteien, der nicht angemessen entschieden werden kann, da eine auf beide Argumentationen anwendbare Urteilsregel fehlt. Die Legitimität der einen Argumentation schlösse nicht auch ein, daß die andere nicht legitim ist. Wendet man dennoch dieselbe Urteilsregel auf beide zugleich an, um ihren Widerstreit gleichsam als Rechtstreit zu schlichten, so fügt man einer von ihnen Unrecht zu.«[341]

Ausgangspunkt von Lyotards Nachdenken ist ein doppeltes konflikttheoretisches Dilemma angesichts 1.) der »Unmöglichkeit der Vermeidung von Konflikten (der Unmöglichkeit von Indifferenz) und 2.) des Fehlens einer universalen Diskursart zu deren Schlichtung oder, wenn man das vorzieht, der zwangsläufigen Parteilichkeit des Richters«.[342] Das Thema des Konflikts wird hier als ein genuin sprachphilosophisches gefasst, als zuweilen unüberbrückbare Schwierigkeit, etwas im Entstehen Befindliches, das sich erst finden muss, in einer bereits vorab existierenden Sprache artikulieren zu wollen. Was wir aus der Geschichte der Jugendkulturen von zahlreichen Beispielen kennen – dass nämlich fast jede Generation sich für ihre eigenen Ideen auch neue sprachliche Ausdrucksformen suchen muss –, das gilt noch einmal verstärkt und in ganz emphatischem Sinn immer dort, wo wir anstelle von üblicherweise leicht verdaulichen Innovationen auf einmal mit etwas gravierend Neuem konfrontiert sind. Als Konflikt wird mit Lyotard ein Spalt sichtbar, zwischen der real existierenden Sprache und in ihr unausdrücklichen neuen Realitäten. »Der Widerstreit ist der instabile Zustand und der Moment der Sprache, in dem etwas, das in Sätze gebracht werden können muß, noch darauf wartet. [...] Für eine Literatur, eine Philosophie und vielleicht sogar eine Politik geht es darum, den Widerstreit auszudrücken, indem man ihm entsprechende Idiome verschafft.«[343]

Dazu kommt das von uns schon zu Beginn mit Kant analysierte generelle Problem, dass politisch oder ethisch relevante Situationen »keine Referenten von Erkenntnissätzen« sind, wir also über keine Urteilsverfahren verfügen, um sie vollständig durchdringen und auflösen zu können, bzw. der Versuch, sie in kognitiven Sätzen zu formulieren, notwendigerweise in eine Paradoxie führen würde.[344] Oder um den neben Kant zweiten zentralen Autor in Lyotards Buch, Ludwig Wittgenstein, zu paraphrasieren: An den Grenzen einer Sprache erweisen sich die widerstreitenden Grenzen einer Welt. Denn um einen tatsächlichen Konflikt handelt es sich nur dann, wenn dieser in der herrschenden Sprache unauflösbar ist, weil er die Grenzen dieser Sprache berührt und überschreitet. Oder noch einmal aus der anderen Richtung formuliert: Kein Urteilsspruch wird beiden Seiten eines Konflikts gerecht, kein Richter spricht die Sprache beider Widerstreitenden, keine Rechtsprecherin steht über den Dingen. Und so erinnert uns noch der Versuch, den Widerstreit in einen Rechtsstreit zu übersetzen, wiederum an das Fehlen eines universalen Gerichts oder auch nur allgemeingültiger globaler Gesetze.

Mit Lyotards Versuch der sprachtheoretischen Grundierung von Wirklichkeit als konfliktueller schließt sich zugleich unser mit Kant begonnener Bogen. Konflikte passen nämlich insofern (noch) nicht in unsere Zeit, als nicht nur ihre Subjekte und damit verbundene Strukturen erst durch sie konstituiert werden, sondern auch die Sprache, in der sich diese Vorgänge manifestieren. Konflikte im emphatischen Sinn erweisen sich als solche, deren sprachliche – und insofern konsensuelle oder pragmatische – Einholung schwer bis unmöglich ist. Lange bevor von einer Lösung überhaupt die Rede sein kann, entziehen sich Konflikte als etwas Unbewusstes (Freud), als ideologische blinde Flecken (Marxismus) oder als diskursiver Widerstreit: Keine Gesellschaft hat einfach sprachlichen Zugang zu ihrem Konfliktunbewussten. Die Ausblendung von Konflikten ist mehr als bloße Scheu oder Blindheit, sie hat aus Lyotards Perspektive eine sprachphilosophische Dimension. Konflikte sind Ausdruck einer fundamentalen Unüberbrückbarkeit von Bereichen, die nicht einfach miteinander kommunizieren können oder ineinander übersetzbar sind. Der Sphäre des Rechts kommt an dieser Stelle eine besondere Bedeutung zu, handelt es sich bei ihr doch um mehr als einfach nur eine weitere Diskursart. Das Recht ist es nämlich, dem wir – egal, ob bewusst oder unbewusst, willentlich oder nicht – stets zutrauen, zwischen unterschiedlichen Diskursen oder Sprachspielen zu vermitteln und damit zugleich – ob beteiligt oder unbeteiligt an ihnen – zur Lösung von Konflikten beizutragen.

Aus konflikttheoretischer Sicht aber – in unserer doppelten Lesart von Theorie *des* Konflikts und Theorie *als* Konflikt – erweist sich ein Konflikt oder politischer Widerstreit immer daran, dass zwischen unterschiedlichen Diskursarten, etwa zwischen erkenntnistheoretischem und ethischem Diskurs, zwischen individueller Ethik und allgemeiner Moral oder zwischen unterschiedlichen politischen

Positionen, eben keine Übersetzung in geltende Rechtsprechung möglich ist, mittels derer die Kontrahent:innen auf eine höhere Konsensebene (auf)gehoben werden. Ebenso wie psychische Konflikte, deren Entscheidung des spezifischen Settings der »Sprechkur« und der dabei vollzogenen Trias von *Erinnern-Wiederholen-Durcharbeiten* bedarf, ohne dass sie dadurch einfach aufzulösen wären – so lassen sich auch soziale oder politische Konflikte nicht (einfach) zum Verschwinden bringen. Das enthebt uns freilich nicht der Verantwortung, sie einer Entscheidung zuzuführen: »[D]as Wesen des Sozialen [bleibt] stets zu entscheiden«[345], wie Lyotard uns erinnert. Dies gilt für die Gegenwart nicht anders als für die Vergangenheit und, wie wir sehen werden, in verstärkter Weise auch für die Zukunft.

III. Zukunft – Ausweitung der Konfliktzonen

Wir müssen uns schon heute mit den Problemen der Zukunft befassen. Die Konflikte der Zukunft bestimmen uns bereits in der Gegenwart, und in diesem Sinn möchte ich in der Folge im emphatischen Sinn nicht nur von zukünftigen Konflikten, sondern von *Zukunftskonflikten* sprechen. Wir haben es hier mit einer neuen Variante dessen zu tun, was in einer langen Tradition von antiken Sophisten und Rhetorikern bis hin zu Denkern des 20. Jahrhunderts wie Lyotard als *Parachronismen* diskutiert wurde, also in Anlehnung an die Terminologie Kants als »Paralogismen, die sich auf die Kategorie der Zeit beziehen«.[346] Diese ergeben sich immer dann, wenn zukünftige Konflikte – denken wir nur an die Klima- und Umweltveränderungen – es erfordern, dass wir uns schon heute mit ihnen auseinandersetzen. Lyotard fand hierzu eine bemerkenswerte Formulierung: »Die Wirklichkeit ist keine Frage des absoluten Zeugen, sondern eine Frage der Zukunft.«[347] Wenn wir die hier angelegte Mehrdeutigkeit des französischen *témoin* in der Bedeutung von »Zeuge« und »Staffelstab« weiterdenken,[348] muss die Frage nun nicht mehr lauten, wie dieser Staffelstab an unsere Nachkommen weiterzugeben ist. Angesichts von Zukunftskonflikten ist die Sache vielmehr von der anderen Richtung her anzugehen und zu fragen, wie wir den Stab aus der Zukunft übernehmen, wie wir eine Zeugenschaft für die Zukunft eingehen können.

Dazu werden wir uns im Folgenden drei Bereiche genauer ansehen. Schon länger geradezu synonym mit »Konflikt« verstanden, wird derzeit eine drastische Zunahme an Kriegen und bewaffneten Auseinandersetzungen beobachtet. Das erste Thema Krieg ist uns also gewissermaßen durch den gegenwärtigen »Konflikt«-Diskurs vorgegeben, was allerdings nicht bedeutet, dass auf diesem Feld deshalb auch die innovativsten Einsichten zum Konfliktthema zu erwarten wären. Daher gilt es vor allem zu beschreiben, wie sich das Phänomen »Krieg« im 21. Jahrhundert wandelt, um dann die in diesem Wandel angelegten künftigen Konflikte in den Blick zu nehmen.

Eine der großen Transformationstreiberinnen der heutigen Kriegsführung – und zugleich unser zweites Thema – ist die Digitalisierung, die freilich auch alle anderen Gesellschaftsbereiche elementar verändert. Für uns relevant ist hier ein fundamentaler Wissenskonflikt, der in die Grundlagen der digitalen Technologie eingeschrieben ist und letztlich vor allem in unserem Verhältnis zu sogenannter künstlicher Intelligenz zum Ausdruck kommt.

Obwohl eine zentrale Feststellung hier lautet, dass Maschinen grundsätzlich keine menschenähnlichen Verstehens- und Subjektivierungsprozesse durchlaufen können, wird es am Ende doch gerade darum gehen, diese neuen Wesenheiten mit zahllosen anderen in ein neues politisches Subjekt zu integrieren. Der menschengemachte Wandel der Biosphäre und Technosphäre eröffnet als drittes Thema eine Perspektive des Planetarischen, in der es eines planetarischen Subjekts sowie planetarischer Institutionen bedarf, um die den Planeten betreffenden Zukunftskonflikte zu entscheiden.

Doch bevor wir uns diesen drei zentralen Phänomenbereichen widmen – Krieg, Digitalisierung/Wissen und Planetarischem –, bedarf es zunächst einer Plausibilisierung dieses emphatischen *Zukunfts*verständnisses. Vor allem aber bedarf es eines tragfähigen Definitionsversuchs von Konflikten, da – wie im vorigen Teil des Buchs in aller Breite zu sehen war – eben das Fehlen einer solchen Definition (wie auch das Nicht-Bemerken dieses Fehlens) ein großes Manko bisheriger Auseinandersetzungen mit Konflikten darstellt.

1.

Warum wir die Konflikte der Zukunft herstellen müssen: Versuch einer Definition

Wir haben auf unserem Weg zur Konflikttheorie eine weite Strecke zurückgelegt. Nachdem wir uns im ersten Teil in der Gegenwart zu orientieren versucht haben, mussten wir im zweiten einen historischen Schritt zurück machen, um frühere Konfliktdenker und -theoretikerinnen daraufhin zu befragen, ob sie uns für ein neues und zukunftsträchtiges Verständnis und eine noch zu entwickelnde Definition des Konfliktbegriffs hilfreich sein können.

Doch schon die Begegnung mit der (Auto-)Immunologie zu Beginn dieses Buchs hatte vor allem eines deutlich gemacht: Vor dem Hintergrund unserer grundlegenden biologischen Disposition geht es bei Konflikten nicht um eine binäre Kollision einander ausschließender feindlicher Elemente, die in konservativer oder pessimistischer Perspektive eine destruktive Logik des Kampfes, Krieges, der Gewalt und Eskalation mit sich bringt. Weniger eindimensionale Deutungen (konflikt-)immunologischer Vorgänge sahen hier vielmehr einen produktiven Austausch grundsätzlich fremder – aber deswegen keineswegs feindlicher – Akteure, in deren Interaktion die Identität des einen erst durch die Begegnung mit der anderen entsteht und dann auch immer wieder neu entstehen und sich verändern kann. Ein aus dieser Perspektive entwickelter Konfliktbegriff beschreibt also kein destruktives Aufeinanderstoßen, sondern eher ein konstruktives Ineinanderfließen. In diesem Prozess kann sich ständig Fremdes in Eigenes verwandeln und umgekehrt. Wir sind einem solchen Verständnis des Konflikts nicht als etwas *Ab*grenzendem, sondern als *Ent*grenzendem – zumindest in Ansätzen und in vorläufiger Weise – zu Beginn in der Biologie und Medizin, in der Folge dann in Philosophie, Psychologie und Soziologie begegnet.

Gleichwohl führt hier der Aspekt einer grundlegenden Fremdheit der möglichen Konfliktpartner auch zu der Einsicht, dass der Konflikt als (potenzieller) produktiver Austausch gerade darin besteht, dass dieser Austausch zwischen zwei kategorial unterschiedenen Sphären oder Personen stattfindet, zwischen denen eine Kommunikation nie einfach so oder unproblematisch gegeben sein kann. Dass in der gegenwärtig so gängigen wie vereinfachenden Sichtweise der »Konflikt« vornehmlich als feindliche Kollision beschrieben wird, macht sich aus der Perspektive der hier entwickelten Konflikttheorie schon allein dadurch verdächtig, dass der destruktive Kontakt der beiden Gegenüber dort immer schon vorausgesetzt wird. Dabei handelt es sich jedoch zumeist um ein Missverständnis der grundlegenden Konflikthaftigkeit des biologischen und sozialen Lebens. Denn diese besteht nicht in irgendeiner naturalisierten Feindschaft zweier immer schon in (zerstörerischem) Austausch stehender Elemente. Sie besteht vielmehr in der grundsätzlichen Verschiedenheit konfligierender Elemente und einer radikalen Fremdheit gerade auch uns selbst gegenüber,[349] angesichts derer eine Berührung oder Kommunikation überhaupt erst einmal hergestellt werden muss.

Wissen über uns selbst impliziert eben deswegen ein Wissen über die uns beeinflussende und uns verändernde Umwelt, die Teil von uns ist, ebenso wie ein Wissen über unser niemals endgültiges Wesen oder Wissen. Egal, ob mit

Kant als aufgeklärtes Wissen über das eigene Nicht-Wissen (bzw. »Wissenslücken«, »blinde Flecken, Irrtum, Ahnungslosigkeit, Unsicherheit, das Verborgene, Noch-nicht-Wissen, Vorurteil« etc.[350]) oder im Bewusstsein eines uns kaum zugänglichen Unbewussten (dass *»das Ich nicht Herr sei in seinem eigenen Haus«*, ist eine der Einsichten Freuds[351]), immer ist damit auch eine entsprechende Einsicht oder zumindest Ahnung vom eigentümlichen Wesen der dabei zugrunde liegenden Konflikte verbunden. Zugespitzt formuliert: Ebenso wenig wie unser Ich ohne ihm vorausliegende Konflikte existieren auch Konflikte nicht einfach, ohne dass wir sie herstellen, ohne dass wir ein Wissen über sie produzieren. Was eine traditionelle Definition oder Fixierung ihres überzeitlichen Wesens zugegebenermaßen erschwert, dass nämlich Konflikte unserem gewohnten chrono-logischen wie onto-logischen Verständnis zuwiderlaufen – noch etwas abstrakter formuliert: dass sie eher aus der Zukunft insistieren, als in der Vergangenheit oder gar Gegenwart existieren –, wird uns bei unserem Versuch einer Definition leiten.

Die Konflikte des durch die Digitalisierung geprägten 21. Jahrhunderts, so die zentrale zeitlogische Hypothese, finden in der Zukunft statt und wirken von dort aus auf die Gegenwart. Aufgabe einer entsprechenden Konflikttheorie wäre es, uns zu helfen, diese aus der Zukunft auf uns wirkenden Konflikte herzustellen und dabei uns selbst als *Konfliktsubjekte* neu herauszubilden – im Zuge eines Prozesses ständig (neu) auszuhandelnder Bestimmungen und Transformationen von Eigenem und Fremdem.

Dass sich in der Gegenwart insistierende Konflikte aus der Zukunft nähern, darf allerdings nicht als ein Argument nach dem Muster nostalgischer Kulturkritik verstanden werden, der immer schon alles zu schnell ging. Denn auch wenn etwa die im 19. Jahrhundert prognostizierten Organschäden durch schnelle Eisenbahnfahrten bis heute ausgeblieben sind, so wurde und wird doch weiterhin bei praktisch jeder technologischen Innovation die zunehmende Beschleunigung der Gesellschaft moniert – zuletzt in unserem Jahrhundert der Digitalisierung in Form von neuen Arten der Kommunikation und des Wirtschaftens. Und in der Tat scheint angesichts von Phänomenen wie dem digitalen Hochfrequenzhandel die so zahlreich beklagte Überforderung durch eine zunehmende Schnelligkeit aller Lebensbereiche nur allzu plausibel.

Wenn hier zuvor von Zeitkonflikten die Rede war, dann waren damit jedoch andere Phänomene gemeint, und zwar solche, die durch eine Kollision unterschiedlicher Zeitlichkeiten oder Zeitdimensionen gekennzeichnet sind. Dabei sind Konflikte immer (auch) Zeitkonflikte, und zwar in einem fundamentalen Sinn – diesen als bloße Differenz verschiedener Geschwindigkeiten zu deuten, käme einem Missverständnis und einer Verharmlosung gleich. Wenn wir heute oftmals den Eindruck haben, die Zeit sei aus den Fugen geraten und ergebe keinen Sinn (mehr), dann liegt das möglicherweise gar nicht an der unmenschlichen Beschleunigung, die von den Kulturkritiken der vergangenen zwei-, dreihundert Jahre beklagt wird. Unmenschlich ist in Wahrheit »nur« die Konfrontation mit anderen Temporalitäten als der uns Menschen biologisch vertrauten und in der Gegenwart verankerten Chronologie. Denn das ist der eigentliche zeitliche Konflikt in komplexen – oder eben *zeitkomplexen* – Gesellschaften, dass in ihnen unterschiedliche Zeitlichkeiten aufeinanderstoßen. In durch die Digitalisierung aller Lebensbereiche geprägten, zeitkomplexen Gesellschaften ist das konkret unser biologisches und chronologisches Zeitverständnis, das mit einem umgekehrten, aus der Zukunft auf die Gegenwart gerichteten Zeitvektor maschineller Temporalitäten (automatisierte Prozesse, Algorithmen, maschinelle Infrastrukturen) zusammenstößt.

Präemption: Wenn Probleme aus der Zukunft kommen

Konkrete Beispiele für diesen neuen Zeitkomplex[352] und seine Zukunftsdominanz kennen wir längst nicht mehr nur aus dem Reich der Fantasie, sondern aus unserer alltäglichen Erfahrung. Immer wieder lassen sich die entsprechenden Phänomene dabei mit dem gemeinsamen Attribut des *Präemptiven* oder der *Präemption* kennzeichnen. Ein Beispiel dafür ist etwa jene präemptive Polizeiarbeit, die vor mehr als einem halben Jahrhundert in Philip K. Dicks Kurzgeschichte »The Minority Report« von 1956 noch als Science-Fiction durchgehen mochte, aber schon zu Zeiten von Steven Spielbergs Verfilmung von 2002 – und erst recht heute – ein durchaus alltägliches und deswegen nicht weniger prekäres polizeiliches Vorgehen beschreibt. Während es bei Dick noch mutierte Menschen waren, die künftige Verbrechen vorhersagen, wird das heute von Computern und künstlichen Intelligenzen erledigt. Dicks finale Pointe bestand allerdings darin, dass es nach Art einer selbst erfüllenden Prophezeiung gerade die vermeintliche Vorhersage von Verbrechen sein kann, die diese Verbrechen erst verursacht.[353]

Für die meisten Menschen alltäglicher sind die algorithmischen Verfahren von kommerziellen Dienstleistern wie Amazon, die uns ständig Kaufempfehlungen auf Basis unserer früheren Bestellungen oder Suchanfragen zusenden und damit zunehmend auch auf unsere nächsten Handlungen Einfluss nehmen. Soziolog:innen zufolge sind wir längst *präemptive Persönlichkeiten* in dem Sinne, dass Algorithmen um unsere Wünsche »wissen«, bevor wir uns selbst über sie klar werden, und uns über diese uns selbst noch nicht bekannten oder bewussten Bedürfnisse und Begehrnisse informieren.[354]

Vielleicht am deutlichsten werden die problematischen Aspekte dieser Einwirkung der Zukunft auf die Gegenwart in dem ersten Präemptionsphänomen, das im 21. Jahrhundert zu unrühmlicher Bekanntheit gelangte, nämlich der unter dem US-Präsidenten George W. Bush »populär« gewordenen präemptiven Kriegsführung. Die Terminologie des sogenannten »Präemptivschlags« (in Abgrenzung zum Präventivschlag) diente damals zur Rechtfertigung des völkerrechtswidrigen Einmarschs im Irak 2003, einem Staat, von dem sich später nicht nur herausstellte, dass er (entgegen früherer Behauptungen) gar keine Massenvernichtungswaffen besaß, sondern der zudem erst infolge seiner kriegsbedingten Destabilisierung zu jener gewaltigen Gefahr für die globale Sicherheitsordnung wurde, die er nach wie vor ist. Entgegen etwa Wladimir Putins geschichtslehrerhafter Rechtfertigung für den russischen Einmarsch in die Ukraine, in der er versucht, dieser auf dem Weg der historischen Delegitimierung ihr Existenzrecht abzusprechen, produziert die Politik der Präemptivschläge eine Realität nicht durch eine andere Deutung der Vergangenheit oder einen analogen Einfluss auf die Gegenwart, sondern indem sie diese gewissermaßen aus der Zukunft gestaltet.[355] Abgeworfene Bomben finden stets den gesuchten Feind, oder eben: werden diesen nachträglich stets gefunden haben.[356]

Resultat solcher zeitkomplexen Auseinandersetzungen ist eine zugleich lebensweltliche wie philosophische Verwirrung darüber, in was für einer Zeit wir leben, oder genauer: was für eine Beschaffenheit die Zeit hat, in und mit der wir uns bewegen. Auf scheinbar mysteriöse Weise ist dabei das Verhältnis von Gegenwart und Zukunft in Unordnung geraten. Beide stehen in zeitkomplexen Gesellschaften notwendig in Konflikt miteinander. Sie stoßen auf eine Weise zusammen, dass es uns gegenwärtig schwerfällt, sie zu entwirren und in der Vergangenheit gewonnenes Wissen für die Gestaltung unserer Zukunft fruchtbar zu machen.

Traumatisiert durch die Zukunft

Entgegen der verbreiteten Klage über eine erhöhte Geschwindigkeit der Gesellschaft und einen daraus folgenden Verlust an Zukunft, sind wir eher mit einem Zuviel an Zukunft konfrontiert. Und eine solchermaßen die Gegenwart überwältigende Zukunft hat traumatische Effekte. Unter *Trauma* ist hier ein zeitlich wie ontologisch schwer greifbares Phänomen zu verstehen, das in keiner Gegenwart einfach existiert, sondern sich durch seine Insistenz, sein insistierendes Nachleben bemerkbar macht. Traumata wirken, auch ohne dass sie als solche zu Bewusstsein gelangen. Aus psychoanalytischer Sicht können traumatisch im strengen Sinn nur jene vergangenen Erlebnisse genannt werden, deren Gehalt im Konflikt mit der psychischen Realität der Erlebenden stehen, und zwar in einem solchen Ausmaß, dass diese sie nicht in ihre Wirklichkeit integrieren können. An dieser Stelle lautet die Hypothese nun, dass Vergleichbares auch für virtuell traumatisierende Ereignisse der Zukunft bzw. das soeben skizzierte Zuviel an Zukunft gilt. Und in der Tat erscheint der zunächst kontraintuitive Transfer des Konzepts Trauma in die Zukunft sehr sinnvoll, wenn wir etwa an die von Menschen verursachten Umweltveränderungen denken. Diese sind nur ein Beispiel für die Diagnose des Ökologietheoretikers Timothy Morton: »Wir stecken in den Anfangsstadien eines Traumas fest, eines Traumas, das, wohlgemerkt, noch im Gange ist.«[357]

Hinzu kommt, dass vergangene und zukünftige Traumata einander nicht ausschließen, sondern sich sogar wechselseitig verstärken, wie wir etwa an der Wucht sehen können, mit der zerstörerische Effekte von Umweltveränderungen zunächst und mit größerer Wucht auf ohnedies schon benachteiligte Bevölkerungsgruppen und Erdteile einwirken. Zentrale ungelöste Verbrechen unserer Kultur in der Vergangenheit, wie der Kolonialismus, haben also nicht nur zerstörerische Nachwirkungen, sondern ihre Konsequenzen verstärken sich noch einmal in den neuen Konflikten des 21. Jahrhunderts. Das Nachleben von kolonialer Ressourcenausbeutung und strukturellem Rassismus trifft sich mit einem Vorausleben der auf uns zukommenden Konflikte, etwa dem Klimawandel, dessen vornehmliche Opfer gerade nicht dort zu finden sind, wo die entsprechenden Ressourcen verheizt wurden.[358] Es ist also nicht nur so, dass zahlreiche Konflikte der Vergangenheit, wie die Ausbeutung anderer Kulturen und ganzer Kontinente, sich in der Gegenwart fortsetzen und rächen, sondern das alles gilt in verstärktem Maße auch für die Konflikte der Zukunft.[359]

Der Philosoph Jacques Derrida hat ausgehend vom französischen Wort für Zukunft, *avenir*, auf das potenziell Traumatisierende des Bevorstehenden und Noch-zu-Kommenden (*à venir*) hingewiesen: »Wenn das Böse von einer künftigen Möglichkeit des Schlimmeren ausgeht, von einer künftigen Wiederholung, aber einer schlimmeren, dann gibt es ein Trauma ohne mögliche Trauerarbeit. Ein Trauma wird durch die Zukunft geschaffen, eher durch die Bedrohung eines *künftig* Schlimmen als durch eine vergangene und ›beendete‹ Aggression.«[360] Für ein entsprechendes Verständnis von Konflikten bedeutet das, dass sie da sind, um zu bleiben, und ihre Effekte kehren umso sicherer wieder, als sie dies aus der Zukunft tun. In diesem Sinne sucht uns nie nur die Vergangenheit heim, sondern auch die Zukunft. Darin liegt auch der Grund für einen offenbaren Wiederholungszwang von Handlungen und Dingen, die noch nicht geschehen sind oder im Sinne einer klassischen Ontologie gar nicht existieren. Und wenn Derrida das Konzept einer *Hauntologie* (im Französischen in etwa gleichlautend mit »Ontologie«) ins Spiel gebracht hat, dann nicht zuletzt, weil uns auch zukünftige Dinge oder die Zukunft selbst heimsuchen (*haunter*) können.[361]

Aus Furcht vor der Angst

Beim aufmerksamen Konsum von Massenmedien fällt nicht nur im Kontext der Berichterstattung über Terrorismus auf, dass sie sich keineswegs mehr nur auf Schon-Geschehenes oder Gerade-Geschehendes, sondern zunehmend auch auf Vielleicht-zu-Geschehendes orientieren, genauer: auf eine als mögliche Bedrohung geschilderte Zukunft. Wann wird sich der nächste Terrorangriff ereignen? Was wird »jetzt« (also in der die Gegenwart bestimmenden, unmittelbaren Zukunft) geschehen? Wo wird entschieden werden, was dann zu tun ist? Diese präemptive Medienkultur (der wir in Kapitel I.4 bereits als *Prämediation*[362] begegnet sind) folgt dabei dem, was Brian Massumi in seinem gleichnamigen Buch als *Politics of Everyday Fear* bezeichnet hat, in der jede:r Einzelne jederzeit und überall potenziell zur/zum Feind:in werden kann, die Bedrohung also weder räumlich noch zeitlich oder personal eingrenzbar oder eindeutig attribuierbar ist.[363]

Für die Frage nach einem Zusammenhang von Zukunftsangst und Konfliktscheu ist der Rückgriff auf eine von Kierkegaard und Heidegger diskutierte existenzphilosophische Unterscheidung hilfreich, nämlich die zwischen Furcht und Angst. Haben wir es mit Furcht (vor einem konkreten Objekt) oder mit Angst (als unspezifischem Grauen) zu tun? Und inwiefern ist eine solche existenzphilosophische Differenzierung relevant für heutige politische Diskussionen? Zunächst einmal ist diese Unterscheidung deshalb von Bedeutung, weil wir nicht nur zu speziellen Alltagsgegenständen, sondern auch zu gravierenden Problemen unserer Zeit im Allgemeinen in einem ambivalenten oder diffusen Verhältnis stehen: Planetare Probleme wie der Klimawandel, der einzelne Individuen ebenso bedroht wie die menschliche (und unzählige andere) Spezies als Ganze, lassen sich nicht als konkrete Objekte im Hier und Jetzt begreifen. Sie sind nicht nur räumliche *Hyperobjekte* (Timothy Morton), sondern vor allem ihre zeitliche Dimension macht es schwer, sie anzugehen, handelt es sich doch einerseits um eine *konkrete Gefahr* – in Form von absehbaren Folgen vergangener Ereignisse – und zugleich um eine *vage Gefährdung*, die uns aus der Zukunft kommend bedroht. Tatsächlich werden wir heute mehr und mehr mit Gefahren konfrontiert, die vor uns liegen, die sich (noch) nicht konkret vergegenständlicht haben, mit der Insistenz von Problemen also, die sich einer spekulativen Zeitlichkeit verdanken und eine entsprechend zeitkomplexe Herangehensweise erfordern.

Unglücklicherweise aber erleben wir heute geradezu das Gegenteil, nämlich eine Verwirrung der beiden Bereiche: einen Anstieg zunehmend irrationaler Furcht oder vermeintlich objektbezogener Angst im Sinne einer Produktion scheinbar konkreter Furcht- oder Angstobjekte. Diese Einstellung ist verantwortlich für die Aufrechterhaltung des Status quo, ein quasi permanenter Ausnahmezustand als Krieg gegen den Terror, Angst vor Immigrant:innen, Überfremdung usw. – alles Symptome für ein Scheitern an der zeitlichen Komplexität unserer globalen Gesellschaft. Offensichtlich handelt es sich hier nicht um ein bloß psychologisches oder philosophisches, sondern um ein primär politisches Problem. Denn das ängstliche Zurückschrecken vor der neuen spekulativen Zeitlichkeit, die Kränkung, in einer komplexen, nicht mehr von (uns ähnelnden) Menschen, sondern von Algorithmen, Computern, Maschinen beherrschten Gesellschaft zu leben, wird verdrängt und kehrt als Furcht vor konkreten Objekten und Subjekten im Hier und Jetzt zurück.

Die politisch instrumentalisierte Projektion von objektloser Zukunftsangst auf vermeintlich gegenwärtig zu fürchtende Objekte verhindert naturgemäß eine Auseinandersetzung mit den grundlegenden politischen und ökonomischen Konflikten unserer Gesellschaft: das spannungsgeladene Ineinander von menschlicher (analoger) und technologischer (digitaler) Zeit oder den intrinsischen Zusammenhang zwischen dem Lebensstandard der großen Mehrheit der nördlichen Industrienationen und den damit in Kollision befindlichen Veränderungen des Planeten. Anstatt also auf der Höhe dieser Einsicht und Problemlage neue politische Subjekte, Institutionen oder Handlungsweisen zu entwickeln, die sie angehen könnten, erfolgt eine zwanghafte oder manische Suche nach schuldigen Objekten (wobei diese Manie nur die Kehrseite der von Ehrenberg diagnostizierten, konfliktscheuen kollektiven Depression und Handlungsunfähigkeit ist). Konflikttheoretisch äußert sich das im Bedürfnis nach vorschnellen Konfliktmanifestationen wie dem Hass auf Arme, Transgender oder Migrant:innen, der die tiefer liegenden Ursachen von ökonomischer und sozialer Ungleichheit, von Flüchtlingsströmen, Umweltwandel oder der Nichtnachhaltigkeit unseres Wirtschaftens verdecken hilft.

In diesem Zusammenhang ist an Bernard Mayers Vorschlag eines »Bleibens beim Konflikt« zu erinnern, der sich im Sinne einer Politik und Ethik des Konflikts verallgemeinern und mit Blick auf moralische Ambiguität, emotionale Unruhe, Verwirrung über die eigene Identität und auf kognitive Dissonanz spezifizieren lässt. Integraler Bestandteil einer solchen Konfliktethik, eines *Lebens mit Konflikten*, wäre das Aushalten von Ambivalenz und Angst, anstatt diese im Dienste scheinbarer Eindeutigkeit und falscher Objektivierung oder Manifestierung zu unterdrücken: »Um bei einem Konflikt zu bleiben, müssen wir alle – Streitparteien wie Konfliktspezialisten – die Fähigkeit entwickeln, mit verschiedenen Dimensionen von Ungewissheit oder Unentschiedenheit umzugehen. Wir müssen die Fähigkeit entwickeln, mit Angst zu leben.«[364]

Nur das Verweilen bei unserer Angst ermöglicht bisweilen ein konstruktives – und für uns selbst produktives – Dranbleiben an Konflikten, wohingegen ihre vorschnelle Unterdrückung etwa durch Fixierung auf schuldige Subjekte bloß zu einer Transformation objektloser Angst in Furcht führt, vor allem aber zu einer Eskalation des in Konfliktsituationen objektiv angelegten Gewaltpotenzials. Und zwar wiederum nicht zuletzt deshalb, weil die damit einhergehende Reduktion des Konflikts auf einfache Zusammenstöße die Gesellschaft in zwei gegnerische Lager spaltet und diese gegeneinander in Position bringt.

Demgegenüber gilt es, gesellschaftliche Grundkonflikte in ihrer Mehrdimensionalität und Unhintergehbarkeit zu formulieren oder zu entscheiden, um eine Eskalation von Angst und Gewalt zu vermeiden. Wie sich die Angst vor einem Zuviel an Zukunft also gerne in der ebenso naheliegenden wie irreführenden Rhetorik eines Verlusts an Zukunftsoptionen äußert, so erweist sich auch eine depressive Konfliktscheu durch die manische Evozierung essenzialisierter Konflikte, die es angeblich von Natur aus und immer schon gegeben haben soll.

Versuch einer Definition

Ein zeitgemäßer wie zukunftsgemäßer Begriff des Konflikts ist vor diesem Hintergrund in mehrfacher Hinsicht geboten. Zum einen, weil wir in nahezu allen Gesellschaftsbereichen der fortgesetzten Verbreitung eines rückwärtsgewandten Konfliktverständnisses ausgesetzt sind. Zum anderen, weil wir schlicht nicht länger warten können, uns mit all jenen insistierenden (Zukunfts-)Konflikten zu konfrontieren, die wir anschließend an den drei Phänomenbereichen Krieg, Wissen und Planetarischem noch genauer bestimmen werden. Dafür muss eine tatsächlich zeitgenössische – weil zukunftsgenössische – Definition des Konflikts 1) dessen oben bereits dargestellte spezifische Temporalität berücksichtigen, 2) seine ontologische Eigentümlichkeit im Blick haben und 3) die ihm eigene Logik – oder präziser und abstrakter: ihre Mereologik (als Lehre von Teilen und Ganzem) – entfalten.

1) Temporalität: Für Zukunftskonflikte (und damit für Konflikte überhaupt) gilt, dass sie aus der Zukunft kommen und in der Gegenwart erst hergestellt werden müssen – ganz entgegen der üblichen Annahme, die sie in der Gegenwart

verortet oder aus der Vergangenheit ableitet. Das ist nicht nur in unserer Gegenwart mit großen intellektuellen wie sozialen und politischen Schwierigkeiten verbunden. Nach dem Durchgang durch zwei Jahrhunderte Konflikttheoriegeschichte erkennen wir darin nun ein Merkmal von Konflikten überhaupt. Dass ein Konflikt nicht einfach im Hier und Jetzt *existiert* oder sich zwischen zwei seit Ewigkeiten oder immer schon, quasi von Natur aus verfeindeten Parteien ereignet, muss zeittheoretisch auf den Begriff gebracht werden. Konflikte liegen weder einfach manifest in der Gegenwart vor noch latent in einer verschütteten Vergangenheit, um dann später, heute, morgen in manifeste Gewalt zu eskalieren. Zeitlich genau umgekehrt ermöglicht erst die Produktion oder Konstruktion von Konflikten einen souveränen Umgang mit der mal offenkundigen, mal versteckten, in jedem Fall aber strukturell in unserer Gesellschaft verankerten Gewalt.[365]

Wie wir des Öfteren gesehen haben und auch in der Folge noch genauer thematisieren werden, ist gerade da, wo sich Gewalt manifest äußert, zumeist (noch) nicht von einem Konflikt zu sprechen, sondern schlicht von Gewalt. Dass aber etwa, um nur ein ganz alltägliches Beispiel zu nennen, ganze Regionen oder Bevölkerungen eine vielfach so hohe Arbeitslosigkeit und halb so hohe Lebenserwartung haben wie andere, zeugt von bestehender Gewalt auch dort, wo sich diese nicht explizit manifestiert. Hier fehlt es in der Tat an einem Verständnis sowie einer Diskussion der notwendigen politischen Konflikte. Auch grassierende Misogynie oder Sexismus, institutionell verankerte Xenophobie und Rassismus oder die schon heute spürbare *Slow Violence* (Rob Nixon) gegen unsere Umwelt und die Lebensbedingungen künftiger Generationen sind deswegen eine zusätzliche Motivation für eine Umkehrung der zeitlichen

Perspektive von Konflikten. An die Stelle der Sorge um eine Bedrohung unserer an und für sich friedlichen Welt durch verborgene Konflikte tritt damit die Einsicht, dass bereits der Status quo von Gewalt und ihrer ständig möglichen Eskalation geprägt ist (deswegen ist auch mit dieser zeitlichen Umkehrung der Perspektive gerade keine Exkulpierung der Vergangenheit verbunden). Auf eine Minderung oder gar ein Verschwinden dieser mal manifesten, mal latenten, mal offensichtlichen, mal verleugneten Gewalt ist nur zu hoffen, wenn wir die ihnen korrelierenden strukturellen, individuellen oder gesellschaftlichen Widersprüche auffinden. Das bedeutet mehr als nur ein abstraktes Verstehen, mit dem es kaum je getan ist. Die tatsächliche Thematisierung eines gesellschaftlichen Widerspruchs impliziert immer auch das Herstellen eines bis dahin (egal, ob unverstandenen, verdrängten, verborgenen, in jedem Fall aber) nicht existenten, jedoch *insistierenden* Konflikts.

2) Ontologie: Dass sie nicht einfach existieren, erschwert das Verständnis einzelner Konflikte (und ihre Definition!) ebenso, wie es eine Klärung der ihnen eigentümlichen ontologischen Konsistenz verlangt, und zwar verbunden mit einem theoretischen oder epistemologischen sowie mit einem praktischen oder ethischen Aspekt. Denn ob es sich um einen Konflikt handelt (und um welchen), bzw. ob er als ein solcher verstanden wird oder nicht, ist immer auch eine Streitfrage, die Subjekte nicht nur involviert, sondern sie bisweilen überhaupt erst als politische konstituiert.

Dass eine weithin geteilte Definition davon, was ein Konflikt eigentlich ist, bis dato aussteht, verwundert weniger, wenn wir erst einmal verstanden haben, inwiefern ein Konflikt nicht einfach *ist*. Das »Sein« von Konflikten ist keine manifeste ontologische oder physische Existenz. Einfach und »als solche« sind Konflikte nicht zu haben. Statt hier von ihrer ontologischen Inkohärenz oder Inexistenz zu sprechen, schlage ich vor, die In- / Existenz von Konflikten nicht als Defizit, sondern als Erklärung für ihre *Insistenz* zu verstehen. Damit ist nun nicht gemeint, dass Konflikte statt manifester Existenz umgekehrt mysteriöse unsichtbare oder metaphysische Eigenschaften besäßen. Vielmehr sind es immer konkrete, lebendige, geschichtliche Subjekte, die sich als Träger jener Konflikte herausbilden, deren Status stets aufs Neue verhandelt werden muss.

Konflikte verlangen also – dies ist ihre inhärent theoretische oder epistemologische Dimension – eine Interpretation und Aushandlung, sie müssen immer erst verstanden werden, weil sie nicht einfach offen zutage liegen. Konflikte produzieren also Wissen, wobei dieses Mehr an Wissen eben nicht automatisch eine vermeintliche »Lösung« von Konflikten ermöglicht (wie ein verbreitetes konfliktpragmatisches Missverständnis lautet), sondern vielmehr ihrer Herstellung dienen kann. Immer wieder sind wir darauf gestoßen, dass wir nie nur einfach Konflikte haben oder sie aus sicherer Distanz begreifen können, sondern beides – Existenz und Erkenntnis, Sein und Bewusstsein – erst hergestellt werden muss. Das gilt nicht anders für psychologische als für soziale Konflikte. Mit Freud verstanden, wird einem souveränen Subjekt mehr abverlangt, als seine Konflikte nur passiv zu erleiden oder wie stoisch oder heroisch auch immer zu ertragen. Konflikte müssen gesucht, verstanden und auf uns genommen werden. Deswegen ist der theoretische oder epistemologische Aspekt von Konflikten nicht von einer praktischen oder ethischen Dimension zu trennen.

Weil Konflikte immer erst herzustellen oder zu produzieren sind, geht von ihnen auch eine zweifache Produktivität aus: zum einen auf theoretischer Ebene eine erkenntnisfördernde Kraft, mit der zum anderen ganz praktischen Konsequenz der Entstehung neuer Subjekte. Nicht zufällig ist darum ein fast immer zentrales Kriterium linker oder revolutionärer politischer Theorie und Praxis, ob es gegen alle gesellschaftlichen oder institutionellen Widerstände gelingt, mittels der Betonung und Zuspitzung von Konflikten neue politische Subjekte hervorzubringen. Eine entsprechende progressive Konfliktgeschichte um Teilnahme am demokratischen Geschehen verliefe entlang vergangener bürgerlicher Revolutionen und Arbeiter:innenstreiks, über gegenwärtige Kämpfe von Frauenrechtler:innen und Migrant:innen bis hin zu Fridays for Future oder der Zukunft kommender Generationen.

Immer wieder sehen wir also, inwiefern die von Konflikten geforderte Deutung und Verständnisarbeit die jeweils Beteiligten verändert. Ihre aktive Teilnahme gibt Individuen Sinn und verortet sie neu bzw. als Neue in der Wirklichkeit. Die Aufgabe lautet deswegen stets auch, sich selbst – und die (vermeintlich) Anderen – als Teil eines größeren ökonomischen, politischen und gesellschaftlichen Ganzen zu verstehen. In diesem Sinne hat Marx an die Stelle einseitiger Asymmetrie und Ausbeutung einen Klassenkonflikt gesetzt, der für die sich mit ihm Identifizierenden eine ihre Wirklichkeit transformierende Kraft bekommen hat. Denn ebenso wenig wie *eine* oder *die* Arbeiterklasse einfach existiert, ist sie umgekehrt auch keine bloße Erfindung. Nicht zufällig konstituiert sich das Proletariat im Streit darüber, ob der es konstituierende Konflikt als solcher existiert, ob also am Grunde des Kapitalismus ein ihm wesentlich innewohnendes Ausbeutungsverhältnis liegt. Umgekehrt aber tragen wir auch immer noch an den Folgen der Tatsache, dass Frauen oder Opfer kolonialer Gewalt als Klassensubjekte wie als Objekt dieses Ausbeutungsverhältnisses von Marx nicht ausreichend berücksichtigt wurden – bis heute gelingt es in den westlichen Gesellschaften etwa schlecht bis gar nicht, die (nach wie vor überwiegend von Frauen und Migrant:innen geleistete) Care-Arbeit in einer ökonomischen Gesamtbilanz angemessen abzubilden.

Wichtig sind hier wiederum nicht die weltanschaulichen Argumente für oder gegen diese marxistische Herstellung eines das eigene Selbstverständnis und Handeln transformierenden Konflikts. Die konflikttheoretische Einsicht lautet, dass theoretisch und praktisch souverän nicht ist, wer Ausbeutung zur Naturgegebenheit essenzialisiert. Bei Marx nicht anders als bei Freud steht das souveräne (politische) Subjekt nicht am Anfang eines Konflikts, sondern konstituiert sich erst an und mit diesem. Dazu bedarf es einer eingehenden interpretatorischen Praxis, die nie ohne psychologische oder politische Kämpfe vonstattengeht. Mit Blick auf die das 21. Jahrhundert prägenden Konflikte werden wir sehen, dass genau darin die Schwierigkeit besteht, nämlich dass uns eine entsprechende souveräne Geste etwa im Fall des Umweltwandels bislang (noch) nicht gelingt. Uns fehlt die Souveränität (und die entsprechenden Subjekte), den planetarischen Konflikt zu entscheiden und für eine andere Zukunft produktiv zu machen. Als planetarische Subjekte gibt es »uns« noch gar nicht.

3) (Mereo-)Logik: Konflikte lassen sich deshalb nicht einfach auflösen, weil sie notwendig zu dem Kontext gehören, in dem sie auftreten. Das heißt, ein Konflikt liegt nur vor, wenn er in einem notwendigen Strukturzusammenhang steht. Insofern bringt es auch wenig, auf ein Verschwinden von Konflikten zu hoffen. Konflikte sind ebenso essenzieller Teil von mir wie der oder des anderen und der Gesellschaft,

in der wir leben. Solange diese Gesellschaft existiert, so lange insistieren auch ihre Konflikte. Nur, wenn wir dessen eingedenk bleiben, können wir auf sinnvolle Weise unsere Probleme angehen, Widersprüche lösen, Gewalt vermeiden. Wo sich, was kaum je der Fall ist, ein gesellschaftlicher Konflikt wirklich auflöst oder verschwindet, löst sich mit ihm die bis dahin existierende Gesellschaft auf – und auch das freilich nur, um von einer anderen Gesellschaft mit wieder anderen Konflikten abgelöst zu werden. Ein Beispiel wären hier etwa die Konflikte, die die christliche Kirche vom Auftreten erster Schismen in der Spätantike bis hin zu den jahrhundertelangen konfessionellen Auseinandersetzungen in Mittelalter und Neuzeit geprägt haben – sie lösen sich zusammen mit den Kirchen und ihrer Bedeutung für die Gesellschaft, dadurch aber auch mit der von der christlichen Kirche geprägten Gesellschaft selbst heute zunehmend auf. An ihre Stelle tritt eine Gesellschaft mit wieder anderen Konflikten, von denen wir einige bereits im ersten Teil beschrieben haben und in den folgenden Kapiteln noch beschreiben werden (dazu kann dann durchaus auch gehören, dass einflussreiche Minderheiten eine Rückkehr religiöser Zivilisationskonflikte betreiben).

Was daraus aber folgt, ist eine andere numerische Logik als die dyadische Struktur der meisten Konfliktanalysen, gemäß der sich üblicherweise nur zwei, noch dazu klar getrennte Entitäten gegenüberstehen. Denn wie wir ein ums andere Mal gesehen haben, liegt das Problem gerade in dieser Binarität und dem mit ihr verbundenen Zusammenstoß einander ausschließender Einheiten, etwa der von Eigenem und Fremdem. Als üblichem konfliktpragmatischen Ausweg aus dieser Zweiheit sind wir des Öfteren dem Phantasma einer neutralen Dritten begegnet, und zwar in Gestalt einer über den Dingen stehenden objektiven Gesetzlichkeit oder Person, die vermeintliche Konflikte aufzulösen vermag. Und in der Tat liegt die mögliche »Lösung« in einer Auflösung der Zweiheit, aber nicht in Gestalt einer simplen Neutralisierung durch eine:n dazwischentretende:n Dritte:n. Die Überwindung des binären Konfrontationsmodells erfolgt nicht durch eine außenstehende *reflexive* Instanz, sondern sie kann nur *rekursiv* vollzogen werden. Rekursion meint hier einen Vorgang, in dem eine Person sich selbst – also den eigenen Konflikt, den sie mit einer anderen teilt – als Teil in sich selbst integriert. Nur so kann ich endlich aufhören, mein Gegenüber als etwas ganz Anderes (und ganz allein Schuldige:n) zu begreifen. Das gilt für den Beziehungsstreit, bei dem beide Partner sich als gleichwertige Teile desselben Systems verstehen lernen, wie auch für die Migrant:in, deren Fluchtschicksal ich als Teil eines Kausalitätskontinuums erkenne, an dessen anderem Ende ich selbst mit meinem widersprüchlichen »westlichen« Lebenswandel stehe.

Statt mit dem Anderen latent oder manifest gewaltsam Konflikte auszutragen, die eigentlich gar nicht existieren, bedeutet einen Konflikt herzustellen: von der Gegnerschaft abzusehen und sich im selben Kontext wie die vermeintliche Gegner:in zu betrachten. In diesem Sinne ist die andere ein Teil von mir, und *ich bin* bzw. *wir sind der Konflikt* (anstatt ihn nur zu haben). Und dementsprechend ist auch ebenso *der Konflikt in mir*, wie *ich im Konflikt* bin, als Teil einer größeren konflikthaften Struktur. Wenn zuvor von einer Teilnahme am Konflikt die Rede war, dann ist das im wörtlichen Sinn zu verstehen als Teil-nahme. Nur wer wirklich an einem Konflikt teilnimmt, ihn als Teil von sich nimmt, vermag ihn auch produktiv zu machen, nicht zuletzt für sich selbst. Vor dem Hintergrund der (auto-)immunologischen Erkenntnisse bedeutet das: Was fremd ist, kann jederzeit Teil von mir werden, und umgekehrt kann Eigenes jederzeit als nicht mehr integraler Bestandteil verschwinden. Bei der Unterscheidung von Eigenem und Fremdem handelt es sich um temporäre, sich ständig wandelnde Kategorien, die somit auch ständig das verändern, was das Subjekt bestimmt und seine Identität ausmacht (sofern es vor diesem Hintergrund überhaupt noch sinnvoll erscheint, »Identität« als etwas Festes, Unveränderbares beschreiben zu wollen).

Die Produktivität von Konflikten verweist somit auch auf jene Rekursivität, mit der sich Subjekte in – oder aus – Richtung der Zukunft von solchen atemporalen Fixierungen zu befreien vermögen, wie es die ewigen Antagonismen oder biologischen Oppositionen, die unzähligen essenzialisierten und naturalisierten »Konflikte« sind, denen wir vor allem im ersten Teil dieses Buchs begegnet sind: der gerne so bezeichnete Krieg »unserer« Bakterien und Viren gegen uns, der angeblich seit Urzeiten bestehende biologische Kampf von Männern und Frauen, der behauptete *Clash* zwischen Westen und Islam sowie unzählige weitere. Indem wir unser jeweiliges Gegenüber in diesen Kollisionen als Teil von uns begreifen, versetzen wir uns in die Lage, die in uns selbst liegenden, oftmals verdrängten Antagonismen, Widersprüche und Fremdheiten zu verstehen – und produktiv zu machen.

Aus einer progressiven Perspektive erklärt sich somit auch eine andere typische Verwechslung: Bei dem, was üblicherweise als Eskalation von Konflikten bezeichnet wird, handelt es sich in Wirklichkeit zumeist um eine Eskalation oder Ausweitung der Konflikten zugrunde liegenden Gewalt. Wenn es dagegen dazu kommt, dass tatsächlich Konflikte hergestellt und produktiv gemacht werden, ergibt es weniger Sinn, von einer Eskalation zu sprechen, als von einer Transformation. Denn tatsächlich hergestellte Konflikte transformieren die an und in ihnen Beteiligten sowie auch das soziale Ganze, dessen Teile sie waren. Auf der Ebene von Gesellschaften ließe sich das etwa so veranschaulichen: Die Vereinigten Staaten wären nach einer tatsächlichen Auseinandersetzung mit dem mit ihrer Entstehung verbundenen Rassismus nicht mehr dieselben USA, Europa nach einer Aufarbeitung seiner Kolonialgeschichte und ökonomischen Ungleichheit nicht mehr dieselbe Europäische Union, ein Iran mit gesetzlich garantierter Gleichbehandlung von Frauen keine islamische Republik mehr, auch nicht das alte Persien, sondern etwas ganz Anderes und Neues. Und die Liste ließe sich endlos fortsetzen.

Wichtig ist an dieser Stelle zudem die Frage der Reziprozität oder Wechselseitigkeit zwischen widerstrebenden Teilen in mir, zwischen mir und anderen Personen oder Personengruppen der von mir geteilten sozialen Welt, wie es etwa bei Interessenskonflikten der Fall ist. Voraussetzung für einen Konflikt ist nämlich zunächst eine Inkompatibilität oder Unvereinbarkeit verschiedener Absichten, und zwar sowohl zwischen verschiedenen Wünschen in mir: etwa dem Zielkonflikt, als guter und zufriedener Elternteil viel Zeit mit meinen Kindern verbringen zu können und gleichzeitig als zufriedener und guter Elternteil ausreichend Geld für meine Kinder zu verdienen; als auch dem Interessenskonflikt zwischen meinem entsprechenden Anspruch, möglichst viel Geld für möglichst wenig Arbeitszeit zu bekommen, und dem Interesse meines Arbeitgebers, zu seiner eigenen Profitsteigerung das genaue Gegenteil zu erwirken.

Würde eine solche Inkompatibilität nicht bestehen, dann wäre der Konflikt leicht lösbar oder mittels eines Kompromisses zum Verschwinden zu bringen. Die Reziprozität (die nicht etwa mit einer grundsätzlichen Gleichberechtigung jeglicher Ansprüche verwechselt werden darf) impliziert eine Abstraktionsebene, auf der beide Seiten den Widerspruch artikulieren können. Und ich könnte ja auch gar nicht versuchen, mein Gegenüber von seinen Interessen abzubringen, wenn wir nicht bereits ein Wissen darüber teilten, was diese Interessen sind. Die Voraussetzung dafür aber ist wiederum, dass der oder die andere sowie unsere gemeinsame Konfliktstruktur schon in mir abgebildet ist. So kann ich etwa auch selbst zum Arbeitgeber werden, wenn ich beispielsweise zur weiteren Zeitoptimierung einen Teil meines für mich vorteilhaft verhandelten Gehalts dafür aufwende, eine (meist weibliche und migrantische) Reinigungshilfe zu beschäftigen, die am unteren Ende der ökonomischen Nahrungskette mit schlechter sozialer Sicherung in der Regel weniger verdient, als sie verdient.

Eben diese reziproke Rekursivität ist es also, was einen Konflikt von schlichten Antagonismen, Oppositionen oder sonstigen binären Auseinandersetzungen unterscheidet. Konfliktsituationen sind niemals nur durch bloße Gegenteiligkeit gegeben, sondern diese Gegen-Teiligkeit muss auf Ebene der Reflexion und der Interpretation potenziert werden. In dem Sinne ist der in diesem Buch immer wieder formulierte Imperativ zu verstehen, sich Widersprüchen bewusst zu werden, sie zu artikulieren und somit überhaupt erst Konflikte herzustellen. Selbstverständlich bedeutet das nicht, dass es die jeweiligen Unstimmigkeiten ohne den Konflikt gar nicht gibt, aber um einen Konflikt handelt es sich eben erst dann, *wenn eine geteilte Interpretation expliziert und auf ihn bezogen ist*: Arbeitgeber und Arbeitnehmerinnen wissen um ihre entgegengesetzten Interessen und tragen diese offen aus (aber erst, seit sich die Arbeitnehmer:innen als Subjekte dieser Auseinandersetzung durch den von Marx hergestellten, zugrunde liegenden Konflikt konstituiert haben).

Die notwendige Gegenseitigkeit des Konflikts darf jedoch, wie gesagt, nicht als symmetrische Gleichberechtigung verklärt werden. Die konfligierenden Teile sind oft eben gerade nicht gleichwertig, manchmal sogar inkommensurabel, die Struktur der zugrunde liegenden Antagonismen selbst kann also schon mehrdimensional sein. So sind wir etwa einer entsprechenden Gefahr der Konfliktpragmatik begegnet, sich – mehr oder weniger ungewollt – auf die Seite von Tätern oder Mächtigen zu stellen, indem eine vermeintliche Symmetrie zwischen den »Konfliktpartnern« impliziert wird: etwa zwischen Arbeitgebern und Arbeitnehmern, zwischen viel beschäftigten Akademiker:innen und ihren Reinigungskräften, zwischen gewalttätigen Männern und Frauen oder Kindern, zwischen Müttern und Umgangsrecht beanspruchenden Vätern, zwischen illiberalen Staaten und Minderheiten. Die Pragmatik kann hier in der Regel den Konflikt nicht ersetzen, geschweige denn ihn auflösen.

Attribution

Ausgehend von diesem Versuch einer Begriffsdefinition ergibt es auch Sinn, gängige Konzepte der traditionellen Konfliktforschung neu auszudeuten. Das soll dieses Kapitel abschließend für den in der Soziologie klassischen Topos des Attributionskonflikts unternehmen. Mit einem solchen ist üblicherweise ein Dissens darüber gemeint, wem aus welchen Gründen und Motiven welche Handlungen zuzuschreiben (zu »attribuieren«) sind, sowie eine fundamentale Uneinigkeit darüber, was denn eigentlich Gegenstand und Ursache eines bestimmten Streits ist (was besonders bei lange andauernden oder sich schnell zuspitzenden Auseinandersetzungen oft eine klärungsbedürftige Frage darstellt). Auf der Grundlage der eben skizzierten Definition lässt sich die aus der älteren Konfliktforschung bekannte Attributionsproblematik auch für die Frage fruchtbar machen, wie wir jene Konflikte schon heute angehen können, deren Konturen sich erst allmählich am Zeithorizont abzeichnen, und deren Protagonist:innen in der Gegenwart noch gar nicht präsent sind – denen aber deswegen keineswegs eine geringere Relevanz zukommt.

Handelt es sich bei der Tötung des 17-jährigen Trayvon Martin durch einen Wachmann im Jahr 2012 um einen bedauerlichen Einzelfall oder um den Ausdruck eines die US-amerikanische Gesellschaft insgesamt prägenden Rassenkonflikts (der deswegen zu Recht Auslöser der *Black-Lives-Matter*-Bewegung wurde)? Ist häusliche Gewalt gegen Frauen die Konsequenz einer Überforderung einiger weniger rückständiger Männer in einer zunehmend egalitären Moderne oder die gelegentliche Ausformung einer nach wie vor strukturellen Unterdrückung oder Benachteiligung (angesichts derer auch die Klagen über den *Gender Pay Gap* und fehlende Frauenquoten noch zu kurz greifen)? Sind steigende Meeresspiegel und zunehmende Unwetterkatastrophen ein kontingenter Begleitfaktor rasant wachsender Migrationsbewegungen, die zwar eine große, aber prinzipiell schulterbare Herausforderung für unsere liberalen Gesellschaften darstellen, oder ist umgekehrt der gewaltige Wohlstand unserer *Carbon Democracy* (Timothy Mitchell) schuld an den zukünftigen und schon gegenwärtigen planetarischen Konflikten (die die liberalen Demokratien schon allein deswegen kaum von alleine und mit ihren erprobten ökonomischen und parlamentarischen Instrumentarien werden lösen können)?

An der Beantwortung solcher Fragen scheiden sich die gesellschaftlichen Geister, und eine Bekräftigung oder Leugnung der Existenz bestimmter Konflikte verläuft bisweilen quer durch die politischen Lager und Generationen. Doch stets handelt es sich dabei um einen Dissens bei der Suche nach den Ursachen eines gesellschaftlichen Problems. Und dieser Dissens verweist auf die oben genannten praktischen und erkenntnistheoretischen Merkmale von Konflikten: dass sie nämlich immer schon Gegenstand der Deutung und interpretativen Auseinandersetzung zwischen – mehr oder weniger freiwillig beteiligten – Konfliktparteien sind. Vor allem aber, dass sie dadurch für die Beteiligten produktiv werden können, indem diese sich durch den Konflikt neu in der Welt verorten und ihre jeweiligen Weltbezüge transformieren.

Ein anderer Aspekt des Attributionsproblems bezieht sich auf die eigentliche Wortbedeutung von »Attribution«: nämlich welche Gründe und Motive wir einer Handlung *zuschreiben* und wie wir die darin zum Ausdruck kommende Verhaltensweise interpretieren. So wie wir unser eigenes Verhalten tendenziell aus der jeweiligen Situation heraus begreifen (und damit entschuldigen), in der wir uns befinden, so erklären wir das Verhalten anderer Personen meist durch deren charakterliche Disposition (und meist ohne mildernde Umstände). Der sogenannte Akteur-Beobachter-Fehler besteht etwa darin, dass wir dazu neigen, einer anderen Person, die in Stresssituationen aggressiv auftritt, einen generell aggressiven Charakter zuschreiben, während wir für uns selbst eine derartige Zuschreibung als unangemessen zurückweisen und für unsere eigenen Aggressionen vielmehr ein rein situatives Verhalten in Anspruch nehmen würden.[366]

In mehreren Büchern erläutert der Soziologe Niklas Luhmann diese Form von Attributionsproblem an einem Beispiel aus dem für sein hohes Reibungspotenzial klischeehaft bekannten Alltag von Paarbeziehungen: »Handelnde orientieren sich stärker an der Situation, Beobachter rechnen stärker auf Personenmerkmale zu; und dies dürfte verstärkt für Beobachter gelten, die Vertrauen oder Liebe testen und wissen möchten, ob sie mit stabilen Haltungen auf der anderen Seite rechnen können. So glaubt der Fahrer eines Wagens sich mit bestem Können nach der Situation zu richten. Der Mitfahrer beobachtet ihn, rechnet die Eigentümlichkeit der Fahrweise auf Personenmerkmale zu und fühlt sich, wenn die Person ihm wichtig ist und er Rücksichtnahme erwarten zu können meint, veranlaßt, zu kommentieren und mitzuteilen, wie er selbst fahren würde bzw. gefahren werden möchte. Der Fahrer dagegen hat die Gründe seines Verhaltens jeweils schon hinter sich, hat sie, wenn überhaupt, im Kontext der Situation erlebt und sie gar nicht auf die Ebene seiner persönlichen Beziehungen zum Mitfahrer hochtransformiert. So werden Ehen im Himmel geschlossen und im Auto gehen sie auseinander, weil es zu Attributionskonflikten kommt, die sich einer kommunikativen Behandlung weitgehend entziehen.«[367]

Verlässt man den Bereich traditioneller Kleinfamilien, so zeigt sich eine noch viel weiter reichende Dimension des Problems Konfliktattribution. Denn der Streit über die exakte Zuschreibung individuellen Verhaltens erweist sich bei Zukunftskonflikten als unhintergehbare strukturelle Hürde. Es besteht hier nämlich nicht nur ein – möglicherweise vermittelbarer – Dissens darüber, wie ein vorliegender Konfliktgegenstand möglichst bald aufzulösen wäre, sondern weder der Konflikt noch seine Protagonist:innen existieren überhaupt in einer gemeinsamen Gegenwart. Anders formuliert: Mit dem Fehlen eines in der Gegenwart bestehenden Konfliktgegenstands, mit mangelnder Konfliktgegenwart also, geht einher, dass auch die Konfliktprotagonist:innen nicht gegeben sind, sondern ihnen erst eine Gegenwart gegeben werden muss. Wir müssen immer erst lernen, eine gemeinsame Konfliktgegenwart zu teilen.

Konflikte werden also auch in Zukunft Anlass zur Selbstbestimmung und Selbstverständigung sein. Und auch weiterhin werden Konflikte uns Gelegenheiten für das bieten, was Mediator:innen als »Fronten wechseln« und »sich in eine:n andere:n hineinversetzen« empfehlen. Allerdings sind im Verhältnis zu diesen traditionellen konfliktpragmatischen Verfahren zwei Abweichungen festzuhalten, die beide mit der soeben dargestellten strukturellen Attributionsproblematik zu tun haben. Anhand von *Zukunfts*konflikten erkennen wir nun auch rückblickend: erstens, dass Konflikte nie einfach auflösbar waren. Und zweitens, dass die Auseinandersetzung *mit* und das Sich-Hineinversetzen *in* andere die Grenzen zwischen Selbst und Anderem verwischt.

Was damit unmöglich wird, ist gerade die ideale Situation, die sich Konfliktpragmatiker:innen im Dienste einer Konfliktauflösung erhoffen, nämlich »dass sich die Konfliktparteien immer wieder – am besten unter der Leitung eines Mediators – zusammen an einen Tisch setzen, um die Sichtweisen der jeweiligen Gegenpartei kennen zu lernen«.[368] Teil eines Konflikts zu sein, bedeutet dagegen nach der hier vorgeschlagenen Deutung, diese Teilhabe anders zu verstehen: und zwar in dem Sinne, einen Konflikt nicht nur zu *haben*, sondern dieser Konflikt zu *sein*. Zu verstehen, dass man tatsächlich Teil eines Konflikts ist – und nicht nur eines ärgerlichen Zwists, einer langwierigen Auseinandersetzung oder eines gehässigen Streits –, bedeutet zu verstehen, dass das jeweilige Gegenüber, der oder die andere, nicht mein Gegenteil oder dasjenige ist, was mich daran hindert, den Konflikt zu überwinden.

Doch die Einsicht und Akzeptanz, dass unsere Konflikte mit anderen (zumindest teilweise) auch uns selbst ausmachen, ist nur ein erster Schritt. Dass es nämlich weder einem Konflikt äußerliche, neutrale Dritte gibt, noch auch nur die am (niemals vollständig präsenten) Konflikt Beteiligten jemals mit sich selbst identisch sind, hat vielmehr einen tieferen Grund: Um Konflikte zwischen Personen, Gruppen oder größeren Entitäten handelt es sich nur dann, wenn sie in ihrem Bereich mit einer Notwendigkeit auftreten, die die jeweiligen Protagonist:innen zwar zu Gegnern machen kann, ohne dass diese Selbst- und Fremdeinschätzung aber deswegen auch zutreffend sein muss. In Wirklichkeit ist nämlich der Glaube, der oder die andere wäre im Unrecht, ebenso naiv wie die Hoffnung auf eine Auflösung des jeweiligen Streits – egal, ob es sich um eine verbale Auseinandersetzung zwischen Individuen oder eine bewaffnete Konfrontation zwischen Staaten handelt. Deswegen geht ein Verständnis der tatsächlichen Beschaffenheit von Konflikten mit der Einsicht einher, dass es nicht darum geht, sie aufzulösen, sondern darum, sie herzustellen.

Konflikte herstellen und Zeit schaffen

Bei der Herstellung von Konflikten geht es darum, ihre immer erst zukünftige Form schon heute präsent zu machen. Natürlich ist das mit einigen Schwierigkeiten verbunden. So können wir versuchen, uns bevorstehende Szenarien wie zunehmende Bodentrockenheit oder steigende Meeresspiegel anhand von aus der Vergangenheit bekannten Bildern von Wüstenregionen oder Überschwemmungsgebieten zu vergegenwärtigen. Doch eine ganz konkrete Vorstellung davon, wie das Leben nach Jahrzehnten oder Jahrhunderten steigender Temperaturen oder dem *Tipping Point* einer polaren Eisschmelze aussehen wird, ist letztlich unmöglich, und zwar nicht nur aus Gründen mangelnder Imagination. *Als solche* ist die Zukunft – ebenso wie die Vergangenheit – nicht präsent zu machen. In einem solchen Sinn wäre jede Vergegenwärtigung, sei es die einer traumatischen Vergangenheit oder einer konflikthaften Zukunft, streng genommen zum Scheitern verurteilt. Stattdessen aber möglich – und nötig – ist die Herstellung zukünftiger Konflikte im Sinne einer Öffnung der Gegenwart für die Zukunft. Wie wir noch genauer sehen werden, lautet die Aufgabe an dieser Stelle, der Zukunft oder den Zukünftigen (Menschen, Lebewesen, Entitäten) möglichst gleichberechtigten Raum in unserer Gegenwart zu geben. Was wir die Herstellung einer geteilten Konfliktzeit von Zukunft und Gegenwart nennen könnten, wäre eine Zeit, die wir mit unserem zukünftigen Selbst ebenso teilen wie mit zukünftigen Anderen.

Dem Philosophen John Rawls verdanken wir das bereits erwähnte, berühmte Gedankenexperiment, demzufolge wir eine solidarische Gesellschaft so aufbauen sollten, als würden wir ihren Prinzipien hinter einem *Schleier der Unwissenheit* folgen, sodass wir nicht wüssten, wo und als wer, in welche Kultur oder Gesellschaftsschicht wir in jener Welt geboren würden. Heute und in Zukunft müssen wir die räumliche und die personale Dimension von Rawls' Ignoranzschleier um eine zeitliche Dimension erweitern. Über die präsentistisch gedachte Fabel hinaus muss der Imperativ nicht nur lauten, so zu handeln und unser Gemeinwesen so auszurichten, als ob wir nicht wüssten, wer und wo wir sind, sondern auch wann, also in welcher Zeit wir uns befinden. Oder ganz konkret: Wie sollten wir heute handeln, wenn wir erst in der Zukunft geboren würden? Verpflichtet uns diese Frage nicht, mit zukünftigen Generationen wie auch unserem zukünftigen Selbst in Verbindung zu treten? Denn nur eine solche Verknüpfung birgt die Möglichkeit, eine paradoxe und komplexe Zeit sowie eine unverfügbare Zukunft attribuierbar zu machen.

Angesichts der Unmöglichkeit, Konflikte lösen – oder gar präventiv vermeiden – zu können, lautet die Aufgabe, sie herzustellen und dabei mit einer künftigen und per se unbegreiflichen Zeit ins Gespräch zu kommen, die zu einem gewissen Grad das Gespräch mit uns verweigert. Im Blick auf zunehmend verzweifelte Widerstandsformen von Fridays for Future bis Extinction Rebellion hat die Philosophin Eva von Redecker als eine »zentrale Protestform der Gegenwart« die »Katastrophen-Vergegenwärtigung« ausgemacht. Dass wir »kaum noch Aussichten auf eine Zukunft haben (…), zeigt sich in unzuverlässigen Jahreszeiten und sterbenden Arten; es zeigt sich auch in unserer eigenen Erschöpfung«, die wir mit Ehrenberg als eine Unfähigkeit gedeutet haben, die entscheidenden Konflikte herzustellen. »Der Widerstand gegen den Weltverlust muss deshalb als Kampf nicht gegen, sondern um die Zeit« und gegen den »Zeitverlust« ausgetragen werden.[369]

Gegen die herrschende Erschöpfung neue Konflikte herzustellen, um dadurch zumindest zu versuchen, die Probleme der Zukunft schon heute zu lösen, verlangt aber mehr, als nur gegen einen Verlust von Zeit anzukämpfen. Statt nur eines quantitativen *Mehr* an Zeit bedarf es einer *anderen*, zukünftigen Zeit und Gegenwart, die einer emphatischen *Zukunft* Raum gibt, die es auch wert ist, so genannt zu werden. In Form von herzustellenden Konflikten hinterlässt die Zukunft schon im Heute ihre Spuren. Wenn der Philosoph Tony Fry angesichts zukünftiger Kriege davon spricht, dass wir mit Konflikten leben und uns mit ihnen »konfrontieren« müssen, dann zielt das nicht nur auf ein Herstellen von Konflikten, sondern auch auf das Erzeugen einer neuen Zeit: »Das bedeutet wiederum, dass wir *Zeit schaffen, aber unter Bedingungen, in denen Konflikte im globalen Staatskörper endemisch sind.*«[370] Diesen zukünftigen Kriegen und anderen Konflikten – die wir nicht mehr mit denen der Vergangenheit verwechseln dürfen – müssen wir uns nun zuwenden.

2.

Klima, Drohnen, Cyber: Die Entgrenzung des Kriegs

Auf allen Ebenen wird gegenwärtig eine drastische Zunahme an gewaltsamen Auseinandersetzungen konstatiert und vor allem auch für die Zukunft prognostiziert.[371] Selbstverständlich waren auch die Dekaden der sogenannten *Pax Americana* (sowie des damit verbundenen wirtschaftspolitischen *Washington Consensus*) in der zweiten Hälfte des 20. Jahrhunderts keineswegs frei von militärischen Auseinandersetzungen. Was sich heute verändert hat, ist die geopolitische Großwetterlage. Nach einigen Jahrzehnten einer scheinbar hegemonialen Dominanz der USA sind wir in eine Welt eingetreten, in der zunehmend ganz unterschiedliche Machtzentren, oder besser: Machtzonen, miteinander konkurrieren.

Der wichtigste »neue« Player ist China, wo nicht zufällig Ende des 20. Jahrhunderts zwei Militärs das Konzept einer *Unrestricted Warfare*, also »unbegrenzter Kriegsführung«, geprägt haben. Dabei geht es darum, direkte militärische Auseinandersetzungen zu umgehen und stattdessen auf das Feld politischer, ökonomischer und juristischer Kriegsführung zu verlagern, um dadurch auch eine eigentlich überlegene Supermacht wie die USA bezwingen zu können.[372] Doch auch ohne den Einfluss einzelner Theoreme auf das gegenwärtige Regime in Peking überschätzen zu wollen, bestätigt die Grundbeobachtung einer inflationären Konfrontationsstreuung vor allem »westliche« Befürchtungen über die strategischen Ziele chinesischer Geopolitik der vergangenen Jahrzehnte.

Aber nicht nur in Europa werden seit Längerem besorgte Stimmen laut, denen zufolge sich die USA als Hegemon des 20. Jahrhunderts in einer Abwärtsspirale befinden, mit drastischen zu erwartenden Folgen für die durch sie stabilisierte Ordnung zahlreicher anderer Nationalstaaten. Zu befürchten ist somit die Wiederholung eines schon bei früheren Hegemoniewechseln auftretenden Szenarios, in dem Kontrollverlust, geopolitische Destabilisierung und Zunahme an gewalttätigen Auseinandersetzungen eine sich wechselseitig verstärkende Dynamik bilden. »Historisch ist zu beobachten, dass Phasen des machtpolitischen Niedergangs eines ›Weltpolizisten‹ oder seines allmählichen Ausstiegs aus dieser Rolle mit anwachsenden Konflikten der internationalen Politik und einem ansteigenden Risiko großer Kriege verbunden sind.«[373]

Gleich ob große Kriege oder eine Vielzahl kaum wahrnehmbarer bewaffneter Auseinandersetzungen – zu erwarten ist, dass uns ein längerer Zeitraum nicht eindeutig attribuierbarer, und dementsprechend schwer lösbarer, gewalttätiger Konfrontationen bevorsteht. Es wird also nicht zuletzt auch große Uneinigkeit darüber bestehen, was eigentlich den Gegenstand einer jeweiligen Auseinandersetzung bildet oder was überhaupt als eine solche zu werten ist und was nicht.[374] Aus konflikttheoretischer Sicht gilt es an dieser Stelle für alle Beteiligten, die hinter all diesen realen Kollisionen insistierenden Konflikte aufzufinden und, wenn möglich, die Bedingungen ihrer Herstellung zu benennen.

Wasser und Erde

Immer schon gehören innerstaatliche wie internationale territoriale Grenzstreitigkeiten zum Alltag politischer Auseinandersetzungen. Als zentraler Aspekt künftiger Konflikte kündigt sich jedoch neuerdings ein fundamentaler rechtlicher Widerstreit an, der einzelnen geografischen und geopolitischen Rechts- und Unrechtsfragen noch vorgelagert ist. Er betrifft die Frage nach der Legitimität unserer neuzeitlichen Nationalstaatsordnung insgesamt. Denn in Zeiten rasanter Umweltveränderungen erleben wir das ganz wörtlich zu verstehende Aushöhlen und Verschwimmen einer sowohl rechtlich wie räumlich gedachten Staatsbildungslogik. Spätestens seit den biblischen Büchern Mose denken wir Gesetze als in Stein gemeißelt oder zumindest in Grund und Boden geerdet (der entsprechende griechische Ausdruck *nómos* bedeutet sowohl Gesetz als auch räumliche Einteilung). In Zeiten immer drastischerer Veränderungen unserer Umwelt, die auch zu geologischen und geopolitischen Ano*r*malien führen, drohen die absehbaren Verformungen der zuvor lange als unveränderlich angesehenen Küstenlinien auch die territorialen Prämissen politischer Theorie generell zu unterlaufen.

Mit Blick auf einen immer schon vorausgesetzten natürlichen Vorrang des Landes gegenüber dem Meer schreibt der Jurist Davor Vidas: »Die wichtigste Entwicklung des Seevölkerrechts, die nach dem Zweiten Weltkrieg eingeleitet wurde, stützte sich auf eine geologische Grundlage: Der Kontinentalschelf wurde nun als unterseeische Fortsetzung des Landgebiets von Küstenstaaten betrachtet. Das Hauptargument dabei war, dass die mineralischen (fossilen) Ressourcen dieses Unterwassergebiets geologisch gesehen zu demselben Pool gehören wie die Ressourcen auf dem Festland, das Teil der gleichen Kontinentalmasse ist.«[375] Das ändert sich unter den planetarischen Bedingungen des Anthropozäns, in dem das Meer – nicht zufällig auch zunehmend eine Schicksalszone von Flüchtenden – das Land zu dominieren und zu überwältigen droht.

Wenn eine der zentralen Konfliktlinien der Zukunft an der nunmehr als veränderlich begriffenen Grenze von Wasser und Erde verläuft, dann kann ihre Entscheidung nicht für das eine und gegen das andere lauten. (Ungewollt bestätigt gerade die brachiale Vehemenz reaktionärer Neonationalismen ebendiese Unmöglichkeit.) Eine Entscheidung und Herstellung dieses Konflikts würde einhergehen mit der Anerkennung real existierender Gewalt *an* unseren Grenzen, hervorgerufen *durch* unsere Grenzziehungen (nicht nur in der Frage, *wo* wir sie ziehen, sondern auch, *wie* wir sie ziehen), anstatt diese Gewalt – wie bisher üblich – als Eskalation schon zugrunde liegender »Konflikte« misszuverstehen und zu verdrängen.

Ganz konkret äußern sich umweltbedingte Konflikte zwischen Wasser und Erde in Überschwemmungen durch infolge schmelzenden Polareises steigende Meeresspiegel. Abgesehen von der unmittelbaren Zerstörungswirkung geht das gewaltsame Naturereignis mit einer komplexen Verkettung von Ursachen und noch nicht absehbaren Folgewirkungen einher, die mit dem Verweis auf unsere Lebens- und Wirtschaftsweise sowie die massiv ungleiche Verteilung des Ressourcenverbrauchs zwischen Nord- und Südhalbkugel allenfalls in Ansätzen beschrieben ist. Darüber hinaus führt der Rückgang des Eises auch zur Freilegung neuer Seewege innerhalb zuvor zugefrorener Zonen, was zugleich die bis dahin geltenden territorial berechneten Hoheitsregeln auf dem Meer verschiebt, die ausgehend von der jeweiligen Küste berechnet werden.

Neben dieser Verwässerung von Grundannahmen des internationalen Rechts betrifft der hier skizzierte Zukunftskonflikt auch einen quasi an der Erdoberfläche ablesbaren Aspekt, dass nämlich mit der Zeit »der Konflikt sich darauf ausweiten wird, jeden Tropfen Wasser in einer Region zu kontrollieren. Es könnten Konflikte um Wasserressourcen ausbrechen, die bisher nicht als Konfliktgegenstand galten. Dabei geht es um Wasser tief im Boden (fossiles Wasser, das durch Bohrungen gewonnen wird) oder um Wasser in der Luft (Niederschlag, der durch Regenerzeugung gewonnen wird). Diese unter- und oberirdischen Wasserquellen werden Quellen von Konflikten sein. Doch nur die eine dieser Ressourcen ist endlich, die andere unendlich«, wie der Politikwissenschaftler James Lee pointiert festhält.[376] Das unmerkliche Ansteigen des Meeresspiegels und gleichzeitige Austrocknen ganzer Landstriche, deren Böden durch diese »Verwüstung« bei plötzlichen Überschwemmungen umso weniger Wasser aufnehmen können, sind allesamt einander verstärkende Vorboten einer gleichzeitig rasend schnellen und langsamen Gewalt[377] und damit von Zeitkonflikten, die nicht nur die gegenwärtigen Politiker:innen, sondern unsere tradierten politischen Institutionen insgesamt zu überfordern drohen.

Tony Fry hat in seinem Buch *Unstaging War, Confronting Conflict and Peace* im Detail beschrieben, wie sich in Auseinandersetzungen um Wasser schon heute ebenso die Kämpfe um andere natürliche Ressourcen, aber auch die Konsequenzen einer schwindenden Biodiversität und anderer Anlässe zu militärischer Gewalt ankündigen. Auch für ihn sind die »möglichen Konfliktquellen tatsächlich zahllos«.[378] Und James Lee hat in seinem Buch *Climate Change and Armed Conflict* die in den kommenden Jahrzehnten zu erwartende Streuung an kriegerischen Auseinandersetzungen entsprechend dem Muster unterschiedlicher klimatischer Veränderungen zu ordnen versucht. Demgemäß sind nach den Makrokriegen des 20. Jahrhunderts im 21. zunehmend Mikrokriege zu erwarten, in denen ausgehend von Grenzstreitigkeiten, Migration, Energieversorgungsproblemen und Ressourcenmangel gesellschaftliche und humanitäre Krisen zu bewaffneten Konfrontationen führen.[379]

Vergangenheit und Zukunft

Das Phänomen Krieg ist zentral für ein Nachdenken über vergangene, gegenwärtige und zukünftige Konflikte – schon allein wegen der absehbaren Zunahme an militärischen Auseinandersetzungen infolge von Umweltveränderungen. Allerdings lässt es sich, wie schon die bisherigen Beispiele zeigen, immer weniger nach den hergebrachten Mustern erklären. So wird in Zukunft auch zunehmend deutlich werden, dass es sich bei Kriegen nicht etwa um gewalttätige Eskalationen vorausliegender Konflikte handelt – so als ob Migration oder ökonomische Ungleichheit nicht selbst immer schon Ausdruck bestehender Gewalt wären; als ob planetarischer Wandel oder Pandemien auf nationaler Ebene zu lösen oder überhaupt nur zu adressieren wären; als ob diese Zukunftskonflikte Schuld an irgendeiner bevorstehenden Gewalt hätten –, wie es aus der Perspektive von Nationalstaaten und der von ihnen dominierten internationalen Institutionen erscheinen muss, die alles in ihre kurzsichtige globale Logik zwingen und glauben, die von ihnen mitproduzierte Gewalt dann mit Gegengewalt an irgendwelchen Symptomen ausagieren zu können. Vielmehr ist das ganze internationale Analyseraster und Handlungsspektrum von Staaten und ihren »Konfliktlösungsinstitutionen« fragwürdig – und im Fall von planetarischen Phänomenen vielleicht sogar zunehmend obsolet.

Die Unfähigkeit, Zukunftskonflikte tatsächlich in den Blick zu bekommen, drückt sich im politisch-medialen Alltag in einem fast synonymen Sprachgebrauch von »Krieg« und »Konflikt« aus. Auch das macht es, wie schon erwähnt, unumgänglich, beider Verhältnis vor dem Hintergrund unserer im vorigen Kapitel erarbeiteten Konfliktdefinition zu beleuchten. So wird in den kommenden Jahrzehnten immer deutlicher zu beobachten sein, dass nicht Konflikte zu Kriegen eskalieren, sondern die Grenzen zwischen Krieg und Konflikt, zwischen permanenten Kriegen (*Perpetual Wars*) und ubiquitären Konflikten, nunmehr aus der umgekehrten Richtung verfließen. Ohne dass dies die Existenz militärischer Konfrontationen alten Verständnisses ausschließen würde, werden sich die Auseinandersetzungen der Zukunft zunehmend ebenso unbemerkt vollziehen wie die mit ihnen korrelierenden Konflikte. Um nur ein Beispiel zu nennen: Auch wenn heute kaum jemand unsere alltägliche digitale Überwachung oder die Kontrollen auf Flughäfen noch darauf zurückführt, so sind sie doch irgendwann einmal durch einen weiterhin andauernden »Krieg gegen den Terrorismus« legitimiert worden.

Umgekehrt lässt sich festhalten, dass die Eskalation der Gewalt zwischen Russland und dem Westen – für den der Einmarsch Russlands in die Ukraine als Stellvertreterkrieg nur ein Symptom ist – auch aus Konflikten resultiert, die in den Jahrzehnten zuvor eben nicht hergestellt wurden (und das gilt sowohl für die – damals wie heute – gegenwärtigen als auch für zukünftige Konflikte). So wäre es möglicherweise hilfreich gewesen, die absolut konträren Wahrnehmungen des 20. Jahrhunderts zu thematisieren: die Tatsache, dass etwa Putin im »Sieg der Sowjets über Nazideutschland« von

1945 den Höhepunkt der Geschichte sieht (als, seiner Lesart zufolge, russischer Heldenmut die gesamte Welt befreite), den Zerfall der Sowjetunion 1991 aber als »die größte geopolitische Katastrophe des 20. Jahrhunderts« beschreibt,[380] während es sich im Westen genau spiegelverkehrt verhält. 1945 gilt insbesondere in Europa als Tiefpunkt unserer Zivilisationsgeschichte, auf den nach der Läuterung schließlich 1989/90 der Höhepunkt folgte: Fukuyamas »Ende der Geschichte«, das den Weltfrieden einläuten sollte (und mit ein Anlass für Huntingtons massiven Widerspruch war, wonach sich lediglich die Konfliktlinien verschieben würden, diesmal zwischen verschiedenen Kulturen).[381]

Diese völlig unterschiedlichen Wahrnehmungen über die Vergangenheit standen und stehen gleichzeitig vielfach in Konflikt – einem wieder anderen Zeitenkonflikt – mit einer ganz neuen Zukunft, im Hinblick auf die die überkommene Kalte-Kriegs-Logik zwischen Russland und dem Westen erst recht nicht mehr produktiv sein kann. Denn zuallererst einmal sind wir alle – auch Russland – mit planetarischen Zukunftskonflikten konfrontiert: Besonders das Auftauen der Permafrostböden stellt Russland vor die Alternative, entweder – wenn es im Zuge der aktuellen globalen Umschichtung der Empfängerländer weiterhin vom Export fossiler Energien lebt – auf lange Sicht mit umso heftigeren Umweltfolgen rechnen zu müssen oder sich von den fossilen Energieträgern zu verabschieden und damit gezwungen zu sein, seine Wirtschaft auf andere Füße zu stellen. Zum anderen müsste für die ehemalige europäische Kolonial- und Großmacht, als die Russland sich doch so gerne auch weiterhin sehen würde, die eigentliche geostrategische Konkurrenz und Bedrohung doch in China liegen: einem China, das seinerseits nicht erst seit Maos Tod an den Demütigungen der kolonialen Vergangenheit laboriert,[382] und auch hier werden die entsprechenden Konflikte mit dem Westen – allem Wissen über die Vergangenheit zum Trotz – nicht hergestellt. Auch in China wird stattdessen mittels ökonomischer Konfrontationen oder einem permanenten Wirtschaftskrieg agiert, reagiert oder eigentlich nur sich abreagiert, militärisches Säbelrassen inklusive.

Krieg und Frieden

Kriege werden in Zukunft immer weniger an klaren und distinkten Manifestierungen von bewaffneter Konfrontation zu erkennen sein. Gemäß der im vorigen Kapitel analysierten Parameter können sie dann 1) nicht mehr *räumlich* auf eine bestimmte geografische Zone oder ein nationales Terrain eingegrenzt werden; zudem lassen sich 2) einzelne Aktionen nicht immer *personal* bestimmten Kriegsparteien zuordnen; damit einher geht 3) auch *zeitlich* der Verlust einer nachvollziehbaren Chronologie.[383] Nach dem Muster langsamer Gewalt kann Krieg als dynamischer Zusammenstoß widerstreitender Kräfte nicht mehr auf eine visuell und räumlich distinkte Äußerung von plötzlicher, möglichst lauter oder gewissermaßen theatralisch sichtbarer Gewalt reduziert werden.[384] Angesichts des Überhandnehmens asymmetrischer Auseinandersetzungen, eines immerwährenden *War on Terror* gegen angebliche Schurkenstaaten sowie der Gewalt gegen mitunter ganze Bevölkerungsgruppen (sexistische und systematisch rassistische Politik gegen Migrant:innen und ethnische »Minderheiten«, Austeritätspolitik im Dienste der Hochfinanz etc.) wird zunehmend aber auch die Unterscheidung von Krieg und Frieden fragwürdig. Mit der Art und Weise, wie Kriege in Zukunft geführt werden, müssen wir ihre Abgrenzung von »Frieden« also ebenso neu betrachten wie diejenige von Konflikten.

Aus der Perspektive unserer Konfliktdefinition ist die Omnipräsenz latenter und manifester Gewalt ein *Symptom* (noch) nicht entschiedener und hergestellter Konflikte, weswegen Kriege eben nicht das *Resultat* von bereits bestehenden Konflikten sind. Vor diesem Hintergrund ist der Fluchtpunkt traditioneller »Konflikt-« und »Friedensforschung«, nämlich die Vorstellung einer friedlichen Konfliktbereinigung, inzwischen eher ein Hindernis zum Verstehen unserer Gegenwart. Bedenkt man zudem, dass etwa die USA in ihrer Geschichte seit 1812 insgesamt nur elfmal offiziell einen Krieg erklärt haben (davon nur einmal nach 1945) oder wie konsequent Putins Russland sich weigert (und es im eigenen Land unter Strafe stellt), seinen aus Sicht der Ukraine genozidalen Überfall einen »Krieg« zu nennen, bestätigt das auch retrospektiv die Zweifel an der ideologischen Funktion dieser international verbürgten Doktrin von Krieg versus Frieden. Diese Funktion besteht aber nicht zuletzt darin, die Ubiquität von Kriegen damit zu kaschieren, dass inflationär von »Konflikten« gesprochen wird.

Im Sinne einer neuen Perspektive auf Konflikte muss die Formel also eher lauten: Unsere von unverstandenen, unentschiedenen und daher letztlich noch inexistenten Konflikten durchsetzte Welt wird von einer Vielzahl an zwar unsichtbaren, daher aber nicht weniger tödlichen Kriegen überzogen – nicht umgekehrt. Mit so unterschiedlichen und unterschiedlich verdächtigen oder unverdächtigen Autor:innen wie Carl Schmitt und Hannah Arendt gesprochen, befinden wir uns schon längst im Zeitalter eines »globalen« oder »Weltbürgerkriegs«, der kaum noch zu unterscheiden ist von einem »totalen Frieden«.[385]

Entgrenzung und Asymmetrie

Während ich vorschlage, Konflikte nicht als Zusammenstoß gegensätzlicher Kräfte zu verstehen und den Begriff daher auch nicht synonym mit Streit, Auseinandersetzung oder Krieg zu verwenden, hat sich letzterer phänotypisch immer weiter einem solchen Verständnis von Konflikt angenähert, indem es immer schwieriger wird, Kriege zeitlich, räumlich und personal einzugrenzen – was natürlich keineswegs bedeutet, dass Konflikt und Krieg damit letztlich doch in eins fallen. Im Gegenteil wird es dadurch nur umso wichtiger, klar und deutlich zwischen offensichtlicher oder versteckter Gewalt einerseits und den dahinter – oder danach – zumeist erst aufscheinenden Konflikten andererseits zu unterscheiden. Naturgemäß aber wird das angesichts der gegenwärtigen Entgrenzung von Kriegen nicht einfacher.

Ein aktuelles Beispiel dafür – wie auch für diverse bereits angeführte Phänomene – ist der von Russland zugleich begonnene wie geleugnete Krieg in der Ukraine, in den die westlichen NATO-Staaten nicht direkt militärisch eingetreten sind, sondern stattdessen mit einem nie da gewesenen Wirtschaftskrieg geantwortet haben (neben den umfangreichen Waffenlieferungen, strategischer Beratung, Ausbildung ukrainischer Soldaten etc.). Doch der »[k]apitalistische Krieg des 21. Jahrhunderts präsentiert sich« nicht nur im privatwirtschaftlichen Bereich »als CSR-Krieg«, also im Sinne einer bekenntniskapitalistischen *Corporate Social Responsibility*, gemäß der sich westliche Megakonzerne wie McDonald's, Microsoft oder Netflix aus Russland zurückziehen.[386] Vor allem auch auf staatlicher Ebene haben die USA und Europa zu ökonomischen Maßnahmen gegriffen, die durchaus die Rede von einer »Zeitenwende«[387] rechtfertigen.

In den Worten des Wirtschaftshistorikers Adam Tooze: »Mit dem Einfrieren der russischen Zentralbankreserven wurde der Rubikon überschritten. Das trägt den Konflikt ins Herz des internationalen Währungssystems. Wenn die Zentralbankreserven eines G20-Mitglieds, die den Konten einer anderen G20-Zentralbank anvertraut wurden, nicht sakrosankt sind, dann ist nichts in der Finanzwelt sakrosankt. Wir sind im Finanzkrieg«[388], der Russland auf längere Sicht in vergleichbarer – oder gar noch durchschlagenderer – Dimension »ruinieren« soll (so die Worte der deutschen Außenministerin)[389] wie eine militärische Intervention. Dabei kommt auch hier eine zeitliche, räumliche und personale Entgrenzung des Kriegs zum Tragen. Neben ihrer zeitlich verzögerten und räumlich ungebundenen Wirkweise bleibt bei wirtschaftlichen Sanktionen oftmals weitgehend ungeklärt, wen sie letztlich am stärksten treffen oder auch nur treffen sollen. Während etwa Russland inzwischen sein Erdgas zu massiv gestiegenen Preisen an andere, nicht westliche Länder verkauft, sieht sich nun auch der Westen mit den stärksten Preisanstiegen und Rezessionsaussichten seit Jahrzehnten konfrontiert.

Doch der Finanz- und Wirtschaftskrieg ist nicht der einzige Aspekt, der eine Entgrenzung der Kriegsführung, vor allem aber auch eine erstaunliche – und mehrfache – Umkehrung der Machtverhältnisse in dieser Auseinandersetzung bewirkt hat. Denn was zu Kriegsbeginn zunächst wie eine überwältigende (militärische) Asymmetrie zugunsten Russlands erscheinen musste, hat sich schnell zwar am offensichtlichsten – wenn auch eben nicht am nachhaltigsten – auf ökonomischer Ebene verschoben, aber auf militärischem Gebiet natürlich auch dank westlicher Waffenlieferungen. Besonders relevant waren hier jedoch zuallererst nicht etwa schwere Panzer, über die gerade in

Deutschland lange heftig gestritten wurde, sondern vielmehr hochmoderne »kleine« Waffen, so etwa bewaffnete »Kamikaze«-Drohnen in Sandwich-Größe, um solche Panzer aus sicherer Entfernung unschädlich machen zu können.[390] Diese technologische Dimension einer zunehmenden Asymmetrie und Entgrenzung in der Kriegsführung ist in den vergangenen Jahren verstärkt in den Fokus gerückt. So gilt etwa auch für bewaffnete Drohnen eine Entgrenzung in allen drei Attributions(konflikt)kategorien – Zeit, Raum, Person –, da sie jederzeit, überall und gegen jedes Ziel zum Einsatz kommen können. Die Asymmetrie von Drohnenkriegen erweist sich somit zum einen als temporale, in der das Streben nach Beschleunigung und nach Entschleunigung aufeinanderstoßen[391], und das zum anderen zwischen denkbar ungleichen Kriegsparteien, die sich letztlich nirgends gegenüberstehen.

Entsprechend der bereits diskutierten Verflüssigung der territorialen Grenzen, die sich durch avancierte Kriegstechnologien noch verstärkt, beschreibt der Philosoph Grégoire Chamayou in seinem Buch *Ferngesteuerte Gewalt – Eine Theorie der Drohne*, wie »heute eine durchaus beträchtliche Gruppe amerikanischer Juristen [behauptet], das Konzept einer ›Zone bewaffneten Konflikts‹ dürfe nicht mehr im strikt geografischen Sinn ausgelegt werden. Dieser vermeintlich veralteten geozentrierten Auffassung setzen sie eine andere, zielorientierte entgegen«, die gewissermaßen an den Körper des Feindes angebunden ist und sich mit ihm mitbewegt.[392] Selbst innerhalb rein territorialer Auseinandersetzungen greifen die hergebrachte geopolitische Logik und ihr starres Verständnis von kriegerischen Auseinandersetzungen nicht mehr. Ausdruck dieser Verwirrung ist eine zunehmende Militarisierung der Polizei ebenso wie die Übernahme von Polizeifunktionen durch eine internationale – je nachdem, auf welcher Seite man steht – Friedens- oder Kriegspolitik.[393]

Ein weiteres Beispiel für technologisch basierte Asymmetrie ist der Einsatz von mit künstlicher Intelligenz bestückten Kampfrobotern, auf dessen Grund ein noch herzustellender Konflikt zwischen artifizieller und natürlicher Intelligenz insistiert (auf den wir in den anschließenden Kapiteln noch genauer eingehen werden). In den Worten des Politikwissenschaftlers Kenneth Payne: »Die Unterscheidung zwischen menschlicher Entscheidungsfindung und der von KI ist wichtig, um zu verstehen, wie Konflikte durch das Aufkommen hochentwickelter Warbots geprägt sein werden.«[394] In der Konfrontation von Robotern mit Selbstmordattentätern, oder genauer: im doppelt hybriden Kampf zwischen menschengesteuerten Robotern und mit komplizierten Sprengstoffkonstruktionen ausgestatteten Menschen, kollidieren scheinbar avancierte und veraltete Kriegstechnologien in ein und derselben Zeit. Für die Zukunft kündigt sich dahinter ein die fortgeschrittensten Kampftechnologien selbst betreffender Konflikt an, wenn diese voraussichtlich schon bald begonnen haben werden, autonome Entscheidungen zu treffen. Dass dann in »hypermodernen Roboterkonflikten« (Ian Shaw) verstärkt automatisch lernende Kriegsmaschinen zum Einsatz kommen, wird zwar tatsächlich Menschenleben retten, aber meist nur auf einer Seite der Auseinandersetzung.[395]

Angesichts von Drohneneinsätzen, künstlich intelligenten Robotern und hybrider Kriegsführung wird auch rückwirkend deutlich, dass es nie ein ursprüngliches Wesen des Menschen gegeben hat, sondern dass Menschen sich immer schon parallel – wenn auch keineswegs immer im Einklang – mit den von ihnen geschaffenen Technologien und Konflikten weiterentwickelt haben. Darauf haben etwa Medienphilosophen wie Friedrich Kittler oder Bernard Stiegler hingewiesen[396], und wir können daraus die Frage nach dem Konfliktwesen Mensch ableiten. Diese zeigt sich aber weniger an der hergebrachten Vorstellung eines Kampfs Mensch gegen Mensch, der sich dafür nur immer avancierterer Technologien zur Verstärkung bedient. Die entscheidende konflikttheoretische Frage gilt hier vielmehr der Rolle intelligenter Technologien selbst, die der Mensch zwar geschaffen hat, die ihn aber gleichwohl in Konflikt mit sich selbst bringen und über sich selbst hinaustreiben können. Während wir fortgeschrittene Technologien noch immer weiträumig dazu verwenden, mit anderen Menschen und vermeintlich primitiveren Zivilisationen zu kämpfen und dadurch den Planeten weiterhin nach anachronistischen Freund-Feind-Schemata kartografieren, unterwandern die avanciertesten Kriegsmaschinen bereits die Grenzen von menschlicher und künstlicher, vermeintlich höherer und niederer Intelligenz wie auch diejenige von Freund und Feind.

Cyberkrieg oder nicht Krieg

Drohnenkriege und zunehmend autonom agierende Roboterkrieger zwingen uns also zu einer Neubestimmung dessen, was »Krieg« im 21. Jahrhundert bedeutet. In noch stärkerem Maße gilt das für Cyberkriege, die an der Schnittstelle zweier in diesem Buch analysierten zukünftigen Hauptkonfliktzonen liegen: Krieg und Digitalisierung. Zunächst einmal gilt für die Konfrontationen im Cyberspace eine über traditionelle Guerilla-Strategien oder Terror-Aktionen noch stark hinausgehende Asymmetrie, in der auch kleine Akteur:innen gigantische Wirkung erzielen können.[397] Mit der drastisch zunehmenden Bedeutung von maschinell verarbeiteter Information in allen gesellschaftlichen Bereichen erhält die Rede von »Informationskriegen« im digitalen Zeitalter ihre volle Berechtigung.[398] Doch zugleich entspricht es der Eigentümlichkeit zeitkomplexer Konfliktkonstellationen, dass wohl erst einmal umstritten bleibt, ob wir es bei Cyberangriffen überhaupt mit Kriegen oder mit unbewaffneten Auseinandersetzungen zu tun haben.

Gemäß der Genfer Konvention handelt es sich bei Cyberattacken einstweilen nicht um bewaffnete Auseinandersetzungen, die als kriegerische Aktivitäten gelten. Gleichwohl sind bzw. werden die Grenzen zumindest fließend. Cyberangriffe haben in der Regel ganz reale Wirkungen außerhalb der virtuellen Welt, etwa wenn ein digitaler Virus die Computer eines Luftwaffenstützpunkts lahmlegt und den Start von Flugzeugen verhindert. Stellvertretend für das US-Militär definierte der ehemalige Direktor der CIA und der NSA, Michael Hayden, im Jahr 2011 »Cyber« neben Land, See, Luft und Weltraum als einen eigenständigen militärischen Geltungsbereich.[399] Sogar in Deutschland hat es bereits Cyberangriffe auf Krankenhäuser gegeben, bei denen es in mindestens einem Fall auch zu einem Todesopfer kam.[400]

Und doch bleibt der Verdacht, dass es sich beim »Cyberkrieg« um eine ähnliche sprachliche Verlegenheitslösung handeln könnte wie etwa bei der »pferdelosen Kutsche« als frühe und offenkundig hilflose Bezeichnung für das Automobil oder wie beim »Smartphone«, mit dem wir unendlich vieles anstellen können, aber kaum noch telefonieren. In der Bezeichnung Cyberkrieg kommt eine symptomatische Verwirrung darüber zum Ausdruck, was überhaupt noch als Krieg, Kriegsrecht oder gar als »gerechter« Krieg gelten kann. Zudem ist jede Cyberattacke immer auch ein Angriff auf konventionelle Vorstellungen staatlicher, ökonomischer oder persönlicher Souveränität. Solche Vorstellungen, so die Jurist:innen Claire Finkelstein und Kevin Govern, zerfallen angesichts von Konfrontationen ohne klare (räumliche, zeitliche und personelle) Grenzen.[401]

Radikal anders sieht das der Strategie-Experte Thomas Rid, demzufolge die Digitalisierung eher zu einer Hegung oder Einschränkung exzessiver Gewalt führt: »Es hat in der Vergangenheit keinen Cyberkrieg gegeben, es findet gegenwärtig keiner statt, und es ist überaus wahrscheinlich, dass auch in Zukunft keiner über uns hereinbrechen wird. Vielmehr geschieht das genaue Gegenteil: eine durch Computer ermöglichte Offensive gegen die Gewalt an sich. [...] Vieles spricht dafür, dass Cyberangriffe keine neuen Schneisen für gewaltsame Auseinandersetzungen schlagen, sondern vielmehr das Gewaltniveau ehemals gewaltsamer Konflikte absenken.«[402]

Für Tony Fry wiederum sind die zunehmend virtuell geführten Auseinandersetzungen ein weiterer Beleg für seine These eines Zusammenbruchs der binären Unterscheidung von Krieg und Frieden, an deren Stelle eine Omnipräsenz von – freilich nie vollständig präsenten – »Konflikten« getreten sei. So verstanden reihen sich Formen der digitalen Kriegsführung in frühere Transformationen eines starren und auf sichtbare Manifestationen rekurrierenden Kriegs- und Konfliktverständnisses ein und verstärken diese noch. Im Laufe der Zeit und im Zuge der technologischen Entwicklung hätten sich Kriege oder entsprechende asymmetrische Konfrontationen von bestimmten Orten und Räumen gelöst, und speziell in unserem digitalen Zeitalter hätten wir es demzufolge mit einem »endlosen Krieg« zu tun.[403]

»Das Hiroshima des Cyberkriegs«

Die Uneinigkeit in dieser Frage verdankt sich wohl nicht zuletzt der Tatsache, dass Cyberangriffe naturgemäß nur selten öffentlich bekannt werden, was ihre genaue Einordnung zusätzlich erschwert. Eines der bekanntesten Beispiele ist die seit 2006 von den USA und Israel gemeinsam ausgeführte, im Jahr 2010 entdeckte, aber bis heute nicht eingestandene Operation »Olympic Games« gegen eine iranische Urananreicherungsanlage. Mittels eines »Stuxnet« genannten Virus gelang eine Beschädigung der Anlage, die mit einer physischen Bombardierung durchaus vergleichbar war. Manchen Beobachtern zufolge war sie sogar noch effektiver, da der Überraschungseffekt eine genaue Attribuierung der Ursachen und Urheber stark verzögerte und erschwerte.[404] In den vergangenen Jahren sind dann im Gegenzug auch immer wieder Angriffe iranischer Hacker bekannt geworden, die aufgrund ihrer genauen Planung und Orchestrierung vermutlich (zumindest teilweise) staatlich organisiert waren. Bisher kaum bekannt geworden sind indes Angriffe auf militärische Institutionen im Westen, aber das kann und wird sich in zukünftigen Auseinandersetzungen gewiss ändern. Der Experte für Cybersicherheit Sven Herping etwa ging Anfang 2020 davon aus, »dass die Iraner seit Monaten, wenn nicht sogar Jahren, immer wieder versuchen, Zugriff auf Industrien und kritische Infrastrukturen zu erlangen«, um auf diese Weise digitale Vergeltungsschläge durchzuführen.[405]

Für den Ex-CIA-Chef Michael Hayden jedenfalls scheint die Stuxnet-Attacke ein Paradigmenwechsel gewesen zu sein – »der erste Angriff größeren Ausmaßes, bei dem mit einer Cyberattacke physische Zerstörung bewirkt wurde« –, ja von der Bedeutung her sogar vergleichbar mit der Transformation der Kriegsführung durch den Abwurf von Atombomben im Jahr 1945.[406] Zu einer ähnlichen Bewertung kam auch der Journalist Michael Joseph Gross: »Stuxnet ist das Hiroshima des Cyberkriegs.«[407]

Trotz dieser klaren Einschätzung, was die neuartige Bedeutung von militärischen Auseinandersetzungen im virtuellen Raum oder einem hybriden Cyberspace betrifft, ist diese angesichts der fundamental neuen Logik von Kriegsführung im 21. Jahrhundert, die sich darin ankündigt, noch lange nicht vollständig verstanden. Das liegt einerseits an den oben erwähnten geopolitischen Machtverschiebungen, die in einer entsprechenden Asymmetrie kriegerischer Konfrontationen zum Ausdruck kommen, vor allem aber an der extremen Schwierigkeit, Cyberangriffe verantwortlichen Personen oder Tätern zuzuordnen. Dazu kommt schließlich noch die Streuung der potenziellen Angriffsflächen, die im Zeitalter des Web 2.0 jeden von uns und unsere Dinge des Internets betrifft, von den Minicomputern in unseren Hosentaschen über die Navigationssysteme in unseren Autos bis hin zu den immer vernetzteren Geräten in unseren Haushalten, dem sogenannten »Internet der Dinge«.

In ebendiesem Dilemma, einer massiv zunehmenden Angriffsfläche bei radikal erschwerter Attribution, kommt die Problematik der mit der Digitalisierung einhergehenden kriegstechnologischen Entwicklungen exemplarisch zum Ausdruck. Dem zentralen Konfliktfeld der Digitalisierung und ihren Folgen für gegenwärtige wie zukünftige Wissenskonflikte müssen wir uns nun eingehender widmen.

3.

Daten, Algorithmen, künstliche Intelligenz: Wissenskonflikte der Digitalisierung

Angesichts der tiefgreifenden Neuordnung unserer Gesellschaft durch die Digitalisierung haben Medientheoretiker und Soziologinnen auf die Parallelen mit früheren Medienrevolutionen wie Oralisierung, Literarisierung oder Typografisierung hingewiesen. Und nicht anders als am Beginn des Zeitalters des Buchdrucks im 15. Jahrhundert stehen auch an dessen Ende die Zeichen auf Überforderung. Die neue digitale Medientechnologie konfrontiert uns mit einem Überfluss an Daten, einem Zuviel an Information oder einfach einem »Überschusssinn« (Dirk Baecker[408]), der eben kein handhabbares Wissen ist. Natürlich war auch vor der massenhaften Verbreitung von Computern und des Internets in allen Lebensbereichen kein Mensch in der Lage, das gesamte verfügbare Wissen auch nur annähernd zu überblicken. Grundlegend neu ist aber, dass Daten, Informationen, Wissen heute durch digitale Maschinen automatisiert hergestellt werden. Allein künstliche Intelligenzen sind bisweilen noch fähig, im Rauschen der Daten Muster zu erkennen oder in Form von Big Data relevante Sinneinheiten aus ihnen zu ziehen.

Zu der quantitativen Überforderung kommt jedoch auch eine qualitative, und zwar zeitliche – oder eben zeitkomplexe – Überforderung hinzu. Diese betrifft die bereits thematisierte Präemptivität der Digitalisierung: Denn nicht nur fallen Unmengen an neuen Informationen in der Gegenwart an oder kommen beständig neue Daten über unsere Vergangenheit ans Licht, sondern auch die Zukunft wird in bisher ungeahntem Ausmaß ein Gegenstand algorithmischer Berechnung. Zukünftiges wird nicht mehr bloß geahnt und wahlweise sorgen- oder hoffnungsvoll erwartet, sondern die Zukunft ist Gegenstand möglicher Erkenntnis.

Dass unsere Zukunft – angefangen beim morgigen Wetter über zu erwartende Krankheiten bis hin zum künftigen Nitratgehalt von Ozeanen – mehr und mehr ein Gegenstand des Wissens ist, führt einerseits zu einer immensen Vereinfachung unseres Alltags, andererseits aber zu gewaltigen Komplikationen unseres chronologischen Zeitverständnisses. Die durch die Digitalisierung und Algorithmisierung unseres Alltags und das damit verbundene Zukunftswissen provozierte Überforderung lässt sich als ein Konflikt unterschiedlicher Zeitrichtungen beschreiben. Unser biologisch auf Chronologie ausgerichtetes Zeitverständnis ist mit zunehmendem Wissen *über* und damit auch *aus* der Zukunft konfrontiert: die Gewittertendenz am nächsten Tag, die Infektionszahlen nächsten Monat, die Wahrscheinlichkeit, im nächsten Jahrzehnt an Lungenkrebs zu erkranken.

Sosehr dieses Zukunftswissen das Spektrum an Betätigungsfeldern und den Radius unserer Handlungsmacht erweitert, stehen wir mit ihm auch neuen Herausforderungen gegenüber. Denn die von den jeweiligen Wissenschaften oder Prognoseeinrichtungen präsentierten Daten und Informationen stellen uns vor psychologische oder ethische Entscheidungen, die ihrerseits nicht naturwissenschaftlich zu beantworten sind. An die Stelle einer gegenwärtigen Vorsorge gegen zukünftige Erkrankungen tritt dann zum Beispiel die hohe Wahrscheinlichkeit einer Krebsdiagnose in einer zukünftigen Gegenwart, die mich schon heute –

nicht nur ohne Symptome zu haben, sondern ohne überhaupt krank zu sein – vor die Entscheidung stellt, ob ich etwa ein gegenwärtig gesundes Organ – nicht nur *prä*ventiv, sondern in John Burtons Terminologie: *pro*ventiv – entfernen lasse oder nicht. Medienwirksam diskutiert wurde hier etwa der Fall einer vorsorglichen Entfernung vollkommen gesunder Brüste, die vornehmen zu lassen sich die Schauspielerin Angelina Jolie entschlossen hatte, weil ihr infolge einer Genmutation ein stark erhöhtes Krebsrisiko errechnet wurde.[409]

Keinesfalls unbedeutender wird diese Problematik, wenn es sich um soziale oder politische Entscheidungen handelt, die eine Gesellschaft als Ganze betreffen: Ob, wann und wie lange ein Lockdown nötig ist, wie genau wir uns in einem solchen zu verhalten haben und ob nicht letztlich eine generelle Impfpflicht sowie die Freigabe sämtlicher Impfpatente die Voraussetzungen für ein Ende der Corona-Pandemie wären, solche Fragen bleiben gewöhnlich trotz jahrelanger intensiver Diskussionen unentschieden und umstritten.

Subjekt und Objekt des Konflikts

Wenn wir im Folgenden einen mit der Digitalisierung unausweichlichen Wissenskonflikt ausmachen wollen, dann besteht ein erster Schritt dazu darin, nach den betreffenden Subjekten zu fragen. Noch bevor wir nach den Protagonist:innen von Wissens*konflikten* fragen, betrifft das die Frage nach dem Subjekt des digitalen *Wissens* in seinen unterschiedlichen Facetten: Auf wen gehen Daten zurück, oder wer stellt sie her? Wem stehen sie zur Verfügung oder sollten es zumindest, und wer hat die Fähigkeit und Legitimität zu ihrer Deutung? Anders als bei Auseinandersetzungen um neue wissenschaftliche Einsichten in prädigitalen Zeiten bestehen gegenwärtige und zukünftige Wissenskonflikte darin, dass jede:r von uns selbst Produzent:in von Daten ist, von denen wir gleichwohl oft nichts wissen. Ein notwendiger Konfliktherd algorithmischer Gesellschaft 4.0 betrifft diese »unsere« Daten eben deswegen, weil sie uns selbst gar nicht als Wissen (über uns) zur Verfügung stehen. Ein zunehmend nicht nur wissens-, sondern auch gesellschafts- und machtpolitischer Konflikt wäre also anhand der Frage zu entscheiden, wer welche Daten wofür nutzen darf oder nicht.

Im Anschluss an die Frage nach dem Subjekt des Wissens betrifft ein anderer viel diskutierter Aspekt von Wissenskonflikten die Kategorie des Wissens selbst. Von der Kritik an einer fortschreitend entpolitisierten Technokratiekultur über den zunehmend von allen auf alle projizierten Vorwurf von Fake News bis hin zu schlichtweg wahnhaften Verschwörungserzählungen – stets drehen sich die Auseinandersetzungen darum, was denn nun eigentlich noch als gefestigtes Wissen gelten kann, wenn das ihm zugrunde liegende Datenmaterial vielfältigste Deutungsmöglichkeiten zulässt, diese aber keinesfalls mehr nur von humanen Akteuren bereitgestellt werden.

Gerade Verschwörungsmythen konfrontieren uns mit einem fundamentalen Aspekt von Wissen: dass es nämlich keineswegs absolute Sicherheit verlangt oder verspricht, sondern Zweifel schürt. Eine typische Eigenschaft von Verschwörungsnarrativen besteht darin, dass sie oft nur knapp daneben zielen – und damit umso mehr vorbei. Anstatt etwa, wie es durchaus naheliegen würde, bei den strukturellen Ursachen der tatsächlich besorgniserregenden Machtfülle digitaler Tech-Monopolisten anzusetzen, wird mit unbändiger Fantasie eine groteske Dämonisierung einzelner

Akteur:innen vorangetrieben: nicht etwa mittels Software, die zu nutzen auch die große Mehrzahl der Verschwörungsgläubigen kaum umhin kann, versuche Bill Gates ihnen zufolge, die totale Überwachung und Weltherrschaft zu erringen, sondern mithilfe von über Impfungen verpflanzten Mikrochips.[410]

Wenn hier von einem fundamentalen Wissenskonflikt im Zeitalter der Digitalisierung die Rede ist, dann muss dieser aber neben solchen wahnhaften Szenarien auch von zahlreichen anderen Auseinandersetzungen abgegrenzt werden, die eher Oberflächenphänomene und Symptome eines unzureichenden Verständnisses der technologischen Veränderungen darstellen. Stattdessen geht es darum, nachzuvollziehen, inwiefern es sich bei Phänomenen der Digitalisierung um notwendig im Feld des Wissens auftauchende Konflikte handelt. Denn mit der Digitalisierung wird ein Konflikt in die Kategorie des Wissens selbst hineingetragen, womit etwas anderes gemeint ist, als einfach nur anderen die Verbreitung falschen Wissens vorzuwerfen.

Wenn ich hier von Symptomen einer mangelhaften Einsicht in digitales Wissen spreche, dann weil dieses meist nicht ausreichend in seinen notwendig *technopolitischen* Aspekten begriffen wird. Ein Beispiel dafür sind die zuweilen bestürzten und verständnislosen Reaktionen der Betreiber sozialer Medienplattformen auf die lauter werdende Kritik an deren Funktionsweisen. Die verantwortlichen Programmierer:innen der entsprechenden Filterblasen und Echokammern weisen dann gerne mit Erwähnung ihrer meist liberalen politischen Orientierung alle Schuld an der Verbreitung extremistischer Inhalte von sich. Was aber, wenn die durch ihre Algorithmen beförderte Herstellung, Verstärkung und Erweiterung von irrationalen Kleingruppen wie QAnon zu gewaltaffinen Wahnsystemen kein bloßes Missgeschick ist? Oder zugespitzt und gegen die naive Separierung angeblich neutraler Technologien von ihrer politischen Nutzung gefragt: Was, wenn die in den sozialen Algorithmen katalysierte Unfähigkeit, sich seines eigenen Verstandes zu bedienen, ihre Analogie in den Köpfen der Programmierer:innen selbst hat – und zwar in Gestalt einer technologiehörigen Reduktion von »Wissen« und »Verstehen« auf eine maschinelle Verarbeitung von Daten?

So lautet ja eine von Technopositivisten gerne vertretene Ansicht, dass unter digitalen Auspizien solche Kategorien wie »Verstehen« und »Interpretieren« sowie entsprechende Definitionen von »Wissen« und »Wahrheit« zum alten Eisen gehören. Ein Verstehen im emphatischen Sinne vermittels der Herstellung von Wissen durch kritisches Interpretieren von Information – also genau das, was die hauptsächlich aus sozialen Medien »informierten« Querdenker:innen gerade nicht leisten – solle es dieser Ansicht nach im Zeitalter der Daten gar nicht mehr brauchen. Oder anders: Wissen soll nicht (mehr) durch Verstehen und andere kognitive Leistungen erst herzustellen sein, sondern allein durch automatische Prozessierung von Daten entstehen. Ein derartiges Wissensverständnis katapultiert uns nicht etwa nur in eine vor-kantische, sondern geradezu in eine vor-kopernikanische Naivität zurück: so, als ob wir heute wieder glauben würden, die Sonne drehe sich um die Erde, nur dass nicht mehr Gott durch das Sprachrohr der Kirche zu uns spricht, sondern dass wir das, was die Maschinen sagen, für einen direkten Ausdruck der Welt an sich halten.

Der naive Glaube an eine neutrale und von sich aus Wissen produzierende, computerbasierte Verarbeitung von Daten und Informationen erweist sich aus konflikttheoretischer Perspektive in mehrfacher Hinsicht als problematisch. Dass Wissen immer von einzelnen Subjekten oder einer ganzen Gesellschaft auszuhandeln und herzustellen – und nicht einfach objektiv gegeben – ist, macht seinen konflikthaften Kern aus, der von den Vorreitern der Digitalisierung ideologisch zum Verschwinden gebracht wird. Mit dem technofetischistischen oder *dataistischen* (Yuval Harari) Verschleifen der Differenz zwischen bloßer Datenaufbereitung einerseits und Wissen oder Verstehen andererseits wird die soziale und politische Dimension allen Wissens auf einer fundamentalen technologischen Ebene unterdrückt, wie es in früheren Medientechnologien nicht möglich war.

In den Worten Chris Andersons, ehemaliger Herausgeber des Tech-Magazins *Wired*: »Die heutige Verfügbarkeit riesiger Datenmengen in Verbindung mit den statistischen Werkzeugen, um diese Daten zu verarbeiten, bietet eine völlig neue Möglichkeit, die Welt zu verstehen. Korrelation ersetzt Kausalität, und die Wissenschaft kann sich auch ohne kohärente Modelle oder einheitliche Theorien weiterentwickeln.«[411] Die von Technoutopist:innen betriebene Eskamotierung der Konfliktdimension aus dem Wissen – das als von Maschinen aus Daten abgeschöpftes Wissen nicht mehr verstanden, interpretiert, bezweifelt, diskutiert werden soll – erweist sich letztlich als perfekte Anpassung an den apolitischen Zeitgeist. Mittels technischer Auswertung und Administrierung riesiger Mengen an Daten sollen nicht zuletzt auch soziale Spannungen behoben werden. So verstanden gibt es gar keinen Grund, immer wieder von Neuem eine frappierende Diskrepanz zwischen den naiven Erwartungen an vermeintlich liberale Technologie und den realen Interessen ihrer libertären Profiteure zu konstatieren. Ebenso wenig besteht ein mysteriöser Selbstwiderspruch in der erfolgreichen Nutzung avancierter Technologien durch deklarierte Wissenschaftsfeinde. Vielmehr teilen alle Seiten eine mal implizite, mal explizite Wissensskepsis, die vor allem daher rührt, dass sie noch etwas anderes teilen: eine Unfähigkeit, zu verstehen, was Verstehen bedeutet.

So wundert es auch nicht, dass von Facebook oder Microsoft vorgestellte Bots trotz ihrer weit entwickelten künstlichen Intelligenzen zum Teil schon nach kürzester Zeit wieder vom Netz genommen werden mussten, weil sie antisemitische, sexistische und rechtsextreme Inhalte verbreiteten. Offensichtlich gibt es hier eine bemerkenswerte, selbstverstärkende Korrespondenz zwischen Silizium- und Kohlenstoffintelligenzen in Bezug auf ihre Unfähigkeit, die ihnen zur Verfügung stehenden Informationen zu verstehen: »Während Maschinen nach wie vor gänzlich unfähig zur Leistung des Verstehens sind, gibt es in der menschlichen Welt ein vergleichbares Phänomen. Extremistische Gemeinschaften, zumal im Zeitalter sozialer Medien, zeigen eine bestürzende Ähnlichkeit mit dem, was man von einer Konversation zwischen gleichartig geschulten GPT-3s erwarten könnte. […] Systeme wie GPT-3 drohen heute, den Stellenwert des Verstehens und Denkens weiter zu verschleiern«, so die Philosophin Shannon Vallor.[412]

Aus konflikttheoretischer Sicht ist an dieser Stelle hervorzuheben, dass die entstehenden Konflikte nicht einfach zufällig stattfinden. Auch handelt es sich nicht um die immer selben und scheinbar ewigen Ansichten oder Weltanschauungen, die sich nunmehr verstärkt auf neuen digitalen Kanälen verbreiten. Wenn es sich um einen Wissenskonflikt handelt, der notwendig in die Kategorie des Wissens selbst eingeschrieben ist, dann deshalb, weil die angeführten Auseinandersetzungen – wie wir nun noch eingehender betrachten werden – in den für unsere Gegenwart und Zukunft bestimmenden Medientechnologien der Digitalisierung selbst angelegt sind.

Technopolitische Fundierung

Um nachvollziehen zu können, welcher bisher nicht ausreichend verstandene, geschweige denn gesellschaftlich entschiedene zentrale Konflikt in der Computertechnologie selbst angelegt ist, hilft es, an eine Grundsatzdiskussion moderner (Natur-)Wissenschaft zu erinnern. In Reaktion auf die zwischen 1910 und 1913 erschienenen *Principia Mathematica* der Philosophen Bertrand Russell und Alfred Whitehead setzte in der Mathematik eine intensive Diskussion über ihre Wissenschaftlichkeit ein. Eines der Ergebnisse dieser Debatte bestand darin, dass mathematische Sätze nicht gleichzeitig widerspruchsfrei *und* unendlich sein können, dass also aufgrund der Uneinlösbarkeit dieser zentralen Forderungen die Mathematik den Bedingungen strenger Wissenschaftlichkeit *nicht* genügt.

Angesichts der nicht vollständig aus sich selbst heraus begründbaren Wissenschaftlichkeit der Mathematik führt sich jedoch in Konsequenz auch die Behauptung ad absurdum, dass etwa Computer mit *mathematischer Strenge* und damit nach streng wissenschaftlichen Kriterien operieren würden. Das bedeutet, dass auch Computer nicht widerspruchsfrei rechnend ein absolutes Wissen produzieren, weil nämlich jedes Wissen, auch das mathematische, von Axiomen abhängig ist, die selbst nicht beleg- oder begründbar sind, sodass – wie unter anderen die Philosophin Luciana Parisi bemerkt – auch Computer *axiomatisch* funktionieren. Das heißt, ihre Vordenker:innen und ersten Entwickler haben sich angesichts des Konflikts zwischen den beiden genannten Forderungen für eine, nämlich *für* Widerspruchsfreiheit und *gegen* Unendlichkeit entschieden (und damit auch gegen diesen Konflikt – was freilich letztlich unmöglich ist, wie wir an seiner gegenwärtigen Rückkehr beobachten können).[413]

Bei dieser technologischen – und in ihren Konsequenzen technopolitischen – Entscheidung ging es nicht um das Problem einer prinzipiell endlichen Datenmenge oder begrenzten Rechnerleistung (obwohl es freilich keineswegs ausgeschlossen ist, dass sich Computer eines Tages aus ganz praktischen Gründen als »endlich« erweisen, wenn es irgendwann an den für ihre Herstellung und Betreibung benötigten Rohstoffen mangeln oder ihr exorbitanter Energieverbrauch zu einer Einschränkung ihres Gebrauchs führen sollte). Je weiter allerdings vorerst die Rechenleistung von Computern sowie die von ihnen verarbeiteten Datenmengen zunehmen und sich schließlich der Unendlichkeit annähern, desto schwieriger wird es, ihre Funktionsweise widerspruchsfrei – und den ihr zugrunde liegenden Konflikt unsichtbar – zu halten. Selbstfahrende Autos, die zur Unfallvermeidung ihre Räder blockieren, sowie – sicher auch durch entsprechende Datenfütterung »verseuchte« – rassistische Nazi-Bots müssen vor diesem computergeschichtlichen Hintergrund verstanden werden. Was gerne als anfängliche Lernschwierigkeiten maschineller Intelligenz in ihrer Applikation auf die Wirklichkeit missverstanden wird, sind in Wahrheit Fehlleistungen, die auftreten, wenn die Widerspruchsfreiheit von Rechenmaschinen auf eine faktische Unendlichkeit an Daten über die und in der Wirklichkeit trifft.[414]

Denn im Gegensatz zu einem Computer ist künstliche Intelligenz eben gerade kein einfach axiomatisch aufgebautes Programm mehr – zumindest seit jenem Paradigmenwechsel in der KI-Forschung, der zu den rasanten Neuentwicklungen der vergangenen Jahre, etwa in der Sprachübersetzung oder bei selbst steuernden Fahrzeugen, geführt hat. Anstatt künstlichen Intelligenzen Regeln zur Beherrschung einer bestimmten Tätigkeit einzuprogrammieren, stellt man ihnen neuerdings eher ein Datenset zur Verfügung, aus dem sie dann selbstständig Regeln entwickeln (vorerst noch unter Beobachtung ihrer Programmierer:innen, die eventuelle Fehler korrigieren).

Das hat zahlreiche Konsequenzen, von denen die auffälligste sicher diejenige ist, dass – Stichwort *Racial Bias* – inhaltliche Widersprüche und Irrationalitäten in den Daten auch in den entsprechenden Programmen auftauchen, die mit diesen Daten gefüttert werden. Noch weitreichender aber ist, dass die Art und Weise, wie eine künstliche Intelligenz lernt und dadurch zu einem Programm wird, am Ende nicht zu einem widerspruchsfreien Ergebnis führt. Eine KI lernt von Anfang an nicht nur anhand eines widersprüchlichen Datenmaterials, nämlich einer verzerrten Vielfalt menschlicher Äußerungen, sondern sie lernt auf eine prinzipiell und notwendig widersprüchliche Weise.

Diese Spannung zwischen den Anforderungen der Widerspruchsfreiheit und der Unendlichkeit kommt allerdings in der technopolitischen Debatte bis dato kaum je, geschweige denn als notwendiger technologischer Konflikt, in den Blick. Stattdessen erzeugt die Absolutsetzung eines unendlichen oder unendlich anwendbaren Computerwissens einen symptomatischen blinden Fleck. Dieser betrifft nicht etwa irgendeinen bestimmten Wissensinhalt, sondern vielmehr einen für alles aufgeklärte Wissen ganz zentralen Aspekt: ein Wissen über das eigene Nichtwissen. Wie auch in Bezug auf andere wesentliche Aspekte des Verstehens und eines strengen Wissensbegriffs, zeichnen sich Maschinen (und leider auch viele ihrer Konstrukteur:innen) diesbezüglich durch einen eklatanten Mangel aus. Es fehlt ihnen an Wissen über ihr Nichtwissen.

So wie Aufklärung generell darin besteht, sich mit der eigenen Unaufgeklärtheit auseinanderzusetzen, so erweist sich ein aufgeklärtes Wissen darin, dass es dieses Wissen in seiner Endlichkeit begreift und versteht, dass jedes Wissen zugleich auch das Nichtwissen vermehrt und also ein Wissen darüber ist, was wir alles (noch) nicht wissen oder auch nie wissen werden. Dieser gewissermaßen positive Mangel, diese qualitative Differenz (in Kombination mit einer sicher auch quantitativen Differenz) unterscheidet uns wesentlich von Computern, deren widerspruchsfreies Rechnen von keiner Grenze weiß und die damit also nicht wissen, dass – oder was – sie nicht wissen.

Menschliches Wissen lässt sich nicht so einfach auf eine höhere und reinere Stufe heben (was ja ausblenden würde, dass auch Computer nur mit menschlichen Programmen und Daten gefüttert werden). Eben darin liegt ein zentraler Wissenskonflikt, den etwa transhumanistische Verfechter:innen einer Aufhebung menschlicher in künstliche Intelligenz systematisch ausblenden. Es wird also höchste Zeit, diesen Konflikt herzustellen. Ein erster theoretischer Schritt dazu ist, zunächst seine Geschichte zu rekapitulieren.

Kleine Geschichte des Eigentums an Daten

Die augenscheinlichen gesellschaftlichen Probleme unseres unangemessenen Umgangs mit der Überfülle an Daten, die wir alle jederzeit produzieren, werden, wie bereits angedeutet, kaum je auf einer konflikttheoretisch informierten Ebene behandelt. Statt um einen Wissenskonflikt zwischen axiomatisch (miss-)verstandenen Computern und dem unendlichen Lernen künstlicher Intelligenz – der Frage also, welcher Art das Wissen ist, das wir damit produzieren, und was wir damit zugleich alles nicht wissen – dreht sich dabei fast alles noch um die tendenziell anachronistische, weil industriekapitalistisch verstandene Fragestellung nach dem Eigentum an Daten. Diese Frage ist jedoch in mehrfacher Hinsicht irreführend, und zwar zunächst einmal, weil sie die fundamentale Differenz zwischen konventionellen Computern und künstlich intelligenten Analyseprogrammen verwischt. Oder datentheoretisch formuliert: weil sie den Unterschied zwischen Rohdaten und Maschinendaten nicht ausreichend berücksichtigt. Nur die von Menschen selbst produzierten Informationen oder von ihnen abgesonderten Rohdaten können aber direkt zu einzelnen Menschen oder Individuen gehören. Wie es hingegen mit den daraus maschinell erzeugten Metadaten und *Big Data* aussieht, ist eine im Informationszeitalter bislang unentschiedene Frage.

Die Eigentumsfrage also auf der Höhe der technopolitischen Herausforderungen zu verhandeln, heißt, sie auf der Ebene jener Metadaten zu diskutieren, die zwar auf von Menschen produzierte Rohdaten zurückgreifen, diese aber mithilfe von Algorithmen weiterverarbeiten, die von Programmierer:innen geschrieben wurden und sich im Besitz privater Unternehmen befinden. Und so einfach die im Prinzip nach konventionellen industriekapitalistischen Rechtsmaßstäben zu klärende Frage nach dem Eigentum an Rohdaten ist, so technopolitisch irreführend wird sie mit Blick auf die diese maschinell verarbeitenden Metadaten.

Zunächst einmal handelt es sich etwa bei dem ständigen lokalen Tracking und akustischen Überwachen durch unsere smarten Endgeräte offenkundig um eine Form *ursprünglicher Akkumulation*, wie sie von Marx historisch an frühkapitalistischen Landnahmen beschrieben und danach auch regelmäßig von Kolonialmächten praktiziert worden ist. Damals wie heute sind die Funktionsweisen dieser Aneignung formal gleich: Neues Eigentum – und zwar in dem eminenten Sinne einer *neuen Kategorie von Eigentum* – wird geschaffen, indem findige Rechtsanwält:innen einfach etwas zu Eigentum erklären, es rechtlich »codieren«, also schlicht die entsprechenden Rechtstitel schaffen, wie die Juristin Katharina Pistor es in ihrer minutiösen Studie über den rechtlichen *Code des Kapitals* analysiert hat.[415] So wird heute nach altbekanntem Muster Information zu einem Eigentum erklärt, und zwar insbesondere in Form von Patenten in zwei zentralen Bereichen postindustrieller Ökonomie, nämlich Biotechnologie und Software.

Bis hinein ins zwanzigste Jahrhundert war Land auch in Industrienationen die wichtigste Quelle für Reichtum, bevor es im Informationszeitalter abgelöst wurde durch »immaterielle Vermögenswerte, darunter Wertpapiere und geistige Eigentumsrechte […], aber diese Vermögenswerte nutzen die gleichen rechtlichen Module, die zuerst bei der Codierung von Grund und Boden als Kapital erprobt worden sind«. Dass die neuen Eigentumsrechte heute mit weniger physischer Gewalt durchgesetzt werden, bedeutet nicht, dass die damit verbundenen Folgen weniger schwerwiegend sind: »Es war traumatisch für die Commoners, ihre Lebensgrundlagen zu verlieren, und für die indigenen Völker, von dem Land vertrieben zu werden, das sie jahrhundertelang bewohnt und bewirtschaftet hatten. Heute laufen wir nun Gefahr, den Zugang zu unseren eigenen Daten und zum Code der Natur zu verlieren, und das nur deshalb, damit ausgewählte Vermögensinhaber eine weitere Gelegenheit dazu erhalten, ihren Reichtum auf Kosten aller anderen zu vergrößern.«[416]

So weit und so offensichtlich richtig das ist und so bekämpfenswert diese Entwicklungen hin zu einem Überwachungskapitalismus[417] sind, so unzureichend wäre es, dies lediglich im Namen eines Naturrechts des Menschen auf individuelle Datensouveränität zu tun. Auch dass es sich um Enteignungen handelt, ist ein gewissermaßen sekundärer Aspekt, handelt es sich doch zuallererst einmal um eine Herstellung von Eigentum im Sinne eines Eigentumsrechts an Land, Arbeitskraft oder eben nunmehr Information. Und ebenso ist die Verborgenheit des Codierungswissens der global operierenden Anwaltskanzleien nur ein sekundärer, weil historischer Aspekt des aktuellen Wissenskonflikts.

Noch weitreichender ist ein anderer Punkt, der die Art und Weise dieser durchaus kreativen juridischen Argumentation betrifft. Stets ist es nämlich ein vermeintlich produktiver Dienst am Gemeinwohl, der als Rechtfertigung für die Schaffung neuer Eigentumsverhältnisse herhalten muss. So nahmen etwa die europäischen Siedler in der »Neuen Welt« für sich in Anspruch, erst sie hätten begonnen, das von ihnen vorgefundene Land zu kultivieren, und sie hätten deshalb auch das alleinige Eigentumsrecht, während für die indigenen Völker, die dort seit Jahrtausenden lebten, das Konzept von privatem Landeigentum schlicht keinen Sinn ergab.[418] Ähnlich argumentieren heutige Tech-Konzerne und Pharmaunternehmen. Von Landnutzung über Data-Mining bis hin zur Biometrie wiederholt sich hier ein und dasselbe Muster: Vorgeblich im Dienste der Allgemeinheit – *Facebook, connecting the world* – wird eine ursprüngliche Aneignung von etwas vormals nicht als Eigentum Verstandenem vorgenommen. Dieser rechtliche wie ideologische Trick führt Pistor schließlich zu der Feststellung: »In Wahrheit gibt es so etwas wie ein generisches Eigentumsrecht aber nicht, weder ein geistiges noch irgendein anderes.«[419] Eigentum existiert schlicht nicht unabhängig von seinen rechtlichen Kodifizierungen.

Der digitale Wissenskonflikt

Für gegenwärtige und zukünftige Auseinandersetzungen um Daten und Information allerdings genügt weder der Verweis auf solche historischen Parallelen noch deren Erklärung aus der Gier kapitalistischer Kolonialherren und dem Erfindungsreichtum ihrer Anwälte.[420] Stattdessen müssen wir uns darüber bewusst werden, warum dieser Wissenskonflikt *heute*, *auf diese Weise* und *mit technologischer Notwendigkeit* seine Symptome und Verwirrungen produziert.

Auf diese Weise: Der Wissenskonflikt unserer digitalen Zeit entsteht exakt am Übergang von klassischen Computern zu künstlicher Intelligenz. Während es sich zuvor noch eindeutig zuordnen ließ, wem (rohe) Daten gehörten – und eben deswegen auch diese Frage erst gar nicht gestellt werden musste –, so ist genau das heute fragwürdig und politisch umkämpft. Bejahen wir die scheinbar selbstverständliche, ja im Grunde tautologische Frage, ob von uns erzeugte Daten uns gehören, dann sind wir genau genommen schon in die Falle der juridischen Kapitalprogrammierung gegangen. Mit dem Anspruch auf unsere Daten als zu uns gehörig, als etwas, das uns gehört, werden sie zu einem Gegenstand des *Habens*, von Eigentum, und nicht einem Aspekt des *Seins*.

Gerade den darin angelegten Konflikt aus der Welt zu schaffen, das heißt, möglichst zu unterdrücken, ist Aufgabe der Anwält:innen des Informationskapitalismus, die darin ebenso unbewusste Akteure sein mögen wie die Aktivist:innen für Datensouveränität (deren Kampf für ein Recht auf Daten gleichwohl unsere politische Sympathie gelten sollte). Mit dem Anspruch auf Eigentum an unseren Daten entscheiden wir nicht den schwelenden Wissenskonflikt um Daten und Information, sondern schlagen uns eindeutig auf die Seite des Habens, Besitzens und des Eigentums. Statt

Subjekt dieses Konflikts zu *sein*, glauben wir ihn zu *haben*, verfehlen ihn aber in dem Maße, als wir ihn nicht auf dem technopolitischen Niveau der digitalen Wissensproduktion führen, sondern auf der Ebene industriekapitalistischer Eigentumsstrukturen (und als ob es überhaupt keinen Unterschied zwischen den von uns produzierten und den von künstlicher Intelligenz verarbeiteten Daten gäbe).

Mit technologischer Notwendigkeit: So wie der Konflikt zwischen Widerspruchsfreiheit und Unendlichkeit so lange unsichtbar bleiben kann, bis eine selbstlernende Maschine ein unendliches Anwendungsgebiet erobert, so wird auch die Eigentumsfrage erst dann virulent, wenn im Zusammenhang mit künstlicher Intelligenz die Produzent:in von Daten – zumindest zeitlich und personal – nicht mehr klar attribuierbar ist: (Zu) wem gehören Metadaten, (in welcher Form) gab es sie schon vor ihrer künstlichen Weiterverarbeitung, und (auf welche Weise) könnten sie für ihre Produzent:in nutzbar gemacht werden? Es kann an dieser Stelle noch gar nicht um Antworten auf diese Fragen gehen, vielmehr sind sie überhaupt erst einmal zu stellen, so wie der in ihnen zum Ausdruck kommende Konflikt zuallererst herzustellen ist.

Die entsprechende These lautet dann: Künstliche Intelligenz hat diesen Konflikt nicht einfach, sondern in dem Maße, als sie aus Daten besteht, *ist* sie dieser Konflikt. Solange Computer getrennte Speicher und Prozessoren haben, können sie auch axiomatisch *und* widerspruchsfrei verfahren. Sobald jedoch Programm und Daten nicht mehr sauber unterschieden werden können, bricht der axiomatisch unterdrückte Konflikt mit technologischer Notwendigkeit auf. Genau das ist bei künstlicher Intelligenz der Fall, die nicht aus einem vorgeschriebenen Programm heraus operiert, sondern sich aus einem unendlichen Pool an Daten quasi selbst konstituiert. So bleibt die Forderung nach Widerspruchsfreiheit zwar formal bestehen, kann aber aufgrund der rekursiven Datenverarbeitung nicht mehr erfüllt werden. Künstliche Intelligenz stolpert somit nicht einfach nur in endlose Widersprüche, ethische Auseinandersetzungen und soziale Probleme, sondern verkörpert den digitalen Wissenskonflikt als Ganzen. Sie inkorporiert den Anspruch auf Widerspruchsfreiheit *und* das Begehren nach Unendlichkeit, statt sie axiomatisch zu verdrängen oder mit einer Trennung von Programm und Daten auf Distanz zu halten.

Heute: Offensichtlich sind die aus diesem Wissenskonflikt resultierenden ökonomischen und politischen Probleme nicht mehr auf individueller Ebene zu lösen. Sie können nicht auf die Frage nach der Datensouveränität von Einzelnen reduziert werden, und sei diese als gesellschaftlich in jeder Hinsicht gerechtfertigte kollektive Forderung vorgebracht. Ebenso wenig wie die uns abgeschöpften Daten aus geregelten Arbeitsverhältnissen oder Verträgen mit Amazon, Facebook oder Google stammen, können wir uns auch nicht als so etwas wie Datenproletarier definieren. Statt zu versuchen, Marx' industriekapitalistische Klassenanalyse auf das Informationszeitalter anzuwenden, sollten wir lieber das mit seinem relationalen Klassenverständnis (Klasse als Klassen*antagonismus*) verbundene Konfliktmodell weiterdenken. Und zwar genau im Sinne der zentralen von ihm und diversen Konflikttheoretiker:innen gestellten Frage nach einem emanzipatorischen politischen Subjekt.

Aber wer ist denn nun das politische Subjekt auf der Höhe des geschilderten Wissenskonflikts, das nicht auf anachronistische Aktualisierungen des historischen Doppels von bürgerlicher Eigentümer:in und Datenproletariat zurückgreift? Und welche neuen gesellschaftlichen Verbindungen und (Klassen-)Antagonismen ergeben sich im Zeitalter der digitalen Ökonomie? Einzelne Autoren wie die Medientheoretikerin McKenzie Wark nehmen die neuen Formen von Beherrschung und Ausbeutung durch Informationsasymmetrie sogar zum Anlass, eine dem kapitalistischen Konfliktzeitalter nachfolgende Produktionsweise zu konstatieren, die freilich ebenso durch einen ihr eigenen ökonomischen Konflikt gekennzeichnet sein wird. Denn »so wie es einst Konflikte zwischen Kapitalistïnnen und Grundherrïnnen gab, so gibt es jetzt Konflikte zwischen Kapitalistïnnen« und den neuen, mittels Urheberrechten, Marken und Patenten Herrschenden des Informationszeitalters.[421] »Das Privateigentum an Kapital hat die beiden großen Klassen der Arbeiter und Kapitalisten hervorgebracht. Gibt es ein neues Klassenverhältnis, das sich aus der Kommodifizierung von Information ergibt?«[422]

Eine Antwort auf diese Fragen wird naturgemäß nicht auf eine schon existierende Entität verweisen können, so als ob eine Entscheidung über politische und Wissenskonflikte mit der Parteinahme für diese oder jene Gruppe zu treffen wäre. Die politische Frage muss auf die Höhe des Wissenskonflikts gebracht bzw. mit diesem verbunden werden. Eine politische ist die Frage nach dem Wissen und der Verfügbarkeit von Information und Daten deshalb, weil sie ein Privileg des Subjekts auf Erkenntnis und Verstehen (oder Wissen und Denken) berührt. Dass das Eigentum an Metadaten und die ihr entsprechende Informationsasymmetrie unsere Gesellschaft in eine kleine Elite und den großen Rest spaltet, ist gewiss ein ökonomischer Skandal, der sich zudem in Zukunft eher noch verschärfen dürfte. Das politische Problem aber, das sollte hier deutlich gemacht werden, liegt vor allem darin, dass uns im Zuge dieser Entwicklung ein Wissen und eine Aufklärung über uns selbst (und nicht zuletzt auch über unsere eigene Unmündigkeit) vorenthalten wird.

Mit dem Fortschreiten der digitalisierten Informationsökonomie wird das Subjekt also nicht in erster Linie »seiner« Daten enteignet, sondern seiner Erkenntnisfähigkeit beraubt. Es ist diese politische Dimension, die in der alleinigen Konzentration auf eine anachronistisch gefasste Eigentumsfrage so lange unterbelichtet bleibt, wie die technopolitische Unterscheidung zwischen menschlicher und maschineller Intelligenz und ihrer jeweiligen Datenproduktion verschliffen wird. Das daraus resultierende (un)politische Missverständnis äußert sich in dem Phantomstreit um das Eigentum oder *Haben* vorhandener Daten. Dabei geht es in Wahrheit um die Fähigkeit, durchaus fremde (Meta-)Daten in unser *Sein* zu integrieren, unsere angeblich natürliche mit den Erzeugnissen künstlicher Intelligenz zu füttern, wie diese zuvor von uns gefüttert wurde. Es geht also ebenso um inhaltliche Erkenntnis wie »formal« um die Bedingungen einer synthetischen Intelligenzfähigkeit.

Politische Konsequenzen

Eine solche Synthese von scheinbar Unvereinbarem würde letztlich eine Verfremdung menschlicher Intelligenz ermöglichen, also sowohl unseres Wissens und Verstehens selbst als auch der Art und Weise, was und wie wir über sie denken. Der Unterschied zu einer konventionellen, vereinheitlichten Vorstellung dieser Kategorien ist sowohl philosophisch als auch politisch gravierend. Denn gerade die implizite Annahme, es gebe nur eine Art von Intelligenz und diese in niederen und höheren Varianten, scheint bei vielen Hoffnungen auf künstliche Intelligenz und auch bei ihren bereits konkreten Anwendungsversuchen auf gesellschaftliche Probleme heute dominant zu sein. Das Konzept des »Solutionismus« steht für eine solche naive und letztlich apolitische Hoffnung, soziale oder politische Fragen und Probleme ließen sich mit einem entsprechenden Aufwand an künstlich intelligenter Datenverarbeitung rein administrativ lösen.[423] Freilich wird diese (Er)lösungsfantasie stets auch von der insgeheimen Befürchtung begleitet, eine solche höhere, quasi übermenschliche Intelligenz könnte uns dann ebenso gnadenlos behandeln, wie wir es seit Urzeiten mit uns weniger intelligent scheinenden Lebewesen tun.

Dabei verkompliziert sich mit künstlicher Intelligenz die Frage des Politischen schon allein deshalb, weil Denken und Verstehen bislang ausschließlich eine Fähigkeit von lebendigen Subjekten war. Dementsprechend sind auch unsere demokratischen Institutionen weiterhin auf menschliche Subjekte ausgerichtet, während aber deren vermeintliches Alleinstellungsmerkmal – denken zu können – zunehmend auch in Maschinen zu verorten ist. Künstliche Intelligenz fällt also gewissermaßen *in* die Politik und zugleich *aus* ihr heraus. Das blinde Vertrauen auf die administrative Weisheit von KI bedeutet damit auch eine Krise des Politischen, wie wir es bislang kannten, weil seine neuen Akteure keine (politischen oder auch nur apolitischen) Subjekte mehr sind. Eine zynische Konsequenz des Solutionismus besteht also darin, vermeintlich störende subjektive Faktoren so weit wie möglich aus der Politik herauszuhalten.

Einem etwas anders gelagerten Problem begegnen wir in gut gemeinten progressiven oder liberalen Ansätzen, die auf eine glatte Beherrschbarkeit oder Instrumentalisierung neuer Technologien setzen. Ein aktuelles Beispiel dafür ist die Idee einer *Cyber Republic* des Schriftstellers und KI-Beraters George Zarkadakis, der die immer zentralere Rolle von künstlicher Intelligenz in einer zunehmend »evidenzbasierten« Politik untersucht und dabei eine angeblich unvoreingenommene, effiziente und effektive, somit vermeintlich perfekte »Regierungsmaschine« imaginiert.[424] Zarkadakis beschreibt zunächst die Anfänge der KI-Forschung seit den 1960er-Jahren als die Suche nach einer vom Menschen entkoppelten, autonomen Intelligenz. Menschen sollten irgendwann schlicht nicht mehr gebraucht werden[425] – eine Entwicklung, die Zarkadakis' »Neuerfindung der Demokratie im Zeitalter intelligenter Maschinen« aufzuheben versucht.

In dieser schönen neuen Demokratie soll nun (wieder) der Mensch im Mittelpunkt eines selbst organisierenden, *autopoietischen* Systems stehen, das einem Zustand harmonischen Gleichgewichts entgegenstrebt: »Eine ideale Demokratie sollte die Fähigkeit besitzen, sich in einem stets wandelbaren Umfeld weiterzuentwickeln und anzupassen, und zwar durch Erreichen eines homöostatischen Gleichgewichts (d. h. eines Konsenses) im Hinblick auf ein gemeinsames Ziel.«[426] Aus konflikttheoretischer Perspektive ist an einem solchen Politikverständnis jedoch nicht nur das Ziel eines umfassenden Konsenses problematisch. Angesichts der planetaren Herausforderung erweist sich auch das einseitig anthropozentrische Verständnis von künstlicher Intelligenz als unzureichend. Anstelle eines *auto*poietischen, also von Menschen ein für alle Mal »selbst« regulierten und damit konsensuell befriedeten administrativen Systems brauchen wir eher umgekehrt – wie Donna Haraway es nennt[427] – »*sym*poietische« politische Institutionen, die schon deshalb konflikthaft sein werden, weil sie sich der Aushandlung von Eigenem und Fremdem – exemplarisch hier von uns natürlich oder künstlich erscheinender Intelligenz – stellen und diese stets von Neuem werden entscheiden müssen. Denn eben dessen bedarf es, jenseits von Scylla und Charybdis der menschlichen Hybris oder dem naiven Vertrauen auf ein objektives Wissen von Maschinen.

Hier zeigt sich nun auch ein generelles Problem beim Vertrauen auf die Problemlösungskapazitäten von Big Data. Mit diesem verbunden ist nämlich meist ein Unverständnis für das Politische als einem Forum agonaler Auseinandersetzung nicht miteinander identischer oder aufeinander reduzierbarer Subjekte ebenso wie für die damit einhergehenden gesellschaftlichen Konflikte. Dem entspricht nicht zuletzt die mittels Algorithmen und Metadaten beförderte Vereinheitlichung von Identitäten in sozialen Medien und auf anderen technologischen Plattformen. Diese verstärken nämlich eine Problematik, die (politische) Kollektive auch in der Vergangenheit stets heimgesucht haben – denken wir nur an die totalitären Kollektivierungsversuche des 20. Jahrhunderts. Bis heute werden Kollektive fast ausschließlich als Verbindung von (möglichst) gleichen Subjekten verstanden.

Zugespitzt formuliert haben Kollektive also bislang meist nach dem Freund-Feind-Schema operiert und Außenstehende, Andere ausgeschlossen und dämonisiert. In diesem Sinne gibt es in traditionellen Kollektiven gar keine Subjektivität, die als Verhältnis zu eine:m Anderen gedacht werden könnte, denn der oder die Andere kommt tendenziell nur als möglicher Feind in den Blick. Oder anders formuliert: Als dauerhaft und progressiv haben sich rückblickend nur solche Kollektive erwiesen, denen es gelungen ist, möglichst viele Andere zu integrieren, oder wie wir heute sagen würden, die fähig waren, intersektionale Verbindungen einzugehen: in der Vergangenheit etwa weiße männliche Arbeiter mit Studierenden, Frauen, ethnischen Minderheiten; in Zukunft vielleicht Menschen mit Mikroben, Maschinen und noch einmal anderen Intelligenzen.

Und doch ist hier zunächst noch einmal festzuhalten, dass künstliche Intelligenzen für sich genommen über kein Verstehen ihrer selbst – und somit auch über keine eigene Subjektivität – verfügen. Im Gegenteil: Mit jedem Entwicklungsschritt in der Geschichte der KI hat sich diese als von menschlicher grundsätzlich verschiedene Intelligenz gezeigt. Ihr dadurch fehlendes Verhältnis zu anderen Subjekten erweist sich dann auch folgerichtig an der Schwierigkeit, in der digitalen Sphäre neue und zeitgemäße soziale und politische Verbindungen herzustellen – eine Schwierigkeit, die in starkem Kontrast steht zu den frühen Versprechen aus den ersten Jahrzehnten des Cyberspace vor dem Internet. De facto erleben wir hier nämlich allzu oft nur temporäre »Netzwerke der Empörung und Hoffnung«,[428] die wie im Fall des Arabischen Frühlings oder von Occupy Wall Street meist daran scheitern, bleibende politische Veränderungen zu bewirken. Stattdessen beobachten wir das bedrohliche Anwachsen reaktionärer Gruppierungen. Ein zukunftsorientiertes Kollektiv müsste aber genau umgekehrt eines sein, das auf der Höhe des tatsächlichen technologischen und technopolitischen Konflikts agiert. Dafür gilt es theoretisch wie praktisch zu erkennen, dass die auf den gegenwärtigen Medienplattformen algorithmisierten Formen der sozialen Verbindung oder Kollektivierung oft ebenso KI-kompatibel wie politisch substanzlos oder nur von kurzer Dauer sind.

Stattdessen wird es darauf ankommen, nicht nur ein global vernetztes, sondern ein tatsächlich planetarisches kollektives Subjekt herzustellen, in dem etwa Maschinen und künstliche Intelligenzen zwar weiterhin keine eigenständige Subjektivität entwickeln werden, in dem aber wir sie – zusammen mit allen anderen Wesen des Planeten – in unser planetarisches Bewusstsein und Selbstverständnis integrieren: ein konfliktuelles Selbstbewusstsein, das um sein (animalisches bis mineralisches) Anderes und Fremdes im Eigenen weiß. Dem wollen wir uns nun abschließend zuwenden.

4.

Mikroben, Menschen, Maschinen: Die Herstellung eines planetarischen Subjekts

Wenn wir uns nun abschließend der Annäherung an einen planetarischen Konflikt und dafür zunächst einmal der Herstellung entsprechender politischer Subjekte und Institutionen widmen wollen, dann unterscheidet sich diese politische Perspektive auf die und aus der Zukunft gleich in mehrfacher Hinsicht von dem gegenwärtig dominanten Umgang mit den Klima- und Umweltveränderungen, die oftmals von dem irreführenden Anspruch an und von Politiker:innen geleitet sind, unseren Planeten wieder zu heilen. Weder aber handelt es sich hier um »unseren« Planeten, noch muss dieser selbst »geheilt«, regeneriert bzw. auf einen früheren Ursprungszustand zurückgeführt werden. Auch ist ein großteils administrativer Umgang mit Umweltproblemen keineswegs schon allein deswegen politisch, weil dabei internationale staatliche Institutionen federführend sind. Denn dass Klimaveränderungen uns längst nicht mehr nur bevorstehen und langsam auch Gegenstand unbeholfener Maßnahmen politischer Entitäten sind, macht etwa die Erderwärmung oder das Steigen des Meeresspiegels genauso wenig schon zu politischen Problemen, wie der Planet an sich oder das Leben auf ihm als solches in Gefahr sind. Sehr wohl zu politischen werden diese Probleme hingegen, wenn Menschen durch Überflutungen ihre Lebensgrundlagen verlieren, durch dauerhafte Dürre ihre Heimat verlassen müssen oder durch Luftverschmutzung erkranken und sterben, wie es mit langsamer, aber sicherer Gewalt in Zukunft zunehmend der Fall sein wird.

Während wir im Hinblick auf den der Digitalisierung eingeschriebenen Wissenskonflikt eben noch nicht genau sagen konnten, welche Subjekte sich hier als mögliche Antagonisten herausbilden, müssen wir unsere Überlegungen zu einem neuen politischen Subjekt mit Blick auf das Planetarische zeitlich und personal präzisieren und erweitern. Das kollektive politische Subjekt der Zukunft ist schon aus dem ganz offensichtlichen Grund in der Gegenwart nicht einfach auffindbar, weil es ein zukünftiges ist. Damit ist zuallererst gemeint, dass es zukünftige Generationen wird implizieren und einschließen müssen. Statt also wie bisher weiter nach bekanntem Muster stets neue Menschengruppen als Teilhaberinnen der abstrakten Menschenrechte zu inkludieren – ausgehend von ein paar männlichen französischen Revolutionären und ihren brüderlich verbundenen Geschlechtsgenossen, dann Frauen, befreiten Sklaven etc. (und so bedeutsam diese historischen Entwicklungen auch waren, noch dazu angesichts ihrer weiterhin mangelhaften allgemeinen Durchsetzung) –, bedarf es in Zukunft einer Erweiterung der Menschenrechte selbst, und zwar um eine planetarische Dimension.

Diese Erweiterung betrifft zunächst zwei miteinander verbundene Aspekte: einerseits die Berücksichtigung von Klima- und Umweltfaktoren (das Recht zu atmen, das Recht bei Bedrohung meines Lebensbereichs in ein anderes Land zu emigrieren, dabei entschädigt statt inhaftiert zu werden oder Gefahr zu laufen, auf der Klimaflucht erst recht mein Leben zu verlieren etc.); und andererseits die Inklusion zukünftiger Generationen (die Rechte all derer, die noch nicht geboren sind und deswegen einer neuen Rechtlichkeit bedürfen, um ihre Rechte auch heute schon geltend machen zu können). Eigentlicher Gegenstand dieser erweiterten planetarischen Rechte – und damit von planetarischer Politik überhaupt – ist nicht etwa »die Erde« oder »die Natur« (die letztlich auch nur menschliche Konstrukte oder kulturelle Abstraktionen sind), sondern die Rettung zukünftiger Subjekte (der Planet selbst ist kein Subjekt, sondern ein Objekt).

Zu diesen derzeit nicht präsenten oder politisch repräsentierten Subjekten, die für eine Herstellung des planetarischen Konflikts entscheidend sein werden (den wir aber in Abwesenheit dieser Subjekte noch nicht einmal befriedigend benennen können), gehören allerdings neben zukünftigen menschlichen Generationen ebenso auch nichtmenschliche Entitäten. Aus der Zukunft betrachtet – statt mit Blick auf die Vergangenheit aus einer angeblich feststehenden Natur des Menschen abgeleitet – stellt sich die Frage nach Rechten und Pflichten des Menschen gegenüber seinen Anderen neu. Diese »neue« planetarische Konfliktkonstellation – die bei genauerer Betrachtung so neu nicht ist, sondern rückblickend seit dem Beginn des Anthropozäns existiert haben wird – betrifft auch den gesamten Bereich des Nichtmenschlichen, von Pflanzen über Tiere bis hin zu künstlicher Intelligenz und wieder zurück zu den Mineralien und fossilen Stoffen, aus und mit denen diese hergestellt werden. Das bedeutet freilich, wie gesagt, nicht, dass all diese Entitäten eine autonome Subjektivität oder Verständnisfähigkeit entwickeln könnten, wohl aber, dass *wir* als bewusste Wesen sie in unsere planetarische Subjektivität und Selbstverständigung insofern integrieren müssen, als ihnen möglicherweise bestimmte Rechte zugeschrieben werden sollten (z.B. bedrohten Arten das Recht, sie vor dem Aussterben zu schützen, künftigen Generationen das Recht auf einen dann noch bewohnbaren Planeten) oder sie auch zur Lösung etwa künftiger Umweltprobleme beitragen können (Wälder und Meere, Technologien zur unsere eigenen Fähigkeiten übersteigenden Datenverarbeitung).

Dass wir die Lösung künftiger Probleme schon heute angehen müssen, bedeutet also, dass ein solches politisches Handeln zuallererst einmal an die Herstellung bisher nicht vorhandener Subjekte gebunden ist. Insbesondere mit Blick auf die von planetaren Veränderungen bedrohten zukünftigen Generationen wird die Forderung unmittelbar evident, ein gemeinschaftliches Subjekt herzustellen, das nicht mehr, wie es bislang üblich war, auf identischen Wesensmerkmalen beruht. Offenkundig haben künftige Generationen heute nicht nur noch keine Menschenrechte, sondern sind noch gar keine Menschen, haben also auch (noch) keine Ähnlichkeit mit uns, weswegen es wenig Sinn ergibt, einfach eine Gemeinsamkeit oder gar Identität mit uns vorauszusetzen. Eine Gemeinschaft mit zukünftigen Generationen herzustellen wäre somit immer schon ein Schritt in Richtung einer auf Differenz statt Identität, auf Fremdheit statt Eigentlichkeit, auf Partialität statt einer falsch verstandenen oder antiquierten Vorstellung von vereinheitlichender Universalität aufgebauten Gesellschaft, der es dann vielleicht endlich auch gelingen könnte, insistierende planetarische Konflikte zu entscheiden.

Das Planetarische

Kaum ein Bild hat je eine größere Wirkung gehabt als die im Jahr 1972 von der Crew der Apollo 17 auf dem Weg zum Mond aufgenommene Fotografie der Erde als *Blue Marble*. In Betrachtung dieser »blauen Murmel« aus der Außenperspektive des Weltalls erfuhr ein *planetarisches* Selbstverständnis der Bewohner dieses Planeten einen immensen Aufschwung. Auf dem Feld der Biologie entstanden neue Ansätze wie etwa die Gaia-Hypothese von Lynn Margulis und James Lovelock,[429] in denen die Erde – ganz dem kybernetischen Zeitgeist entsprechend – als komplexes und homöostatisches Gesamtsystem verstanden wird, dessen planetare Selbstregulation nur im Zusammenspiel sämtlicher Lebensformen und sonstiger chemischer und physikalischer Prozesse auf der Erde funktioniert. Der Planet ist nicht etwa für uns Erdoberflächenbewohner geschaffen oder glücklicherweise für alle Zeit mit den für uns idealen Lebensumständen ausgestattet, sondern Bedingungen wie Sauerstoffgehalt und Temperatur sind immer auch ein Resultat unserer alles andere als »natürlichen« Lebensgewohnheiten auf der Erde.

Im Kontext unseres Themas aber ist ein anderer, sozialer und politischer Aspekt des Planetarischen von besonderer Bedeutung, den die postkoloniale Vordenkerin Gayatri Spivak als Frage nach neuen kollaborativen Lebensformen formuliert hat.[430] Wie bereits angedeutet, müsste hier neben einer perspektivischen Integration der »Natur«, von Anorganischem bis Organischem, unbelebter Materie bis zu den komplexesten Lebewesen, auch eine Inklusion der »Maschinen« zum Tragen kommen, deren zentrales Element nicht wie in der organischen Chemie der Kohlenstoff, sondern das diesem verwandte Silizium ist. Wie erwartet ist die notwendige Integration animalischer, mineralischer und technologischer Mitbewohner in ein planetarisches Subjekt eine denkbar schwierige Aufgabe, die auch dadurch nicht leichter wird, dass sie auf eine seit der Zeit der *Blue-Marble*-Fotografie verdoppelte Erdbevölkerung verteilt werden kann. Ganz im Gegenteil bilden die mit dem Bevölkerungswachstum sowie mit Klima- und Umweltveränderungen stark zunehmenden Migrationsbewegungen eine ganz eigene Herausforderung für unsere Gegenwart und Zukunft.

Anders als die Begriffe »Erde«, »Welt«, das »Globale« oder gar das »Internationale«, die allesamt in unterschiedlicher Weise auf den Menschen bezogen sind, soll das »Planetarische« den Blick auf unsere relative Position im Kontext nichtmenschlicher Entitäten lenken, zwischen denen Auseinandersetzungen ganz anderer Art zu vermuten sind als in einem rein menschlichen oder anthropozentrischen Kosmos. Weit geringer dürfte hier die Gefahr sein, von vermeintlich anthropologisch konstanten »natürlichen Konflikten« zu fantasieren, wenn nicht nur offenkundig vollkommen unterschiedliche Denkweisen, sondern vollständig diverse Seinsformen ins Spiel kommen – von Mineralien und Mikroben bis zu Mäusen, Menschen und Maschinen, von »natürlicher« bis »künstlicher« Intelligenz oder auch unserer etwa aus Sicht von Pantoffeltierchen bis Neandertalern sicher gar nicht so »natürlichen« Intelligenz.

Vor dem Horizont des Planetarischen lassen sich sowohl Faktoren der Klima- und Umweltveränderungen als auch das Fehlen entschlossenerer Gegenmaßnahmen begreifen, für die es eines tieferen Verständnisses des interdependenten Zusammenspiels menschlicher und nichtmenschlicher Entitäten bedürfte.[431] Es ist durchaus kein Zufall, dass der bislang dominante Begriffshorizont zur Auseinandersetzung mit dem Anthropozän – nämlich der des »Globalen«, inklusive all seiner Spannungen und Kollisionen zwischen Nationalem und Internationalem – ebendies nicht zu leisten vermag. Nur mit einem Verständnis des Planetarischen wird es uns unter Umständen gelingen, die Epoche des Menschen zugunsten eines Zeitalters planetarischer Vernunft zu verlassen, mittels derer allein wir den existenziellen Bedrohungen des Anthropozäns werden begegnen können.

Was Anthropologen wie Philippe Descola zufolge eine späte westliche Unterscheidung von Natur und Kultur war, die überhaupt nur innerhalb der europäisch geprägten Moderne eine gewisse Plausibilität hatte,[432] das erweist sich im Kontext des Planetarischen als grundlegender Zeitkonflikt. Die vermeintlich radikal divergierenden Temporalitäten von menschlicher Geschichte und ewiger Natur, von Fortschritt der Menschheit und natürlichem Kreislauf oder auch von Veränderung und Wiederholung, Innovation und Stillstand, kollabieren heute im Zeichen des Anthropozäns. Schon im 19. Jahrhundert stießen – quasi auf der Höhe des humanistischen Fortschrittsglaubens – Forscher wie Charles Darwin, Alfred Wegener und andere mit ihren Entdeckungen auf eine biologische wie geologische Evolution und damit auf eine Entwicklungsgeschichte der Natur.[433]

Doch erst mit dem Einsickern des Anthropozäns in unser aller Selbstverständnis wird die volle Reichweite dieser Parallele deutlich, nämlich die intrinsische Verschränktheit der bis dahin vollständig getrennt voneinander gedachten Kultur- und Naturgeschichte (sofern Letzterer überhaupt eine »Geschichte« zugestanden wurde). In den Worten des indischen Historikers Dipesh Chakrabarty: »Die Debatte über das Anthropozän bringt also ständige Begriffsverhandlungen in Bezug auf Erdgeschichte und Weltgeschichte mit sich. Weithin anerkannt wird mittlerweile, dass wir eine einzigartige Phase der Menschheitsgeschichte durchlaufen, da wir zum ersten Mal überhaupt Ereignisse, die nach gewaltigen geologischen Maßstäben ablaufen – wie Veränderungen des gesamten Klimasystems auf dem Planeten –, bewusst mit etwas in Verbindung bringen, das wir im Alltagsleben als Individuen, Kollektive, Institutionen und Nationen zu tun vermögen (wie etwa fossile Brennstoffe verbrauchen).«[434] Nur scheinbar paradoxerweise ist es ausgerechnet die Entdeckung des Anthropozäns – dass also das kulturelle Handeln des Menschen in die großen naturgeschichtlichen Zusammenhänge eingreift und diese massiv zu (zer-)stören vermag –, die uns die Notwendigkeit eines Abschieds von einer rein anthropozentrischen Sichtweise zugunsten einer planetarischen Perspektive vor Augen führt.

Nicht nur die Klimaerwärmung ist ein Beleg dafür, dass die Verschränkung unterschiedlicher Zeithorizonte im Anthropozän keine harmonische ist. Bei den in Zukunft immer akuter werdenden Kollisionen von naturgeschichtlicher und kulturgeschichtlicher Zeit handelt es sich um Zeitkonflikte in dem weiter oben erläuterten Sinn. Ausmaß und Bedeutung dieses Zusammenstoßes müssen erst bewusst gemacht werden, und die Entscheidung darüber, ob wir eine Synchronisation der uns bewussten chronobiologischen mit der jenseits unseres Bewusstseins sich ereignenden »Tiefenzeit« bewerkstelligen können oder wollen, ist längst noch nicht gefallen.[435] Fest steht allerdings, dass die Entscheidung dieses Konflikts keine subjektive oder individualpsychologische sein kann, sondern eine der großen politischen Herausforderungen unserer zukünftigen Gegenwarten darstellt.[436]

Wir brauchen an dieser Stelle nicht die gemeinsame Entstehungsgeschichte unseres Politikmodells und eines bis heute dominierenden Selbstverständnisses des Menschen in den Souveränitätsdiskursen des 17. Jahrhunderts im Detail nachzuvollziehen, sondern es genügt, auf ihr paralleles Verschwinden im Zeichen planetarischer Konflikte hinzuweisen. Wenn die Eule der Weisheitsgöttin Minerva erst in der Dämmerung fliegt, wie Hegel mit Blick auf das immer nur nachträglich mögliche Verstehen früherer Epochen bemerkte, dann gilt das Gleiche auch für den souveränen Nationalstaat und das ihm entsprechende Menschenbild. »Wenn wir das Planetarische als handlungsleitende Kategorie ernst nehmen, müssen wir dann nicht auch das Politische neu denken, und zwar über das rein Menschliche hinaus? Anders gefragt: Wie würde eine neu formulierte post-nationalistische, post-anthropozentrische Politik aussehen?«, so der Philosoph Tobias Rees.[437]

Globale vs. planetarische Politik

Plakativ gesprochen lautet die Aufgabe hier, unsere noch gegenwärtige, aber längst nicht mehr zeitgemäße (inter-)nationalstaatliche Politik durch eine politische Praxis zu ersetzen oder zumindest zu ergänzen, die auf der Höhe zukünftiger und uns schon heute entgegenwartender Phänomene operiert, also etwa Pandemien, Umweltveränderungen und dem, was Nachhaltigkeitsforscher als unsere »planetaren Grenzen« bezeichnen.[438] Das dazu nötige, genuin politische oder demokratische Moment ist ansatzweise schon heute zu beobachten, wenn wir etwa an eine neue Generation jugendlicher Klimaaktivist:innen denken, die sich nicht mehr geräuschlos vor den geschlossenen Ohren und Toren der etablierten Politik aufhalten lassen, sondern eine bleibende politische Stimme suchen.

Freilich ist dieser emanzipatorische Prozess mit der neuen politischen Subjektivierung jener, die bisher altersbedingt aus dem Gefüge offizieller Wahlpolitik ausgeschlossen sind, nicht beendet. Neben neuen politischen Subjekten bedarf es selbstverständlich in der Folge auch neuer demokratischer Institutionen, in denen sie ihren Ausdruck finden. Was wir bei Hegel und ihm folgenden Theoretiker:innen als Konfliktmotor politischer Entwicklung analysiert haben, gilt in besonderem Maße auch für die radikalen Transformationen, derer eine planetarische Demokratie der Zukunft bedarf. Ein neues Selbstverständnis und entsprechende Selbsterkenntnis verlangen nach gesellschaftlicher wie institutioneller Anerkennung.

Nicht nur, aber besonders der Umgang mit der Covid-Pandemie seit 2019 hat uns zuletzt mit größter Deutlichkeit die begrenzte Tauglichkeit der bestehenden internationalen globalen Institutionen vor Augen geführt. Auch im dritten Jahr der Pandemie steht die Weltwirtschaft etwa infolge großflächiger Lockdowns in China und entsprechender Ausfälle in den globalen Lieferketten noch immer vor kaum absehbaren Herausforderungen, obwohl seit bald zwei Jahren ein revolutionärer Impfstoff verfügbar ist, dessen weltweite Verbreitung und Verabreichung selbst ein einzelnes Land wie Deutschland mit Leichtigkeit für die gesamte Welt finanzieren könnte, nicht zuletzt da sich die Kosten globalökonomisch schon innerhalb eines Tages amortisieren würden.[439] Doch die Pandemie ist nur ein weiteres Indiz dafür, dass im Zeitalter des Planetarischen das Prinzip nationalstaatlicher Souveränität nur noch begrenzt Sinn ergibt. Weder die rasend schnelle Verbreitung von Viren noch das gewaltig langsame Schmelzen von Gletschern sind auf (inter-) nationaler Ebene in den Griff zu bekommen. Der Preis für eine weiterhin dem Status quo verpflichtete Reduzierung planetarischer Zukunftskonflikte auf nationalstaatliche Ersatzstreitigkeiten – etwa Grenzschließungen und Schuldzuweisungen (»*China Virus*«), der Wettkampf um Impfstoffe oder ressourcenreiche Enteisungsgebiete – wird immer höher und in absehbarer Zeit unbezahlbar.

Unsere real existierenden Institutionen mit ihrem globalen Selbstverständnis werden den planetarischen Phänomenen immer weniger gerecht. Ihr Verhältnis der Inter-Nationalität muss mit Ab- und Ausgrenzungen operieren und diese in Auseinandersetzungen übertragen, die – obwohl sie in unzureichender Weise ständig als »Konflikte« bezeichnet werden – von einer Entscheidung existenzieller planetarischer Konflikte ablenken. »Neben anderen heutigen Global-Governance-Institutionen sind die Vereinten Nationen (UN), der Internationale Währungsfonds (IMF) und die Weltgesundheitsorganisation (WHO) multilaterale Institutionen, die auf menschenbezogene Prozesse ausgerichtet sind und die Interessen ihrer Mitgliedsstaaten vertreten. Sie reagieren nicht direkt auf die planetaren Herausforderungen und sind auch nicht direkt den Bürgern verpflichtet. Das Planetarische verlangt nach neuen verbindlichen Institutionen auf planetarischer Ebene, nicht einfach nach freiwillig operierenden Institutionen von Mitgliedsstaaten. Das bedeutet keinen einheitlichen Weltstaat. Wir haben die Vorstellung einer spezifisch eingegrenzten Autorität auf planetarischer Ebene, die mit spezifisch planetarischen Belangen befasst ist«, schreiben der Politikwissenschaftler Jonathan S. Blake und der Publizist Nils Gilman.[440]

Polylaterale Verbindungen

Das Planetarische ist also jenseits der seit Kants Zeiten bis heute schwelenden Diskussionen über die Reichweite internationaler oder globaler Institutionen zu verorten. Planetarische Konflikte übersteigen die binäre Alternative zwischen einem losen Zusammenschluss souveräner Staaten oder einer über diese gestellten allgemeinen Weltregierung, wie wir sie bis zum Überdruss etwa in liberalen bis rechtspopulistischen Auseinandersetzungen zur EU und in vielen anderen Debatten wiederfinden. Der herzustellende Konflikt hingegen wäre an dieser Stelle die Bewusstmachung einer unüberbrückbaren Diskrepanz zwischen unterschiedlichen

Zeitlichkeiten (eine Bewusstmachung, die sich von der Wissensverbreitung spätestens seit dem Bericht des Club of Rome von 1972 über *Die Grenzen des Wachstums* unterscheidet)[441]: zwischen dem endlichen (und sehr begrenzten) Kalender demokratischer Legislaturperioden und den unendlichen Konsequenzen unseres Handelns, zwischen der Millionen von Jahren dauernden Entstehung fossiler Brennstoffe und ihrer Verheizung innerhalb weniger Jahrzehnte.

Für eine politische Annäherung an einen derart fundamentalen Zeitkonflikt bedarf es daher zuallererst entsprechender zeitlicher Entscheidungen. Wie immer man sonst zu den faulen Kompromissen, unzureichenden Maßnahmen und fehlenden Umsetzungen stehen mag, richtungsweisend sind die Beschlüsse des Pariser Klimaabkommens von 2015 wegen ihrer geradezu zeitkonfliktuellen Entscheidung, die globale Erwärmung auf nicht mehr als 2 Grad Celsius über der vorindustriellen Zeit steigen zu lassen und sich für entsprechende Maßnahmen eine Deadline bis zum Jahr 2030 zu setzen (so illusorisch diese inzwischen auch geworden sein mag). Es handelt sich dabei um eines der ersten Beispiele einer Entscheidung auf der Ebene planetarischer Politik – auch wenn diese freilich noch in jeder Hinsicht unzureichend ist, da ihre Maßnahmen ja nach wie vor auf (inter-)nationaler Grundlage beschlossen wurden und (leider nicht einmal verbindlich) umzusetzen sind.

Ein weiteres Beispiel in diesem Kontext ist die breit diskutierte Besteuerung fossiler Brennstoffe, die von vielen Vertreter:innen aus Wirtschaft und Politik geradezu als Wunderwaffe gegen die immer deutlicher spürbaren Umweltveränderungen und die damit einhergehenden Verwerfungen betrachtet wird. Es geht dabei letztlich um die Vorstellung, mittels einer richtig und gerecht kalkulierten CO_2-Steuer wäre ein existierender Konflikt zwischen Ökonomie und Ökologie beizulegen. Dass ein solcher Schlichtungsversuch allerdings mehr als fragwürdig ist, hat mit den zugrunde liegenden epistemologischen Voraussetzungen und politisch-ökonomischen Parametern zu tun, wie selbst noch an den Vorschlägen eines so verdienstvollen Vordenkers der Klimaökonomie wie dem amerikanischen Ökonomen William D. Nordhaus deutlich wird.[442]

Das beginnt schon mit der Annahme, Klimaveränderungen wären überhaupt zu modellieren, wenn nur die richtigen Koeffizienten und ausreichend Daten zur Verfügung stünden – so als ob es keine unvorhergesehenen Ereignisse oder gar irreversible *Tipping Points* gäbe (um von einem grundsätzlich palliativen Effekt von Modellen ganz zu schweigen, die ja stets auch eine gewisse Beherrschbarkeit von Zukunftsszenarien und den daraus gegebenenfalls resultierenden Auseinandersetzungen suggerieren).[443] Und es setzt sich fort mit einer (mal schlechter, mal besser kaschierten) letztlichen Dominanz ökonomischer über ökologische Interessen, in der wirtschaftliche Modelle als grundlegende Dominante des Denkens selbst fungieren.

Konkret äußert sich das in Nordhaus' Versuch einer Berechnung der Zukunft nach Marktmodellen anhand der real existierenden Verzinsungszahlen. Relevant ist hier die sogenannte Abzinsungs- oder Diskontierungsrate, die den gegenwärtigen Wert zukünftiger Zahlungen ermittelt und somit angibt, in welcher Höhe die zu erwartenden Profitraten für klimaschädliche Investitionen staatlicherseits ausgeglichen werden müssten, um dadurch Anreize für klimafreundliche Investitionen zu schaffen. Radikalere Klimatheoretiker wie Geoff Mann gehen davon aus, dass Nordhaus' »realistischer« Vorschlag einer Diskontierungsrate von jährlich 4,25 Prozent bis zum Jahr 2100 den Wohlstand künftiger Generationen in bereits etwa 50 Jahren mit nur noch einem Achtel des Werts unseres heutigen Wohlstands bemisst – und folglich eine systematische Abwertung der Zukunft bedeutet.[444]

Wen wundert es da, dass selbst mit für bisherige Abkommen vorbildhaften klimaökonomischen Modellen keine Reduktion der Erderwärmung auf unter 2 Grad zu erreichen ist (wobei ja selbst die dazu notwendigen Maßnahmen kaum irgendwo ausreichend umgesetzt werden)? Und ebenso wenig verwundert es, wenn radikalere Klimaaktivist:innen – naturgemäß vermehrt aus jüngeren Generationen, also mit einer anderen ethischen und sozialen Gewichtung von gegenwärtiger Zukunft und zukünftiger Gegenwart ausgestattet – auf Konfrontation setzen.

Als einer der zentralen Zukunftskonflikte konfrontiert uns der Klima- und Umweltwandel mit der gnadenlosen Wahrheit der Ressourcenausbeutung einer auf ständiges Wachstum verpflichteten Ökonomie und folglich mit einem ihr inhärenten Konflikt, der von *dieser* Gesellschaft nicht einfach aufgelöst werden kann. Eine tatsächliche Lösung des Klimakonflikts käme einer grundlegenden Transformation unserer globalisierten Gesellschaft gleich. Statt »einfach nur« mit einer Klimafrage haben wir es also auf der Ebene der Tiefenstruktur der gegenwärtigen ökologischen Widersprüche mit dem Problem einer auf Ressourcenausbeutung beruhenden Ökonomie zu tun. Und alle halbwegs ernst zu nehmenden Versuche wie etwa ein »Green New Deal« müssen sich daran messen lassen, ob sie den eigentlichen politischen Konflikt ins Visier nehmen bzw. politisch herzustellen vermögen, anstatt sich der palliativen Illusion hinzugeben, viel zu schwache (und zudem kaum implementierte) CO_2-Steuern oder Verbrauchsbegrenzungen würden eine Fortsetzung des Status quo ermöglichen.

Dieser noch immer nicht auch nur ansatzweise verstandene – geschweige denn in der Praxis hergestellte – Konflikt besteht darin, dass unsere Konsum-, Reise- oder überhaupt Lebensgewohnheiten letztlich Kants kategorischem Imperativ widersprechen, weil wir nicht wollen können, *dass sie ein allgemeines Gesetz werden.* Denn das Wachstum unserer globalen Ökonomie wurde in der Vergangenheit von jenen fossilen Ressourcen angeheizt, deren Verbrauch zugleich die Zukunft unserer planetarischen Gesellschaft gefährdet. Zudem lassen sich die über Jahrmilliarden angesammelten Kohle- und Erdölspeicher nicht endlos und ohne zeitkonfliktuelle Konsequenzen innerhalb weniger Jahrhunderte verfeuern. Folglich muss die dem Kapitalismus und unserer *Carbon Democracy* (Timothy Mitchell) eigene Ausbeutungslogik angehalten oder gebremst werden, weil die von ihr produzierten »Konflikte« ganz sicher nicht von den Instanzen *auf*gelöst werden, die sie überhaupt erst *aus*gelöst haben.

Die menschengemachte Veränderung von Klima und Umwelt ist somit ein Zukunftskonflikt unserer Gesellschaft auch in dem Sinne, dass seine Inangriffnahme zugleich eine Transformation oder Auflösung dessen bedeuten würde, was unser gesellschaftliches Selbstverständnis heute ausmacht: der realitätsferne Wunsch nach Geschirrspülern, Flugreisen und Wochenendhäusern für bald zehn Milliarden Menschen, der letztlich fundamentalistische liberale Glaube, dass unser Lebensstandard verallgemeinerbar wäre und nicht auf Kosten anderer ginge oder dass es ohne eine fundamentale Transformation unserer politischen Ökonomie irgendeine Hoffnung auf Lösung der Konflikte gäbe.

Dem liberalen Konsens (oder der neoliberalen Internalisierung von Externalitäten) zufolge liegt der entscheidende Hebel bei den Einzelnen, das heißt in unseren ökonomischen Mechanismen des Konsums, die lediglich ein wenig mehr entlang ökologischer Kriterien nachjustiert werden müssten. Genau dieser Glaube aber, dass die gegebenen ökonomischen Strukturen und politischen Institutionen ausreichend wären (so als ob unsere zukünftige Umwelt einfach derjenigen unserer Gegenwart ähneln würde), fehlt vielen Vertreter:innen von Fridays for Future, Ende Gelände oder der selbst erklärten Letzten Generation. Mit Freud gesprochen, genügt es ihnen zufolge nicht mehr, nur über das Klima zu reden, sondern es bedarf der Herstellung eines neuen sozialtherapeutischen oder demokratischen Raums, in dem die Auseinandersetzung neuer politischer Subjekte und die Entscheidung von Konflikten überhaupt erst möglich werden.

Aber auch wenn unsere überholten politischen Infrastrukturen den planetarischen Zukunftskonflikten letztlich nicht gewachsen sind, bedeutet das weder, dass sie künftig überhaupt keine Rolle mehr werden spielen können, noch, dass in ihrem Schatten nicht auch Zukunftsträchtigeres gedeihen könnte. Und auch hier bieten die Reaktionen auf Pandemien oder verheerende Naturkatastrophen, auf Flüchtlingsströme oder andere Kollateralschäden der Globalisierung zahlreiche Beispiele für die Notwendigkeit einer *polylateralen* Verbindung von staatlichen und nicht staatlichen, zwischen-, über- und unterstaatlichen Institutionen und Organisationen. Einzelne Wissenschaftler:innen, jugendliche Aktivisten, humanitäre Organisationen, Nachbarschaften, Städte, Regionen leisten heute schon essenzielle Arbeit in zahllosen Bereichen, ohne dass dies im Widerspruch zu staatlichen Institutionen stehen müsste.

Für Nathan Gardels, Mitgründer der vom Investor Nicolas Berggruen ins Leben gerufenen Denkfabrik Berggruen Institute, handelt es sich bei dieser Form von politischer Arbeit gar um »die bedeutendste Entwicklung im

Bereich der weltweiten Governance seit dem Westfälischen Frieden von 1648. […] Der Polylateralismus schlägt im Kern ein ähnliches Arrangement auf planetarischer Ebene vor, indem er jene Akteure, die außerhalb der offiziellen Kanäle agieren, in einer Weise in die globale Governance integriert, die den Nationalstaat und die etablierten multilateralen, zwischenstaatlichen Institutionen ergänzt. Ein solches hybrides System würde ein neues Gleichgewicht schaffen zwischen der Vielzahl effektiver Akteure, denen es an formaler Legitimität mangelt, und den Nationalstaaten, die zwar über diese formale Legitimität, nicht aber über die Fähigkeit verfügen, planetarische Herausforderungen alleine anzugehen.«[445]

Wenn wir die Herstellung des Planetarischen als *den* zentralen politischen Zukunftskonflikt verstehen müssen, dann genau in dem hier ausgedrückten Sinn eines gleichzeitigen *Noch-nicht-* und *Nicht-mehr-*Besitzens von politischer Legitimität, also *dem* wesentlichen Merkmal eines konfliktuellen Verständnisses von Politik und Demokratie: dem beständigen Widerstreit eines genuin Politischen oder Demokratischen mit einer etablierten offiziellen Politik.

Produktive Umprogrammierung

Freilich muss bei einer solchen polylateralen Verbindung unterschiedlicher Handlungsebenen vor dem Hintergrund bereits vorhandener planetarischer Infrastrukturen immer auch die Frage gestellt werden, ob und wie die unter den Bedingungen des Kapitalismus entstandenen Institutionen und Plattformen überhaupt auf andere Ziele gerichtet werden können. Ein zentrales Hindernis besteht hier in der weit vorangeschrittenen Privatisierung und Individualisierung zahlreicher Lebensbereiche. Das lässt sich etwa an der Debatte über Datensouveränität beobachten, in der diese in der Regel vorwiegend als individuelle oder private verhandelt wird, was eine kollektive politische Organisation gegen die privatwirtschaftlichen Herrscher:innen über unsere Daten enorm erschwert. Eine Konsequenz daraus lautet, dass auch die Frage nach einer zukunftsträchtigen Umprogrammierung der vorhandenen Datenkraken noch nicht Teil des allgemeinen Bewusstseins ist.[446] Die Frage der Zukunft indes, die und der wir uns heute schon stellen müssen, lautet: »Könnten die bereits bestehenden Infrastrukturen – seien es physische, rechtliche oder digitale – für innovativere Zwecke genutzt werden, um somit kollektive Entscheidungen in Bezug auf die planetarische Governance zu ermöglichen?«[447]

Schon heute ist die Erde überzogen von einer neuen atmosphärischen Wahrnehmungsschicht voller Sensoren und Apparate, mit denen der Planet sich selbst zu fühlen und zu denken begonnen hat. Nur eines von vielen Beispielen dafür ist die Entwicklung von »sensorischem Staub« als neuer Intelligenz, an der zahlreiche Technologie-Unternehmen wie Cisco oder Hewlett Packard arbeiten. Dieser *Smart Dust* soll ganz praktisch etwa bei der Frühwarnung vor Erdbeben oder Unwettern behilflich sein, könnte letztlich aber auch als autonome Wahrnehmungsinstanz und wichtiger Informant für neue, hybride geopolitische Formationen und planetarische Plattformen fungieren.[448] Nun ist gegenüber den Eigeninteressen globaler Tech-Konzerne stets größte Skepsis geboten. Und doch werden wir letztlich gar nicht umhinkönnen, auch derartige planetarische Sensorien, artifizielle Wahrnehmungen oder mineralische Intelligenzen für unsere Gesellschaft produktiv zu machen, wenn wir uns auf der Höhe der planetarischen Konflikte bewegen wollen – gerade weil wir von deren zu erwartenden Symptomen mit den gegenwärtigen Umweltkatastrophen, Pandemien und politischen, militärischen wie ökonomischen Verwerfungen erst einen winzigen Vorgeschmack bekommen haben dürften. Es wird dann freilich vor allem darum gehen, die neuen Technologien produktiv und progressiv umzuprogrammieren.

Bis dato aber ist dieses planetarische Wissen noch nicht ins gesellschaftliche Bewusstsein gelangt, ja wir können geradezu von einem *planetarischen Unbewussten* im Rahmen unserer nationalstaatlich geprägten Politik sprechen, und das nicht trotz, sondern gerade wegen ihres Fokus auf »Globalisierung«.[449] Die von uns und unseren Maschinen verursachten anthropogenen Veränderungen des Planeten mögen zwar teilweise ohne unser Wissen geschehen sein. Diese selbst verschuldete Unmündigkeit ist aber schon allein deswegen keine Entschuldigung, weil sie mit unserem unzureichenden Verständnis des Anthropozäns korreliert. Was wir angeblich ohne unser Wissen verursacht, was wir mit unseren »künstlichen« Technologien aus der »Natur« gemacht haben, das können wir nun paradoxerweise auch nur wieder mithilfe dieser Technologien verstehen oder aber einem besseren Ende zuführen.

Doch wird uns das nicht gelingen, solange wir uns weiter zwanghaft als vermeintlich einzig bewusste oder intelligente Spezies von anderen abgrenzen, anstatt uns als Teil von ihnen, sie als Teil von uns und uns alle als Teil eines größeren Ganzen zu begreifen – ganz im Sinne der oben beschriebenen Mereologik des Konflikts. Solange wir glauben, von uns geschaffene Technologien oder eine von uns unterschiedene Natur zu unserer Verfügung zu *haben*, anstatt sie zu *sein*, bleiben wir weiterhin in einem kontraproduktiven Konkurrenzstreit mit mineralischen oder siliziumbasierten

Intelligenzen verhaftet. Diese unproduktive Konkurrenz hat ihr paradoxes Pendant in einer apolitischen Unterwerfung oder blindem Vertrauen auf künstliche Intelligenz und die administrative Umsetzung ihres angeblich absoluten Wissens sowie im technokratischen Management automatisierter Infrastrukturen, als ob diese schon an und für sich und ganz von allein eine grüne Wirtschaftsrevolution auslösen könnten.[450] Eine solche technokratische Umsetzungsfantasie übersieht zugleich die entscheidende Dimension des Politischen sowie die soziale Dimension jeder technologischen Entwicklung. Doch dass sich Gesellschaften und ihre Technologien in koevolutionärer Dynamik stets gemeinsam entwickeln, bedeutet gerade nicht, dass sich das ohne Konflikte vollzöge. Dies anzuerkennen geht einher mit unserer Aufgabe, die für die Zukunft prägenden Technologien in emanzipatorischer Weise zu verwenden und gegebenenfalls umzuwidmen, anstatt uns bestehenden ökonomischen Diktaten zu unterwerfen, die gesellschaftliche Konflikte so gerne systematisch ausblenden.

Entsprechend der in diesem Buch herausgearbeiteten konflikttheoretischen Umkehrung der üblichen Eskalationslogik von Gewalt und Unterdrückung kann eine emanzipatorische Neuausrichtung vorhandener Technologien nur dann Erfolg haben, wenn die sich daraus ergebenden Konflikte theoretisch verstanden und praktisch ausgetragen werden, um bestehende Gewalt- und Unrechtsverhältnisse in den Blick zu bekommen und tatsächlich verändern zu können. Die damit verbundene Transformation betrifft immer zugleich die einander im Konflikt gegenüberstehenden Subjekte sowie deren gesamte Welt, wie sie sie bisher kannten. Auch für die notwendige Herstellung des Planetarischen gilt diese Verknüpfung von Grenzstreitigkeiten zwischen bestehenden Entitäten mit dem Entstehen neuer, zwischen Fremdem und Eigenem, zwischen Nicht-mehr-Fremdem und Nicht-mehr-Eigenem.

Eine beispielhafte Vorstufe zur Subjektwerdung auf der Höhe planetarischer Selbsterkenntnis haben wir bereits gestreift, nämlich den gesamten Planeten umspannende und durchdringende Sensorien mit ihren gigantische Datenmengen verarbeitenden künstlichen Intelligenzen. Die unendlichen Ströme an Daten, die sich mittels Satelliten, Glasfaserkabeln und zusammengeschalteten Netzwerken, mit jeder Bewegung von uns ausgehend und wieder zurückkehrend, in die Cloud-Server und aus ihnen heraus über und durch den Planeten ziehen, zeugen von einer neuen planetarischen Konstellation. Der amerikanische Designtheoretiker Benjamin Bratton spricht in Bezug auf diese »planetary-scale computation« auch von »planetary sapience«, also einer Form von planetarischer Intelligenz, die in ähnlicher Weise einen evolutiven Sprung von der menschlichen Intelligenz bedeuten würde, wie diese es in Bezug auf die tierische war. Bratton unterscheidet dazu »künstliche« von »synthetischer« Intelligenz: Während die »künstliche« nur in notwendig unzureichender Form versuche, menschliche Intelligenz nachzuahmen – in etwa wie ein billiger Plastikdiamant –, sei die »synthetische« eine Intelligenz eigenen Rechts, etwa so wie ein im Labor erzeugter Diamant, der mit einem »natürlichen« auf molekularer Ebene identisch ist: »Die künstliche Intelligenz erscheint also nur *smart*, die synthetische Intelligenz ist es tatsächlich.«[451]

Bratton erwähnt das Programm AlphaGo, das beim Brettspiel Go Spielzüge entwickeln kann, von denen Experten behaupten, dass Menschen sie sich niemals hätten ausdenken können, das aber damit zugleich auch Menschen dazu bringen kann, ähnlich kreativ mit dem Spiel umzugehen. An ebendiesem Punkt aber wird eine solche Intelligenz für Bratton »planetarisch«, also wenn menschliche und synthetische Intelligenz in einen innovativen Austausch treten, wechselseitig voneinander lernen und eine gemeinsame kreative Synthese eingehen: »eine Synthese von Intelligenzen, eine Ahnung davon, wie eine allgemeine Verständigkeit [*general sapience*] aussehen könnte«. Und in den Worten Achille Mbembes durchdringen sich Noosphäre und Biosphäre, Geist und Leben, mit all ihren technologischen Hybriden und daraus resultierenden Spannungen in einem »planetarischen Bewusstsein«: »Der französische Begriff für Wissen lautet *connaissance*, was wörtlich so viel bedeutet wie ›gemeinsam geboren werden‹. Wir müssen einen Akt der radikalen Dezentrierung schaffen, der uns dazu zwingt, wieder gemeinsam geboren zu werden. Das scheint es mir zu sein, wozu ein neues planetarisches Bewusstsein uns zwingt – und ich halte das auch für möglich.«[452]

Angesichts der Gefahr, entweder auf eine schnelle technologische oder technokratische Lösung unserer planetarischen Probleme zu hoffen oder umgekehrt in Anbetracht ihrer prinzipiellen Unlösbarkeit jede Hoffnung aufzugeben, eröffnet die Einsicht in das Potenzial von Konflikten eine andere Option. Die konsequente Perspektive auf die entsprechenden Zukunftskonflikte bedeutet dabei gerade keine resignative oder passive Haltung. Ganz im Gegenteil führt die Herstellung von Konflikten zu einer Aktivierung unserer Handlungsmöglichkeiten. Konflikte bergen letztlich immer auch das Potenzial, dass wir uns mit den betreffenden Problemen – nicht anders als mit den vermeintlich unüberbrückbar fremden Protagonist:innen, denen wir dabei gegenüberstehen – neu auseinandersetzen müssen.

Es ist dieses produktive Transformationspotenzial eines *Staying with conflict*, eines »Bleibens beim Konflikt«, das Donna Haraway auch als ein *»becoming-with each other«*

deutet: als ein gemeinsames »Werden-mit-anderen«[453], das uns ermöglicht, jenseits der Gegnerschaft von Konfliktparteien auch neue Verbindungen und Koalitionen zu knüpfen – im Fall des Planetarischen nicht nur mit anderen Menschen, sondern auch mit Pflanzen, Tieren und Technologien, die wir letztlich alle in ein zusammenhängendes, zukünftig gegenwärtiges politisches Subjekt zu integrieren haben. Erst diese Haltung versetzt uns zugleich in die Lage, der Dynamik technologischer Entwicklungen, die sich scheinbar unserer Kontrolle entzieht, nicht einfach blind und wehrlos ausgeliefert zu sein, sondern die Zukunft *mit* solchen Technologien bewusst und aktiv zu gestalten.

Die Lösung unserer künftigen Probleme hängt davon ab, ob wir schon heute jene Konflikte herstellen, die immer dort bestehen, wo neue Identitäten verhandelt werden, wo die Grenzen zwischen Eigenem und Anderem verschoben werden oder sich als durchlässig erweisen. Somit bestätigt sich eine immunologische Einsicht vom Beginn dieses Buchs noch in der Sphäre des Planetarischen: Konflikte als Austausch zwischen vermeintlich Eigenem und angeblich Fremdem sind unabdingbare Voraussetzung zur immer wieder neuen Aushandlung der eigenen biologischen, sozialen wie planetarischen Identität.

Dank

Die ersten Ideen zu diesem Buch fallen in die Zeit zunehmender Sorgen über die aufkommende Covid-19-Pandemie, die dann auch Entstehungszeit und Schreiben geprägt hat. Weitestgehend ohne öffentliche Auftritte oder Vorträge und damit – *for better or worse* – eigentlich auch ohne Diskussion mit Kolleg:innen, waren mein lange Zeit einziges und hybrides Gegenüber die Studierenden, deren anspornendem Interesse ich entsprechend viel verdanke: zunächst an der Hamburger Hochschule für bildende Künste (besonderer Dank gilt hier Christiany Erler) und dann an der Zeppelin Universität in Friedrichshafen, wo es zuletzt doch noch eine Gelegenheit zu einer sehr hilfreichen Diskussion in einem Fachbereichskolloquium gab, allen voran mit Karen van den Berg.

In dieser Zeit der weitgehenden Isolation umso wichtiger waren meine beiden Konfliktgesprächspartner Anke Hennig (wie immer!) und Tom Wohlfarth, der mir nicht zuletzt auch redaktionelle Hilfe geleistet hat. Ohne Toms ebenso ideenreiches wie ausdauerndes Mitdenken und ohne das so umsichtige wie gedankenvolle Lektorat von Kerstin Lücker wäre aus den unterschiedlichen Manuskriptzuständen wohl nie ein lesbares Buch geworden. Mein Dank für ihr beruhigendes Vertrauen gilt zudem Bettina Eltner vom Ullstein Verlag sowie Katharina Vogel und Elisabeth Ruge von der ERAgentur.

Dass diese beiden Jahre trotz aller möglichen äußeren Widrigkeiten dennoch wunderschöne und glückliche waren, verdanke ich dem ständigen Zusammensein – und

Nebeneinanderschreiben, auch wenn ihr Buch dann einige Wochen früher fertig war – mit Marie-France Rafael sowie dem Zuwachs in unserer Familie. Marie und unseren Söhnen Adrian und Julian ist dieses Buch gewidmet.

Anhang

Bibliographie

Abdul-Ahad, Ghaith: »Each rock has two names«, *London Review of Books*, 17. 06. 2021, https://www.lrb.co.uk/the-paper/v43/n12/ghaith-abdul-ahad/each-rock-has-two-names.

Adler, Sabine: »Putin demonstriert russisches Großmachtgebaren«, *Deutschlandfunk*, 22. 02. 2022, https://www.deutschlandfunk.de/putins-rede-staatsfernsehen-geschichte-udssr-ukraine-analyse-100.html.

Adorno, Theodor W.: *Minima Moralia. Reflexionen aus dem beschädigten Leben*, Frankfurt / M 1951.

Agar, Jon: *The Government Machine. A Revolutionary History of the Computer*, Cambridge 2003.

Agar, Volkan: »Diskursive Sackgassen«, *Die Tageszeitung*, 25. 08. 2020, https://taz.de/Debatte-um-Cancel-Culture/!5704284/.

Alliez, Éric/Maurizio Lazzarato: *Wars and Capital*, South Pasadena 2016.

Anderson, Chris: »The End of Theory. The Data Deluge Makes the Scientific Method Obsolete«, *Wired*, 23. 06. 2008, https://www.wired.com/2008/06/pb-theory/.

Aristarkhova, Irina: *Hospitality of the Matrix. Philosophy, Biomedicine, and Culture*, New York 2012.

Avanessian, Armen: *Phänomenologie ironischen Geistes. Ethik, Poetik und Politik der Moderne*, München 2010.

Avanessian, Armen / Suhail Malik (Hg.), *Der Zeitkomplex. Postcontemporary*, Berlin 2016.

Avanessian, Armen: *Miamification*, Berlin 2017.

Avanessian, Armen: *Metaphysik zur Zeit*, Leipzig 2018.

Avruch, Kevin / Christopher Mitchell (Hg.): *Conflict Resolution and Human Needs. Linking Theory and Practice*, London 2013.

Baecker, Dirk: *Studien zur nächsten Gesellschaft*, Frankfurt / M 2007.

Baerbock, Annalena: »Baerbock über Sanktionspaket: ›Das wird Russland ruinieren‹«, *RedaktionsNetzwerk Deutschland*, 25. 02. 2022, https://www.rnd.de/politik/ukraine-krieg-baerbock-ueber-sanktionen-das-wird-russland-ruinieren-RZDYS2DEPRK5OST7ZGGRZ6UN4I.html.

Badiou, Alain: *Trump. Amerikas Wahl*, Wien 2017.

Balibar, Étienne: *Gleichfreiheit. Politische Essays*, Berlin 2012.

Balibar, Étienne: *Marx' Philosophie*, Berlin 2013.

Balibar, Étienne: *On Universals. Constructing and Deconstructing Community*, New York 2020.

Bateson, Gregory: *Ökologie des Geistes. Anthropologische, psychologische, biologische und epistemologische Perspektiven*, Frankfurt / M 1981.

Baudrillard, Jean: *Transparenz des Bösen. Ein Essay über extreme Phänomene*, Berlin 1992.

Beck, Reinhilde / Gotthart Schwarz: *Konfliktmanagement. Grundlagen und Strategien*, Regensburg 2008.

Bhambra, Gurminder K. / John Holmwood: *Colonialism and Modern Social Theory*, Cambridge 2021.

Bishop, Ryan: »On Frictionless Sovereignty«, im Interview mit Yulia Gromova, *Strelka Mag*, 02.11.2021, https://strelkamag.com/en/article/on-frictionless-sovereignty.

Blake, Jonathan S. / Nils Gilman, »Governing in the Planetary Age«, *Noema*, 09.03.2021, https://www.noemamag.com/governing-in-the-planetary-age/.

Bonacker, Thorsten: *Konflikttheorien. Eine sozialwissenschaftliche Einführung mit Quellen*, Wiesbaden 1996.

Bonacker, Thorsten: »Sozialwissenschaftliche Konflikttheorien – Einleitung und Überblick«, in: ders. (Hg.) 2002, S. 9–32.

Bonacker, Thorsten (Hg.): *Sozialwissenschaftliche Konflikttheorien. Eine Einführung*, Opladen 2002.

Bönt, Ralf: »Ich würde den Wehrdienst heute nicht mehr verweigern«, *Der Freitag*, 22/2022, https://www.freitag.de/autoren/der-freitag/ralf-boent-zum-ukrainekrieg-ich-wuerde-den-wehrdienst-heute-nicht-mehr-ver weigern.

Borradori, Giovanna: »Die Dekonstruktion des Terrorismusbegriffs nach Derrida«, in: Habermas / Derrida 2006, S. 179–222.

Bratton, Benjamin H.: *The Terraforming*, Moskau 2019.

Bratton, Benjamin H.: »Planetary Sapience«, *Noema*, 17.06.2021, https://www.noemamag.com/planetary-sapience/.

Brick, James: »You Are the Product«, *Medium*, 25.08.2020, https://medium.com/@backlinkshawarma2/you-are-the-product-f6743c247428.

Brownstein, Ronald: »Why the stability of the 2020 race promises more volatility ahead«, *CNN*, 15.08.2020, https://edition.cnn.com/2020/09/15/politics/2020-election-american-voter-worldviews/index.html.

Brunner, Markus: »Trigger-Warnungen. Zur Politisierung eines traumatherapeutischen Konzepts«, in: Eva Berendsen / Saba-Nur Cheema / Meron Mendel (Hg.) *Triggerwarnung. Identitätspolitik zwischen Abwehr, Abschottung und Allianzen*, Berlin 2019, S. 21–34.

Bubner, Rüdiger: »Von der Streitkunst der Sophistik zum modernen Kulturkonflikt«, in: Pfetsch (Hg.) 2005, S. 101–108.

Bucheli, Roman: »Gegen politischen Kitsch hilft nur das bessere Argument«, *Neue Zürcher Zeitung*, 26.02.2021, https://www.nzz.ch/meinung/gegen-moral-und-kitsch-in-der-politik-hilft-das-bessere-argument-ld.1603244?reduced=true.

Bucher, Hans-Jürgen / Amelie Duckwitz: »Medien und soziale Konflikte«, in: Michael Jäckel (Hg.), *Mediensoziologie. Grundfragen und Forschungsfelder*, Wiesbaden 2005, S. 179–200.

Bundesverfassungsgericht: »Beschluss des Ersten Senats vom 24. März 2021«, http://www.bverfg.de/e/rs20210324_1bvr265618.html.

Burton, John W.: »Conflict Resolution: Towards Problem Solving«, in: *Peace and Conflict Studies*, 4.2 (12.1997), https://nsuworks.nova.edu/pcs/vol4/iss2/2.

Buselmaier, Werner: *Der Gen-Kultur-Konflikt*, Heidelberg 2016.

Castells, Manuel: *Networks of Outrage and Hope. Social Movements in the Internet Age*, Cambridge 2012.

Chakrabarty, Dipesh: *Das Klima der Geschichte im planetarischen Zeitalter*, Berlin 2022.

Chamayou, Grégoire: *Ferngesteuerte Gewalt. Eine Theorie der Drohne*, Wien 2015.

Chun, Wendy Hui Kyong: *Discriminating Data. Correlation, Neighborhoods, and the New Politics of Recognition*, Cambridge 2021.

Churchill, Winston: Rede vor dem britischen Unterhaus am 11.11.1947, http://hansard.millbanksystems.com/commons/1947/nov/11/parliament-bill#column_207.

Coccia, Emmanuele: *Metamorphosen: Das Leben hat viele Formen. Eine Philosophie der Verwandlung*, München 2021.

Connolly, William E.: *Identity/Difference. Democratic Negotiations of Political Paradox*, Ithaca 1991.

Coser, Lewis A.: *Theorie sozialer Konflikte*, Wiesbaden 2009.

Dahrendorf, Ralf: »Zu einer Theorie des sozialen Konflikts«, in: Bonacker 1996, S. 279–295.

Daly, Martin / Margo Wilson: *Homicide*, London 2017.

Daudey, Jonathan: »Entretien avec Laurent de Sutter: ›L'histoire de la modernité est l'histoire de l'aboutissement d'un processus bi-millénaire de confusion entre droit et loi‹«, *Un Philosophe*, 30.04.2018, https://unphilosophe.com/2018/04/30/entretien-avec-laurent-de-sutter-lhistoire-de-la-modernite-est-lhistoire-de-laboutissement-dun-processus-bi-millenaire-de-confusion-entre-droit-et-loi/.

Davies, William: »Who am I prepared to kill?«, *London Review of Books*, 30.07.2020, https://www.lrb.co.uk/the-paper/v42/n15/william-davies/who-am-i-prepared-to-kill.

Demirović, Alex: »Die Konflikttheorie von Karl Marx«, in: Bonacker (Hg.) 2002, S. 47–64.

Derrida, Jacques: *Theorie und Praxis. Seminar 1976–1977*, Wien 2021.

Derrida, Jacques: »Autoimmunisierung, wirkliche und symbolische Selbstmorde. Ein Gespräch mit Jacques Derrida«, in: Habermas / Derrida 2006, S. 117–178.

Descola, Philippe: *Jenseits von Natur und Kultur*, Berlin 2011.

Dick, Philip K.: *Der Minderheiten-Bericht*, in: ders., *Sämtliche 118 SF-Geschichten in fünf Bänden*, Bd. 4, Frankfurt 2008.

Didi-Huberman, Georges: *The Surviving Image. Phantoms of Time and Time of Phantoms: Aby Warburg's History of Art*, University Park 2017.

Easterling, Keller: *Extrastatecraft. The Power of Infrastructure Space*, London 2014.

Eckstein, David u. a.: *Global Climate Risk Index 2020*, Germanwatch 2019, https://germanwatch.org/de/17307.

Ehrenberg, Alain: *Das erschöpfte Selbst. Depression und Gesellschaft in der Gegenwart*, Frankfurt / M 2008.

Ehrenreich, Barbara: *Wollen wir ewig leben? Die Wellnesse-Epidemie, die Gewissheit des Todes und unsere Illusion von Kontrolle*, München 2018.

Ellis, Bret Easton: *Weiß*, Köln 2019.

Erikson, Erik H. / Joan M. Erikson: *The Life Cycle Completed. Extended Version*, New York 1997.

Esposito, Roberto: *Immunitas. Schutz und Negation des Lebens*, Zürich 2004.

Fanon, Frantz: *Schwarze Haut, weiße Masken*, Frankfurt / M 1985.

Fiedler, Klaus / Thomas Haar: »Einblicke in die Psychologie des Konflikts. Zwischen Trivialität und Subtilität«, in: Pfetsch 2005, S. 183–200.

Finkelstein, Claire Oakes / Kevin H. Govern: »Introduction: Cyber and the Changing Face of War«, in: dies. u. a. (Hg.), *Cyber War: Law and Ethics for Virtual Conflicts*, Oxford 2015, S. ix–xx, https://scholarship.law.upenn.edu/faculty_scholarship/1566/

Fisher, Mark: *Ghosts of My Life. Writings on Depression, Hauntology and Lost Futures*, Winchester 2014.

Forrester, Katrina: *In the Shadow of Justice. Postwar Liberalism and the Remaking of Political Philosophy*, Princeton 2019.

Foster, John Bellamy: *Marx's Ecology. Materialism and Nature*, New York 2000.

Foster, John Bellamy / Brett Clark: *The Robbery of Nature. Capitalism and the Ecological Rift*, New York 2020.

Foucault, Michel: »Das Subjekt und die Macht«, in: Hubert L. Dreyfus / Paul Rabinow, *Michel Foucault. Jenseits von Strukturalismus und Hermeneutik*, Frankfurt / M 1987, S. 243–264.

Foucault, Michel: »The Art of Telling the Truth«, in: Lawrence D. Kritzman, *Politics, Philosophy, Culture. Interviews and Other Writings of Michel Foucault*, London 1988, S. 86–95.

Foucault, Michel: »Was ist Aufklärung?«, in: Eva Erdmann u. a. (Hg.), *Ethos der Moderne. Foucaults Kritik der Aufklärung*, Frankfurt / M 1990, S. 35–54.

Foucault, Michel: »Nietzsche, die Genealogie, die Historie«, in: ders., *Schriften in vier Bänden. Dits et Ecrits*, Bd. II, Frankfurt / M 2002, S. 166–190.

Freud, Sigmund: »Eine Schwierigkeit der Psychoanalyse«, in: *Imago. Zeitschrift für Anwendung der Psychoanalyse auf die Geisteswissenschaften*, V (1917). S. 1–7.

Freud, Sigmund: *Studienausgabe in zehn Bänden mit einem Ergänzungsband* (StA), Frankfurt / M 1989.

Fry, Tony: *Unstaging War, Confronting Conflict and Peace*, Cham 2019.

Fukuyama, Francis: *Das Ende der Geschichte. Wo stehen wir?*, München 1992.

Fukuyama, Francis: *Identität. Wie der Verlust der Würde unsere Demokratie gefährdet*, Hamburg 2019.

Funder, Maria: »Die Konflikttheorie feministischer Theorien«, in: Bonacker (Hg.) 2002, S. 293–318.

Galtung, Johan: »Violence, Peace and Peace Research«, in: *Journal of Peace Research*, 6.3 (1969), S. 167–191.

Gardels, Nathan: »Planetary Politics When the Nation-State Falters, *Noema*, 03. 09. 2021, https://www.noemamag.com/planetary-politics-when-the-nation-state-falters/.
Gebser, Jean: *Ursprung und Gegenwart*, Stuttgart 1949.
Graßer, Andreas: »Konfliktlösung: Die 9 Eskalationsstufen nach Friedrich Glasl«, *Hubspot*, 17. 12. 2021, https://blog.hubspot.de/service/eskalations stufen.
Graziosi, Barbara: »Statues crumbled«, *London Review of Books*, 28. 07. 2016, https://www.lrb.co.uk/the-paper/v38/n15/barbara-graziosi/statues-crum bled.
Gross, Michael Joseph: »A Declaration of Cyber-War«, *Vanity Fair*, 03/2011, https://www.vanityfair.com/news/2011/03/stuxnet-201104.
Groys, Boris: *In the Flow*, London 2016.
Grusin, Richard: *Premediation. Affect and Mediality After 9/11*, New York 2010.
Habermas, Jürgen: *Faktizität und Geltung. Beiträge zur Diskurstheorie des Rechts und des demokratischen Rechtsstaats*, Frankfurt / M 1992.
Habermas, Jürgen / Jacques Derrida: *Philosophie in Zeiten des Terrors. Zwei Gespräche, geführt, eingeleitet und kommentiert von Giovanna Borradori*, Hamburg 2006.
Hacke, Jens: »Carl Schmitt: Antiliberalismus, identitäre Demokratie und Weimarer Schwäche«, *Gegneranalyse*, https://gegneranalyse.de/personen/carl-schmitt/.
Hägglund, Martin: *Radical Atheism. Derrida and the Time of Life*, Stanford 2008.
Haig, David: »Intrapersonal Conflict«, in: Martin Jones / A. C. Fabian (Hg.), *Conflict*, Cambridge 2006.
Hampshire, Stuart: *Justice is Conflict*, Pinceton 2000.
Harari, Yuval Noah: *21 Lektionen für das 21. Jahrhundert*, München 2018.
Haraway, Donna J.: *Simians, Cyborgs, and Women. The Reinvention of Nature*, London 1991.
Haraway, Donna J.: *Staying with the Trouble. Making Kin in the Chthulucene*, Durham 2016; dt: *Unruhig bleiben: Die Verwandtschaft der Arten im Chthuluzän*, Frankfurt 2018.
Hartley III, Dean S.: *An Ontology of Modern Conflict. Including Conventional Combat and Unconventional Conflict*, Cham 2020.
Hegel, Georg Wilhelm Friedrich: *Werke in 20 Bänden*, Frankfurt / M 1986.
Heins, Volker M.: *Offene Grenzen für alle. Eine notwendige Utopie*, Hamburg 2021.
Herping, Sven: »Mit Cyberangriffen kann man die USA in den USA treffen«, im Interview mit Meike Laaff, *Zeit Online*, 17. 01. 2020, https://www.zeit.de/digital/internet/2020-01/cyberangriffe-iran-usa-amerika-cyber war-hackerangriff.
Hobbes, Thomas: *Leviathan, oder Stoff, Form und Gewalt eines kirchlichen und bürgerlichen Staates. Teil I und II*, Berlin 2011.
Honneth, Axel: »Hegel und die Anerkennung«, *Philosophie Magazin*,

15.08.2015, https://www.philomag.de/artikel/hegel-und-die-anerkennung.
Honneth, Axel: *Anerkennung. Eine europäische Ideengeschichte*, Berlin 2018.
Horning, Rob: »Preemptive Personalization«, *The New Inquiry*, 11.09.2014, https://thenewinquiry.com/blog/preemptive-personalization/.
Horowitz, Irving Louis: *Communicating Ideas. The Politics of Scholarly Publishing*, New York 1986.
Huntington, Samuel P.: »The Clash of Civilizations?«, in: *Foreign Affairs*, 72.3 (1993), S. 22–49.
Huntington, Samuel P.: *Kampf der Kulturen. Die Neugestaltung der Weltpolitik im 21. Jahrhundert*, München 1998.
Janning, Frank: »Die Konflikttheorie der Theorie symbolischer Kämpfe«, in: Bonacker 2002, S. 335–360.
Jeong, Ho-Won: *Understanding Conflict and Conflict Analysis*, London 2008.
Jolie, Angelina: »My Medical Choice«, *The New York Times*, 14.05.2013, https://www.nytimes.com/2013/05/14/opinion/my-medical-choice.html.
Kant, Immanuel: *Gesammelte Schriften*, »Akademieausgabe« (AA), Berlin 1900ff., online unter: https://korpora.zim.uni-duisburg-essen.de/kant/verzeichnisse-gesamt.html.
Kaplan, Fred M.: *Dark Territory. The Secret History of Cyber War*, New York 2016.
Khanna, Parag: *Move. Das Zeitalter der Migration*, Berlin 2021.
Kittler, Friedrich A.: *Die Wahrheit der technischen Welt. Essays zur Genealogie der Gegenwart*, Berlin 2013.
Koppetsch, Cornelia: *Die Gesellschaft des Zorns. Rechtspopulismus im globalen Zeitalter*, Bielefeld 2019, S. 64.
Kristeva, Julia: *Fremde sind wir uns selbst*, Frankfurt/M 1990.
Ladurner, Ulrich: »Ein Sieg für Kriegsverbrecher«, *Die Zeit*, 52/2014.
Laplanche, Jean/Jean-Bertrand Pontalis: *Das Vokabular der Psychoanalyse*, Frankfurt/M 1996.
Leboho, Adonis/Alisa Silanteva/Assem Hendawi/Kristina Shalygina: »Deep Synchronization: Attuning Competing Modes of Planetarity«, *Strelka Mag*, 06.09.2021, https://strelkamag.com/en/article/deep-synchronization-attuning-competing-modes-of-planetarity.
Lee, James R.: *Climate Change and Armed Conflict. Hot and Cold Wars*, London 2009.
Lenin, Wladimir Iljitsch: *Werke*, Berlin 1956ff.
Liang, Qiao/Wang Xiangsui: *Unrestricted Warfare*, Beijing 1999, https://citeseerx.ist.psu.edu/viewdoc/ summary?doi=1f1.169.7179.
Lichtblau, Klaus: »Vorwort zur Neuausgabe«, in: Coser 2009, S. 6f.
Lobo, Sascha: »Der Kapitalistische Krieg gegen Russland«, *Spiegel Online*, 09.03.2022, https://www.spiegel.de/netzwelt/netzpolitik/russische-invasion-in-der-ukraine-der-kapitalistische-krieg-kolumne-a-86dbb052-23c3-492a-b83f-233b042b3308.
Loick, Daniel: *Kritik der Souveränität*, Frankfurt/M 2012.

Lovelock, James / Lynn Margulis: »Atmospheric homeostasis by and for the biosphere: the Gaia hypothesis«, in: *Tellus*, 26.1–2 (1974), S. 2–10.
Luhmann, Niklas: *Soziale Systeme. Grundriß einer allgemeinen Theorie*, Frankfurt / M 1984.
Lyotard, Jean-François: *Der Widerstreit*, München 1989.
Macks, Raymond / Richard C. Snyders: »The Analysis of Social Conflict«, in: Clagett Gordon Smith (Hg.), *Conflict Resolution. Contributions of the Behavioural Sciences*, London 1971, S. 3–35.
Malinowiski, Bronisław: *Magic, Science and Religion and Other Essays*, Glencoe 1948.
Mann, Geoff: »Check Your Spillover«, *London Review of Books*, 10.02.2022, https://www.lrb.co.uk/the-paper/v44/n03/geoff-mann/check-your-spill over.
Marx, Karl / Friedrich Engels: *Werke* (MEW), Berlin 1956 ff.
Mason, Paul: »Who's winning the Ukraine war? An overview of strategy, operations and geopolitics on Day 10«, *Medium*, 05.03.2022, https://medium. com/mosquito-ridge/whos-winning-the-ukraine-war-e53288d9a516.
Mason, Paul: »Widerstand ist der Weg zur Freiheit. Eine Antwort an Jürgen Habermas«, *Medium*, 15.05.2022, https://paulmasonnews.medium.com/ widerstand-ist-der-weg-zur-freiheit-fadf64905b9d.
Massumi, Brian: »Everywhere You Want to Be: Introduction to Fear«, in: ders. (Hg.), *The Politics of Everyday Fear*, Minneapolis 1993, S. 3–37.
Mayer, Bernard: *Staying with Conflict. A Strategic Approach to Ongoing Disputes*, San Francisco 2009.
Meadows, Dennis u. a.: *Die Grenzen des Wachstums. Bericht des Club of Rome zur Lage der Menschheit*, Stuttgart 1972.
Mbembe, Achille: *Politik der Feindschaft*, Berlin 2017.
Mbembe, Achille: »How to Develop a Planetary Consciousness«, im Interview mit Nils Gilman und Jonathan S. Blake, *Noema*, 11.01.2022, https:// www.noemamag.com/ai-is-the-key-to-planetary-self-awareness/.
Meek, James: »Red Pill, Blue Pill«, *London Review of Books*, 22.10.2020, https://www.lrb.co.uk/the-paper/v42/n20/james-meek/red-pill-blue-pill.
Möllers, Christoph: »Es gibt keine Freiheit ohne Gesellschaft«, im Gespräch mit René Aguigah, *Deutschlandfunk*, 18.10.2020: https://www.deutsch landfunkkultur.de/liberalismus-neu-denken-es-gibt-keine-freiheit-ohne-100.html.
Morozov, Evgeny: *Smarte neue Welt. Digitale Technik und die Freiheit des Menschen*, München 2013.
Morton, Timothy: *Ökologisch sein*, Berlin 2019.
Mühlhahn, Klaus: *Geschichte des modernen China. Von der Qing-Dynastie bis zur Gegenwart*, C.H. Beck 2021.
Münkler, Herfried: *Kriegssplitter. Die Evolution der Gewalt im 20. und 21. Jahrhundert*, Reinbek 2015.
Mutsaers, Inge: *Immunological Discourse in Political Philosophy. Immunisation and its Discontents*, Routledge 2016.
Nietzsche, Friedrich: *Werke in drei Bänden*, München 1954.

Nietzsche, Friedrich: *Sämtliche Werke. Kritische Studienausgabe in 15 Bänden* (KSA), München 1999.
Nixon, Rob: *Slow Violence and the Environmentalism of the Poor*, Cambridge 2011.
Nordhaus, William D.: *The Spirit of Green. The Economics of Collisions and Contagions in a Crowded World*, Princeton 2021.
O'Leary, Emily: »Konfliktarten im Überblick: Welche gibt es?«, *Hubspot*, 30.04.2020, https://blog.hubspot.de/service/konfliktarten.
Ott, Michaela: *Dividuationen. Theorien der Teilhabe*, Berlin 2015.
Parisi, Luciana: *Contagious Architecture. Computation, Aesthetics, and Space*, Cambridge 2013.
Paul, Andreas: »Konflikt und Konfliktmanagement aus evolutionsbiologischer Perspektive«, in: Pfetsch (Hg.) 2005, S. 163–182.
Payne, Kenneth: *Strategy, Evolution, and War. From Apes to Artificial Intelligence*, Washington 2018 (E-Book).
Payne, Kenneth: *I, Warbot. The Dawn of Artificially Intelligent Conflict*, London 2021 (E-Book).
Pfetsch, Frank R.: »Einleitung: Konflikt und Konfliktbewältigung«, in: ders. (Hg.) 2005, S. 1–18.
Pfetsch, Frank R. (Hg.): *Konflikt*, Heidelberg 2005.
Piketty, Thomas: *Kapital und Ideologie*, München 2020.
Pistor, Katharina *Der Code des Kapitals. Wie das Recht Reichtum und Ungleichheit schafft*, Berlin 2020.
Price, A. W.: *Mental Conflict*, London 2005.
Rancière, Jacques: *Das Unvernehmen. Politik und Philosophie* [1995], Berlin 2014.
Redecker, Eva von: *Revolution für das Leben. Philosophie der neuen Protestformen*, Frankfurt / M 2020.
Rees, Tobias: »Planetary Politics from Inside the Prison-House of Language«, im Interview mit Nils Gilman, *Noema*, 15.06.2021, https://www.noemamag.com/planetary-politics-from-inside-the-prison-house-of-language/.
Reich, Pauline C. u. a.: »Cyber Warfare. A Review of Theories, Law, Policies, Actual Incidents – and the Dilemma of Anonymity«, in: *European Journal of Law and Technology*, 1.2 (2010).
Reuters, »Pentagon sets up hotline with Russia to avert Ukraine ›miscalculation‹«, *The Guardian*, 04.03.2022, https://www.theguardian.com/us-news/2022/mar/04/pentagon-hotline-russia-ukraine-miscalculation.
Ricœur, Paul: *Die Interpretation. Ein Versuch über Freud*, Frankfurt / M 1993.
Rid, Thomas: *Mythos Cyberwar. Über digitale Spionage, Sabotage und andere Gefahren*, Hamburg 2018.
Rockström, Johan u. a.: »Planetary boundaries: Exploring the safe operating space for humanity«, in: *Ecology and Society*, 14.2 (2009).
Ross, Lee / Andrew Ward: »Naïve Realism in Everyday Life. Implications of Social Conflict and Misunderstanding«, in: T. Brown / E. S. Reed / E. Turiel (Hg.), *Values and Knowledge*, Hillsdale 1995, S. 103–135.

Ruda, Frank: *Hegels Pöbel. Eine Untersuchung der »Grundlinien der Philosophie des Rechts«*, Konstanz 2011.

Sandole, Dennis J. D.: »Extending the reach of Basic Human Needs: a comprehensive theory for the twenty-first century«, in: Avruch / Mitchell (Hg.) 2013, S. 21–39.

Sandole-Staroste, Ingrid: »Through gender lenses: Human Needs theory in conflict resolution«, in: Avruch / Mitchell (Hg.) 2013, S. 59–76.

Schmidt, Daniel C.: »Bei Trumps Haussender regt sich Widerstand«, *Spiegel Online*, 29.09.2020, https://www.spiegel.de/kultur/tv/fox-news-bei-trumps-haussender-regt-sich-widerstand-a-80d60caf-0501-4da1-871a-1826f4d9caa4.

Schmitt, Carl: *Der Begriff des Politischen. Text von 1932 mit einem Vorwort und drei Corollarien*, Berlin 1963 (a).

Schmitt, Carl: *Theorie des Partisanen. Zwischenbemerkung zum Begriff des Politischen*, Berlin 1963 (b).

Schneider, Paula: »›Präventions-Paradox‹: Drosten schickt Warnung an alle Lockdown-Kritiker«, *Focus Online*, 02.05.2020, https://www.focus.de/gesundheit/news/leute-behaupten-wir-haetten-ueberreagiert-praeventions-paradox-christian-drosten-schickt-warnung-an-lockdown-kritiker_id_11933151.html.

Schouwink, Theresa: »Das Entgleiten der Welt«, *Philosophie Magazin*, 26.10.2020, https://www.philomag.de/artikel/das-entgleiten-der-welt.

Schulman, Alex. »Carl Schmitt and the Clash of Civilizations. The Missing Context«, in: *Journal of Political Ideologies*, 17.2 (2012), S. 147–167.

Schulman, Sarah: *Conflict is not Abuse. Overstating Harm, Community Responsibility, And the Duty of Repair*, Vancouver 2016.

Schulz, Stefan: *Die Altenrepublik. Wie der demographische Wandel unsere Zukunft gefährdet*, Hamburg 2022.

Schwarz, Gerhard: *Konfliktmanagement. Konflikte erkennen, analysieren, lösen*, Wiesbaden 1999.

Seeman, Michael: »Plattformen machen Kapitalisten zur austauschbaren Infrastruktur«, im Interview mit Nils Markwardt, *Philosophie Magazin*, 30.06.2021, https://www.philomag.de/artikel/michael-seemann-plattformen-machen-kapitalisten-zur-austauschbaren-infrastruktur.

Seiche: »All Under Heaven. Sovereignty and Infrastructure After Globalization«, *Strelka Mag*, 02.11.2021, https://strelkamag.com/en/article/sovereignty-and-infrastructure-after-globalization.

Siemens, Herman / James Pearson, *Introduction*, in: dies. (Hg.), *Conflict and Contest in Nietzsche's Philosophy*, London 2019, S. 1–20.

Simmel, Georg: *Soziologie. Untersuchungen über die Formen der Vergesellschaftung*, Berlin 1908.

Smith, Ben: »The Media Equation. Is Ronan Farrow Too Good to Be True?« *The New York Times*, 17.05.2020, https://www.nytimes.com/2020/05/17/business/media/ronan-farrow.html/.

Smith, Mychal Denzel: »What Liberals Get Wrong About Identity Politics«, *The New Republic*, 11.09.2017, https://newrepublic.com/article/144739/liberals-get-wrong-identity-politics.

Specter, Matthew: *The Atlantic Realists. Empire and International Political Thought Between Germany and the United States*, Stanford 2022.
Spindler, Manuela: »Die Konflikttheorie des Neoinstitutionalismus«, in: Bonacker (Hg.) 2002, S. 143–164.
Spivak, Gayatri Chakravorty: *Imperative zur Neuerfindung des Planeten / Imperatives to Re-Imagine the Planet* [1997], Wien 2013.
Spivak, Gayatri Chakravorty: *Can the Subaltern Speak? Postkolonialität und subalterne Artikulation*, Wien 2007.
Stark, Carsten: »Die Konflikttheorie von Georg Simmel«, in: Bonacker (Hg.) 2002, S. 83–98.
Stehr, Nico: »Wissen und der Mythos vom Nichtwissen«, in: *Aus Politik und Zeitgeschichte*, 23. 04. 2013, https://www.bpb.de/apuz/158666/wissen-und-der-mythos-vom-nichtwissen/#footnote-target-15.
Steinke, Ronen: *The Politics of International Criminal Justice. German Perspectives from Nuremberg to The Hague*, Oxford 2012.
Stiegler, Bernard: *Technik und Zeit. Der Fehler des Epimetheus*, Zürich 2009.
Stollberg-Rilinger, Barbara: »Es geht nicht um ein paar wehleidige Kulturschaffende«, *Faz.net*, 21. 12. 2020, https://www.faz.net/aktuell/feuilleton/debatten/die-bds-debatte-und-ihre-polarisierungsdynamik-17112101.html.
Storch, Michael: »Wie Zarathustra in die Schützengräben kam. Nietzsche-Rezeption im Ersten Weltkrieg«, in: Michael Henke / Wolfgang Riedel (Hg.), *Felder der Ehre? Krieg und Nachkrieg in der deutschen Literatur des 20. Jahrhunderts*, Würzburg 2015, S. 21–74.
Sutter, Laurent de: *Vor dem Gesetz*, Berlin 2020.
Tauber, Alfred I.: *The Immune Self. Theory or Metaphor?*, Cambridge 1994.
Tesón, Fernando: *A Philosophy of International Law*, London 1998.
Timár, Andrea: »Derrida and the Immune System«, in: *Et al. Critical Theory Online*, 3: *Terror(ism) and Aesthetics*, 2015, http://etal.hu/en/archive/terrorism-and-aesthetics-2015/derrida-and-the-immune-system/.
Timmermann, Jens: »Kant und die Lüge aus Pflicht. Zur Auflösung moralischer Dilemmata in einer kantischen Ethik«, in: *Philosophisches Jahrbuch* 107.2 (2000), S. 267–283.
Tooze, Adam: *Welt im Lockdown. Die globale Krise und ihre Folgen*, München 2021.
Tooze, Adam: »The world is at financial war«, *The New Statesman*, 02. 03. 2022, https://www.newstatesman.com/ideas/2022/03/ukraine-the-world-is-at-financial-war.
Touraine, Alain: »Can One Still Be on the Left?«, in: *Thesis Eleven*, 28.1 (1991), S. 100–104.
Vallor, Shannon: »The Thoughts The Civilized Keep«, *Noema*, 02. 02. 2021, https://www.noemamag.com/the-thoughts-the-civilized-keep/.
Vidas, Davor: »The Anthropocene and the International Law of the Sea«, in: *Philosophical Transactions of the Royal Society A: Mathematical, Physical and Engineering Sciences*, 369/1938 (2011)
Vögele, Jörg / Katharina Schuler: »Epidemien und Pandemien – die his-

torische Perspektive«, in: *G+G Wissenschaft* 21.2 (April 2021), S. 24–30, https://www.wido.de/fileadmin/Dateien/Dokumente/Publikationen_Produkte/GGW/2021/wido_ggw_022021_voegele_schuler.pdf.

Vogl, Joseph: *Kapital und Ressentiment. Eine kurze Theorie der Gegenwart*, München 2021.

Vynck, Gerrit De / Pranshu Verma / Jonathan Baran: »Exploding ›kamikaze‹ drones are ushering in a new era of warfare in Ukraine«, *The Washington Post*, 24.03.2022, https://www.washingtonpost.com/technology/2022/03/24/loitering-drone-ukraine/.

Wainwright, Joel / Geoff Mann: *Climate Leviathan. A Political Theory of Our Planetary Future*, London 2018.

Warburg, Aby: »Der Tod des Orpheus. Bilder zu dem Vortrag über Dürer und die Italienische Antike«, in: Dieter Wuttke / Peter Schmidt: *Aby Warburg und die Ikonologie*, Wiesbaden 1993.

Wark, McKenzie: *Das Kapital ist tot. Kommt jetzt etwas Schlimmeres? Kritik einer politischen Ökonomie der Information*, Leipzig 2020.

Weber, Max: *Wirtschaft und Gesellschaft* (= *Grundriss der Sozialökonomik*, 3. Abteilung), Tübingen 1922.

Williams, Bernard: »Jon Elster's Brisk Meditations«, *London Review of Books*, 2.8 (01.05.1980), https://www.lrb.co.uk/the-paper/v02/n08/bernard-williams/jon-elster-s-brisk-meditations.

Winkler, Hartmut: *Basiswissen Medien*, Frankfurt / M 2008, S. 46.

Wolfers, Arnold: *Discord and Collaboration. Essays on International Politics*, Baltimore 1962.

Yeghikyan, Gevorg: »Class Conflict in the Age of AI. A Changing Urban Landscape«; *Strelka Mag*, 21.12.2020, https://strelkamag.com/en/article/class-conflict-in-the-age-of-ai.

Zarkadakis, George: *Cyber Republic. Reinventing Democracy in the Age of Intelligent Machines*, Cambridge 2020.

Zivildienstserviceagentur Österreichs: »Die Zweite Republik: ein Neuanfang«, E-Learning-Ausbildungsmodul »Staat und Recht«, Juni 2019, https://www.zivildienst.gv.at/zivildiener/e-learning-zivildiener/e-learning-7-zweite-republik.html.

Zorn, Daniel-Pascal: *Das Geheimnis der Gewalt*, Stuttgart 2019.

Zuboff, Shoshana: *Das Zeitalter des Überwachungskapitalismus*, Frankfurt / M 2018.

Anmerkungen

1 Vgl. Samuel P. Huntington, *Kampf der Kulturen. Die Neugestaltung der Weltpolitik im 21. Jahrhundert*, München 1998.

2 Vgl. Alain Ehrenberg, *Das erschöpfte Selbst. Depression und Gesellschaft in der Gegenwart*, Frankfurt / M 2008.

3 Vgl. Reinhilde Beck / Gotthart Schwarz, *Konfliktmanagement. Grundlagen und Strategien*, Regensburg 2008, S. 119.

4 Wobei es durchaus Stimmen gibt, die aus Heraklits ausschließlich fragmentarisch überlieferter, dialektischer Weltsicht folgern, dass dem Satz »Der Krieg ist der Vater Aller (Dinge)« ursprünglich so etwas beigefügt gewesen sein müsste wie: »Der Friede ist die Mutter aller Dinge.« So etwa Jean Gebser, *Ursprung und Gegenwart*, München 1973, S. 225.

5 Weswegen professionelle philosophische oder mathematische Logiker in diesem Fall eher von einem »Konflikt« oder einer »praktischen Unmöglichkeit« sprechen: So die Darstellung des Philosophen Bernard Williams, »Jon Elster's Brisk Meditations«, *London Review of Books*, 2.8 (01.05.1980), https://www.lrb.co.uk/the-paper/vo2/no8/bernard-williams/jon-elster-s-brisk-meditations.

6 Gerade nicht gemeint ist damit allerdings – einem entwicklungspsychologischen Gemeinplatz folgend, wonach »Konflikte und Spannungen [...] Quellen für Wachstum, Stärke und Verbindlichkeit« sind –, dass eine Schuld für ungelöste Konflikte allein bei den Einzelnen läge, so als ob das überhaupt möglich wäre und Konflikte nicht immer auch eine gesellschaftliche Dimension hätten. Zitat: Erik H. Erikson / Joan M. Erikson, *The Life Cycle Completed. Extended Version*, New York 1997, S. 106.

7 Der Anthropologe und Sozialwissenschaftler Gregory Bateson hat hierzu festgestellt, dass binäre Zuschreibungen in – egal, ob symmetrisch, komplementär oder reziprok gedachten – Gruppen kurzsichtige Reduktionen und Polaritäten oft auch dort herstellen, wo diese eigentlich gar nicht existieren (Alt vs. Jung, Schwarz vs. Weiß, Republikaner vs. Demokraten usw.). Ja mehr noch, dieser Vorgang, den Bateson als »Schismogenese« bezeichnet, kann für vorliegende Fragestellung so gedeutet werden, dass gerade die wechselseitige Nachahmung sich binär (miss)verstehender Gruppen einen Prozess auslöst, der »solange [er] nicht eingeschränkt wird, [...] in einer wechselseitigen Feindschaft zwischen [jenen Gruppen] resultiert und mit dem Zusammenbruch des Systems enden muß.« Gregory Bateson, *Ökologie des Geistes. Anthropologische, psychologische, biologische und epistemologische Perspektiven*, Frankfurt / M 1981, S. 108. Vgl. dazu auch Keller Easterling, *Extrastatecraft: The Power of Infrastructure Space*, London 2014, S. 87.

8 Es versteht sich hoffentlich von selbst, dass eine solche Herstellung und *produktive Eskalation* von Konflikten wesentlich zu unterscheiden ist von einer Ausweitung sich umgekehrt gerade durch die Unterdrückung von Konflikten verstärkender Gewalt.

9 Eine derart begriffene Theorie versteht sich nie nur als philosophische Kontemplation oder wissenschaftliche Systematisierung, sondern aus dem Anspruch einer kritischen Transformation des Gegebenen. Wiederum ohne dass das in jedem Fall mit einer terminologischen Verwendung des Konfliktbegriffs einhergehen muss, versteht sich Theorie nie einfach nur als Reflexion über, sondern stets *in* und *als* Konflikt mit ihrer Gegenwart. Ihre Aufgabe lautet, verborgene und gerade dadurch Gesellschaften konstituierende Konflikte – sowie die sie unterdrückenden Verdrängungsmechanismen – sichtbar zu machen. So kommt es hier zu einer Verknüpfung ganz unterschiedlicher emanzipativer Theoriestränge, etwa im sogenannten Freudomarxismus seit den 1920er-Jahren oder im Poststrukturalismus der 1960er-Jahre im Zuge diverser Protestbewegungen des 20. Jahrhunderts. Sie alle sind getragen von einer impliziten konflikttheoretischen Einsicht – einer übereinstimmenden Identifizierung von Konflikt *als* Theorie: dass sich Interpretation *von* und Identifikation *mit* Konflikten wechselseitig bedingen. Einen Konflikt tatsächlich zu verstehen, impliziert, ihn herzustellen, ihn zu verkörpern, und einen Konflikt zu entscheiden meint von daher auch, sich *für ihn* zu entscheiden, sich *mit ihm* zu identifizieren.

10 Stuart Hampshire, *Justice is Conflict*, Princeton 2000, S. 33. Vgl. ebd., S. 22.

11 Pars pro toto vgl. Sarah Schulman, *Conflict is not Abuse. Overstating Harm, Community Responsibility, And the Duty of Repair*, Vancouver 2016, S. 19: Eine Verletzung »beginnt in ihrem Anfangsstadium als Konflikt, bevor sie eskaliert und in eine Tragödie ausartet [*explodes into tragedy*]«. Bisweilen ist an herkömmlichen Erklärungsversuchen von Konflikten auch eine gewisse tautologische Redundanz zu beobachten. Ein Beispiel dafür ist eine während der Arbeit an diesem Buch in einem international renommierten Wissenschaftsverlag erschienene Studie des Konfliktforschers und Unternehmensberaters Dean S. Hartley III. Nichts weniger als eine *Modern Conflict Ontology* (MCO) versprechend heißt es gleich auf den ersten Seiten: »Schon vor Beginn der Geschichtsschreibung haben die Menschen Konflikte ausgetragen und seither darüber nachgedacht und geschrieben« – eine in jeder Hinsicht unbelegbare Behauptung bzw. Rückprojektion des modernen Regenschirmbegriffs »Konflikt« auf Geschichte per se. Diese zwingt einen freilich, unter Konflikt auch alle nur erdenklichen historischen Begebenheiten – rückwärtsgehend etwa von den mittelalterlichen Kreuzzügen über Kampfhandlungen zwischen germanischen Stämmen und römischen Legionären in der Antike bis hin zu Plünderungen benachbarter Höhlen im Paläolithikum – zu verstehen. Eben das tut Hartley dann auch, nur um diese Phänomene sogleich wieder mit unterschiedlichen Kategorisierungen

wie »modern« oder »unkonventionell« zurechtrücken zu müssen: »Wir verwenden die Bezeichnung ›moderner Konflikt‹ sowohl für konventionelle Kampfhandlungen als auch für unkonventionelle Konflikte. Jeder moderne Konflikt setzt sich aus seinen je eigenen Anteilen an konventionellem Kampf und unkonventionellem Konflikt zusammen.« Dean S. Hartley III: *An Ontology of Modern Conflict. Including Conventional Combat and Unconventional Conflict*, Cham 2020, S. viii, vii. (Alle Übersetzungen nicht deutschsprachiger Quellen und Buchausgaben stammen von Tom Wohlfarth.)

12 Raymond Macks / Richard C. Snyders: »The Analysis of Social Conflict«, in: Clagett Gordon Smith (Hg.), *Conflict Resolution. Contributions of the Behavioural Sciences*, London 1971, S. 3–35, 3.

13 Thorsten Bonacker, *Konflikttheorien. Eine sozialwissenschaftliche Einführung mit Quellen*, Wiesbaden 1996.

14 Ebd., S. 14.

15 So im englischsprachigen Eintrag zu »Social conflict«: https://en.wikipedia.org/wiki/Social_conflict.

16 Reuters, »Pentagon sets up hotline with Russia to avert Ukraine ›miscalculation‹«, *The Guardian*, 04.03.2022, https://www.theguardian.com/us-news/2022/mar/04/pentagon-hotline-russia-ukraine-miscalculation.

17 Paul Mason, »Who's winning the Ukraine war? An overview of strategy, operations and geopolitics on Day 10«, *Medium*, 05.03.2022, https://medium.com/mosquito-ridge/whos-winning-the-ukraine-war-e53288d9a516. In einem anderen Text präzisiert Mason noch weiter: »Das heißt, es sind drei Kriege, die dem Ukraine-Konflikt innewohnen. Der Krieg zur Selbstverteidigung, der Proxy-Krieg zwischen amerikanischem, russischem und chinesischem Imperialismus und der systemische Konflikt, in dem es um das Überleben des Westens als Allianz demokratischer Staaten geht und um die internationale und völkerrechtliche Ordnung selbst, die dieser Allianz zugrunde liegt.« Mason, »Widerstand ist der Weg zur Freiheit. Eine Antwort an Jürgen Habermas«, *Medium*, 15.05.2022, https://paulmasonnews.medium.com/widerstand-ist-der-weg-zur-freiheit-fadf64905b9d.

18 Ghaith Abdul-Ahad, »Each rock has two names«, *London Review of Books*, 17.06.2021, https://www.lrb.co.uk/the-paper/v43/n12/ghaith-abdul-ahad/each-rock-has-two-names.

19 Barbara Graziosi, »Statues crumbled«, *London Review of Books*, 28.07.2016, https://www.lrb.co.uk/the-paper/v38/n15/barbara-graziosi/statues-crumbled.

20 Eine Gruppe um den schwedischen Nachhaltigkeitsforscher Johan Rockström hat insgesamt neun solcher »planetary boundaries« oder planetaren Belastungsgrenzen aufgezählt: Klimakrise, Ozeanversauerung, Ozonloch, Stickstoffkreislauf, Phosphorkreislauf, Süßwasserverbrauch, Landnutzungsveränderungen, Artensterben, Partikelverschmutzung der Atmosphäre, Verschmutzung durch Chemikalien: Vgl. Johan Rock-

ström u. a., »Planetary boundaries: Exploring the safe operating space for humanity«, in: Ecology and Society, 14.2 (2009).

21 Cornelia Koppetsch, *Die Gesellschaft des Zorns. Rechtspopulismus im globalen Zeitalter*, Bielefeld 2019, S. 64.

22 Vgl. William E. Connolly, *Identity/Difference. Democratic Negotiations of Political Paradox*, Ithaca 1991; Michel Foucault, »Das Subjekt und die Macht«, in: Hubert L. Dreyfus / Paul Rabinow, *Michel Foucault. Jenseits von Strukturalismus und Hermeneutik*, Frankfurt / M 1987, S. 243–264.

23 Vgl. dazu Christoph Möllers, »Es gibt keine Freiheit ohne Gesellschaft«, im Gespräch mit René Aguigah, *Deutschlandfunk*, 18.10.2020: https://www.deutschlandfunkkultur.de/liberalismus-neu-denken-es-gibt-keine-freiheit-ohne-100.html.

24 Vgl. Werner Buselmaier, *Der Gen-Kultur-Konflikt*, Heidelberg 2016.

25 Buselmaier 2016, S. 14.

26 Vgl. etwa Jörg Vögele / Katharina Schuler, »Epidemien und Pandemien – die historische Perspektive«, in: *G+G Wissenschaft* 21.2 (April 2021), S. 24–30, https://www.wido.de/fileadmin/Dateien/Dokumente/Publikationen_Produkte/GGW/2021/wido_ggw_022021_voegele_schuler.pdf.

27 Buselmaier 2016, S. 62: »Normalerweise sorgen regulatorische weiße Blutzellen, die der Immunabwehr dienen, dafür, dass die Reaktion des Immunsystems auf die äußere Konfrontation des Körpers, durch äußere Antigene zurückgefahren wird, wenn die Co-Existenz – in diesem Fall mit den Parasiten, also Würmern – die bessere Lösung ist, als den Feind zu bekämpfen, den man doch nicht loswird, weil er einfach zu groß ist. Dieser Mechanismus ist offenbar bei Allergikern gestört.«

28 Jean Baudrillard, *Transparenz des Bösen. Ein Essay über extreme Phänomene*, Berlin 1992, S. 74, 71.

29 Vgl. Paula Schneider, »›Präventions-Paradox‹: Drosten schickt Warnung an alle Lockdown-Kritiker«, *Focus Online*, 02.05.2020, https://www.focus.de/gesundheit/news/leute-behaupten-wir-haetten-ueberreagiert-praeventions-paradox-christian-drosten-schickt-warnung-an-lockdown-kritiker_id_11933151.html.

30 Zum Konzept der »Präemption« siehe auch Kapitel I.4 und vor allem III.1.

31 Alfred I. Tauber, *The Immune Self. Theory or Metaphor?*, Cambridge 1994, S. 4.

32 »Wenn sich kein Embryo einnistet, sendet der Uterus chemische Signale aus, die Immunzellen aus dem Blutkreislauf herbeordern, damit sie unsere dicken Gebärmutterschleimhäute auffressen, worauf diese sich rasch in ein Schlachtfeld verwandeln. Und was übrig bleibt, fließt dann aus der Vagina aus. Zum Glück machten weibliche Wesen während des Großteils der Menschheitsgeschichte dank häufiger Schwangerschaften und langer Stillperioden in ihrem Leben nur wenige Monatsblutungen durch.«
Doch sowohl Menstruation wie Schwangerschaft scheinen ihre Spuren in weiblichen Körpern zu hinterlassen: »Bislang wurde noch keine angemessene Erklärung dafür gefunden, dass rund 80 Prozent der

Menschen, die an einer Autoimmunerkrankung leiden, weiblichen Geschlechts sind, was nahelegt, dass Männer als ganzheitliche ›Systeme‹ deutlich besser als Frauen konstruiert sind. Oder vielleicht sollten wir Autoimmunerkrankungen auch als nur eine weitere der großen Lasten ansehen, die Frauen im Dienst der Fortpflanzung zu tragen haben: All die Entzündungsattacken, die bei Menstruationen und Schwangerschaften ausgelöst werden, können zu einem kritischen Anstieg der Immunsensibilität führen oder, um es in Burnets vagen philosophischen Begriffen auszudrücken: Womöglich verwischen die Schwangerschaft und ihre vorbereitenden Vorgänge die Trennlinie zwischen Selbst und Nicht-Selbst.« Barbara Ehrenreich, *Wollen wir ewig leben? Die Wellness-Epidemie, die Gewissheit des Todes und unsere Illusion von Kontrolle*, München 2018, S. 153 f.

33 Ebd., S. 154.

34 Irina Aristarkhova, *Hospitality of the Matrix. Philosophy, Biomedicine, and Culture*, New York 2012, S. 91. Was hier als innerkörperliche Konflikte hauptsächlich von Frauen und Müttern beschrieben wird, soll seine Analogie auch innerhalb unseres Genoms haben. Die Annahme eines »Konflikts zwischen den Genen, die wir von unseren Vätern erben, und denen, die wir von unseren Müttern erben« führt einige Kommentatoren dann sogar dazu, daraus eine idealistischen Einschätzungen widersprechende psychologische Erklärung der »in sich konfligierenden« Gefühle von Kindern gegenüber ihren Eltern abzuleiten: David Haig, »Intrapersonal Conflict«, in: Martin Jones / A. C. Fabian (Hg.), *Conflict*, Cambridge 2006, S. 16, 18.

35 Vgl. Aristarkhova, S. 53 ff.

36 Vgl. Roberto Esposito, *Immunitas. Schutz und Negation des Lebens*, Zürich 2004.

37 Vgl. dazu allgemein ebd.

38 Vgl. Inge Mutsaers, *Immunological Discourse in Political Philosophy. Immunisation and its Discontents*, London 2016, S. 40.

39 Vgl. ebd.

40 Vgl. Esposito 2004, S. 233. Zur Teilhabe unzählbarer Anderer vgl. Michaela Ott, *Dividuationen. Theorien der Teilhabe*, Berlin 2015.

41 Zumindest gilt das für einen ihrer zentralen Bereiche, die angeborene oder natürliche Immunität. Anders als Paul Ehrlich, einer seiner unzähligen Gegner, mit dem gemeinsam er 1908 den Nobelpreis erhielt, und der dem Verständnis adaptiver Immunität den Weg bereitet hat, wurde Metchnikoffs Bedeutung deswegen lange marginalisiert, weil sie nur archaische Immunmechanismen zu berücksichtigen schien, die wir Menschen mit Mollusken und Insekten teilen. Vgl. dazu und zu Metchnikoff überhaupt auch die umfangreiche wissenschaftsgeschichtliche Studie von Luba Vikhanski, *Immunity. How Elie Metchnikoff Changed the Course of Modern Medicine*, Chicago 2016.

42 Tauber 1994, S. 20.

43 So Barbara Ehrenreich 2018, S. 13.

44 Tauber 1994, S. 43.
45 Gemeinsam mit Peter Medawar für ihre Forschung zur Autoimmun-Toleranz.
46 Vgl. Esposito 2004, S. 215.
47 Tauber 1994, S. 196.
48 Esposito 2004, S. 237 f.
49 Esposito 2004, S. 27, vgl. S. 217; sowie dazu auch Ehrenreich 2018, S. 145 f.
50 Donna J. Haraway, *Simians, Cyborgs, and Women. The Reinvention of Nature*, London 1991, S. 204 f.
51 So etwa die chilenischen Biologen Francisco Varela und Humberto Maturana.
52 Vgl. Esposito 2004, S. 28, 236.
53 Ralf Dahrendorf, »Zu einer Theorie des sozialen Konflikts«, in: Bonacker 1996, 279–295, 281. Vgl. ebd. S. 38.
54 Martin Daly / Margo Wilson. *Homicide. Foundations of Human Behavior*, London 2017, S. 293.
55 Bronisław Malinowiski, *Magic, Science and Religion and Other Essays*, Glencoe 1948, S. 300.
56 So etwa in diesem Beispiel, in dem der Biologe Andreas Paul Beobachtungen an Springaffen zusammenfasst: »Männchen tendieren generell dazu, Weibchen eifersüchtig zu überwachen und ihre sexuelle Freiheit einzuschränken. Weibchen reagieren auf polygame Tendenzen ihrer Partner dagegen nur dann mit Eifersucht, wenn dies die Aufzucht ihrer Jungen beeinträchtigt. Dasselbe Muster findet sich – kulturunabhängig – beim Menschen, was an der These der ›Gender studies‹, Geschlecht sei eine ›soziale Konstruktion‹, zumindest gewisse Zweifel wecken sollte.« Andreas Paul, »Konflikt und Konfliktmanagement aus evolutionsbiologischer Perspektive«, in: Frank R. Pfetsch (Hg.), *Konflikt*, Heidelberg 2005, S. 163–182, 171.
57 Ebd.
58 Vgl. Irving Louis Horowitz, *Communicating Ideas. The Politics of Scholarly Publishing*, New York 1986, S. 281. Zu Gumplowicz vgl. auch Bonacker 1996, S. 38–41.
59 Vgl. Thomas Hobbes, *Leviathan, oder Stoff, Form und Gewalt eines kirchlichen und bürgerlichen Staates. Teil I und II*, Berlin 2011.
60 Samuel P. Huntington, »The Clash of Civilizations?«, in: *Foreign Affairs*, 72.3 (1993), S. 22–49, 22.
61 Huntington, Samuel P., *Kampf der Kulturen. Die Neugestaltung der Weltpolitik im 21. Jahrhundert*, München 1998, S. 43.
62 Ebd., S. 33 f. Vgl. Francis Fukuyama, *Das Ende der Geschichte. Wo stehen wir?*, München 1992.
63 Vgl. Matthew Specter, *The Atlantic Realists. Empire and International Political Thought Between Germany and the United States*, Stanford 2022.
64 Huntington 1998, S. 33 f. Als ob er um die Anrüchigkeit seiner Thesen wüsste, führt Huntington an dieser Stelle zur Sicherheit zwei europäische Gewährsmänner an, so als wären ehemalige Dissidenten und Sozialde-

mokraten vor kulturalistischem oder rassistischem Gedankengut gefeit: »›Kulturelle Konflikte‹, hat Václav Havel erkannt, ›greifen um sich und sind heute gefährlicher denn je zuvor‹, und Jacques Delors pflichtet ihm bei: ›Künftige Konflikte werden sich nicht an wirtschaftlichen oder ideologischen, sondern an kulturellen Faktoren entzünden.‹ Die gefährlichsten Konflikte aber sind jene an den Bruchlinien zwischen den Kulturen.« Ebd. S. 24.

65 Ebd., S. 331.

66 Thomas Piketty, *Kapital und Ideologie*, München 2020, S. 1092, 20 f., 1176.

67 Huntington 1998, S. 37.

68 Ebd.

69 Ebd., S. 44.

70 Ebd., S. 44 f.

71 Ebd., S. 500.

72 Ebd., S. 245.

73 Giovanna Borradori, »Die Dekonstruktion des Terrorismusbegriffs nach Derrida«, in: Jürgen Habermas / Jacques Derrida, *Philosophie in Zeiten des Terrors. Zwei Gespräche, geführt, eingeleitet und kommentiert von Giovanna Borradori*, Hamburg 2006, S. 179–222, 196. Vgl. dazu auch Andrea Timár, »Derrida and the Immune System«, in: *Et al. Critical Theory Online*, 3: *Terror(ism) and Aesthetics*, 2015, http://etal.hu/en/archive/terrorism-and-aesthetics-2015/derrida-and-the-immune-system/.

74 »Die spezifisch politische Unterscheidung, auf welche sich die politischen Handlungen und Motive zurückführen lassen, ist die Unterscheidung von *Freund* und *Feind*.« Carl Schmitt, *Der Begriff des Politischen. Text von 1932 mit einem Vorwort und drei Corollarien*, Berlin 1963 (a), S. 14.

75 Alex Schulman, »Carl Schmitt and the Clash of Civilizations. The Missing Context«, in: *Journal of Political Ideologies*, 17.2 (2012), S. 147–167.

76 Stattdessen wird für die entsprechende »grimmige Weltanschauung« eine Romanfigur zitiert, und zwar »der nationalistische venezianische Demagoge in Michael Dibdins Roman *Dead Lagoon*: ›Ohne wahre Feinde keine wahren Freunde! Wenn wir nicht hassen, was wir nicht sind, können wir nicht lieben, was wir sind. Das sind die alten Wahrheiten, die wir heute, nach dem sentimentalen Gesülze von hundert Jahren, unter Schmerzen wieder entdecken. Wer diese Wahrheiten leugnet, der verleugnet seine Familie, sein Erbe, seine Kultur, sein Geburtsrecht, sein ganzes Ich! Das wird ihm nicht so leicht vergessen.‹ An der betrüblichen *Wahrheit* dieser alten *Wahrheiten* können Staatsmänner und Wissenschaftler nicht vorbeigehen. Für Menschen, die ihre Identität suchen und ihre Ethnizität neu erfinden, sind Feinde unabdingbar, und die potentiell gefährlichsten Feindschaften begegnen uns an den Bruchlinien zwischen den großen Kulturen der Welt.« Huntington 1998, S. 18.

77 Vgl. ebd.; sowie Schmitt 1963a, S. 26, 52.

78 Carl Schmitt, *Theorie des Partisanen. Zwischenbemerkung zum Begriff des Politischen*, Berlin 1963 (b), S. 96.

79 Ebd., S. 77.

80 Jens Hacke, »Carl Schmitt: Antiliberalismus, identitäre Demokratie und Weimarer Schwäche«, *Gegneranalyse*, https://gegneranalyse.de/personen/carl-schmitt/.

81 Ebd.

82 Philipp von dem Knesebeck, *Soldaten, Guerilleros, Terroristen. Die Lehre des gerechten Krieges im Zeitalter asymmetrischer Konflikte*, Wiesbaden 2014.

83 Herfried Münkler, *Kriegssplitter. Die Evolution der Gewalt im 20. und 21. Jahrhundert*, Reinbek 2015, S. 2. Im Gegensatz zu überholten, heroischen Konzepten wie dem Duellkrieg spricht Münkler auch von einer »Verpolizeilichung« des Kriegs, für die ein deutliches Zeichen etwa die »ferngesteuerte Gewalt« jener Drohneneinsätze ist, denen der Philosoph Grégoire Chamayou ein wichtiges Buch, ja eine ganze *Theorie der Drohne* gewidmet hat: »Diese besondere Waffe baut die bestehenden Verfahren des Kriegs auf Distanz aus und radikalisiert sie, bis schließlich der Kampf abgeschafft wird. Doch dadurch gerät die Vorstellung des ›Kriegs‹ selbst in die Krise.« (Chamayou, *Ferngesteuerte Gewalt. Eine Theorie der Drohne*, Wien 2015, S. 29.) Was aus Sicht früherer Kriegsethiken nur als äußerstes Extrem in den Blick geriet oder überhaupt außerhalb der Norm symmetrischer militärischer Auseinandersetzung blieb, ist heute der Normalzustand oder militärische Anormalie: nämlich ein maximal asymmetrischer Kampf, der nicht einfach nur Resultat einer Krise geordneter oder geregelter feindlicher Auseinandersetzung ist, sondern Ausdruck eines ungeklärten Verhältnisses zu vor allem auch politischen Konflikten. (Wir werden darauf in Teil III zurückzukommen haben).

84 Koppetsch 2019, S. 80.

85 Achille Mbembe, *Politik der Feindschaft*, Berlin 2017, S. 221.

86 Yuval Noah Harari, *21 Lektionen für das 21. Jahrhundert*, München 2018, S. 154 f.: »Wenn die Menschen versuchen, ihre Identität zu benennen, erstellen sie oft einen Einkaufszettel gemeinsamer Wesensmerkmale. Das ist ein Fehler. Es wäre viel besser, wenn sie gemeinsame Konflikte und Dilemmata auflisten würden. […] In ihren Konflikten und Dilemmata unterscheiden sich die Europäer des 21. Jahrhunderts von ihren Vorfahren der Jahre 1618 und 1940, aber sie ähneln zunehmend ihren chinesischen und indischen Handelspartnern.«

87 Daniel Loick, *Kritik der Souveränität*, Frankfurt/M 2012, S. 33.

88 Koppetsch 2019, S. 77.

89 Alain Ehrenberg, *Das erschöpfte Selbst. Depression und Gesellschaft in der Gegenwart*, Frankfurt/M 2008, S. 283.

90 Ebd., S. 176.

91 Ebd., S. 284.

92 Ebd., S. 283 f.: »Der Konflikt hat die sozialen Beziehungen auf zwei Ebenen strukturiert. Die erste ist politisch, sie liegt mitten im gesellschaftlichen Miteinander. Durch die Erfindung des Sozialen (Ver-

sicherung für Arbeiter und Unterstützung für Arbeitsunfähige), dessen Formung durch die politische Repräsentation (Parlament und Parteien) und die Massenorganisationen (Gewerkschaften, Jugendbewegungen), konnte ein Risiko vermieden werden, das mit dem Klassenkampf einherging: die des Abgleitens in den Bürgerkrieg. Diese Erfindung gab dem Konflikt einen Schauplatz – das Politische –, der ihm seinen Sinn verlieh, indem er die Linien der Auseinandersetzungen und der Übereinstimmungen vorgab. Den produzierten Reichtum gerechter verteilen und die Ungleichheit der Chancen zwischen den sozialen Klassen bekämpfen: Das sind die beiden großen politischen Kompromisse, die sich in der zweiten Hälfte des 19. Jahrhunderts durchsetzten. Die Spaltung des Sozialen bedingt die Einheit der Gesellschaft. Durch diesen Konflikt kann eine gesellschaftliche Gruppe bestehen, ohne dass sie ihren Sinn durch Bezug auf ein Jenseits rechtfertigen müsste und ohne dass ein Herrscher für alle entscheidet. Das ist der Kern des Politischen in der Demokratie.«

93 Ebd., S. 138. Freuds 1899 erschienene *Traumdeutung* war im Impressum auf das Jahr 1900 vordatiert worden.

94 Ehrenberg 2008, S. 287.

95 Dazu Ehrenberg: »Die ›depressive Persönlichkeit‹ ist unfähig, ihre Konflikte auszutragen, sie sich zu vergegenwärtigen. Sie fühlt sich leer und zerbrechlich und kann Frustration nur schwer ertragen.« (Ebd., S. 138 f.) Solche Leere resultiert bildlich gesprochen daher, dass die angestrebte Identität niemals ausreichend oder ausfüllend ist. Im Gegensatz zum Modus der Identifikation basiert die Idee der Identität auf der Annahme, es gäbe so etwas wie eine Essenz des Ich, die es auszudrücken gilt und die als Richtmaß für Authentizität oder eben Nicht-Authentizität gilt. »Depression ist die Pathologie eines Bewusstseins, *dass nur es selbst ist* und nie genügend mit Identität angefüllt ist« (ebd., S. 292), ja naturgemäß gar nicht sein kann, ist Identität doch keine irgendwie quantitativ erreichbare Größe. Als vorrangiger Operator zur Konstruktion des Subjekts im Zeichen der Konfliktneurose fungiert Identifikation, die das Ich in Form von Ich-Idealen oder einem Ideal-Ich nicht einfach auswählt, sondern in der das etwa nach elterlichem Vorbild gebildete Über-Ich gleichursprünglich mit dem jeweiligen Ich ist. Zu Introjektionen und Inkorporationen im Zuge der Konstituierung des Ich vgl. Avanessian, *Phänomenologie ironischen Geistes. Ethik, Poetik und Politik der Moderne*, München 2010.

96 Ehrenberg 2008, S. 139.

97 Ebd., S. 171.

98 Ebd., S. 170.

99 Ebd., S. 33. Dennoch sind typische Kennzeichen wie Suchtverhalten oder Selbstmordimpulse Ausdruck einer »Konfliktscheu des depressiven Subjekts« (S. 176), das mit seinem impulsiven Handeln zugleich, so Ehrenberg, seine *depressive Leere ausagiert*, wie es einen *Konflikt agiert.* Anstelle des Konflikts steht somit eine Leere, und statt von seinen Konflikten geprägt und konstituiert zu werden und sich ihrer Entscheidung

zu stellen, agiert das depressive Subjekt – mal manisch, mal extrem verlangsamt – in einer Leere. Diese hat etwas Gespenstisches, weil in ihr ja weiterhin ein Konflikt nachlebt: »Der Konflikt ist nicht verschwunden, man sieht ihn bloß nicht mehr so gut, weil er nicht mehr so lästig ist« (S. 281).

100 Ebd., S. 272.

101 Ebd., S. 266.

102 Ebd., S. 257.

103 Vgl. Theresa Schouwink, »Das Entgleiten der Welt«, *Philosophie Magazin*, 26.10.2020, https://www.philomag.de/artikel/das-entgleiten-der-welt: »Die Corona-Krise belastet auch die Seele massiv, wie neueste Statistiken belegen. Hatte schon im Frühjahr eine Studie des Mainzer Leibniz-Instituts für Resilienzforschung gezeigt, dass in Deutschland 37 Prozent der Befragten ›Anzeichen psychischer Nöte‹ aufwiesen, zeichnet die aktuelle Nako-Gesundheitsstudie ein ähnliches Bild. Bei der Befragung von 113 000 Personen kam heraus, dass insbesondere bei den 20- bis 50-Jährigen die Symptome von Angst, Stress und Depression stark zugenommen haben. Dabei korreliert die Belastung auch mit der Schwere der Pandemie: Je stärker ein Gebiet von Covid-19 betroffen war, desto größer die Zunahme der Symptome. Angesichts von Isolation, Krankheits- und Existenzängsten verwundert diese Diagnose kaum. Tatsächlich wirkt die Corona-Krise geradezu wie die Realisierung eines depressiven Seelenzustandes in der Außenwelt.«

104 Ehrenberg 2008, S. 252.

105 Vgl. ebd., S. 208 f., 212 f., 272 f.

106 Ebd., S. 139.

107 Auch wenn man die Auswirkungen des Defizit-Modells der auf bloß noch statistische Daten setzenden Forschung und Mediziner:innen nicht so kritisch betrachtet wie Ehrenberg, bleibt sein nuancierter Nachvollzug einer disziplinären Veränderung und des entsprechenden Verständnisses von »Geisteskrankheit« konflikttheoretisch relevant: nämlich die schrittweise Verabschiedung der Neurose wie des Unbewussten, und damit auch des »Konflikts« aus dem Kanon der Psychiatrie. Vgl. ebd., S. 214.

108 Vgl. Bernard Mayer, *Staying with Conflict. A Strategic Approach to Ongoing Disputes*, San Francisco 2009, S. 59.

109 Ebd., S. 61.

110 Ebd., S. 173.

111 Ehrenberg 2008, S. 298.

112 Ebd., S. 162.

113 Damit soll keineswegs bestritten werden, dass die disziplinären Einwände und ideologische Abwehr eines etwaigen Konflikts zu Zeiten der Entstehung der Psychoanalyse andere waren als in Zeiten des gesellschaftlichen Aufbruchs nach dem Zweiten Weltkrieg – oder heute ein weiteres halbes Jahrhundert später.

114 Vgl. Gevorg Yeghikyan, »Class Conflict in the Age of AI. A Changing

Urban Landscape«; *Strelka Mag*, 21.12.2020, https://strelkamag.com/en/article/class-conflict-in-the-age-of-ai.

115 Ehrenberg 2008, S. 294. Dieser Punkt wird uns in Kapitel II.5 noch weiter beschäftigen.

116 Vgl. Alain Touraine, »Can One Still Be on the Left?«, in: *Thesis Eleven*, 28.1 (1991), S. 100–104.

117 Vgl. Koppetsch 2019.

118 Touraine 1991.

119 Ehrenberg 2008, S. 180.

120 Hartmut Winkler, *Basiswissen Medien*, Frankfurt/M 2008, S. 46.

121 Vgl. Hans-Jürgen Bucher/Amelie Duckwitz, »Medien und soziale Konflikte«, in: Michael Jäckel (Hg.), *Mediensoziologie. Grundfragen und Forschungsfelder*, Wiesbaden 2005, S. 179–200, 181.

122 Ebd., S. 182.

123 Zit. nach ebd., S. 181.

124 Robert Ezra Park/Ernest W. Burgess [1921], zit. nach Bucher/Duckwitz 2005, S. 189.

125 Vgl. Richard Grusin, *Premediation. Affect and Mediality After 9/11*, New York 2010, S. 45 f.: »Vor allem aber lieferte die Prämediation eine mediale Logik für die Berichterstattung über die Bush-Doktrin der präemptiven Kriegsführung. In Bushs und Cheneys politischem Regime des Präemptivkriegs wurde die Prämediation zum dominierenden medialen Regime. Indem sie den Krieg prämediierte, bevor er überhaupt stattfand, unterstützte die formale Struktur der US-Nachrichtenmedien die US-Militärdoktrin und beteiligte sich an der präemptiven Remediation eines zukünftigen (prämediierten) Krieges. Die Bush-Doktrin des präemptiven Kriegs erforderte einen präemptiven medialen Plan, eine Prämediation der unvermeidlichen Zukunft (oder einer beliebigen Anzahl möglicher unvermeidlicher Zukünfte, solange sie alle zu einem Krieg mit dem Irak führten). […] Anders als bei der Vorhersage [*prediction*] geht es bei der Prämediation nicht darum, die Zukunft richtig vorauszusehen. Tatsächlich ist es gerade die Vielzahl konkurrierender und häufig widersprüchlicher Zukunftsszenarien, die es der Prämediation ermöglicht, die Erfahrung einer traumatischen Zukunft zu verhindern, und zwar durch das Erzeugen und Aufrechterhalten eines niedrigen Angstniveaus als einer Art affektiver Prophylaxe.« Zum Begriff der Präemption siehe unten Kapitel III.1.

126 Bucher/Duckwitz 2005, S. 188, 194.

127 Der Journalist Ben Smith erhebt derlei Vorwürfe gegen seinen Kollegen Ronan Farrow, einen der Aufdecker der Weinstein-Affäre, über dessen Arbeit er schreibt, sie offenbare »die Schwäche einer Art von Widerstandsjournalismus [*resistance journalism*], der im Zeitalter von Donald Trump aufgeblüht ist: Wenn Reporter geschickt auf den Wellen der sozialen Medien mitschwimmen und in ihrer Berichterstattung die öffentlichen Persönlichkeiten beschädigen, die von den lautesten Stimmen am meisten missbilligt werden, dann erscheinen die alten

Regeln von Fairness und Unvoreingenommenheit womöglich eher als Gebrechen [*impediments*] denn als wesentliche journalistische Gebote [*imperatives*]«. Ben Smith, »The Media Equation. Is Ronan Farrow Too Good to Be True?«, *The New York Times*, 17. 05. 2020, https://www.nytimes.com/2020/05/17/business/media/ronan-farrow.html/.

128 Daniel C. Schmidt, »Bei Trumps Haussender regt sich Widerstand«, *Spiegel Online*, 29. 09. 2020, https://www.spiegel.de/kultur/tv/fox-news-bei-trumps-haussender-regt-sich-widerstand-a-80d60caf-0501-4da1-871a-1826f4d9caa4.

129 Barbara Stollberg-Rilinger, »Es geht nicht um ein paar wehleidige Kulturschaffende«, *faz.net*, 21. 12. 2020, https://www.faz.net/aktuell/feuilleton/debatten/die-bds-debatte-und-ihre-polarisierungsdynamik-17112101.html.

130 Vgl. Lee Ross / Andrew Ward, »Naïve Realism in Everyday Life. Implications of Social Conflict and Misunderstanding«, in: T. Brown / E. S. Reed / E. Turiel (Hg.), *Values and Knowledge*, Hillsdale 1995, S. 103–135.

131 William Davies, »Who am I prepared to kill?«, *London Review of Books*, 30. 07. 2020, https://www.lrb.co.uk/the-paper/v42/n15/william-davies/who-am-i-prepared-to-kill: »Die Scoring-Systeme, die [die Bewertungsplattformen] einsetzen, sind zweifellos grobschlächtig, aber doch subtiler als das plebiszitäre ›ja‹ oder ›nein‹, das Schmitt sich vorstellte und das heute in vielen Social-Media-Plattformen fest verankert ist. [...] Beifall und Beschwerden können schließlich ohrenbetäubend werden und andere Stimmen übertönen. Es ist aber nicht nur so, dass die kulturelle und politische Polarisierung es den verschiedenen ›Seiten‹ erschwert, einander wechselseitig zu verstehen, obwohl das zweifellos stimmt. Sie macht es auch schwieriger, das eigene Verhalten und die eigene Kultur zu verstehen.«

132 James Brick, »You Are the Product«, *Medium*, 25. 08. 2020, https://medium.com/@backlinkshawarma2/you-are-the-product-f6743c247428.

133 Ehrenberg 2008, S. 171 f.

134 Bret Easton Ellis, *Weiß*, Köln 2019, S. 47, 150.

135 Joseph Vogl, *Kapital und Ressentiment. Eine kurze Theorie der Gegenwart*, München 2021, S. 174 f., 178.

136 Markus Brunner, »Trigger-Warnungen. Zur Politisierung eines traumatherapeutischen Konzepts«, in: Eva Berendsen / Saba-Nur Cheema / Meron Mendel, *Triggerwarnung. Identitätspolitik zwischen Abwehr, Abschottung und Allianzen*, Berlin 2019, S. 21–34, 29.

137 Als exemplarisch für die einschlägigen Inkohärenzen und Schwierigkeiten lassen sich die entsprechenden Debatten im Feld der Gegenwartskunst nennen, einem der treibenden Milieus in Sachen politisch korrekten Sprechens und kultureller Sensibilität im Allgemeinen. Dass es sich etwa bei den feministischen Vorzeigekünstlerinnen der vergangenen Jahrzehnte (selbstverständlich nicht anders als bei ihren viel zahlreicheren männlichen Kollegen!) um weiße, europäische oder

nordamerikanische Nutznießerinnen globaler Ungerechtigkeiten handelt und bei vielen erfolgreichen Künstler:innen und Kurator:innen aus dem globalen Süden um an – nicht selten westlichen – Eliteinstitutionen ausgebildete Angehörige der heimischen *upper class*, das führt in der real existierenden Contemporary Art weniger zu der theoretisch viel besungenen intersektionalen Solidarität als vielmehr zu einem erbitterten Aufrechnen der unterschiedlichen Opferwährungen. Und es führt zu einer seltenen Übereinstimmung in der Kritik von bornierten Konservativen wie von marktkritischen Linken am liberalen Kunstestablishment, wonach es sich bei vielen vermeintlichen Traumatisierungen angeblich »benachteiligter« Künstler:innen am Ende viel eher um Vorteile im Kampf um Aufmerksamkeit und Karrierechancen handle.

138 Roman Bucheli, »Gegen politischen Kitsch hilft nur das bessere Argument«, *Neue Zürcher Zeitung*, 26.02.2021, https://www.nzz.ch/meinung/gegen-moral-und-kitsch-in-der-politik-hilft-das-bessere-argument-ld.1603244?reduced=true.

139 Volkan Agar, »Diskursive Sackgassen«, *Die Tageszeitung*, 25.08.2020, https://taz.de/Debatte-um-Cancel-Culture/!5704284/.

140 Vgl. Ronald Brownstein, »Why the stability of the 2020 race promises more volatility ahead«, *CNN*, 15.08.2020, https://edition.cnn.com/2020/09/15/politics/2020-election-american-voter-worldviews/index.html.

141 Davies 2020.

142 Zit. nach Mychal Denzel Smith: »What Liberals Get Wrong About Identity Politics«, *The New Republic*, 11.09.2017, https://newrepublic.com/article/144739/liberals-get-wrong-identity-politics.

143 Wendy Hui Kyong Chun, *Discriminating Data. Correlation, Neighborhoods, and the New Politics of Recognition*, Cambridge 2021, S. 49, 247.

144 Immanuel Kant, *Kritik der reinen Vernunft* [1781], in: *Gesammelte Schriften*, »Akademieausgabe« (AA), Berlin 1900 ff., Bd. IV, S. 1–252, 7. Die Akademieausgabe ist vollständig online verfügbar unter: https://korpora.zim.uni-duisburg-essen.de/kant/verzeichnisse-gesamt.html.

145 Kant, AA XII, S. 257 f.

146 Kant, »Beantwortung der Frage: Was ist Aufklärung?« [1784], in: AA VIII, S. 33–42, 35.

147 Kant, *Kritik der reinen Vernunft* [1787], AA III, S. 281 ff.

148 Ebd., S. 322 ff.

149 Ebd., S. 323.

150 Vgl. Jacques Derrida, *Theorie und Praxis. Seminar 1976–1977*, Wien 2021, S. 54 ff.; Jean-François Lyotard, *Der Widerstreit*, München 1989, S. 56. Siehe dazu unten, Kapitel II.7.

151 Kant 1781, AA IV, S. 215 f. (Herv. A.A.)

152 Kant 1787, AA III, S. 108.

153 Exemplarisch sei hier Roberto Esposito genannt, der in Bezugnahme auf die kantische Terminologie an die Stelle von Anomalien und Patho-

logien des menschlichen Immunsystems – wie wir oben in Kapitel I.1 gesehen haben – ein neues Verständnis für konfliktuelle Normalität setzt: »Das antinomischste Element« autoimmunologischer Prozesse, so Esposito, »besteht weder in seinem pathologischen Charakter als vielmehr paradoxerweise in seinem *nicht* pathologischen, oder *normal* pathologischen Charakter. Ich meine damit, daß sich darin nichts anderes ausdrückt als die Logik des Immunsystems sozusagen in ihrem Reinzustand.« (Esposito 2004, S. 230) Zu Freuds Konzeption der antinomisch ›normalen Konfliktneurose‹ siehe unten Kapitel II.4; zu Étienne Balibars Verständnis von ›antinomischer Politik‹ siehe Kapitel II.7.

154 Es sei denn als (meta-)physikalisches Konzept, also etwa »eine ursprüngliche Anziehung im Conflict mit der ursprünglichen Zurückstoßung« als Bedingung der Möglichkeit von Materie: Kant, *Metaphysische Anfangsgründe der Naturwissenschaft* [1786], in: AA IV, S. 465–566, 518.

155 Lyotard 1989, S. 56.

156 Kant, *Kritik der praktischen Vernunft* [1788], in: AA V, S. 1–164, 69.

157 So formuliert es Jens Timmermann, »Kant und die Lüge aus Pflicht. Zur Auflösung moralischer Dilemmata in einer kantischen Ethik«, in: *Philosophisches Jahrbuch* 107.2 (2000), S. 267–283, 268.

158 Kant, *Die Metaphysik der Sitten* [1797], in: AA VI, S. 203–494, 224. (Herv. A.A.)

159 Kant, »Über ein vermeintes Recht aus Menschenliebe zu lügen« [1797], in: AA VIII, S. 423–430, 425.

160 Theodor W. Adorno, *Minima Moralia. Reflexionen aus dem beschädigten Leben*, Frankfurt / M 1951, S. 59.

161 Kant 1797, AA VI, S. 423. Vgl. dazu Timmermann 2000, S. 269.

162 Timmermann 2000, S. 276.

163 Kant 1797, AA VI, S. 424.

164 Ebd., S. 423.

165 Timmermann 2000, S. 267.

166 Ebd., S. 282. (Herv. A.A.)

167 Kant 1784, AA VIII, S. 35.

168 Vgl. Michel Foucault, »Was ist Aufklärung?«, in: Eva Erdmann u.a. (Hg.), *Ethos der Moderne. Foucaults Kritik der Aufklärung*, Frankfurt / M 1990, S. 35–54; sowie ders., »The Art of Telling the Truth«, in: Lawrence D. Kritzman, *Politics, Philosophy, Culture. Interviews and Other Writings of Michel Foucault*, London 1988, S. 86–95. Zu dem hier angedeuteten Verständnis von Theorie siehe Kapitel II.7.

169 Kant, *Der Streit der Facultäten* [1798], in: AA VII, S. 1–116, 79. Die Vorrede zu dieser Aufsatzsammlung verfasste Kant, nachdem die Publikation mehrere Male an der preußischen Zensur gescheitert war: Vgl. ebd., S. 5 ff.

170 Kant, »Idee zu einer allgemeinen Geschichte in weltbürgerlicher Absicht« [1784], in: AA VIII, S. 15–32, 23.

171 Ebd., S. 20.
172 Ebd., S. 21.
173 Ebd., S. 24.
174 Vgl. Fernando Tesón, *A Philosophy of International Law*, London 1998.
175 Loick 2012, S. 114.
176 Vgl. dazu und zu völkerrechtlichen und souveränitätstheoretischen Aspekten: ebd., bes. S. 135.
177 Wenn auch Hegel freilich nicht alles am preußischen Staat gutgeheißen hat: Vgl. Martin Hägglund, *This Life. Secular Faith and Spiritual Freedom*, New York 2020, S. 233 f.
178 Winston Churchill, Rede vor dem britischen Unterhaus am 11. 11. 1947, http://hansard.millbanksystems.com/commons/1947/nov/11/parliament-bill#column_207.
179 Das gilt also wohlgemerkt nicht nur für Anhänger des amerikanischen Politologen Francis Fukuyama, der nach dem Zerfall der Sowjetunion 1989/91 mit der an Hegel anschließenden These vom »Ende der Geschichte« in Form der über den Kommunismus siegreichen liberalen (und das heißt selbstverständlich immer auch kapitalistischen) Demokratie Furore machte: Vgl. Fukuyama 1992.
180 Hegel, *Wissenschaft der Logik I*, Werke, Bd. 5, Frankfurt/M 1986, S. 20; vgl. dazu Lyotard 1989, S. 161.
181 Vgl. Bonacker 1996, S. 31.
182 Hegel, *Phänomenologie des Geistes*, Werke, Bd. 3, Frankfurt/M 1979, S. 146 f.
183 Der Vertreter der Frankfurter Schule, Axel Honneth, formuliert den Zusammenhang zwischen Anerkennungsverhältnissen und »echten Konflikten« so: »Der Grund für diese Anfälligkeit der Anerkennungsbeziehungen, Konflikte unterschiedlichster Art an sich zu ziehen oder heraufzubeschwören, ist leicht zu erkennen und ergibt sich aus der Fragilität des Stoffs, aus dem diese Beziehungen gezimmert sind: Wenn das, was sie zusammenhält, nur sozial institutionalisierte Normen sind, in Hinblick auf deren Auslegung und Anwendung sich die Subjekte wechselseitig ein Mitspracherecht eingeräumt haben, dann kann sowohl über den Umfang ihres Anwendungsfeldes als auch über den Kreis der Personen, die unter sie fallen sollen, beständig neuer Streit entstehen. Wohlgemerkt, hier ist nicht von den Zwistigkeiten die Rede, die stets daraus resultieren können, dass unterschiedliche Auffassungen über die angemessene Auslegung der gemeinsam geteilten Norm vorliegen; solche Auseinandersetzungen gehören gewissermaßen zum alltäglichen Geschäft in einem jeden Anerkennungsverhältnis, machen sie doch die soziale Existenzweise der je zugrunde liegenden Norm aus und können daher noch nicht als echte Konflikte bezeichnet werden. Von Konflikten im eigentlichen Sinn kann vielmehr erst dort gesprochen werden, wo nicht die Auslegung der Norm auf einen klar umgrenzten, von allen Beteiligten dann auch befürworteten Anwendungsbereich umstritten ist, sondern wo die sachlichen Grenzen

dieses Bereichs selber und die Zahl der personell Dazugehörenden zur Debatte stehen.« Honneth, *Anerkennung. Eine europäische Ideengeschichte*, Berlin 2018, S. 231 f.

184 Honneth, »Hegel und die Anerkennung«, *Philosophie Magazin*, 15.08.2015, https://www.philomag.de/artikel/hegel-und-die-anerkennung.

185 Vgl. dazu etwa Koppetsch 2019.

186 Fukuyama 1992, S. 24.

187 Fukuyama, *Identität. Wie der Verlust der Würde unsere Demokratie gefährdet*, Hamburg 2019, S. 16.

188 Honneth 2015.

189 Hegel, *Grundlinien der Philosophie des Rechts oder Naturrecht und Staatswissenschaft im Grundrisse*, § 253, Werke, Bd. 7, Frankfurt/M 1986, S. 395

190 Friedrich Engels: »Ludwig Feuerbach und der Ausgang der klassischen deutschen Philosophie« in: Karl Marx/Friedrich Engels, *Werke* (MEW), Berlin 1956 ff. Bd. 21, S. 291–307, 293.

191 Die Dialektik ist, wie Thorsten Bonacker erläutert, »als Denkmethode dem konflikttheoretischen Zugang zur sozialen Wirklichkeit verhaftet, weil sie grundsätzlich von einer fundamentalen Widersprüchlichkeit zwischen These und Antithese ausgeht, die auf neuer Stufe synthetisiert wird«, und zugleich die »Widersprüchlichkeit der Theorie der politischen Ökonomie aufdecken will«. Bonacker 1996, S. 31.

192 Marx/Engels, *Manifest der Kommunistischen Partei*, MEW, Bd. 4, S. 459–493, 462.

193 Marx, »Die Klassenkämpfe in Frankreich 1848 bis 1850«, MEW, Bd. 7, S. 9–107, 85.

194 Vgl. Étienne Balibar, *Marx' Philosophie*, Berlin 2013.

195 Alex Demirović, »Die Konflikttheorie von Karl Marx«, in: Bonacker (Hg.) 2002, S. 47–64, 54.

196 Hampshire 2000, S. 89.

197 Wladimir Iljitsch Lenin, »Die sozialistische Revolution und das Selbstbestimmungsrecht der Nationen«, in: *Werke*, Bd. 22, Berlin 1960, S. 144–159, https://www.marxists.org/deutsch/archiv/lenin/1916/01/nationen.html.

198 Wenn Marx' Theorien heute nach dem Untergang des real existierenden Sozialismus wieder breitere und weniger ideologische Aufmerksamkeit bekommen, dann sind als zentrale Anlässe sicher die sogenannte Finanzkrise und die Klimakrise zu nennen. Doch in Wahrheit handelt es sich hierbei nicht um Krisen im eigentlichen Sinne von zeitlich begrenzten, unvorhersehbaren Ereignissen, sondern um dauerhafte Bestandteile unserer Ökonomie, die eben deswegen weiterhin ihrer gesamtgesellschaftlichen Konfliktualisierung harren, um den Status quo der Gewalt gegen weite Teile des Planeten und seine Bewohner nicht ewig zu perpetuieren. Obwohl nur ein Nebenaspekt seiner ökonomischen Theorie, hat Marx auch auf einen ökologischen

Konflikt des Kapitalismus in Form eines *Risses im Stoffwechsel zwischen Mensch und Natur* aufmerksam gemacht. Aus dem Wachstumszwang des Kapitals resultiert ein zerstörerisches Zusammenspiel von Industrie und industriell betriebener Landwirtschaft, mit desaströsen Konsequenzen für Menschen wie Natur. Vgl. Marx, *Das Kapital. Kritik der politischen Ökonomie*, Bd. III, MEW, Bd. 25, S. 821. Ich folge hier außerdem den bahnbrechenden Studien von John Bellamy Foster, *Marx's Ecology. Materialism and Nature*, New York 2000; ders. / Brett Clark, *The Robbery of Nature. Capitalism and the Ecological Rift*, New York 2020.

199 Vgl. dazu Gurminder K. Bhambra / John Holmwood, *Colonialism and Modern Social Theory*, Cambridge 2021, S. 177 ff.

200 Frantz Fanon, *Schwarze Haut, weiße Masken*, Frankfurt / M 1985, S. 154.

201 Vgl. Gayatri Chakravorty Spivak, *Can the Subaltern Speak? Postkolonialität und subalterne Artikulation*, Wien 2007.

202 Vgl. Frank Ruda, *Hegels Pöbel. Eine Untersuchung der ›Grundlinien der Philosophie des Rechts‹*, Konstanz 2011.

203 Vgl. Herman Siemens / James Pearson, *Introduction*, in: dies. (Hg.), *Conflict and Contest in Nietzsche's Philosophy*, London 2019, S. 1–20, 1.

204 Vgl. Bonacker 1996, S. 25.

205 Friedrich Nietzsche, *Die Geburt der Tragödie aus dem Geiste der Musik*, in: ders., *Sämtliche Werke. Kritische Studienausgabe in 15 Bänden* (KSA), Bd. 1, S. 9–156, 25.

206 Siemens / Pearson 2019, S. 3.

207 Vgl. Michael Storch, »Wie Zarathustra in die Schützengräben kam. Nietzsche-Rezeption im Ersten Weltkrieg«, in: Michael Henke / Wolfgang Riedel (Hg.), *Felder der Ehre? Krieg und Nachkrieg in der deutschen Literatur des 20. Jahrhunderts*, Würzburg 2015, S. 21–74.

208 Von »measured« und »unmeasured conflict« sprechen Siemens / Pearson 2019, S. 3.

209 Nietzsche, *Unzeitgemässe Betrachtungen. Zweites Stück: Vom Nutzen und Nachtheil der Historie für das Leben*, in: KSA, Bd. 1, S. 243–334.

210 Nietzsche, *Zur Genealogie der Moral. Eine Streitschrift*, in: KSA, Bd. 5, S. 245–412, 251. Zur Differenz zwischen Ursprung und Herkunft vgl. Michel Foucault, »Nietzsche, die Genealogie, die Historie«, in: ders., *Schriften in vier Bänden. Dits et Ecrits*, Bd. II, Frankfurt / M 2002, S. 166–190, 166 f.: »Die Genealogie verhält sich zur Historie nicht wie der hochmütig tiefgründige Blick des Philosophen zur Maulwurfsperspektive des Wissenschaftlers, ihr Gegenstück ist vielmehr die metahistorische Entfaltung idealer Bedeutungen und endloser Teleologien. Sie steht im Gegensatz zur Suche nach dem ›Ursprung‹. […] Einer der aufschlussreichsten Texte für die Verwendung dieser Worte und das Bedeutungsfeld des Ausdrucks *Ursprung* ist die Vorrede zur *Genealogie*. Gleich zu Beginn wird als Gegenstand des Textes die *Herkunft* der moralischen Vorurteile genannt.«

211 Nietzsche, KSA 5, S. 286.

212 Ebd., S. 253.

213 Foucault 2002, S. 172, 186. Und er fährt fort: »Zunächst die Parodie und das Possenspiel. […] Die Genealogie ist die Historie als inszenierter Karneval. Die zweite Verwendungsweise ist die systematische Auflösung der Identität. Denn diese schwache Identität, die wir uns zulegen, indem wir uns eine Maske aufsetzen, ist selbst nur eine Parodie. Sie kommt nur im Plural vor, zahllose Seelen streiten darin, die Systeme überkreuzen einander, machen sich gegenseitig die Vorherrschaft streitig. […] Die von der Genealogie angeleitete Historie will die Wurzeln unserer Identität nicht freilegen, sondern zerstreuen; sie sucht nicht nach dem Herd, aus dem wir kommen, nach jener Heimat, in die wir nach dem Versprechen der Metaphysiker wieder zurückkehren werden; vielmehr macht sie all die Brüche sichtbar, die uns durchziehen. Damit ist sie das Gegenteil der ›antiquarischen Historie‹, von der Nietzsche in den *Unzeitgemäßen Betrachtungen* spricht.« (S. 186 ff.)

214 Nietzsche, *Werke in drei Bänden*, München 1954, Bd. 3, S. 1351.

215 Vgl. etwa Aby Warburg: »Der Tod des Orpheus. Bilder zu dem Vortrag über Dürer und die Italienische Antike«, in: Dieter Wuttke / Peter Schmidt: *Aby Warburg und die Ikonologie*, Wiesbaden 1993.

216 Georges Didi-Huberman, *The Surviving Image. Phantoms of Time and Time of Phantoms: Aby Warburg's History of Art*, University Park 2017, S. 298.

217 Für einen ersten Überblick vgl. den Eintrag »psychischer Konflikt« in: Jean Laplanche / Jean-Bertrand Pontalis, *Das Vokabular der Psychoanalyse*, Frankfurt / M 1996, S. 256–260.

218 Freud, »Neurose und Psychose« [1924], in: ders., *Studienausgabe in zehn Bänden mit einem Ergänzungsband* (StA), Frankfurt / M 1989, Bd. 3, S. 331–338, 336.

219 Freud, *Vorlesungen zur Einführung in die Psychoanalyse* [1916–17], in: StA, Bd. 1, S. 34–447, 342.

220 Ebd., S. 342 f.

221 Vgl. ebd., S. 343, 363.

222 Ebd., S. 416.

223 Ebd., S. 421.

224 Ebd., S. 417.

225 Freud, *Neue Folge der Vorlesungen zur Einführung in die Psychoanalyse* [1933], in: StA, Bd. 1, S. 448–610, 516.

226 Paul Ricœur, *Die Interpretation. Ein Versuch über Freud*, Frankfurt / M 1993, S. 47.

227 Freud 1916–17, StA 1, S. 350.

228 Ebd., S. 350 f.

229 Vgl. ebd., S. 345.

230 Ebd., S. 356 f. und 344.

231 Freud, *Totem und Tabu (Einige Übereinstimmungen im Seelenleben der Wilden und der Neurotiker)* [1912–13], in: StA, Bd. 9, S. 287–444, 356 (im Original kursiv gesetzt).

232 Ebd., S. 356 f.
233 Vgl. etwa Ralf Bönt, »Ich würde den Wehrdienst heute nicht mehr verweigern«, *Der Freitag*, 22/2022, https://www.freitag.de/autoren/der-freitag/ralf-boent-zum-ukrainekrieg-ich-wuerde-den-wehrdienst-heute-nicht-mehr-verweigern.
234 Freud, *Das Unbehagen in der Kultur* [1930], in: StA, Bd. 9, S. 191–270.
235 Vgl. dazu Freud, *Jenseits des Lustprinzips* [1920], in: StA, Bd. 3, S. 213–272; *Das Ich und das Es* [1923], in: StA, Bd. 3, S. 273–330.
236 Freud 1930, StA 9, S. 258.
237 Ebd.
238 Max Weber, *Wirtschaft und Gesellschaft* (= *Grundriss der Sozialökonomik*, 3. Abteilung), Tübingen 1922, S. 20.
239 Ebd. Wobei Weber anfügt, dass die teils (sozial-)darwinistische Begrifflichkeit von »Kampf« und »Auslese« mit Blick auf soziale Beziehungen »nur in einem übertragenen Sinn« zu verstehen sei.
240 So formuliert Carsten Stark in seinem guten Überblick über »Die Konflikttheorie von Georg Simmel«, in: Bonacker (Hg.) 2002, S. 83–98, 87.
241 Georg Simmel, *Soziologie. Untersuchungen über die Formen der Vergesellschaftung*, Leipzig 1908, S. 287.
242 Ebd., S. 247.
243 Ebd., S. 284.
244 Ebd., S. 250 f.
245 Thorsten Bonacker, »Sozialwissenschaftliche Konflikttheorien – Einleitung und Überblick«, in: ders. (Hg.) 2002, S. 9–32, 21.
246 Stark 2002, S. 85 (Hervorhebung A. A.).
247 Ebd., S. 91.
248 Marx / Engels, *Die deutsche Ideologie*, in: MEW, Bd. 3, S. 5–530, 58.
249 Vgl. Éric Alliez / Maurizio Lazzarato, *Wars and Capital*, South Pasadena 2016, S. 13. Die Autoren sprechen hier auch vom Liberalismus als einer »Philosophie des totalen Krieges«.
250 Ralf Dahrendorf, »Zu einer Theorie des sozialen Konflikts«, in: Bonacker 1996, S. 279–295, 279.
251 Rüdiger Bubner, »Von der Streitkunst der Sophistik zum modernen Kulturkonflikt«, in: Pfetsch (Hg.) 2005, S. 101–108, 103.
252 Zivildienstserviceagentur Österreichs, »Die Zweite Republik: ein Neuanfang«, E-Learning-Ausbildungsmodul »Staat und Recht«, Juni 2019, https://www.zivildienst.gv.at/zivildiener/e-learning-zivildiener/e-learning-7-zweite-republik.html.
253 Vgl. Alliez / Lazzarato 2016, S. 261.
254 Klaus Lichtblau, »Vorwort zur Neuausgabe«, in: Lewis A. Coser, *Theorie sozialer Konflikte*, Wiesbaden 2009, S. 6 f., 6.
255 Coser 2009, S. 32.
256 Ebd., S. 102.
257 Vgl. Bonacker 1996, S. 71.
258 Coser 2009, S. 96.
259 Ebd., S. 41.

260 Coser 2009, S. 154.
261 Coser 2009, S. 43.
262 Vgl. ebd., S. 57ff.
263 Vgl. Stark 2002, S. 93f.
264 Vgl. Lichtblau 2009, S. 7.
265 Coser 2009, S. 58.
266 Ebd., S. 66.
267 Hegel, *Vorlesungen über die Ästhetik II*, Werke, Bd. 14, S. 220.
268 Stark 2002, S. 91.
269 Coser 2009, S. 65.
270 Vgl. dazu die erhellende Studie von Bhambra / Holmwood 2021, auch in Bezug auf die Ausblendung des Kolonialismus nicht nur in der Frühzeit der Soziologie.
271 Ebd., S. 183.
272 Theoriegeschichtlich erklärt sich das aus Dahrendorfs Auseinandersetzung mit dem Struktur-Funktionalismus von Talcott Parsons, dessen traditionelles Hauptaugenmerk eher auf den integrativen Kräften der Gesellschaft lag: Vgl. Bonacker 1996, S. 183.
273 Dahrendorf 1996, S. 284.
274 Ebd.
275 Vgl. Bonacker 1996, S. 65.
276 Dahrendorf 1996, S. 282, 286.
277 Vgl. Spindler 2002, S. 148.
278 Vgl. Bucher / Duckwitz 2005.
279 Im Bereich der Soziologie wären im Kontrast dazu etwa Pierre Bourdieus klassentheoretische Untersuchungen zu nennen, die, ohne Marx' ökonomischen Ansatz zu teilen, doch dessen implizite konflikttheoretische Annahme fruchtbar machen: Soziale Klassen werden sich erst durch ihre Kämpfe ihrer selbst bewusst und finden nur über ihre Konflikte zu einer Veränderung ihrer politischen Situation (vgl. Demirović 2002, S. 62).

Grob formuliert kann von zwei Analyseebenen gesprochen werden, anhand derer Bourdieu soziale Handlungskonflikte analysiert hat und die von der ideologischen Annahme ›natürlicher‹ sozialer Unterschiede verschleiert werden, gegen die Bourdieu zeitlebens mit seinen Analysen zur Genese unterschiedlicher Habitus-Formen und der durch sie stabilisierten Funktionen von Hierarchie und Herrschaft angekämpft hat. »Zum einen wird die Ausdifferenzierung gesonderter Handlungssphären zur Produktion materieller, kultureller, sozialer und symbolischer Güter und Leistungen mit grundlegenden Konfliktlinien in der sozialen Statusordnung zusammengebracht und damit in den Kontext einer komplex und differenziert ablaufenden Logik sozialer Kämpfe um Anerkennung und um Differenz gestellt. Zum anderen werden interne Konfliktkonstellationen innerhalb der sozialen Felder untersucht und mit ihren Spezifikationen (typische Konfliktstrategien, Konfliktgegenstände, Konfliktantagonismen) dargestellt.« (Frank Janning, »Die

Konflikttheorie der Theorie symbolischer Kämpfe«, in: Bonacker 2002, S. 335–360, 341)

280 Paul Ricœur 1993, S. 47.

281 Nur so erklärt sich auch der durchaus ernst gemeinte Hinweis, ein Konflikt könne unter Umständen dadurch externalisiert werden, dass die Kontrahent:innen einen gemeinsamen Feind ins Visier nehmen, der von ihren eigenen Differenzen ablenkt. So naheliegend eine solche Strategie des Verdeckens oder Veräußerns von Konflikten im Alltag sein mag, so fragil muss eine derartige Konfliktverschiebung doch notwendigerweise stets bleiben. Vgl. Stark 2002, S. 89 f.

282 Traditionell verweisen nicht nur benachteiligte Konfliktpartner auf die kaum je zu gewährleistende Objektivität der jeweiligen Dritten (die USA im Nahostkonflikt) oder deren Illegitimität (die Durchsetzung nationaler Interessen der USA unter dem Deckmantel internationaler Organisationen) sowie die Doppelmoral der jeweiligen Rechtsinstanz selbst (die USA als Nicht-Mitglied des Internationalen Strafgerichtshofs für Kriegsverbrechen). Und in der Tat leiden speziell die zur Lösung internationaler Konflikte geschaffenen Institutionen an einer undurchschaubaren und letztlich undemokratischen Verwicklung legislativer, judikativer und exekutiver Kompetenzen. Oder anders und vereinfacht gesagt: Es sind diejenigen Machtzentren der nördlichen Hemisphäre, die in den dazu geschaffenen Institutionen das Sagen haben, die nicht nur von ihnen etabliert wurden, sondern auch entsprechend den von ihnen favorisierten Werten, über die jede Diskussion zu unterbleiben hat.
Wir werden sehen, dass mit dieser Unterdrückung des dem ›Recht‹ inhärenten Konflikts weitere ›Konflikte‹ vorprogrammiert sind. Das Recht selbst wird sich als eine konflikthafte und konfliktgeladene Kategorie erweisen, weswegen ein tatsächlicher Umgang mit Konflikten immer auch ein Bewusstsein von heterogenen oder miteinander unvereinbaren Rechtsverständnissen impliziert. Und in der so häufigen Unzufriedenheit von Konfliktpartnern über die jeweilige Richtinstanz blitzt eine Einsicht auf in das ideologische Phantasma eines gleichen Rechts für alle. Als ob *das Gesetz für alle gleich* wäre, als ob jemals *alle vor dem Gesetz gleich* wären, als ob überhaupt *alle gleich sein wollten* und diese *Isonomie* nicht die notwendige Beweglichkeit der Gesetze verdeckte, die immer ein anderes Recht herstellen und herstellen müssen. Vgl. Laurent de Sutter, *Vor dem Gesetz*, Berlin 2020.

283 Vgl. Spindler 2002, S. 148.

284 Vgl. Gerhard Schwarz, *Konfliktmanagement. Konflikte erkennen, analysieren, lösen*, Wiesbaden 1999, S. 217 ff.

285 Zu unterschiedlichen Eskalationsstufen vgl. Andreas Graßer, »Konfliktlösung: Die 9 Eskalationsstufen nach Friedrich Glasl«, *Hubspot*, 17. 12. 2021, https://blog.hubspot.de/service/eskalationsstufen.

286 Denn »Gewalt findet weiter statt, auch wenn sie rechtlich sanktioniert ist. Und sie findet nicht in wahllosen, spontanen Exzessen statt, son-

dern folgt merklich den patriarchalen und rassistischen Aneignungsmustern. Jeden dritten Tag wird in Deutschland eine Frau von ihrem Partner oder Expartner ermordet«. Eva von Redecker, *Revolution für das Leben. Philosophie der neuen Protestformen*, Frankfurt/M 2020, S. 37.

287 So ist an dieser Stelle ein verräterisches Stichwort die »Reduktion von Konfliktkosten« in Betrieben, in denen einzelne Angestellte nicht ausreichend miteinander kommunizieren oder sogar bewusst gegeneinander arbeiten. Aber Kosten entstehen nicht nur dort, wo sogenannte Beziehungskonflikte offen zutage treten, sondern peniblen Konfliktmanager:innen zufolge kommt schon der Unwille, unterschiedliche oder divergierende Positionen als erfrischende Herausforderung und gesunde Konkurrenz zu betrachten, Firmen oft teuer zu stehen. Vgl. A. W. Price, *Mental Conflict*, London 2005, S. 1.

288 Bernard Mayer, *Staying with Conflict. A Strategic Approach to Ongoing Disputes*, San Francisco 2009, S. xii.

289 Vgl. Donna Haraway, *Staying with the Trouble. Making Kin in the Chthulucene*, Durham 2016; dt: *Unruhig bleiben. Die Verwandtschaft der Arten im Chthuluzän*, Frankfurt 2018, S. 20: »Angesichts des unablässigen, historisch spezifischen, mehrwertproduzierenden Leidens in Art-Genossen-Verknotungen bin ich nicht an Aussöhnung oder Restaurierung interessiert, aber ich fühle mich zutiefst den bescheideneren Möglichkeiten einer teilweisen Erholung und dem gemeinsamen Weitermachen verpflichtet. Das kann man unruhig bleiben nennen.«

290 Vgl. Mayer 2009, S. 31 f.

291 Wie in der Folge auch Haraway warnt Mayer vor angesichts des Klimawandels naheliegenden, aber dennoch falschen ausschließlichen Alternativen wie »entweder sofortige Lösung oder Verzweiflung, Sieg oder Niederlage, Dominanz oder Unterwerfung. […] Im Umgang mit dem Klimawandel müssen wir uns daher drei Paradoxien oder Widersprüchen stellen:

- Es gibt keine umfassende Lösung, die das Problem beheben kann, und doch ist es entscheidend, Maßnahmen zu ergreifen, die auf den umfassenden Charakter des Problems ausgerichtet sind.
- Viele verschiedene Akteure mit sehr unterschiedlichen Standpunkten werden langfristig darum ringen müssen, was im Umgang mit dem Klimawandel zu tun ist, doch eine globale Zusammenarbeit ist unerlässlich.
- Wir müssen entschlossen und mit Überzeugung handeln, doch wir müssen dies tun, bevor wir über die Auswirkungen unseres Handelns vollständige Gewissheit haben.« Mayer 2009, S. 34.

292 Ebd., S. 35.

293 Ebd., S. xi.

294 Ebd., S. 267.

295 Ebd., S. 9, vgl. S. 10: »Wir können dies auf den vielen verschiedenen Ebenen beobachten, auf denen wir anhaltende Konflikte erleben. So

hängt etwa der Erfolg einer intimen Beziehung weniger davon ab, dass die Parteien Konflikte lösen, als vielmehr davon, dass sie produktiv und kontinuierlich Konflikte eingehen – sei es über Erziehungsmethoden, Kommunikationsstile, gemeinsam und getrennt verbrachte Zeit oder über die Macht bei der Entscheidungsfindung.«

296 Vgl. etwa John W. Burton, »Conflict Resolution: Towards Problem Solving«, in: *Peace and Conflict Studies*, 4.2 (12.1997), https://nsuworks.nova.edu/pcs/vol4/iss2/2.

297 Vgl. Kevin Avruch / Christopher Mitchell (Hg.), *Conflict Resolution and Human Needs. Linking Theory and Practice*, London 2013. Die meisten Konfliktratgeber unterscheiden eher pragmatisch und wertfrei eine Unmenge an Konfliktformen, bei denen Wert- Sach-, Beziehungs-, Rollen-, Ziel-, Verteilungs- oder Wahrnehmungskonflikte keinesfalls in einem hierarchischen oder gar ausschließenden Verhältnis zueinander stehen. Vgl. etwa Emily O'Leary, »Konfliktarten im Überblick: Welche gibt es?«, *Hubspot*, 30.04.2020, https://blog.hubspot.de/service/konfliktarten.

298 Vgl. Dennis J. D. Sandole, »Extending the reach of Basic Human Needs: a comprehensive theory for the twenty-first century«, in: Avruch / Mitchell (Hg.) 2013, S. 21–39, 32.

299 Vgl. Ingrid Sandole-Staroste, »Through gender lenses: Human Needs theory in conflict resolution«, in: Avruch / Mitchell 2013, S. 59–76.

300 Vgl. Sandole 2013, S. 21; sowie Arnold Wolfers, *Discord and Collaboration. Essays on International Politics*, Baltimore 1962.

301 Zur *realistic conflict theory* vgl. etwa Frank R. Pfetsch, »Einleitung: Konflikt und Konfliktbewältigung«, in: ders. (Hg.) 2005, S. 1–18, 13.

302 Burton 1997.

303 Vgl. Sandole-Staroste 2013, S. 64, 70.

304 Vgl. ebd.

305 Étienne Balibar, *On Universals. Constructing and Deconstructing Community*, New York 2020, S. vii.

306 Vgl. etwa die *Unabhängigkeitserklärung der Vereinigten Staaten* vom 4. Juli 1776 oder die *Erklärung der Menschen- und Bürgerrechte* der Französischen Nationalversammlung vom 26. August 1789.

307 Vgl. dazu etwa schon die *Erklärung der Rechte der Frau und Bürgerin* durch Olympe de Gouges 1791.

308 Der Begriff des internationalen Rechts setzte sich im 19. Jahrhundert durch, und zwar auf Kosten des Konzepts eines vom Souveränitätstheoretiker Hugo Grotius im 17. Jahrhundert formulierten *ius gentium*, das im Deutschen wörtlich als Recht der Völker oder Völkerrecht bezeichnet wird. Die englische und französische Übersetzung als *law of nations* oder *droit des gens* verweist aber schon auf eine Spannung zwischen unvereinbaren Polen: Der mit der Durchsetzung von Nationalstaaten implizierten Deutung als rechtliche Klärung der internationalen Beziehungen zwischen Staaten stehen etwa die Menschenrechte gegenüber, die ebenso sehr transnational gültig sein sollen, wie sie in

Theorie und Praxis oft einzelnen staatlichen Rechtsverständnissen zuwiderlaufen. Ein Beispiel dafür sind etwa die von Institutionen wie dem Internationalen Strafgerichtshof in Den Haag gegen Vertreter souveräner Staaten erhobenen Anklagen. Gemäß einem »höheren« internationalen Recht wurde hier bisher mehrfach ausschließlich die Immunität von Vertretern afrikanischer Staaten vor dem Gesetz aufgehoben, und zwar unter mehr oder weniger »freiwilliger« Mithilfe und Zustimmung dieser Staaten, also de facto unter dem Druck angedrohter wirtschaftlicher Sanktionen oder der Verlockung, in diese oder jene multinationale Organisation aufgenommen zu werden. Die behauptete weltweite Akklamation solcher an sich durchaus begrüßenswerter Institutionen beschränkt sich freilich meist auf eine gewisse Anzahl humanistisch Gesinnter in liberalen Demokratien – in diesem Fall vor allem der Europäischen Union –, also immerhin einer großen Mehrheit der NATO-Staaten, deren größter und wichtigster, die USA, allerdings vorerst kaum in Gefahr kommen wird, durch deren Rechtsprechung sanktioniert zu werden, da sie ihre Unterschrift unter das Gründungsdokument längst zurückgezogen haben. Vgl. dazu Ulrich Ladurner, »Ein Sieg für Kriegsverbrecher«, *Die Zeit*, 52/2014; Ronen Steinke, *The Politics of International Criminal Justice. German Perspectives from Nuremberg to The Hague*, Oxford 2012.

309 Dazu zählen etwa einige multilateral vereinbarte Verpflichtungen gegenüber Flüchtlingen oder vertraglich fixierte Grundsatztexte, die völkerrechtlich zumindest grob festlegen, welches Verhalten bei bewaffneten Konfrontationen oder kriegerischen Auseinandersetzungen rechtlich gedeckt ist und welches nicht. Seit Mitte des 19. Jahrhunderts – lange vor 1949 wurde eine erste Genfer Konvention zum Schutz von Verwundeten schon im Jahr 1864 unterzeichnet – wächst die Zahl an einschlägigen Vereinbarungen, die auch auf die jeweils neuen Waffentechnologien und politischen Erfahrungen reagiert. Dieser Versuch, zumindest gewisse Mindestkriterien für Teilnehmer in regulären Kriegen, also ein basales Kriegsrecht (*ius in bello*), zu etablieren, unterscheidet sich aber von juridischen Legitimierungen und Rechtfertigungen zum Beginnen eines Krieges (*ius ad bellum*). So wurde in den letzten Jahren und Jahrzehnten zu Recht verstärkt die Tendenz kritisiert, unter dem Deckmantel der Durchsetzung von Demokratie und Menschenrechten Kriege zu beginnen, also Verbrechen gegen die Menschlichkeit als Anlass zu nehmen, mörderische Kriege zu führen, die kaum je zum Nutzen der vorgeblich zu befreienden Bevölkerungen gereichen. Exemplarisch sind hier als imperiale Macht des 20. Jahrhunderts abermals die USA zu nennen, die unter dem Vorwand von Freiheit und Demokratisierung und unter Nutzung ihres Einflusses in internationalen Organisationen wie der UNO mehrere verheerende »präemptive« Kriege geführt haben.

310 Vgl. die *Allgemeine Erklärung der Menschenrechte* durch die UN-Generalversammlung vom 10. Dezember 1948.

311 Eine solche doppelte Umwertung würde auch ein besseres Verständnis einer Vielzahl tatsächlicher und scheinbarer Widersprüche und Paradoxa ermöglichen, angefangen bei Hannah Arendts »Paradox der Menschenrechte«, dass diese zwar allen Menschen zustehen sollten, aber nur von Nationalstaaten garantiert werden: »Das führt dazu, dass ausgerechnet diejenigen, die Menschenrechte am nötigsten bräuchten – Staatenlose –, am schlechtesten geschützt sind. Arendt ist der Meinung, dass nur ein ›Recht auf Rechte‹ diesem Missstand abhelfen könnte: ein unbedingter Anspruch jedes Menschen, einem Gemeinwesen angehören zu dürfen. Auch das ist eine Art rebellischer Universalismus: Der Wald der Verfassungen muss für die Gemeinen offen bleiben« (Redecker 2020, S. 171). Wir begegnen an dieser Stelle einer grundsätzlichen Spannung zwischen rechtlichen und staatlichen Institutionen oder zwischen internationalem Recht und nationalen Staaten, sprich deren Souveränität als »potentiell universelles Konflikt- und Schlichtungsmedium« (Loick 2012, S. 44).

312 Vgl. hierzu etwa den Wikipedia-Eintrag zur sogenannten »Wunsiedel-Entscheidung«: https://de.wikipedia.org/wiki/Wunsiedel-Entscheidung.

313 Bundesverfassungsgericht, »Beschluss des Ersten Senats vom 24. März 2021«, http://www.bverfg.de/e/rs20210324_1bvr265618.html.

314 Jonathan Daudey, »Entretien avec Laurent de Sutter: ›L'histoire de la modernité est l'histoire de l'aboutissement d'un processus bi-millénaire de confusion entre droit et loi‹«, *Un Philosophe*, 30. 04. 2018, https://unphilosophe.com/2018/04/30/entretien-avec-laurent-de-sutter-lhistoire-de-la-modernite-est-lhistoire-de-laboutissement-dun-processus-bi-millenaire-de-confusion-entre-droit-et-loi/.

315 Vgl. Sutter 2020.

316 Vgl. Daniel-Pascal Zorn, *Das Geheimnis der Gewalt*, Stuttgart 2019, S. 16: »Was aber ist mit denen, die mit dem Gesetz nicht einverstanden sind? Was mit denen, die tatsächlich darunter leiden, dass und wie ein Gesetz durch- und umgesetzt wird? Schon die Differenz zwischen dem abstrakten Gesetz und der konkreten Umsetzung eröffnet einen Bereich, in dem Gewalt möglich ist. Kein Gesetz regelt jeden denkbaren Bereich der Wirklichkeit. Wenn aber schon hier, im vergleichsweise normalen Ablauf einer Gesetzgebung, Gewalt möglich ist, wie sieht es dann mit den Bereichen aus, die durch keine explizite Norm, durch kein Recht und durch keinen Leitfaden geregelt sind?«

317 Macks / Snyders 1971, S. 3. Vgl. Ho-Won Jeong, *Understanding Conflict and Conflict Analysis*, London 2008, S. 6.

318 Vgl. Habermas, *Faktizität und Geltung. Beiträge zur Diskurstheorie des Rechts und des demokratischen Rechtsstaats*, Frankfurt / M 1992.

319 Bonacker 1996, S. 101 f.

320 Grundsätzlich gilt für Habermas (der hierin die Prämissen der oben diskutierten bürgerlichen Konfliktsoziologen teilt), dass Moral und Recht »so etwas wie Ausfallbürgschaften für die sozialintegrativen

Leistungen aller übrigen institutionellen Ordnungen« darstellen (Habermas 1992, S. 99). Die Steuerungsmedien Geld und administrative Macht werden in dieser Lesart über die rechtliche Institutionalisierung von Märkten und bürokratischen Organisationen in der Lebenswelt verankert. Gleichzeitig werden Interaktionszusammenhänge, in denen auftretende Konflikte zuvor auf der Basis von Gewohnheit, Loyalität oder Vertrauen ethisch bewältigt werden konnten, verrechtlicht, d. h. in der Weise formal reorganisiert, dass sich die Beteiligten im Konfliktfall auf Rechtsansprüche beziehen können. An die Stelle des Dauerkonflikts eines imaginären Naturzustands treten soziale Praktiken (Riten, religiöse Kulte) und archaische Rechtspraktiken (Orakel, Fehde, Blutrache), die schließlich in der bürgerlichen Gesellschaft zur Konkurrenz sublimiert werden. In der konflikttheoretischen Perspektive Thorsten Bonackers soll eine solche Konfliktregulierung durch das Ineinandergreifen von staatlicher Macht und ökonomischem Zwang letztlich auch zu einer Befriedung des Klassenkonflikts führen können – wobei Habermas zufolge im Spätkapitalismus zunehmend unlösbare, weil fundamentale Konflikte auftreten, die gesellschaftlich nur noch schwer zu integrieren sind. Vgl. Bonacker 1996, S. 97–104.

321 Habermas 1992, S. 68.

322 Niklas Luhmann, *Soziale Systeme. Grundriß einer allgemeinen Theorie*, Frankfurt / M 1984, S. 535 (Herv. A.A.).

323 Ebd., S. 477 f.; vgl. S. 530 f.: »Damit ist der Konfliktbegriff deutlich gegen bloß vermutete, bloß beobachtete Gegensätze abgehoben. Eine allgemeine Widerspruchslage, ein Interessengegensatz, eine wechselseitige Schädigung (ein Auto schrammt ein anderes) ist noch kein Konflikt.«

324 Bucher / Duckwitz 2005, S. 187.

325 Luhmann 1984, S. 538. Vgl. Bonacker 1996, S. 108: »Die Funktion eines Immunsystems – ein Begriff, den Luhmann ebenso wie den der Autopoiesis aus der Biologie übernommen hat – besteht zunächst in der Regulierung gesellschaftlicher Konflikte. Diese sehr traditionelle Annahme wird bei Luhmann allerdings paradox formuliert, weil das Recht, wie jedes andere Funktionssystem auch, selbst strukturell anfällig für Konflikte ist und, nach Luhmann, auch sein muß. So reguliert das Recht Konflikte, indem es die Unsicherheit doppelt erhöht, einmal als Komplexität, weil es sich in einen Konflikt als dritte Partei (zum Beispiel in der Figur des Richters) einmischt, und zudem auch als Erhöhung der Kontingenz, da der Ausgang des Konfliktes für die Parteien völlig ungewiß ist. […] Dem Immunsystem Recht fällt infolgedessen die Funktion zu, Konflikte zu ermöglichen, damit die Gesellschaft zu ihren eigenen Instabilitäten ein stabiles Verhältnis, das heißt die generalisierte Verhaltenserwartung, daß alles kontingent ist, gewinnen kann.«

326 Vgl. Luhmann 1984, S. 534: »Konflikte sind Alltagsbildungen, entstehen überall und sind zumeist rasch bereinigte Bagatellen. Eine ›Konflikt-

theorie‹, die die strukturelle Veranlassung mit in den Konfliktbegriff aufnimmt oder gar nur ›Klassenkonflikte‹ oder ›Herrschaftskonflikte‹ als Konflikte im eigentlichen Sinne gelten läßt, verliert dieses Phänomen der Massenhaftigkeit und Bedeutungslosigkeit des Vorkommens aus den Augen (und bezieht dafür Sachlagen, die noch gar nicht zu wirklichen Auseinandersetzungen führen, mit in die Theorie ein).«

327 Ebd., S. 537.

328 Vgl. Katrina Forrester, *In the Shadow of Justice. Postwar Liberalism and the Remaking of Political Philosophy*, Princeton 2019.

329 Boris Groys, *In the Flow*, London 2016, S. 29.

330 Marx, *Thesen über Feuerbach*, MEW, Bd. 3, S. 5 ff.

331 Vgl. dazu auch Coser 2009, S. 38.

332 Alain Badiou, *Trump. Amerikas Wahl*, Wien 2017, S. 43 f.

333 Ebd., S. 61.

334 Balibar, *Gleichfreiheit. Politische Essays*, Berlin 2012, S. 47.

335 Ebd., S. 101.

336 Schon sehr früh hat sich Rancière von seinem akademischen Lehrer Louis Althusser und dem Marxismus seiner Umgebung abgewandt, denen er eine ›metapolitische‹ Abwehr des Politischen vorwirft, bei der das Politische nur Ausdruck oder Maske des Sozialen ist. Es ist hier nicht der Ort, die Politisierung des Marx'schen Denkens einer eigenen längeren Kritik zu unterziehen oder das historische Scheitern sich auf ihn berufender Berufsrevolutionäre und ihrer Adepten auf Marx' Theorie zurückzuführen. Aus konflikttheoretischer Perspektive aber ist festzuhalten, dass Marx' Fokus eher auf Klasse statt auf Kampf lag und dabei vor allem auf einer bestimmten historischen Formation, konkret auf weißen männlichen Industriearbeitern als den vornehmlichen Subjekten der proletarischen Revolution. Dies wird folgerichtig bis heute von feministischen und postkolonialen Theoretiker:innen massiv kritisiert.

337 Jacques Rancière, *Das Unvernehmen. Politik und Philosophie* [1995], Berlin 2014, S. 38.

338 Ebd.

339 Maria Funder, »Die Konflikttheorie feministischer Theorien«, in: Bonacker (Hg.) 2002, S. 293–318, 312.

340 Rancière 2014, S. 109 f.

341 Lyotard, *Der Widerstreit*, München 1989, S. 9.

342 Ebd., S. 11.

343 Ebd., S. 33.

344 Ebd., S. 56.

345 Ebd., S. 233. Lyotard scheint den Konflikt sprachpragmatisch vom Widerstreit abzugrenzen, was mir nicht plausibel erscheint oder nur insofern, als das Verhältnis von Konflikt und Sprache einseitig gedacht wird: »Die Begegnung zwischen zwei Gemeinschaften stellt unmittelbar einen Konflikt dar, weil sich deren Namen und Erzählungen jeweils ausschließen. […] Der Konflikt entspringt nicht einem Sprachproblem,

jede Sprache ist übersetzbar (was nicht verhindert, dass die Sprachprobleme gelegentlich zur Verschärfung des Konflikts beitragen). Er ist ebenso kein Widerstreit, da die Diskursart ja jeweils die gleiche bleibt: der Erzählakt.« (Ebd., S. 261) Genau umgekehrt ließe sich dagegen mit Luhmann argumentieren: »Von Konflikten wollen wir immer dann sprechen, wenn einer Kommunikation widersprochen wird. Man könnte auch formulieren: wenn ein Widerspruch kommuniziert wird. Ein Konflikt ist die operative Verselbständigung eines Widerspruchs durch Kommunikation. Ein Konflikt liegt also nur dann vor, wenn Erwartungen kommuniziert werden und das Nichtakzeptieren der Kommunikation rückkommuniziert wird.« Luhmann 1984, S. 530.

346 Lyotard 1989, S. 99. Schon Platon und dann vor allem Aristoteles haben bezüglich solcher Fehlschlüsse darauf hingewiesen, dass sie auflösbar sind, wenn verschiedene Attribute vorliegen (X ist krank, X ist gesund). Probleme entstehen also nur, so Aristoteles in Lyotards Zusammenfassung, wenn die Prädikatzuschreibung nicht innerhalb einer chronologischen Ordnung verortet werden kann. Etwas ganz Ähnliches werden wir weiter unten im Sinne eines erweiterten »Attributionskonflikts« als die große Schwierigkeit in Bezug auf die Konflikte der Zukunft beschreiben: »Zur Verteilung der gegensätzlichen Attribute auf verschiedene Positionen genügt es, den Operator auf zwei Orte vorher / nachher im Kontinuum der Bewegung anzuwenden.« (Ebd., S. 130) So sollen Aristoteles' im vollen Wortsinn richtungsweisenden, zeitphilosophischen Überlegungen in seiner *Physik* zufolge die temporalen Paralogismen oder »Parachronismen« verhindert werden.

347 Lyotard 1989, S. 99.

348 Vgl. ebd., S. 64.

349 Vgl. Julia Kristeva, *Fremde sind wir uns selbst*, Frankfurt / M 1990.

350 Nico Stehr, »Wissen und der Mythos vom Nichtwissen«, in: *Aus Politik und Zeitgeschichte*, 23.04.2013, https://www.bpb.de/apuz/158666/wissen-und-der-mythos-vom-nichtwissen/#footnote-target-15.

351 Sigmund Freud, »Eine Schwierigkeit der Psychoanalyse«, in: *Imago. Zeitschrift für Anwendung der Psychoanalyse auf die Geisteswissenschaften*, V (1917). S. 1–7, 7.

352 Vgl. Avanessian / Suhail Malik (Hg.), *Der Zeitkomplex. Postcontemporary*, Berlin 2016.

353 Vgl. Philip K. Dick, *Der Minderheiten-Bericht*, in: ders., *Sämtliche 118 SF-Geschichten in fünf Bänden*, Bd. 4, Frankfurt 2008. Vgl. dazu Avanessian, *Miamification*, Berlin 2017, S. 21 ff.

354 Vgl. Rob Horning, »Preemptive Personalization«, *The New Inquiry*, 11.09.2014, https://thenewinquiry.com/blog/preemptive-personalization/.

355 Wobei dadurch nicht gesagt sein soll, dass Putins Ukrainekrieg nicht durchaus auch präemptive Züge trägt. So ist etwa die vor Kurzem noch vom französischen Präsidenten Macron für »hirntot« erklärte NATO, deren angeblich aggressives Verhalten ansonsten gerne von Putin als

Begründung seiner eigenen aggressiven Politik ins Feld geführt wurde, gerade durch ihre Aggression in der Ukraine überhaupt erst wieder zu einer potenziellen Bedrohung Russlands geworden. Und was für politische Folgen dieser Krieg in einer weitgehend zerstörten Ukraine oder in einem durch die wirtschaftliche Kriegsführung des Westens ruinierten Russland – aber auch im durch massive Energiepreisschocks und zu erwartende Rezession gebeutelten Westen – auf mittlere und lange Sicht zeitigen wird, ist noch überhaupt nicht abzusehen.

356 Vgl. Brian Massumi, »Everywhere You Want to Be: Introduction to Fear«, in: ders. (Hg.), *The Politics of Everyday Fear*, Minneapolis 1993, S. 3–37.

357 Timothy Morton, *Ökologisch sein*, Berlin 2019, S. 30.

358 Unter Umständen beginnt sich aber auch das bereits zu ändern: Waren nach Untersuchungen der NGO Germanwatch in den Jahren 1999 bis 2017 Puerto Rico, Myanmar und Haiti die am stärksten von Extremwetterereignissen betroffenen Länder, führten schon 2018 Japan, die Philippinen und Deutschland die Liste an. Das hängt in erster Linie damit zusammen, dass allgemein in reichen Industrienationen durch Unwetter besonders viel ökonomischer Schaden angerichtet werden kann, dass aber besonders in Japan und Deutschland auch sehr viele alte Menschen leben, die etwa starke Hitzewellen zunehmend mit dem Tod bezahlen. Vgl. David Eckstein u. a., *Global Climate Risk Index 2020*, Germanwatch 2019, https://germanwatch.org/de/17307; sowie Stefan Schulz, *Die Altenrepublik. Wie der demographische Wandel unsere Zukunft gefährdet*, Hamburg 2022, S. 17.

359 Die Geschichte der Moderne hat dem Philosophen Tony Fry zufolge ein gespenstisches Nachleben, eine mehr als dunkle Seite: »ein Nachleben, das viele große geopolitische und onto-theologische Probleme in die Gegenwart trägt. Die Geschichte vergangener und gegenwärtiger Konflikte, vor allem im globalen Süden, zeugt von dieser Situation, doch das gilt ebenso für sich erst abzeichnende Konflikte.« Tony Fry, *Unstaging War, Confronting Conflict and Peace*, Cham 2019, S. 252.

360 Jacques Derrida, »Autoimmunisierung, wirkliche und symbolische Selbstmorde. Ein Gespräch mit Jacques Derrida«, in: Habermas / Derrida 2006, S. 117–178, 131.

361 Vgl. Martin Hägglund, *Radical Atheism. Derrida and the Time of Life*, Stanford 2008; Mark Fisher, *Ghosts of My Life. Writings on Depression, Hauntology and Lost Futures*, Winchester 2014.

362 Vgl. Richard Grusin, *Premediation. Affect and Mediality After 9/11*, New York 2010, S. 37, 40, 45, 161.

363 Vgl. Massumi 1993, S. 10 f.: »Der Feind ist nicht mehr außerhalb. Zunehmend ist der Feind nicht einmal mehr klar als solcher zu erkennen. Allgegenwärtige Gefahren überlagern einander und sind in ihrer schieren Anzahl kaum noch zu unterscheiden. Oder sie gehen in ihrer Nähe zum Vergnügen und in ihrer Verflechtung mit den notwendigen Funktionen von Körper, Selbst, Familie und Wirtschaft in die freundliche

Seite des Lebens über. Der kalte Krieg der Außenpolitik ist mutiert zu einem Zustand der allgemeinen Abschreckung gegenüber einem Feind ohne Eigenschaften.«

364 Mayer 2009, S. 36.

365 Vgl. Johan Galtung, »Violence, Peace and Peace Research«, in: *Journal of Peace Research*, 6.3 (1969), S. 167–191, S. 171: »Gewalt mit einer klaren Subjekt-Objekt-Beziehung ist manifest, weil sie als Handlung sichtbar ist. Sie entspricht unseren Vorstellungen eines Dramas und sie ist personal, denn es gibt Personen, die die Gewalt ausüben. Diese Gewalt lässt sich leicht verbal erfassen und ausdrücken, da sie dieselbe Struktur aufweist wie elementare Sätze in (zumindest indoeuropäischen) Sprachen: Subjekt-Verb-Objekt, wobei sowohl Subjekt als auch Objekt Personen sind. Gewalt ohne eine solche Subjekt-Objekt-Beziehung ist strukturell, in eine Struktur eingebettet. Wenn nun also ein Mann seine Ehefrau schlägt, ist das ein klarer Fall von personaler Gewalt. Wenn aber eine Million Männer eine Million Ehefrauen in Unwissenheit halten, ist das strukturelle Gewalt.«

366 Vgl. dazu sowie zu dem von Edward Jones und Richard Nisbett diskutierten Akteur-Beobachter-Fehler: Klaus Fiedler / Thomas Haar, »Einblicke in die Psychologie des Konflikts. Zwischen Trivialität und Subtilität«, in: Pfetsch 2005, S. 183–200, 192.

367 Luhman 1984, S. 308 f.

368 Fiedler / Haar 2005, S. 193.

369 Redecker 2020, S. 92, 152.

370 Fry 2019, S. 229.

371 Vgl. Fry 2019.

372 Qiao Liang / Wang Xiangsui, *Unrestricted Warfare*, Beijing 1999, https://citeseerx.ist.psu.edu/viewdoc/ summary?doi=10.1.1.169.7179. Vgl. dazu auch Fry 2019, S. 109.

373 Münkler 2015, S. 52: »Dies zeigte sich etwa im Übergang vom 19. zum 20. Jahrhundert, als klar war, dass das Britische Empire in Zukunft nicht mehr die Rolle würde spielen können, die es in der Vergangenheit gespielt hatte. Der relative Niedergang der britischen Macht hat zum Ausbruch des Ersten Weltkriegs beigetragen, und so besteht die Befürchtung, dass der relative Niedergang der US-amerikanischen Macht vergleichbare Folgen am Beginn des 21. Jahrhunderts haben könnte.«

374 Eine gewaltige Folge dieser Situation auch für nicht direkt an den Auseinandersetzungen beteiligte Gesellschaften ist die in liberalen Demokratien nach wie vor zu erheblichen Verwerfungen führende, massenhafte Migration (vor allem aus afrikanischen und Staaten des Nahen und Mittleren Ostens), die man in Europa durch einige unnatürliche Schutzwälle und natürliche Schutzgewässer eine Zeit lang mehr oder weniger erfolgreich ausblenden zu können glaubte, die aber durch den Krieg in der Ukraine in bislang ungekannter (und doch plötzlich – wohl aufgrund der größeren »kulturellen Nähe« – wesentlich »schaffbarer« erscheinender) Dimension auf die europäische Tagesordnung zurück-

gekehrt ist. Durchgehend wird die entsprechende Debatte zwar gerade nicht konflikttheoretisch versiert geführt, umso beliebter aber sind unzählige Konfliktkomposita, um sich die unklare und unangenehme Lage zurechtzulegen. Folgen aus verstärkter Immigration notwendigerweise kulturelle »Wertekonflikte«, wie es in zahlreichen sich als liberal verstehenden Feuilletons zu lesen ist (unehrlicherweise gerne ohne Bezug auf Huntingtons »Zivilisationskonflikte«), oder läuft es eher auf »ökonomische Konflikte« hinaus, wenn sich massiv überalternde und schrumpfende Gesellschaften wie die unsere gegen die von ihnen dringend benötigte Zuwanderung wehren, also letztlich um einen »Zielkonflikt« zwischen kulturellen und ökonomischen Werten? Oder handelt es sich umgekehrt eher um Konfliktscheu sowohl in der protektionistischen bzw. nationalistischen Einteilung in Freund und Feind als auch bei der »Stillstellung von Politikfragen zugunsten humanistischer oder moralischer Erwägungen«, also dem Versuch, die Begrenzung von Zuwanderung jeder demokratischen Diskussion und Legitimation zu entziehen? (Koppetsch 2019, S. 253) Welche »Konflikte« bringen Menschen überhaupt dazu, ihre Heimat zu verlassen, und lässt sich die quer durch die politischen Lager geteilte und nur unterschiedlich quantifizierte Unterscheidung von Wirtschafts-, Kriegs- und in Zukunft vermehrt Umweltflüchtlingen überhaupt noch aufrechterhalten?
Die Antworten werden je nach politischer Ausrichtung, historischem und ökonomischem Wissen oder Mut, sich seines eigenen Verstandes zu bedienen, anders ausfallen. Aber das ändert nichts daran, dass diese Art von Auseinandersetzungen uns in der Zukunft bevorstehen und dass wir mit ihren Auswirkungen und Vorläufern schon heute konfrontiert sind. Denn aus einer über die Konsequenzlogik von Klimawandel, Missernten, Bürgerkrieg informierten Perspektive auf den syrischen Bürgerkrieg erscheint die circa eine Million an Geflüchteten, die im »Flüchtlingsjahr« 2015 nach Deutschland gekommen ist, bei aller Tragik der Einzelschicksale nur ein vernachlässigbares Vorspiel für die in den nächsten Jahrzehnten prognostizierte Milliarde weltweit. Nicht auszudenken, was eine tausend-, hundert- oder auch nur zehnmal höhere Zahl an Migrant:innen für eine schon heute populistisch überkochende Zivilgesellschaft und ein am Rande des Nervenzusammenbruchs agierendes politisches System bedeuten würde. Bei allen Unterschieden verweigern sich beide vehement einer Konfrontation mit dem, was die Zukunft an Klimakonflikten mit sich bringt, und verharren auf unterschiedlicher Weise in ihrer sei es nationalistischen oder internationalstaatlichen (Denk-)Komfortzone. Vgl. zu diesem Themenkomplex allgemein: Volker M. Heins, *Offene Grenzen für alle. Eine notwendige Utopie*, Hamburg 2021; Parag Khanna, *Move. Das Zeitalter der Migration*, Berlin 2021.

375 Davor Vidas, »The Anthropocene and the International Law of the Sea«, in: *Philosophical Transactions of the Royal Society A: Mathematical, Physical and Engineering Sciences*, 369/1938 (2011), S. 914.

376 James R. Lee, *Climate Change and Armed Conflict. Hot and Cold Wars*, London 2009, S. 133.

377 Vgl. Rob Nixon, *Slow Violence and the Environmentalism of the Poor*, Cambridge 2011.

378 Fry 2019, S. 160; vgl. S 157: »Obwohl der Klimawandel all diese Veränderungen überlagert, sind und bleiben diese zwischen dem globalen Norden und Süden ungleich verteilt. Zwischen vielen Nationen werden die Spannungen zunehmen, Bevölkerungen werden vertrieben, umstrittene Gebietsansprüche erhoben und Konflikte geschaffen werden – all das wird die internationalen Beziehungen stark belasten. Das bedeutet weltweite Unsicherheiten, die zu einem bereits begonnenen konventionellen und nuklearen Wettrüsten beitragen können. Dramatische Gefahren sind auch durch massenhafte Migrationsbewegungen zu erwarten, da verzweifelte und vertriebene Menschen in riesiger Zahl dazu gezwungen sein werden, auf der Suche nach Nahrung, Wasser und Unterkunft in die Städte zu strömen und Grenzen zu überqueren.«

379 Vgl. Lee 2009, S. 169, 3.

380 Sabine Adler, »Putin demonstriert russisches Großmachtgebaren«, *Deutschlandfunk*, 22. 02. 2022, https://www.deutschlandfunk.de/putins-rede-staatsfernsehen-geschichte-udssr-ukraine-analyse-100.html.

381 Vgl. Fukuyama 1992; Huntington 1998.

382 Zur kolonialen Geschichte Chinas vgl. Klaus Mühlhahn, *Geschichte des modernen China. Von der Qing-Dynastie bis zur Gegenwart*, C. H. Beck 2021.

383 Vgl. Fry 2019, S. 7.

384 Vgl. ebd., S. 51, 282.

385 Vgl. Alliez / Lazzarato 2016, S. 289. Vgl. dazu auch Fry 2019, S. viii, 20.

386 Sascha Lobo, »Der Kapitalistische Krieg gegen Russland«, *Spiegel Online*, 09. 03. 2022, https://www.spiegel.de/netzwelt/netzpolitik/russische-invasion-in-der-ukraine-der-kapitalistische-krieg-kolumne-a-86dbb052-23c3-492a-b83f-233b042b3308.

387 So Kanzler Olaf Scholz am 27. 02. 2022 bei einer Regierungserklärung im Deutschen Bundestag.

388 Adam Tooze, »The world is at financial war«, *The New Statesman*, 02. 03. 2022, https://www.newstatesman.com/ideas/2022/03/ukraine-the-world-is-at-financial-war.

389 Annalena Baerbock, »Baerbock über Sanktionspaket: ›Das wird Russland ruinieren‹«, *RedaktionsNetzwerk Deutschland*, 25. 02. 2022, https://www.rnd.de/politik/ukraine-krieg-baerbock-ueber-sanktionen-das-wird-russland-ruinieren-RZDYS2DEPRK5OST7ZGGRZ6UN4I.html.

390 Vgl. Gerrit De Vynck / Pranshu Verma / Jonathan Baran, »Exploding ›kamikaze‹ drones are ushering in a new era of warfare in Ukraine«, *The Washington Post*, 24. 03. 2022, https://www.washingtonpost.com/technology/2022/03/24/loitering-drone-ukraine/.

391 Vgl. Münkler 2015, S. 192.

392 Chamayou 2015, S. 68.

393 Vgl. Avanessian, *Metaphysik zur Zeit*, Leipzig 2018, S. 80 ff.

394 Kenneth Payne, *I, Warbot. The Dawn of Artificially Intelligent Conflict*, London 2021 (E-Book), S. 8. In einer eigentümlichen Mischung sozialdarwinistischer und soziologischer Argumente bekommen Konflikte bei Payne eine gesellschaftlich, ja gattungsgeschichtlich konstitutive Funktion: »Die Beweislage deutet zunehmend darauf hin, dass Konflikte zwischen Gruppen in vorgeschichtlicher Zeit so weit verbreitet waren, dass sie einen wichtigen Katalysator für Kooperation an sich darstellten. Diese Konflikte übten einen starken Selektionsdruck aus, der die Bereitschaft zur Zusammenarbeit mit Nichtverwandten in größeren Gruppen förderte.« Payne, *Strategy, Evolution, and War. From Apes to Artificial Intelligence*, Washington 2018 (E-Book), S. 11.

395 Zit. nach Fry 2019, S. 167.

396 Vgl. etwa Friedrich A. Kittler, *Die Wahrheit der technischen Welt. Essays zur Genealogie der Gegenwart*, Berlin 2013; Bernard Stiegler, *Technik und Zeit. Der Fehler des Epimetheus*, Zürich 2009.

397 Vgl. Pauline C. Reich u. a., »Cyber Warfare. A Review of Theories, Law, Policies, Actual Incidents – and the Dilemma of Anonymity«, in: *European Journal of Law and Technology*, 1.2 (2010).

398 Vgl. Fred M. Kaplan, *Dark Territory. The Secret History of Cyber War*, New York 2016.

399 Vgl. Claire Oakes Finkelstein / Kevin H. Govern, »Introduction: Cyber and the Changing Face of War«, in: dies. u. a. (Hg.), *Cyber War: Law and Ethics for Virtual Conflicts*, Oxford 2015, S. ix–xx, https://scholarship.law.upenn.edu/faculty_scholarship/1566/

400 Vgl. https://www.watson.ch/digital/deutschland/373202481-frau-stirbt-nach-cyberangriff-in-deutschem-krankenhaus.

401 Vgl. Finkelstein / Govern 2015.

402 Thomas Rid, *Mythos Cyberwar. Über digitale Spionage, Sabotage und andere Gefahren*, Hamburg 2018, S. 13 f., 8.

403 Fry 2019, S. 284 f.

404 Vgl. Finkelstein / Govern 2015, S. ix.

405 Sven Herping, »Mit Cyberangriffen kann man die USA in den USA treffen«, im Interview mit Meike Laaff, *Zeit Online*, 17. 01. 2020, https://www.zeit.de/digital/internet/2020-01/cyberangriffe-iran-usa-amerika-cyberwar-hackerangriff.
Eine besonders spektakuläre Aktion, hinter der das Nachbarland Russland vermutet wird, richtete sich 2007 gegen Estland, das aufgrund seiner hohen digitalen Vernetzung schon früh besonders verwundbar war (persönliche ID-Nummer, Online-Wahlmöglichkeiten, medizinische Rezeptbestellungen per Internet etc.). Die mit antirussischen Protesten im Kontext der Umsetzung eines russischen Soldatendenkmals einhergehende Serie von Angriffen richtete sich gegen das estnische Parlament und Politiker bis hin zum Staatspräsidenten, ökonomische Institutionen sowie einzelne Medien und resultierte unter anderem im Zusammenbruch ziviler Internetprovider.

406 Zit. nach Finkelstein / Govern 2015, S. ix.

407 Michael Joseph Gross, »A Declaration of Cyber-War«, *Vanity Fair*, 03/2011, https://www.vanityfair.com/news/2011/03/stuxnet-201104.

408 Dirk Baecker, *Studien zur nächsten Gesellschaft*, Frankfurt / M 2007, S. 10.

409 Vgl. Angelina Jolie, »My Medical Choice«, *The New York Times*, 14. 05. 2013, https://www.nytimes.com/2013/05/14/opinion/my-medical-choice.html.

410 Vgl. James Meek, »Red Pill, Blue Pill«, *London Review of Books*, 22. 10. 2020, https://www.lrb.co.uk/the-paper/v42/n20/james-meek/red-pill-blue-pill.

411 Chris Anderson, »The End of Theory. The Data Deluge Makes the Scientific Method Obsolete«, *Wired*, 23. 06. 2008, https://www.wired.com/2008/06/pb-theory/.

412 Shannon Vallor, »The Thoughts The Civilized Keep«, *Noema*, 02. 02. 2021, https://www.noemamag.com/the-thoughts-the-civilized-keep/.

413 Vgl. Luciana Parisi, *Contagious Architecture. Computation, Aesthetics, and Space*, Cambridge 2013.

414 Spekulativ weitergedacht, handelt es sich hier um einen latenten Zeitkonflikt insofern, als der Überschuss an Daten eine ganz andere Zeitlichkeit involviert, insofern er gewissermaßen eine Zukunft in den vergangenen Daten erwarten lässt. Mit Parisi gedacht, ist Computern als axiomatischen Maschinen im Datenüberschuss immer schon eine intrinsische Zukunft eingeschrieben. Aufgabe eines immer weiter verbesserten und zu immer mehr Datenverarbeitung befähigten Programmes muss es sein, irgendwann in der Zukunft sämtliche Daten ausgeschöpft zu haben, also irgendwann einmal in der Vergangenheit der Daten angekommen zu sein. Nur so kann die interne Zeit des Programms jemals an ihr Ende gelangen.

415 Katharina Pistor, *Der Code des Kapitals. Wie das Recht Reichtum und Ungleichheit schafft*, Berlin 2020.

416 Ebd., S. 50, 209.

417 Vgl. dazu Shoshana Zuboff, *Das Zeitalter des Überwachungskapitalismus*, Frankfurt / M 2018.

418 Vgl. Pistor 2020, S. 200 f.

419 Ebd., S. 201.

420 An dieser Stelle erklärt sich allerdings die Plausibilität von zwei auf den ersten Blick entgegengesetzten Vorwürfen an Google. Einerseits nämlich, dass Googles Anwält:innen es geschafft haben, mit dem PageRank-Algorithmus eine inhaltsleere digitale Form zu einem innovativen Eigentum zu machen, mit bekanntlich weitestreichenden ökonomischen und noch unabsehbaren politischen Konsequenzen (vgl. Pistor 2020, S. 208). Andererseits kann Google seine *Machine-Learning*-Algorithmen ganz ohne Sorge um Konkurrenz zum freien Download anbieten, weil diese nur durch zeitintensives Füttern mit ei-

ner Unmenge an Daten wirklich lernfähig werden. Der Vorschlag Michael Seemans, »die Algorithmen für alternative Anbieter zu öffnen, ist also in der Tat mit dem Hindernis konfrontiert, dass die Drittanbieter bis dato keinen Zugriff auf die Daten der Nutzer haben. Und an dieser Stelle gibt es einen Konflikt, den wir noch ausfechten müssen. Das Problem ist nämlich, dass wir die Digitaldebatte in den letzten Jahrzehnten immer in der Terminologie des Datenschutzes geführt haben. Das hat einerseits dazu geführt, dass andere Probleme nicht ausreichend sichtbar wurden, allen voran die Macht der Plattformen, andererseits die Datenschutz-Regulierungen, die die Macht dieser Plattformen noch gestärkt haben. Wenn ich nun sage, dass nicht nur Facebook Zugriff auf die Nutzerdaten haben sollte, sondern auch Drittanbieter, werden die Datenschützer die Hände über den Kopf zusammenschlagen.« Michael Seeman, »Plattformen machen Kapitalisten zur austauschbaren Infrastruktur«, im Interview mit Nils Markwardt, *Philosophie Magazin*, 30.06.2021, https://www.philomag.de/artikel/michael-seemann-plattformen-machen-kapitalisten-zur-austauschbaren-infrastruktur.

421 McKenzie Wark, *Das Kapital ist tot. Kommt jetzt etwas Schlimmeres? Kritik einer politischen Ökonomie der Information*, Leipzig 2020, S. 103.

422 Ebd., S. 58.

423 Vgl. dazu etwa Evgeny Morozov, *Smarte neue Welt. Digitale Technik und die Freiheit des Menschen*, München 2013.

424 George Zarkadakis, *Cyber Republic. Reinventing Democracy in the Age of Intelligent Machines*, Cambridge 2020, S. 39. Der Begriff der »Regierungsmaschine« stammt von Jon Agar, *The Government Machine. A Revolutionary History of the Computer*, Cambridge 2003.

425 Vgl. Zarkadakis 2020, S. 90.

426 Ebd., S. 98.

427 Haraway 2018, S. 85.

428 Manuel Castells, *Networks of Outrage and Hope. Social Movements in the Internet Age*, Cambridge 2012.

429 Vgl. James Lovelock / Lynn Margulis, »Atmospheric homeostasis by and for the biosphere: the Gaia hypothesis«, in: *Tellus*, 26.1–2 (1974), S. 2–10.

430 Vgl. Spivak, *Imperative zur Neuerfindung des Planeten / Imperatives to Re-Imagine the Planet* [1997], Wien 2013.

431 Vgl. dazu etwa das interdisziplinäre Design-Kollektiv Seiche, »All Under Heaven. Sovereignty and Infrastructure After Globalization«, *Strelka Mag*, 02.11.2021, https://strelkamag.com/en/article/sovereignty-and-infrastructure-after-globalization: »Wir erkennen heute, dass ›der Planet‹ nicht ›der Globus‹ ist. Eine globale Perspektive ist grundsätzlich menschenzentriert, während eine planetarische unseren Fokus weg vom Menschen hin zu den Wechselbeziehungen von nichtmenschlichen und mehr-als-menschlichen Akteuren, Materialitäten, dem Klima und breiteren wirtschaftlichen und politischen Umwelten verlagert. Die weltweite Integration ist ein fortlaufender dynamischer

Prozess, der die gesamte Umwelt einbezieht, in der die Menschheit nur eine der Akteur:innen ist. Menschen stehen mit Mikroben und anderen nicht-menschlichen Wesen in Wechselwirkung, sie sind eingebettet in die komplexen Koproduktionen von Ökonomien und Ökologien.«

432 Vgl. Philippe Descola, *Jenseits von Natur und Kultur*, Berlin 2011.

433 Vgl. Emmanuele Coccia, *Metamorphosen: Das Leben hat viele Formen. Eine Philosophie der Verwandlung*, München 2021, S. 130.

434 Dipesh Chakrabarty, *Das Klima der Geschichte im planetarischen Zeitalter*, Berlin 2022, S. 263 f.

435 Vgl. Adonis Leboho / Alisa Silanteva / Assem Hendawi / Kristina Shalygina, »Deep Synchronization: Attuning Competing Modes of Planetarity«, *Strelka Mag*, 06.09.2021, https://strelkamag.com/en/article/deep-synchronization-attuning-competing-modes-of-planetarity; sowie Achille Mbembe, »How to Develop a Planetary Consciousness«, im Interview mit Nils Gilman und Jonathan S. Blake, *Noema*, 11.01.2022, https://www.noemamag.com/ai-is-the-key-to-planetary-self-awareness/.

436 Vgl. Benjamin H. Bratton, »Planetary Sapience«, *Noema*, 17.06.2021, https://www.noemamag.com/planetary-sapience/.

437 Tobias Rees, »Planetary Politics from Inside the Prison-House of Language«, im Interview mit Nils Gilman, *Noema*, 15.06.2021, https://www.noemamag.com/planetary-politics-from-inside-the-prison-house-of-language/.

438 Vgl. Rockström u. a., »Planetary boundaries: Exploring the safe operating space for humanity«, in: *Ecology and Society*, 14.2 (2009).

439 Vgl. Adam Tooze, *Welt im Lockdown. Die globale Krise und ihre Folgen*, München 2021, S. 272 f.

440 Jonathan S. Blake / Nils Gilman, »Governing in the Planetary Age«, *Noema*, 09.03.2021, https://www.noemamag.com/governing-in-the-planetary-age/.

441 Dennis Meadows u. a., *Die Grenzen des Wachstums. Bericht des Club of Rome zur Lage der Menschheit*, Stuttgart 1972.

442 Vgl. William D. Nordhaus, *The Spirit of Green. The Economics of Collisions and Contagions in a Crowded World*, Princeton 2021.

443 Vgl. zu einer kritischen Diskussion von Nordhaus sowie der Klimaökonomie insgesamt: Geoff Mann, »Check Your Spillover«, *London Review of Books*, 10.02.2022, sowie den dortigen Podcast, https://www.lrb.co.uk/the-paper/v44/no3/geoff-mann/check-your-spillover.

444 Vgl. Mann 2022; sowie dazu generell: Joel Wainwright / Geoff Mann, *Climate Leviathan. A Political Theory of Our Planetary Future*, London 2018.

445 Nathan Gardels, »Planetary Politics When the Nation-State Falters, *Noema*, 03.09.2021, https://www.noemamag.com/planetary-politics-when-the-nation-state-falters/; vgl. auch Blake / Gilman 2021.

446 Vgl. Bratton, *The Terraforming*, Moskau 2019, S. 37 f.

447 Seiche 2021.

448 Vgl. Ryan Bishop, »On Frictionless Sovereignty«, im Interview mit Yulia Gromova, *Strelka Mag*, 02.11.2021, https://strelkamag.com/en/article/on-frictionless-sovereignty.

449 Und doch ist hier im Blick zu behalten, dass das Globale immer auch eine Voraussetzung für die Etablierung eines planetarischen Horizonts darstellt, weswegen die aktuell zu beobachtenden Deglobalisierungstendenzen durchaus mit Sorge zu betrachten sind. Was im Rückzug auf nationalstaatliche Logiken im globalen Norden schon länger zu sehen war, findet nun seine Kulmination infolge des Ukrainekriegs, der offenkundig eine russische bzw. chinesische Herausforderung unserer mal *Pax Americana*, mal liberale Demokratie, mal westlicher Imperialismus genannten bisherigen globalen Weltordnung bedeutet.

450 Dabei bleibt diese zumeist an die alten ökonomischen Ziele von Wachstum und Profit gebunden. Vgl. Foster / Clark 2020.

451 Bratton 2021.

452 Mbembe 2022.

453 Haraway 2016, S. 3; 2018, S. 11.

»Zeit ist ein Geschenk, aber auch Verantwortung. Alle Menschen sollten frei über ihre Zeit verfügen können. Diese Utopie können wir jetzt gestalten.«

Zeit ist die zentrale Ressource unserer Gesellschaft. Doch sie steht nicht allen gleichermaßen zur Verfügung. Wer wird für seine Arbeit bezahlt und wer nicht? Wer hat Zeit, für seine Interessen einzutreten? Teresa Bücker, eine der bedeutendsten Publizist_innen in Deutschland, macht klar: Wir brauchen jetzt eine radikal neue Zeitkultur – sie ist der Schlüssel für Geschlechter- und Generationengerechtigkeit, für eine nachhaltige Ökonomie und eine lebenswerte Zukunft. Mit konkreten Ideen, wie eine moderne Zeitkultur aussehen kann, die für mehr Gleichberechtigung und Lebensqualität sorgt.

Teresa Bücker

Alle_Zeit

Eine Frage von Macht und Freiheit

Hardcover mit Schutzumschlag
Auch als E-Book erhältlich
www.ullstein.de